THÉOPHRASTE

RECHERCHES SUR LES PLANTES

LIVRES VII et VIII

COLLECTION DES UNIVERSITÉS DE FRANCE
publiée sous le patronage de l'ASSOCIATION GUILLAUME BUDÉ

THÉOPHRASTE

RECHERCHES SUR LES PLANTES

TOME IV

LIVRES VII et VIII

TEXTE ÉTABLI ET TRADUIT
PAR
SUZANNE AMIGUES
Professeur émérite à l'Université Paul Valéry de Montpellier

PARIS
LES BELLES LETTRES
2003

Conformément aux statuts de l'Association Guillaume Budé, ce volume a été soumis à l'approbation de la commission technique, qui a chargé M. P. Quézel d'en faire la révision et d'en surveiller la correction en collaboration avec Mlle S. Amigues.

95 boulevard Raspail, 75006 Paris
www.lesbelleslettres.com

ISBN : 2-251-00515-3
ISSN : 0184-7155

SOMMAIRE
DES LIVRES VII ET VIII

SIGLA

U = *Vaticanus Urbinas gr.* 61, saec. IX-X.
M = *Laurentianus* 85, 22, saec. XV.
P = *Parisinus gr.* 2069, saec. XV.
Mon. = *Monacensis gr.* 635 (olim *Phillippicus* 3085), saec. XV, excerpta librorum I-IX continens.
Pletho = Gemisti Plethonis excerpta ad libros I, III, IV, VI, IX spectantia, in cod. *Marciano gr.* 406 autographo seruata, circa a. 1440, 74r-76v.

Gaza = uersio latina a Theodoro Gaza circa a. 1450 facta et Taruisii a. 1483 impressa.

Ald. = editio Aldina princeps, in *Aristotelis Opera*, t. IV, Venetiis, 1497.
Bas. = editio Aldina Basiliensis, Basileae, 1541.
Cam. = editio Aldina minor uel Camotiana, Venetiis, 1552.
Heins. = editio D. Heinsii, Lugduni Batauorum, 1613.
Bod. = editio I. Bodaei a Stapel, adnotationes editoris ipsius atque I. C. Scaligeri et R. Constantini animaduersiones continens, Amstelodami, 1644.
Stack. = I. Stackhouse, *Theophrasti Eresii de Historia Plantarum libri decem*, Oxonii, 1813-1814.
Schn. = I. G. Schneider, *Theophrasti Eresii quae supersunt*, t. I-IV, Lipsiae, 1818. (Textus graecus *Historiae plantarum* (t. I) siglo « Schn. », commentarium ad *Historiam plantarum* (t. III) siglo « Schn. in comm. » designantur).

Schn. 1821 = Eiusdem editionis t. V, syllabum emendandorum et addendorum in primo uolumine atque auctarium lectionum uariarum continens, Lipsiae, 1821.

Wim. = F. Wimmer, *Theophrasti Eresii Historia Plantarum*, Lipsiae (Teubner), 1854.

Wim. 1842 = Id., Vratislauiae, 1842.

Wim. 1866 = Id., uersione latina addita, Parisiis (Firmin-Didot), 1866.

Hort = A. F. Hort, *Theophrastus. Enquiry into Plants*, London (Loeb), 1916-1926.

Const. = Robertus Constantinus apud Bodaeum.

Coray = Adamantinos Coray uel Koraïs, alias Censor Graecus, apud Schneider 1821.

Dalec. = Iacobus Dalecampius (Jacques Daléchamps), *Historia Plantarum universalis*, Lugduni, 1587.

Mold. = Iohannes Iacobus Moldenhauer, *Tentamen in Historiam Plantarum Theophrasti*, Hamburgi, 1791.

Palm. = Iacobus Palmerius (Jacques Le Paulmier de Grentemesnil), *Exercitationes in optimos auctores graecos*, Lugduni Batauorum, 1668.

Salm. = Claudius Salmasius (Claude [de] Saumaise), *Plinianae exercitationes*, Parisiis, 1629.

Scal. = Iulius Caesar Scaliger apud Bodaeum.

LIVRE VII

THÉOPHRASTE
RECHERCHES SUR LES PLANTES

LIVRE VII

1. 1 Continuons notre exposé en traitant des plantes herbacées. C'est la dernière catégorie de notre classification initiale, qui renferme à peu près tout ce qu'il y a de plantes potagères et de céréales[1]. Nous avons à parler d'abord des légumes, en commençant par les espèces domestiques, puisqu'elles se trouvent mieux connues que les espèces sauvages[2].

Il existe pour l'ensemble des légumes de nos jardins trois cultures[3], comprenant le semis de chacun d'eux, qui se distinguent d'après les saisons. L'une est la culture d'hiver, une autre celle d'été, une troisième la culture de demi-saison, qui suit le solstice d'hiver. 2 Ces dénominations ne visent pas l'époque du semis mais celle où vient chaque légume et où il est utilisé : le semis, lui, se fait presque à la saison opposée ! La culture d'hiver commence après le solstice d'été, en Métageitnion[4] ; on sème alors le chou, le radis[5], la rave et ce qu'on appelle les

1. Les appels de notes, numérotés à la suite dans chaque chapitre, renvoient au commentaire (p. 77-170 et 171-236).

ΘΕΟΦΡΑΣΤΟΥ
ΠΕΡΙ ΦΥΤΩΝ ΙΣΤΟΡΙΑΣ

ΤΟ Η

1. 1 Ἑπόμενον δὲ τοῖς εἰρημένοις περὶ τῶν ποωδῶν εἰπεῖν. Τοῦτο γάρ ἐστι λοιπὸν τῶν ἐξ ἀρχῆς διαιρεθέντων γενῶν, ἐν ᾧ συμπεριλαμβάνονταί πως καὶ τὸ λαχανηρὸν καὶ τὸ σιτῶδες. Καὶ πρῶτον περὶ τοῦ λαχανώδους λεκτέον ἀρξαμένοις ἀπὸ τῶν ἡμέρων, ἐπεὶ γνώριμα μᾶλλον τυγχάνει τῶν ἀγρίων.

Εἰσὶ δὴ τρεῖς ἄροτοι πάντων τῶν κηπευομένων, ἐν οἷς ἕκαστα σπείρουσι, διαιροῦντες ταῖς ὥραις. Εἷς μὲν οὖν ὁ χειμερινός, ἄλλος δὲ ὁ θερινός, τρίτος δὲ ὁ μεταξὺ τούτων μεθ' ἡλίου τροπὰς χειμερινάς. 2 Καλοῦσι δ' οὕτως οὐ πρὸς τὴν σπορὰν βλέποντες ἀλλὰ πρὸς τὴν γένεσιν καὶ τὴν χρείαν ἑκάστου· ἐπεὶ ἥ γε σπορὰ σχεδὸν ἐν τοῖς ἐναντίοις γίνεται. Τοῦ χειμερινοῦ μὲν γὰρ ἀρχὴ μετὰ τροπὰς θερινὰς τοῦ [δὲ] Μεταγειτνιῶνος μηνός, ἐν ᾧ σπείρουσι ῥάφανον ῥαφανίδα γογγυλίδα

TEST.: 7-15 Mon.

3-4 τὸ λαχανηρὸν U : τὰ -ρὰ U^{rec} M P Ald. ‖ 6 γνώριμα codd. : -ισμα Ald. ‖ 7 δὴ U : δ' οἱ M δὲ P Ald. om. Mon. ‖ 9 pr. δὲ U : τε M P Ald. om. Mon. ‖ 14 θερινὰς [*aestiuum* Gaza] Scal. : χειμεριν- codd. Ald. ‖ δὲ del. Schn.

légumes contre-plantés[6], c'est-à-dire la bette[7], la laitue, la roquette, la patience, la moutarde, la coriandre, l'aneth, le cresson[8] ; c'est ce qu'on appelle aussi la première culture. La seconde débute, inversement, après le solstice <d'hiver>, en Gamélion[9] ; on sème alors ou l'on met en terre le poireau, le céleri, la ciboulette, l'arroche[10]. La troisième, qu'on appelle culture d'été, commence en Mounychion[11] ; c'est l'époque où se sèment le concombre, la citrouille, la blète, le basilic, le pourpier, la sarriette[12]. On fait cependant plusieurs cultures, à chaque saison, des mêmes plantes potagères comme le radis, le basilic, etc., et les légumes contre-plantés se sèment à toutes les époques de culture.

3 Les graines ne lèvent pas toutes dans des laps de temps égaux, mais les unes plus vite, les autres, celles des plantes difficiles à multiplier, plus lentement[13]. Les espèces qui germent le plus vite sont le basilic, la blète, la roquette, et parmi les légumes d'hiver, le radis[14] : il leur faut, disons, trois jours. Les laitues sortent le quatrième jour ou le cinquième. Le concombre et la citrouille mettent environ cinq ou six jours, certains disent sept, mais le premier des deux et le plus rapide[15] est le concombre. Le pourpier demande plus de temps. L'aneth sort le quatrième jour, le cresson[16] et la moutarde le cinquième, la bette le sixième jour en été, le dixième en hiver, l'arroche le huitième, le chou le dixième. Poireau et ciboulette lèvent dans des laps de temps inégaux : le premier sort le dix-neuvième jour, parfois le vingtième, la ciboulette le dixième ou le douzième. La coriandre se multiplie diffi-

καὶ τὰ καλούμενα ἐπίσπορα· ταῦτα δέ ἐστι τεύτλιον θριδακίνη εὔζωμον λάπαθον νᾶπυ κορίαννον ἄνηθον κάρδαμον· καλοῦσι δὲ καὶ πρῶτον τοῦτον τῶν ἀρότων. Τοῦ δὲ δευτέρου πάλιν μεθ' ἡλίου τροπὰς τοῦ Γαμηλιῶνος μηνός, ἐν ᾧ σπείρουσι καὶ πηγνύουσι πράσον σέλινον γήθυον ἀνδράφαξιν. Τοῦ τρίτου δὲ ὃν καλοῦσι θερινὸν τοῦ Μουνυχιῶνος· ἐν τούτῳ δὲ σπείρεται σίκυος κολοκύντη βλίτον ὤκιμον ἀνδράχνη θύμβρον. Ποιοῦνται δὲ πλείους ἀρότους τῶν ὁμοίων, καθ' ἑκάστην ὥραν, οἷον ῥαφανίδος ὠκίμου τῶν ἄλλων, πᾶσι δὲ σπείρεται τοῖς ἀρότοις τὰ ἐπίσπορα.

3 Διαφύεται δὲ οὐκ ἐν ἴσοις πάντα χρόνοις, ἀλλὰ τὰ μὲν θᾶττον, τὰ δὲ βραδύτερον, ὅσα δυσφυῆ. Τάχιστα μὲν οὖν ὤκιμον καὶ βλίτον καὶ εὔζωμον καὶ τῶν χειμερινῶν ῥαφανίς· τριταῖα γάρ, ὡς εἰπεῖν. Θριδακίναι δὲ τεταρταῖαι ἢ πεμπταῖαι. Σίκυος δὲ καὶ κολοκύντη περὶ τὰς πέντε ἢ ἕξ, οἱ δέ φασιν ἑπτά· πρότερον δὲ καὶ θᾶττον ὁ σίκυος. Ἀνδράχνη δ' ἐν πλείοσι τούτων. Ἄνηθον δὲ τεταρταῖον, κάρδαμον δὲ καὶ νᾶπυ πεμπταῖα, τεύτλιον δὲ θέρους μὲν ἑκταῖον, χειμῶνος δὲ δεκαταῖον, ἀνδράφαξυς δὲ ὀγδοαία, ῥάφανος δὲ δεκαταία. Πράσον δὲ καὶ γήθυον οὐκ ἐν ἴσοις, ἀλλὰ τὸ μὲν ἐννεακαιδεκαταῖον, ἐνιαχοῦ δὲ εἰκοσταῖον, γήθυον δὲ δεκαταῖον ἢ

TEST.: 1-23 Mon.; 1-3 Ath.70 a ; 1 Hsch. s.u. ἐπίσπορα.

1 δέ U M : δ' P Ald. ἅ Mon. ‖ 2 νᾶπυ λάπαθον Ath. ‖ κορίαννον U Ath. : -ίανον M P Ald. -ίαινον Mon. ‖ 6 ἀνδράφαξιν M : ἀνα- U Mon. ἀνάφραξιν P Ald. ‖ τοῦ τρίτου U M P Ald. : τὸν τρίτον Mon. ‖ 7 θερινὸν τοῦ Mon. : θεριτοῦ cett. ‖ 8 βλίτον U : βλῆτ- U[rec] M P Mon. Ald. (item l. 14) ‖ 16 ἢ U M P Ald. : οὐ Mon. ‖ καὶ P Ald. : ἢ U Mon. ἡ M ‖ 19 πεμπταῖα U M P Ald. : ἑκταῖον Mon. ‖ 20 ante θέρους add. καὶ U M ‖ 21 ῥάφανος δὲ δεκαταία U M P Ald. : ῥαφανο[πράσιον Mon. ‖ πράσον [*porrum* Gaza] Scal. : -άσιον codd. Ald. (item, p. 5, l. 20 et p. 6, l. 2) ‖ 22 ἐν ἴσοις P Ald. : ἐν ὅσοις [ἐννόσ- M] U M Mon.

cilement : la graine fraîche refuse absolument de germer si on ne l'a pas mise à tremper. La sarriette et l'origan demandent plus de trente jours. Mais celui de tous les légumes qui se multiplie le plus difficilement est le céleri ; les gens qui comptent au plus juste disent qu'il sort le quarantième jour, les autres le cinquantième, et cela pendant toutes les époques de culture — certains le contre-plantent en effet dans tous leurs semis.

4 Dans l'ensemble, les graines qui se sèment à plusieurs saisons ne lèvent pas d'ordinaire[17] plus vite l'été. On peut s'étonner que la saison ne contribue nullement, ni les conditions atmosphériques, à accélérer le processus, et qu'au contraire celui-ci soit ralenti si elle est maussade et froide, avec un ciel tout couvert : selon que des intempéries ou de beaux jours succèdent à la mise en culture, la germination n'est-elle pas tantôt plus lente, tantôt plus rapide ? Mais cela dépend pour chaque espèce de l'époque de sa culture, car c'est dans les périodes bien ensoleillées et bien tempérées que les semis lèvent le plus tôt[18]. 5 En un mot, nous devons admettre que les causes de tels phénomènes résident dans plusieurs facteurs, les graines elles-mêmes et aussi la région, le climat, les saisons — époques d'intempéries ou de beaux jours — où se sème chaque espèce. Ce qui reste à examiner, ce sont les cas où les délais <de germination> sont variables et ceux où ils ne le sont pas ; certains prétendent en effet que le radis sort le troisième jour été comme hiver, alors que pour la bette, nous l'avons déjà dit[19], le laps de temps varie suivant les saisons. Voilà donc les délais de germination, indiqués successivement pour chaque espèce.

6 L'ancienneté des graines a elle aussi de l'importance pour la plus ou moins grande rapidité de leur levée. Cer-

δωδεκαταῖον. Κορίαννον δὲ δυσφυές· οὐδὲ γὰρ ἐθέλει βλαστάνειν τὸ νέον ἐὰν μὴ βρεχθῇ. Θύμβρα δὲ καὶ ὀρίγανος ἐν πλείοσιν ἢ τριάκοντα. Δυσφυέστατον δὲ πάντων τὸ σέλινον· τεσσαρακοσταῖον γάρ φασιν οἱ τὰ συντομώτερα λέγοντες, οἱ δὲ πεντηκοσταῖον, καὶ τοῦτο κατὰ πάντας τοὺς ἀρότους· ἐπισπείρουσι γάρ τινες ἐπὶ πᾶσιν.

4 Ὅλως δὲ ὅσα κατὰ πλείους ὥρας σπείρεται, ταῦτ' οὐθὲν θᾶττον τὰ πολλὰ γίνεται τοῦ θέρους. Καὶ θαυμαστὸν εἰ καὶ μηθὲν ἡ ὥρα συμβάλλεται καὶ ὁ ἀὴρ πρὸς τὸ θᾶττον, ἐὰν δὲ μοχθηρὰ καὶ ψυχρὰ καὶ τῷ ἀέρι περισκεπὴς βραδύτερον· ἐπεὶ καὶ χειμώνων ἢ εὐδιῶν ἐπιγινομένων τοῖς ἀρότοις, ὁτὲ μὲν βραδύτερον, ὁτὲ δὲ θᾶττον ἡ βλάστησις. Διαφέρει δὲ ταῦτα κατὰ τοὺς ἀρότους ἑκάστων· πρωϊαίτατον γὰρ ἐν τοῖς εὐηλίοις καὶ εὐκρᾶσιν. 5 Ὡς γὰρ ἁπλῶς εἰπεῖν, ἐν πλείοσι δεῖ τὰς αἰτίας ὑπολαβεῖν τῶν τοιούτων, ἔν τε τοῖς σπέρμασιν αὐτοῖς καὶ ἐν τῇ χώρᾳ καὶ τῷ ἀέρι καὶ ταῖς ὥραις αἷς ἕκαστα σπείρουσι καὶ χειμώνων καὶ εὐδιῶν. Ἀλλὰ τοῦτο μὲν σκεπτέον ἐφ' ὧν τε παραλλάττουσιν οἱ χρόνοι καὶ ἐφ' ὧν οὔ· καὶ γὰρ τὴν ῥαφανίδα φασί τινες τριταίαν καὶ θέρους καὶ χειμῶνος, τὸ δὲ τεύτλιον, ὥσπερ εἴρηται, παραλλάττει κατὰ τὰς ὥρας. Χρόνοι δ' οὖν οὗτοι τῆς βλαστήσεώς εἰσι καὶ λέγονται καθ' ἕκαστον.

6 Διαφέρει δὲ πρὸς τὸ θᾶττον καὶ βραδύτερον καὶ ἡ τῶν σπερμάτων παλαιότης. Τὰ μὲν γὰρ ἀπὸ νέων

TEST.: 1-6 Mon.

1 κορίαννον U : -ίανον M P Ald. κορρίανον Mon. ‖ οὐδὲ U M : οὐ P Mon. Ald. ‖ 2 βρεχθῇ Bod. : ἐλιχθῇ [ἑ- M] codd. Ald. ‖ 4-5 φασιν — δὲ U M P Ald. : ἢ καὶ Mon. ‖ 5 post πεντηκοσταῖον add. φασὶ φύεσθαι Mon. ‖ 8 ὥρας Heins. : χώρ- codd. Ald. ‖ 9 θᾶττον τὰ Schn. : θᾶττόν γε codd. Ald. ‖ γίνεται [*proueniunt* Gaza] Schn. : -εσθαι codd. Ald. ‖ 14-15 ἀρότους P Ald. : -τρους U M ‖ 15 ἑκάστων Bas. mg. : ἕκαστον codd. Ald. ‖ εὐηλίοις ego : -ήλοις codd. Ald. -είλοις coni. Schn. ‖ 22 τεύτλιον U : τελευταῖον cett. ‖ 25 δὲ Scal. : γὰρ codd. Ald.

taines espèces viennent plus vite de graines fraîches, par exemple le poireau, la ciboulette, le concombre, la citrouille (parfois même on fait tremper au préalable celles du concombre[20] soit dans du lait, soit dans de l'eau pour hâter la germination). D'autres sortent plus tôt quand les graines sont vieilles[21], par exemple le céleri, la bette, le cresson, la sarriette, la coriandre, l'origan (encore qu'ils ne viennent pas tous de la graine fraîche, comme nous l'avons dit[22]). Il se produit, dit-on, pour la bette un phénomène particulier : la semence ne lève pas en totalité dans l'immédiat mais beaucoup plus tard, et même l'année suivante ou la troisième année ; c'est pourquoi une grande quantité de graines donne peu de plants[23].

7 Si les graines, une fois mûres, sont tombées de la plante, chacune d'elles attend son heure et ne germe pas prématurément. Telle est la logique des choses, puisque c'est ce que nous voyons se produire également pour les végétaux sauvages, si la semence n'est pas détruite. Tous les fruits viennent à point en été, mais plus tôt et plus vite[24], en un mot, sur les plantes semées en premier lieu. La saison <du semis> a elle aussi de l'importance, car les plantes semées pendant les jours de forte chaleur sont plus promptes à former leur tige et à monter en graine, comme le radis et la rave. Cependant quelques espèces ne fructifient pas dans l'année mais au bout de deux ans, comme le céleri, le poireau, la ciboulette, qui ne sont pas des annuelles et durent plus longtemps ; la plupart d'entre elles en effet sèchent en même temps que leurs graines arrivent à complète maturité. 8 Pour ainsi dire toutes les espèces qui forment des tiges et mûrissent leurs

παραγίνεται θᾶττον οἷον πράσον γήθυον σίκυος κολοκύντη — ἔνιοι δὲ καὶ προβρέχουσι τὸ [μὲν] σίκυον πρὸς τὸ θᾶττον ἢ ἐν γάλακτι ἢ ἐν ὕδατι. Τὰ δ' ἀπὸ παλαιῶν οἷον σέλινον τεύτλιον κάρδαμον θύμβρα κορίαννον ὀρίγανον — εἴπερ μὴ φύεται πάντα ἀπὸ τοῦ νέου, καθάπερ εἴπομεν. Ἴδιον δέ φασιν ἐπὶ τοῦ τευτλίου συμβαίνειν· οὐ γὰρ διαφύεσθαι πᾶν εὐθὺς ἀλλ' ὕστερον πολλῷ, τῷ δὲ καὶ ἐχομένῳ ἔτει καὶ τῷ τρίτῳ, διὸ καὶ ἐκ πολλοῦ σπέρματος ὀλίγον ἐκβλαστάνειν.

7 **Ἕκαστον δὲ τῶν σπερμάτων, ἐὰν ἁδρυνθέντα ἀποπέσῃ, διαμένει πρὸς τὴν ὥραν τὴν ἑαυτοῦ καὶ οὐ πρότερον ἐκβλαστάνει. Καὶ κατὰ λόγον ἐστί· καὶ γὰρ ἐπὶ τῶν ἀγρίων ὁρῶμεν συμβαῖνον ἐὰν μὴ φθαρῇ. Αἱ δὲ τελειώσεις τῶν καρπῶν ἁπάντων ἐγγίνονται τοῦ θέρους, πρότερον δὲ καὶ θᾶττον, ὡς ἁπλῶς εἰπεῖν, τῶν πρότερον σπαρέντων. Διαφέρει δὲ καὶ ἡ ὥρα· τὰ γὰρ ἐν ταῖς θερμημερίαις σπαρέντα θᾶττον ἐκκαυλεῖ καὶ ἐκσπερματοῦται, καθάπερ ῥαφανὶς γογγυλίς. Ἔνια δὲ οὐκ ἐνιαύσια φέρει τὸν καρπὸν ἀλλὰ δίενα, καθάπερ σέλινον πράσον γήθυον, ἃ καὶ διαμένει χρόνον πλείονα καὶ οὐκ ἔστιν ἐπέτεια· τὰ γὰρ πολλὰ τούτων ἅμα τῇ τελειώσει τῶν σπερμάτων αὐαίνεται.** 8 **Πάντα δὲ ὡς εἰπεῖν ὅσα ἐκκαυλεῖ καὶ τελειοῖ τὸν καρπὸν ἀποτελειοῦται κατὰ τὸ**

TEST.: 2-3 Mon. — 6-9 Mon.

2 ἔνιοι δὲ καὶ U M P Ald. : ὅτι τινὲς Mon. ‖ τὸ codd. Ald. : τὸν coni. Schn. uide adn. ‖ μὲν del. Schn. in comm. ‖ 3 post θᾶττον add. φῦναι Mon. ‖ 5 φύεται πάντα [*omnia oriri...possunt* Gaza] ego uide adn. : φυτεύεται οὐ τὸ codd. Ald. ‖ 6 ἐπὶ U M P Ald. : περὶ Mon. ‖ 8 δὲ καὶ U Mon. : δ' Ald. om. M P ‖ ante ἐχομένῳ add. τῷ U Mon. ‖ ἐχομένῳ U Mon. Ald. : ἐρχο- P δεχο- M ‖ 9 ἐκβλαστάνειν U M P Ald. : βλαστάνει Mon. ‖ 15 τῶν πρότερον Bas. mg. : π. τ. codd. Ald. ‖ 16 δὲ Wim. : γὰρ codd. Ald. ‖ 17 ἐκκαυλεῖ Schn. coll. infra l. 23 : -οῖ P Ald. : ἐγκαυλεῖ [-ῆ M] U M ‖ 18 post δὲ add. καὶ P Ald. ‖ οὐκ U M[1] Ald. : om. M P ‖ 23 ἐκκαυλεῖ U M : -οῖ P Ald.

fruits doivent leur aspect définitif à des pousses latérales issues de leurs tiges en manière de branches, excepté les plantes à tige simple comme le poireau, la ciboulette, l'oignon et l'ail[25]. Toutes aiment l'eau et le fumier, mais d'autant plus qu'elles sont plus chétives et demandent plus de soins, parfois aussi davantage de nourriture.

2. 1 Toutes viennent de graine, quelques-unes aussi de rejet, rameau ou racine. Le chou se multiplie de rejet, mais il faut prendre avec la bouture un peu de l'appareil radiculaire[1]. Viennent des jeunes pousses la rue, l'origan, le basilic (que l'on bouture également quand il a atteint un empan ou davantage, en le coupant environ à mi-hauteur)[2] ; de racine, l'ail, l'oignon, le muscari, l'arum, bref ces sortes de plantes dont la racine forme une tête, et de même celles qui ont des racines pérennantes, tout en étant des espèces à tige annuelle[3]. Il est clair que toutes les plantes prennent vie de leur graine, même la rue, dont certains affirment le contraire, mais elle vient lentement, ce qui explique qu'on la bouture. 2 Chez les espèces qui se multiplient de racine, celle-ci est vivace, bien que ce soient des végétaux à tige annuelle ; aussi en pareil cas les racines forment des rejetons et se divisent, non seulement sur les plantes domestiques et cultivées dans les jardins, mais même sur les plantes sauvages, comme nous l'avons dit, par exemple sur les muscaris, les scilles, etc.[4] Des rejetons se forment également sur quelques plantes non bulbeuses, mais d'assez longue durée, comme le céleri et la bette, qui émettent des racines d'où poussent des feuilles et des tiges. La ciboulette et le poireau en produisent aussi, ou plus exactement il se forme à la base

σχῆμα τῷ παραβλαστήσεις ἐκ τῶν καυλῶν ἔχειν ἀκρεμονικάς, πλὴν ὅσα μονόκαυλα καθάπερ πράσον καὶ γήθυον καὶ κρόμμυον καὶ σκόροδον. Φίλυδρα δὲ καὶ φιλόκοπρα πάντα, μᾶλλον δὲ τὰ ἀσθενέστερα καὶ πλείονος ἐπιμελείας δεόμενα, τὰ δὲ καὶ τροφῆς.

2. 1 Φύεται δὲ πάντα ἀπὸ τοῦ σπέρματος, ἔνια δὲ καὶ ἀπὸ παρασπάδος καὶ κλωνὸς καὶ ῥίζης. Ἀπὸ μὲν παρασπάδος ἡ ῥάφανος, δεῖ δέ τι καὶ ῥιζῶδες προσλαβεῖν. Ἀπὸ δὲ τῶν βλαστῶν πήγανον ὀρίγανος ὤκιμον — ἀποφυτεύουσι γὰρ καὶ τοῦτο ὅταν σπιθαμιαῖον ἢ μεῖζον γένηται, τεμόντες εἰς τὸ ἥμισυ· ἀπὸ ῥίζης δὲ σκόροδον καὶ κρόμμυον καὶ βολβὸς καὶ ἄρον καὶ ἁπλῶς τὰ τοιαῦτα τῶν κεφαλορρίζων· φύεται δὲ καὶ εἴ τινων αἱ ῥίζαι διαμένουσιν ἐπὶ πλείονα χρόνον ἐπετειοκαύλων ὄντων. Ὅτι δὲ ἀπὸ τοῦ σπέρματος πάντα βλαστάνει φανερόν· καὶ γὰρ τὸ πήγανον, ὅπερ οὔ φασί τινες, ἀλλὰ βραδέως· διὸ καὶ ἀποφυτεύουσιν. 2 Ὅσα δ' ἀπὸ ῥίζης φύεται, τούτων ἡ μὲν ῥίζα χρόνιος, αὐτὰ δὲ ἐπετειόκαυλα· διὸ καὶ παραβλαστάνουσιν αἱ ῥίζαι τῶν τοιούτων καὶ γίνονται πλείους, οὐ μόνον ἐν τοῖς ἡμέροις καὶ κηπευομένοις, ἀλλὰ καὶ ἐν τοῖς ἀγρίοις, ὥσπερ εἴπομεν, οἷον βολβοῖς [γηθύοις] σκίλλαις καὶ τοῖς ἄλλοις. Παραβλαστάνει δὲ ἔνια καὶ τῶν μὴ κεφαλορρίζων, χρονιωτέρων δέ, οἷον σέλινον καὶ τεύτλιον· ἀφιᾶσι γὰρ ῥίζας ἀφ' ὧν φύεται φύλλα καὶ καυλοί. Παραβλαστάνει δὲ καὶ γήθυον καὶ πράσον καὶ

TEST.: 6-13 Mon.

6 ante φύεται add. οὐ Mon. ‖ 7 ante ἀπὸ add. καὶ Mon. ‖ 8 δεῖ U Mon. : ἀεὶ M P Ald. ‖ δέ Schn. in comm. uide adn. : γάρ codd. Ald. ‖ 9 ὀρίγανος U M P Ald. : -ον Mon. ‖ 13 τὰ — κεφαλορρίζων U M P Ald. : ὅσα κεφαλόρριζα Mon. ‖ 22 γηθύοις del. Bod. uide adn. ‖ 25 φύεται U M : φύονται P Ald. ‖ 26 πράσον [*porrum* Gaza] Stack. : -άσιον codd. Ald.

de la plante une sorte de bulbe tel celui du muscari[5], d'où sortent les feuilles, cela toutefois après que la tige s'est desséchée et que la graine a été récoltée ; mais comme les bulbes n'en sont pas utilisés, on ne les ramasse pas[6] pour les conserver au sec, et par conséquent on ne les plante pas. 3 Ce sont là sans doute des espèces congénères et d'une nature toute proche, en quelque sorte, de celle de l'oignon[7], ce qui fait qu'il n'y a pas à s'étonner. Cependant, à considérer même la totalité des plantes, domestiques et sauvages, les espèces pérennantes mais à tige annuelle forment aussi sur leurs racines des bourgeons nouveaux, comme cela se produit pour les sous-arbrisseaux et les arbrisseaux ; mais sur les oignons, les aulx et les muscaris, il en vient, peut-on dire, une multitude[8]. La reproduction se fait donc bien, comme il a été dit, de trois manières : par la graine dans tous les cas, par la tige et la racine pour les plantes dont nous avons parlé[9].

4 Quand leurs tiges ont été rabattues, presque toutes les plantes potagères repoussent, sauf celles qui n'ont plus du tout de tige[10] : le basilic, la laitue[11] et le chou le montrent très bien à l'usage, si l'on peut dire. On prétend même que chez la laitue les tiges de regain ont meilleur goût, car la première tige est laiteuse et amère, comme si elle manquait de maturité. Selon d'autres avis, ces repousses sont au contraire plus laiteuses, mais tant qu'elles sont tendres, elles paraissent plus douces. En revanche, dans le cas du chou on s'accorde à penser que s'il refait des pousses[12], elles seront meilleures, pourvu que les feuilles soient récoltées avant qu'il monte en graine. 5 Plusieurs espèces ont des racines qui se conservent, mais les unes donnent de nouvelles pousses, les

παραφύει κάτωθεν οἷον βολβώδη τινὰ κεφαλήν, ἐξ ἧς ἡ βλάστησις γίνεται τῶν φύλλων, αὐανθέντος δὲ τοῦ καυλοῦ καὶ τοῦ σπέρματος ἀφαιρεθέντος· ἀλλὰ διὰ τὸ μὴ χρησίμας εἶναι τὰς τούτων κεφαλὰς οὐ συλλέγουσιν [μὲν] εἰς ξηρασίαν· διὸ καὶ οὐ φυτεύουσι. 3 Τάχα δὲ ταῦτα καὶ ὁμογενῆ καὶ σύνεγγύς πως τῇ τοῦ κρομμύου φύσει· διὸ καὶ οὐ θαυμαστόν. Ἀλλ' ὅμως καὶ ἐπὶ πάντων καὶ ἡμέρων καὶ ἀγρίων, ὅσα χρονιώτερα μέν ἐστιν, ἐπετειόκαυλα δέ, τούτων καὶ αἱ ῥίζαι ἐπιβλαστάνουσιν, ὥσπερ καὶ ἐπὶ τῶν φρυγανικῶν καὶ τῶν θαμνωδῶν· ἀλλ' ἐπὶ τῶν κρομμύων καὶ σκορόδων καὶ βολβῶν καὶ ὥσπερ ἀριθμός τις γίνεται τούτων. Ἡ δὴ γένεσις, ὥσπερ εἴρηται, τριχῶς ἐστιν, ἀπὸ σπέρματος μὲν πάντων, ἀπὸ δὲ καυλοῦ καὶ ῥίζης τῶν εἰρημένων.

4 Τῶν δὲ καυλῶν κολουσθέντων πάντα μὲν ὡς εἰπεῖν βλαστάνει, πλὴν τῶν ἀποκαύλων· ἐμφανέστατα δ' ὥσπερ καὶ εἰς χρείαν ὤκιμον θρίδαξ ῥάφανος. Καὶ τῆς μὲν θρίδακος ἡδίους φασὶ τοὺς παλιμβλαστεῖς εἶναι καυλούς· τὸν γὰρ πρῶτον ὀπώδη καὶ πικρὸν εἶναι ὡς ἄπεπτον. Οἱ δὲ τὸ ἐναντίον ὀπωδεστέρους τούτους, ἀλλ' ἕως ἂν ὦσιν ἁπαλοί, φαίνεσθαι γλυκυτέρους. Ἀλλ' ἐπὶ τῆς ῥαφάνου τοῦτο ὁμολογούμενον ὡς εἰ πάλιν βλαστήσει ἡδίων, ἀφαιρεθέντων γε τῶν φύλλων πρὸ τοῦ διακαυλίσαι. 5 Διαμένουσι δὲ αἱ ῥίζαι πλειόνων, ἀλλ' αἱ μὲν βλαστάνουσι πάλιν, αἱ δὲ οὔ. Ῥαφανὶς

TEST.: 15-18 *passim* Ath. 69 b. — 25 Mon.

4 μὴ huc transp. Scal. : post ἀλλὰ habent codd. Ald. ‖ 5 μὲν del. Wim. uide adn. ‖ 9 ἐπετειόκαυλα Schn. monente Linckio : ἐπιγειότερα codd. Ald. ‖ 12 δὴ Schn. : δὲ codd. Ald. ‖ 15 πάντα [*omnia* Gaza] Stack. : -των codd. Ald. ‖ 16 ἀποκαύλων codd. Ald. : λειοconi. Heins. coll. Plin. uide adn. ‖ 18 ἡδίους Ath. : ἰδί- codd. Ald. ‖ παλιμβλαστεῖς Schn. 1821 : -βλάστους U παλιβλάστους M P Ald. πάλαι βλαστεῖς Ath. ‖ 20 ἄπεπτον U : ὕπ- cett. ‖ 23 γε Schn. : τε codd. Ald. ‖ 25 ῥαφανὶς U M P Ald. : ζαφαν in lac. Mon.

autres non. Du moins le radis et la rave se conservent jusqu'à l'été, et même ils grossissent, si on les recouvre de terre, ce que font à dessein certains jardiniers ; ils ne forment cependant ni bourgeon ni feuille, quand bien même on enlèverait la couche de terre accumulée. Le fait peut s'observer aussi dans d'autres cas.

La plupart des plantes potagères sont des végétaux à racine unique, eu égard à leur grosse racine profondément enfoncée. En effet, même sur celles qui, comme le céleri et la bette, développent latéralement les racines de grosseur égale dont il sera question[13], ce développement se fait, en quelque sorte, à partir du pivot central et la division ne se situe pas juste à la naissance de la racine ; c'est à cette racine unique, d'autre part, que tient celle qui la prolonge, avec ses appendices de faibles dimensions, sur le radis et la rave[14]. De ces derniers tout le monde se fait certainement une idée claire parce qu'ils sont utilisés. 6 Le pivot de la bette est long, gros et droit, comme celui des radis, mais il a des ramifications grosses <aussi>, tantôt deux, tantôt trois, tantôt même une seule, d'où partent les radicelles. La racine est charnue, douce[15] et agréable au goût, de sorte que certains la mangent crue. Son écorce n'est pas épaisse et ne s'enlève pas comme celle des radis ; c'est plutôt quelque chose de tel que celle du maceron[16]. De même, l'arroche a une racine unique qui s'enfonce en profondeur et donne naissance à des racines secondaires. 7 Dans ce groupe, le type même du végétal à racine unique est la patience[17], qui présente, au lieu de grosses ramifications, de fines radicelles. C'est d'autre part le type du végétal à racine profonde, atteignant plus de trois demi-pieds ; toutefois l'espèce sauvage a la racine plus courte, de nombreuses tiges et de

γοῦν καὶ γογγυλὶς διαμένουσι γῆς ἐπιβληθείσης ἄχρι θέρους καὶ αὔξησιν λαμβάνουσιν, ὅπερ ποιοῦσί τινες ἐξεπίτηδες τῶν κηπουρῶν· οὐ βλαστάνουσι δὲ οὐδ' ἀφιᾶσι φύλλον, οὐδ' εἴ τις ἀφέλοι τὴν ἐπισεσαγμένην γῆν. Ἰδεῖν δὲ τοῦτο καὶ ἐπί τινων ἄλλων ἔστι.

Τὰ δὲ πλεῖστα τῶν λαχανωδῶν μονόρριζα τῇ παχείᾳ κατὰ βάθους ῥίζῃ· καὶ γὰρ ὅσα παραφύει τὰς ἰσοπαχεῖς ταύτας, ὥσπερ σέλινον καὶ τεύτλιον, ἀπὸ τῆς μέσης πως ἡ παράφυσίς ἐστι καὶ οὐκ εὐθὺς ἀπὸ τῆς ἀρχῆς ἡ σχίσις· εἰς δὲ ταύτην τὴν μίαν ἡ ἀπ' αὐτῆς τε καὶ αἱ ἀποφυάδες αἱ μικραὶ καὶ τῆς ῥαφανίδος καὶ τῆς γογγυλίδος. Καὶ αὗται μὲν δὴ πᾶσι φανεραὶ διὰ τὴν χρείαν. 6 Ἡ δὲ τοῦ τευτλίου μία μὲν μακρὰ καὶ παχεῖα καὶ ὀρθή, καθάπερ ἡ τῶν ῥαφανίδων, ἀποφύσεις δὲ ἔχει παχείας, ὁτὲ μὲν δύο, ὁτὲ δὲ καὶ τρεῖς, ὁτὲ δὲ καὶ μίαν, τὰς δὲ μικρὰς ἐκ τούτων. Σαρκώδης δὲ ἡ ῥίζα καὶ τῇ γεύσει γλυκεῖα καὶ ἡδεῖα· διὸ καὶ ὠμὴν ἐσθίουσί τινες. Ὁ δὲ φλοιὸς οὐ παχὺς οὐδὲ ἀφαιρετὸς ὥσπερ ὁ τῶν ῥαφανίδων, ἀλλὰ μᾶλλον οἷον ὁ τῶν ἱπποσελίνων. Ὡσαύτως δὲ καὶ ἡ τῆς ἀνδραφάξεως μία μὲν εἰς βάθος, ἐκ ταύτης δὲ ἄλλαι. 7 Μονορριζότατον δὲ τούτων πάντων τὸ λάπαθον· οὐ γὰρ ἔχει παχείας ἀποφύσεις ἀλλά τινας λεπτάς. Βαθυρριζότατον δὲ πάντων· ἔχει γὰρ μείζω τριῶν ἡμιποδίων· τὸ δ' ἄγριον βραχυτέραν, πολύκαυλον δὲ καὶ πολύκλαδον καὶ ἡ ὅλη μορφὴ

TEST.: 1-2 Mon. — 21-24 *passim* Mon.

1 γοῦν U : οὖν M P Ald. om. Mon. ‖ 2 λαμβάνουσιν U M P Mon.γρ Ald. : -νοντες Mon. ‖ 5 ἐπί τινων Wim. 1842 in notis : ἐπὶ τῶν codd. Ald. ‖ 6 τὰ δὲ Schn. : τά τε codd. Ald. ‖ 9 πως Ald. : πῶς codd. ‖ 11 αἱ ἀποφυάδες αἱ μικραὶ Wim. (iam αἱ … ἀ. μ. Stack.) : τῆς ἀποφυάδος καὶ μικρὰ codd. Ald. uide adn. ‖ 12 δὴ πᾶσι Schn. : δή φασι codd. Ald. ‖ 19 οἷον codd. Ald. : -ος coni. Schn. ‖ 20 ἀνδραφάξεως codd. : -άξυος Ald. ‖ 23 ἀλλά τινας Wim. : ἀλλὰ τὰς codd. Ald. ‖ 24 βραχυτέραν U M P Ald. : ἔλαττον Mon.

nombreux rameaux, et quand elle a atteint son développement complet, son aspect général est assez voisin de celui de la bette[18]. La longévité de la patience cultivée l'emporte sur celle de la plante sauvage et même globalement sur celle de tous les légumes, peut-on dire : elle se prolonge, paraît-il, indéfiniment. Sa racine charnue et succulente[19] lui permet de vivre longtemps après avoir été arrachée. Le basilic a une seule racine, la grosse qui est profondément enfoncée ; les autres, sur les côtés, sont fines et d'une assez bonne longueur[20]. Quelques espèces toutefois, telle la blète, ont à la place du pivot vertical de nombreuses racines issues directement du collet, d'une bonne grosseur et plus longues que celles de l'arroche[21].

8 Les racines ligneuses par excellence sont celles du basilic[22] (comme l'est aussi la tige, moins ligneuse en effet chez la blète, l'arroche et les plantes de ce genre[23]). De fait, en un mot, les racines sont toutes soit charnues, soit ligneuses : <charnues>[24] par exemple chez la bette, le céleri, le maceron, la patience, le radis, la rave, ou pour mieux dire chez toutes les plantes à bulbe lourd[25] : même en se desséchant, elles ne durcissent pas complètement ; ligneuses, comme chez le basilic, la blète, l'arroche, la roquette, l'aneth[26], la coriandre, bref chez les plantes à tige fibreuse[27]. On sait en effet que l'aneth et la coriandre, tout en étant des espèces à racine unique, ont celle-ci ligneuse, de faible longueur, avec un petit nombre d'appendices grêles ; or l'un et l'autre ont de nombreuses tiges et de nombreux rameaux ; par conséquent les parties aériennes ne sont pour aucun de ces végétaux proportionnées aux parties souterraines.

τελειωθεῖσα παραπλησία τῇ τοῦ τευτλίου. Πολυχρονιώτερον δὲ καὶ τοῦ ἀγρίου, καὶ ὅλως δὲ πάντων τῶν λαχάνων, ὡς εἰπεῖν· διαμένει γὰρ ὁποσονοῦν χρόνον, ὥς φασιν. Ἔχει δὲ σαρκώδη τὴν ῥίζαν καὶ ἔνικμον· διὸ καὶ ἐξαιρεθεῖσα ζῇ πολὺν χρόνον. Τὸ δ' ὤκιμον μίαν μὲν τὴν παχεῖαν τὴν κατὰ βάθους, τὰς δ' ἄλλας τὰς ἐκ πλαγίου λεπτὰς ἐπιεικῶς εὐμήκεις. Ἔνια δὲ οὐκ ἔχει τὴν μίαν τὴν ὀρθήν, οἷον τὸ βλίτον, ἀλλ' εὐθὺ πολλὰς ἐξ ἄκρου καὶ εὐπαχεῖς καὶ μακροτέρας τῆς ἀνδραφάξυος.

8 Τῶν δὲ ῥιζῶν ξυλωδέσταται πασῶν αἱ τοῦ ὠκίμου — καθάπερ ὁ καυλός· ὁ γὰρ τοῦ βλίτου καὶ τῆς ἀνδραφάξυος καὶ τῶν τοιούτων ἧττον ξυλώδης. Εἰσὶ γάρ, ὡς ἁπλῶς εἰπεῖν, πασῶν αἱ μὲν σαρκώδεις, αἱ δὲ ξυλώδεις, οἷον ἡ τοῦ τευτλίου καὶ τοῦ σελίνου καὶ ἱπποσελίνου καὶ λαπάθου καὶ ῥαφανίδος καὶ γογγυλίδος καὶ πάντων μάλιστα τῶν κεφαλοβαρῶν· οὐδὲ γὰρ ἀναξηραινόμεναι σκληρύνονται τελείως· ξυλώδεις δὲ ὥσπερ αἱ τοῦ ὠκίμου καὶ βλίτου καὶ ἀνδραφάξυος καὶ εὐζώμου καὶ ἀνήθου [καὶ λαπάθου] καὶ κοριάννου καὶ ἁπλῶς τῶν νευροκαύλων. Ἔχει γὰρ δὴ καὶ τὸ ἄνηθον καὶ τὸ κορίαννον, ὄντα μονόρριζα, ξυλώδη τε τὴν ῥίζαν καὶ οὐ μακρὰν οὐδὲ τὰς λεπτὰς ἀποφυάδας ἔχουσαν πολλάς· πολύκαυλα δὲ ἄμφω καὶ πολύοζα· διὸ καὶ οὐ κατὰ λόγον οὐδενὶ τούτων τὸ ἄνω πρὸς τὸ κάτω.

4 ῥίζαν Schn. : σάρκα codd. Ald. ‖ 8 βλίτον [*blitum* Gaza] Stack. : -ίτιον codd. Ald. ‖ 12 alt. ὁ U M : ἡ P Ald. ‖ 14 πασῶν Wim. : παρ' ὧν codd. Ald. ‖ 15 post ξυλώδεις add. σαρκώδεις [*carnosae* Gaza] Scal. uide adn. ‖ 18 ἀναξηραινόμεναι [*siccatae* Gaza] Schn. : -όμενα καὶ U M -όμενα P Ald. ‖ 20 καὶ λαπάθου del. Schn. coll. supra l. 16 ‖ 21 τῶν νευροκαύλων U : τῶν [bis M praua iteratione] ῥοκαύλων M P Ald. ‖ τὸ om. M P Ald. ‖ 22 ὄντα [*quae sunt* Gaza] Wim. : τὰ codd. Ald. ‖ 23 ἀποφυάδας Scal. : -φυλλάδας codd. Ald.

9 Les plantes à racines courtes sont celles de même sorte que, par exemple, la laitue et le pourpier, qu'il s'agisse du pivot vertical ou des racines latérales. Cependant la laitue est presque totalement dépourvue des racines secondaires dont nous parlions tantôt[28] et n'a que le chevelu ; c'est bien le modèle du végétal à racine unique, peut-on dire. En un mot, tous les légumes d'été ont des racines courtes (ainsi le concombre, la citrouille et la gourde) du fait de la saison et peut-être encore plus de leur nature qui s'est adaptée à la saison. La laitue repiquée a la racine plus courte que venue de semis, car elle forme davantage de rejetons latéraux ; à l'état sauvage, ses parties aériennes sont plus courtes que sur la plante domestique et forment d'autre part de plus nombreuses tiges[29].

3. 1 Alors que sur les autres plantes chaque inflorescence s'épanouit toute à la fois, chez le basilic s'ouvrent tour à tour d'abord les fleurs de la base, puis, quand elles sont fanées, celles du sommet, de sorte qu'il reste longtemps fleuri, comme la fève, l'herbe qu'on appelle « héliotrope »[1] et d'autres espèces sauvages également. Le concombre aussi fleurit longuement, car il se produit dans son cas des poussées successives de bourgeons[2]. Les fleurs sont soit d'un blanc pur, soit d'un jaune de coing, soit légèrement purpurines ; aucune n'a une belle couleur[3].

2 Les graines présentent des différences de forme[4] : la plupart sont rondes, d'autres allongées, d'autres au contraire aplaties et foliacées comme celles de l'arroche — sa graine ressemble à celle du silphium[5] —, les autres étroites et linéaires comme chez le cumin[6]. De même

9 **Βραχύρριζα δὲ τὰ τοιαῦτά ἐστιν οἷον θρίδαξ ἀνδράχνη, τῇ ὀρθῇ καὶ ταῖς εἰ<ς τὰ πλάγια>. Ἡ δὲ θρίδαξ ὥσπερ οὐκ ἔχει τὰς τοιαύτας ἀποφύσεις ἀλλὰ μόνον τὰς λεπτάς, καὶ μάλιστα δὴ μονόρριζον, ὡς εἰπεῖν. Ἁπλῶς δὴ πάντα τὰ θερινὰ βραχύρριζα — καὶ γὰρ ὁ σίκυος καὶ ἡ κολοκύντη καὶ ἡ σικύα — καὶ διὰ τὴν ὥραν καὶ ἴσως ἔτι μᾶλλον διὰ τὴν φύσιν ἥπερ συνηκολούθηκε τῇ ὥρᾳ. Ἡ δὲ μεταφυτευομένη θρίδαξ βραχυτέραν ἔχει τὴν ῥίζαν τῆς σπαρείσης· παραβλαστάνει γὰρ ἐκ τῶν πλαγίων μᾶλλον· βραχυτέρα δὲ καὶ ἡ ἀγρία τῆς ἡμέρου ἐκ τῶν ἄνω, τὸ δὲ πολυκαυλοτέρα.**

3. 1 **Ἀνθεῖ δὲ τῶν μὲν ἄλλων ἕκαστον ἀθρόον, τὸ δὲ ὤκιμον κατὰ μέρος τὰ κάτω πρῶτον, εἶθ' ὅταν ταῦτα ἀπανθήσῃ τὰ ἄνω· διὸ καὶ πολυχρόνιον ἐν τῷ ἀνθεῖν, καθάπερ κύαμος καὶ τῆς πόας τὸ ἡλιοτρόπιον καλούμενον καὶ ἄλλα δὲ τῶν ἀγρίων. Ἀνθεῖ δὲ καὶ ὁ σίκυος πολὺν χρόνον· καὶ γὰρ ἐπιβλαστάνειν τούτῳ γε συμβαίνει. Τὰ δὲ ἄνθη τῶν μὲν ἔκλευκα, τῶν δὲ μηλινοειδῆ, τῶν δὲ μικρὸν ἐπιπορφυρίζοντα, εὔχρουν δ' οὐθέν.**

2 **Τὰ δὲ σπέρματα διαφέρει καὶ τοῖς σχήμασι· τὰ μὲν γὰρ πλεῖστα στρογγύλα, τὰ δὲ προμήκη, τὰ δ' αὖ πλατέα καὶ φυλλώδη καθάπερ τὰ τῆς ἀνδραφάξυος· ὅμοιον γὰρ τῷ τοῦ σιλφίου· τὰ δὲ στενὰ καὶ γραμμώδη καθάπερ τοῦ κυμίνου. Καὶ τοῖς χρώμασιν ὁμοίως τὰ μὲν**

TEST.: 5 Mon. — 21-25 Mon.

1 τὰ om. U M ‖ 2 εἰ]ς τὰ πλάγια [*quae in latus porrigi solent* Gaza] suppl. Cam. : om. in lac. codd. Ald. ‖ 3-4 ἀλλὰ μόνον τὰς P Ald. : ἀλλαμένον τὰς U ἀλλὰ μένοντας M ‖ 5 δὴ codd. : δὲ Ald. ‖ βραχύρριζα U M P Ald. : βαθύ- Mon. ‖ 11-12 τὸ … πολυκαυλοτέρα codd. : τὰ … –ότερα Ald. ‖ 14 τὰ om. M P Ald. ‖ 18 πολὺν χρόνον Wim. : καλούμενος codd. Ald. ‖ 18-19 συμβαίνει P Ald. : -νειν U -νη M ‖ 22 πλεῖστα om. Mon.

pour la couleur, il en est de noires, d'autres pareilles à du bois, d'autres plus claires. <Les plantes potagères> sont certainement toutes des végétaux à graines en gousse, à graines nues, à graines renfermées dans un tégument épais ou à graines aigrettées : le radis, la moutarde et la rave ont des graines en gousse, la coriandre, le fenouil, l'aneth et le cumin des graines nues[7], la blète, la bette, l'arroche et le basilic des graines à tégument épais, la laitue des graines aigrettées. 3 Toutes font beaucoup de fruits et beaucoup de pousses, mais c'est le cumin qui fructifie le plus abondamment. Il se singularise aussi par ce qui se dit de lui. On prétend en effet qu'il faut en le semant le maudire et l'injurier si l'on veut qu'il soit beau et dru[8]. Pour ainsi dire toutes ces graines, sauf le cumin, sèchent difficilement, à la différence du blé[9] qui, une fois parvenu à maturité, sèche vite et s'égrène. Celles qui ont un tégument épais sèchent plus difficilement que les autres, surtout celles du basilic ; 4 toutes deviennent plus fertiles après séchage, ce qui explique qu'on les recueille avant <qu'elles tombent> pour les faire sécher ; toutes ces plantes sont du reste très fécondes et donnent beaucoup de graines, mais c'est le basilic qui fructifie le plus abondamment[10]. Il y a des espèces à fructification terminale, comme le basilic, le poireau, l'oignon, d'autres à fructification plutôt latérale, par exemple le radis, la rave et les plantes de ce genre ; d'autres combinent ces deux caractères, par exemple la blète et l'arroche[11]. Ces deux dernières en effet portent des fruits également sur le côté, et même, pour l'essentiel, elles ont leurs grappes de graines tout à fait contiguës à chaque ramification. Les sujets issus de graines vieilles sont plus prompts à mon-

μέλανα, τὰ δὲ ξυλώδη, τὰ δὲ λευκότερα. Πάντα δὴ ἐλλοβοσπέρματα ἢ γυμνοσπέρματα ἢ ἐμφλοιοσπέρματα ἢ παπποσπέρματα· ῥαφανὶς μὲν γὰρ καὶ νᾶπυ καὶ γογγυλὶς ἐλλοβοσπέρματα, κορίαννον δὲ καὶ μάραθον καὶ ἄνηθον καὶ κύμινον γυμνοσπέρματα, βλίτον δὲ καὶ τεύτλιον καὶ ἀνδράφαξυς καὶ ὤκιμον ἐμφλοιοσπέρματα, θριδακίνη δὲ παπποσπέρματον. 3 Πάντα δὲ πολύκαρπα καὶ πολυβλαστῆ, πολυκαρπότατον δὲ τὸ κύμινον. Ἴδιον δὲ καὶ ὃ λέγουσι κατὰ τούτου. Φασὶ γὰρ δεῖν καταρᾶσθαί τε καὶ βλασφημεῖν σπείροντας εἰ μέλλει καλὸν ἔσεσθαι καὶ πολύ. Δυσξήραντα δὲ πάντα μὲν ὡς εἰπεῖν, πλὴν τοῦ κυμίνου, οὐχ ὡς ὁ σῖτος ὃς κἂν ἅπαξ ἁδρυνθῇ ταχὺ ξηραίνεται καὶ ἀποπίπτει. Δυσξηραντότερα δὲ τὰ ἐμφλοιοσπέρματα καὶ τούτων <μάλιστα τὸ ὤκιμον· 4 ἅπαντα δὲ ξηρανθέντα πολυκαρπότερα γίνεται· διὸ> καὶ προαφαιροῦντες αὐτὰ ξηραίνουσιν· ἅπαντα δὲ πολύχοα καὶ πολυσπέρματα, πολυκαρπότατον δὲ τὸ ὤκιμον. Ἔστι δὲ τὰ μὲν ἀκρόκαρπα, καθάπερ ὤκιμον πράσον κρόμμυον, τὰ δὲ πλαγιόκαρπα μᾶλλον, οἷον ῥαφανὶς γογγυλὶς καὶ τὰ τοιαῦτα· τὰ δ' ἀμφοτέρως, οἷον βλίτον ἀνδράφαξυς. Ἀμφότερα γὰρ ταῦτα καὶ ἐκ τοῦ πλαγίου καὶ τό γε πλεῖστον εὐθὺς παρ' ἕκαστον ὄζον προσκαθήμενον ἔχει τὸ σπέρμα βοτρυῶδες. Τὰ δ' ἐκ παλαιοτέρων σπερμά-

TEST.: 3-11 Mon.

2 ἐλλοβοσπέρματα (item l. 4) Scal. : ἐλεβο- codd. Ald. || 2-3 ἢ ἐμφλοιοσπέρματα P Ald. : ὥσπερ φλοιο- U M || 8 πολυκαρπότατον U M : -ότερον P Ald. πλέον Mon. || 9 ὃ λέγουσι om. Mon. || κατὰ U M P Ald. : περὶ Mon. || γὰρ om. Mon. || 13 ἁδρυνθῇ Ald. : -υθῇ codd. || 15-16 μάλιστα — διὸ [*maxime ocimum. Omnia siccata fœcundiora redduntur : qua de causa* Gaza] suppl. Bod. ex Camotiana uide adn. : lacunam unius uersus praebent codd. Ald. || 18-19 ἔστι — ὤκιμον om. M P Ald. || 22-23 γε πλεῖστον U : τε π. M P Ald. γε βλίτον coni. Wim.

ter en tige[12], mais les plus prompts sont ceux qui viennent des semences juste à point, car il existe pour elles aussi une sorte d'optimum[13]. La beauté <des rejetons> va de pair proportionnellement <avec celle des plantes mères> si par ailleurs ils reçoivent les mêmes soins[14]. De plus, à ce qu'il paraît, si l'on met au même endroit plusieurs graines ensemble[15], les plants naissent plus beaux et poussent mieux. Ainsi on met en terre la graine du poireau et celle du céleri dans un nouet et ils prennent de grandes proportions[16]. 5 L'endroit <où l'on plante> a aussi quelque influence sur le développement du sujet. On conseille en tout cas, lorsqu'on repique les céleris, d'enfoncer au marteau un piquet de la taille qu'on veut les voir atteindre et de mettre en place <le plant> encore dans son nouet, après avoir enfoncé le piquet et rempli <le trou> de fumier et de terre[17]. Quelques espèces vont jusqu'à reproduire dans leurs formes la configuration des lieux : la gourde ne prend-elle pas la forme du récipient où elle a été placée[18] ? Et même une différence de saveur se manifeste dans certaines espèces à la suite d'un traitement préalable de la graine[19], par exemple chez le concombre si on le sème après avoir fait tremper la graine dans du lait[20]. Mais les phénomènes de ce genre sont peut-être plutôt une affaire de culture.

4. 1 Certaines <plantes potagères> comprennent plusieurs variétés, d'autres non : ainsi le basilic, la patience, la blète, le cresson, la roquette, l'arroche, la coriandre, l'aneth, la rue, espèces à l'intérieur desquelles on affirme qu'il n'y a pas <de différences>[1]. Il existe au contraire

των θᾶττον ἐκκαυλεῖ, τάχιστα δὲ τὰ ἐκ τῶν ἀκμαζόντων· ἔστι γάρ τις ἀκμὴ καὶ τούτων. Ἀνὰ λόγον δὲ καὶ τὸ κάλλος ἀκολουθεῖ τῶν ... ἐὰν τὰ ἄλλα τὴν αὐτὴν ἔχωσι θεραπείαν. Δοκεῖ δὲ καὶ εἰς τὸ αὐτὸ ἀθρόον θεμένων καλλίω γίνεσθαι καὶ βλαστάνειν. Οὕτω γὰρ τὸ τοῦ πράσου καὶ τὸ τοῦ σελίνου τιθέασιν ἀποδήσαντες εἰς ὀθόνιον καὶ γίνονται μεγάλα. 5 **Συμβάλλεται δέ τι καὶ ὁ τόπος πρὸς αὔξησιν. Κελεύουσι γοῦν ὅταν τις μεταφυτεύῃ τὰ σέλινα, πάτταλον κατακρούειν ἡλίκον ἂν βούληται ποιεῖν τὸ σέλινον, τιθέναι δὲ καὶ ἐν τῷ ὀθονίῳ τὸν πάτταλον κατακρούσαντα καὶ πλήσαντα κόπρου καὶ γῆς. Ἔνια δὲ καὶ τοῖς σχήμασιν ἐξομοιοῦται [καὶ] τοῖς τόποις· ἡ γὰρ σικύα ὁμοιοσχήμων γίνεται ἐν ᾧ ἂν τεθῇ < ἀγγείῳ. Διαφορὰν δὲ καὶ > λαμβάνει κατὰ τοὺς χυμοὺς ἔνια προθεραπευθέντα τῶν σπερμάτων, οἷον τὸ τοῦ σικύου ἐὰν ἐν γάλακτι βρέξαντες σπείρωσιν. Ἀλλὰ τὰ μὲν τοιαῦτα ἴσως οἰκειότερα τῆς θεραπείας.**

4. 1 **Γένη δὲ τῶν μέν ἐστι πλείω, τῶν δὲ οὐκ ἔστιν, οἷον ὠκίμου λαπάθου βλίτου καρδάμου εὐζώμου ἀνδραφάξυος κοριάννου ἀνήθου πηγάνου· τούτων γὰρ οὔ φασιν εἶναι. Τῶν δέ ἐστι, ῥαφανίδος ῥαφάνου**

TEST.: 4-17 Mon.

3 lacunam maiorem uno uersu praebent codd. Ald. ‖ 4 αὐτὸ huc transp. Scal. : post ἀθρόον habent U M P Ald. om. Mon. ‖ 5 θεμένων U M P Ald. : συντιθε- Mon. ‖ καλλίω U M P Ald. : καλὸν Mon. ‖ 7 μεγάλα [*ampliora* Gaza] Stack. uide adn. : -αι U M P Ald. μέγαν Mon. ut uid. ‖ 11 τὸν huc transp. Schn. : ante ἐν habent codd. Ald. ‖ 12-13 ἐξομοιοῦται U M P Ald. : εὐομ- Mon. ‖ 13 καὶ del. Schn. ‖ 14 ἀγγείῳ suppl. Wim. coll. *C.P.* V, 6, 7 et διαφορὰν δὲ καὶ [*quin et... differentiam* Gaza] suppl. Cam. : lacunam unius uersus aut maiorem praebent U M P Ald. ; lacunam non ind. Mon. qui post λαμβάνει add. δὲ ‖ 17 τὰ μὲν om. M P Ald. ‖ 22 post εἶναι suppl. γένους διαφορὰν [*diuersitatem generis* Gaza] Heins. : lacuna circa 3 litt. in Ald. tantum.

des variétés de radis, de chou, de bette, de concombre, de citrouille, de cumin, d'ail et de laitue. Elles se distinguent par leurs feuilles et leurs racines, par leurs couleurs, leurs saveurs et les autres caractères de ce genre.

2 On compte, par exemple, cinq variétés de radis[2] : celui de Corinthe, le « lisse de Thasos », celui de Cléones, le radis « douteux »[3] et le béotien. La variété qui prend les plus grandes proportions est, dit-on, celle de Corinthe, dont en outre la racine se trouve à découvert, car elle remonte au lieu de s'enfoncer comme les autres ; le radis « lisse de Thasos », qu'on appelle parfois radis de Thrace, est le plus résistant au froid ; le béotien est le plus doux et de forme arrondie, à l'inverse de celui de Cléones, qui est long. Les variétés à feuilles lisses sont douces et de goût agréable, celles à feuilles rudes plus piquantes. Outre les précédentes, il en est une dont la feuille ressemble à celle de la roquette[4]. Voilà pour le radis.

3 Quant à la rave[5], les uns disent qu'il en existe <plusieurs variétés>, les autres disent que non, mais qu'il y a une différence entre « mâle » et « femelle », l'un et l'autre venant de la même semence. Pour favoriser les caractères « femelles », il faut, selon eux, mettre en terre des graines clairsemées, car si on les met serrées, toutes les plantes deviennent « mâles », et il en va de même si l'on sème dans un mauvais terrain ; aussi pour la reproduction par graines, on transplante les sujets sortis <du semis> et on les repique également au large[6]. De plus, en ce qui concerne la graine, sa qualité inférieure ou supé-

τευτλίου σικύου κολοκύντης κυμίνου σκορόδου θριδακίνης. Διαιροῦσι δὲ τοῖς τε φύλλοις καὶ ταῖς ῥίζαις καὶ τοῖς χρώμασι καὶ τοῖς χυλοῖς καὶ τοῖς ἄλλοις τοῖς τοιούτοις.

2 Οἷον τῆς ῥαφανίδος γένη πέντε, κορινθίαν λειοθασίαν κλεωναίαν ἀμαυρὰν βοιωτίαν. Εὐαυξεστάτην δὲ τὴν κορινθίαν ἣ καὶ τὴν ῥίζαν ἔχει γυμνήν· ὠθεῖσθαι γὰρ εἰς τὸ ἄνω καὶ οὐχ ὡς αἱ ἄλλαι κάτω· τὴν δὲ λειοθασίαν ἣν ἔνιοι καλοῦσι θρᾳκίαν ἰσχυροτάτην πρὸς τοὺς χειμῶνας· τὴν δὲ βοιωτίαν γλυκυτάτην καὶ τῷ σχήματι στρογγύλην, οὐχ ὥσπερ τὴν κλεωναίαν μακράν. Ὅσων δ᾽ ἂν ᾖ λεῖα τὰ φύλλα, γλυκύτεραι καὶ ἡδίους, ὅσων δ᾽ ἂν τραχέα, δριμύτεραι. Γένος δέ τι παρὰ ταῦτά ἐστιν ὃ ἔχει τὸ φύλλον εὐζώμῳ ὅμοιον. Ῥαφανίδος μὲν οὖν ταῦτα.

3 Γογγυλίδος δὲ οἱ μέν φασιν εἶναι, οἱ δὲ οὔ φασιν, ἀλλὰ καὶ τῷ ἄρρενι καὶ τῇ θηλείᾳ διαφέρειν, γίνεσθαι δὲ ἐκ τοῦ αὐτοῦ σπέρματος ἄμφω. Πρὸς δὲ τὸ ἀποθηλύνεσθαι πηγνύναι δεῖν μανάς· ἐὰν γὰρ πυκνάς, πάσας ἀπαρρενοῦσθαι, τὸν αὐτὸν δὲ τρόπον κἂν ἐν γῇ μοχθηρᾷ σπαρῶσι· διὸ καὶ <πρὸς> τοὺς σπερματισμοὺς μεταφέροντες φυτεύουσι τὰς ἐκφύσεις καὶ πλατείας. Ἔστι δὲ καὶ τὸ σπέρμα τῇ ὄψει τὸ χεῖρον καὶ

TEST.: 5-6 ATH. 56 f ; POLL. VI, 63 : θασίαι ῥαφανίδες ; HSCH. s.u. ἄπλυτοι ῥαφανίδες et κλεωναῖαι. — 8-12 *passim* ATH. 56 f. — 16-21 *passim* Mon. ; 16-18 *passim* ATH. 369 b et c.

5 τῆς ῥαφανίδος codd. Ald. : ῥαφανίδων ATH. ‖ 5-6 γένη — κλεωναίαν ATH. : om. in lac. codd. Ald. ‖ 6 ἀμαυρὰν ego coll. HSCH. uide adn. : μοραν U ἀμωρέαν ATH. om. in lac. M P Ald. ‖ βοιωτίαν U ATH. : τίαν M P Ald. ‖ εὐαυξεστάτην Heins. : εὐαξ- codd. Ald. ‖ 8-9 λειοθασίαν ATH. : -θαλασσίαν codd. Ald. ‖ 11 κλεωναίαν Heins. : -νέαν codd. Ald. ‖ 12 ὅσων δ᾽ ἂν ᾖ codd. Ald. : ὧν ἐστι ATH. ‖ 16 γογγυλίδος U M P Ald. : -ίδων ATH. ῥαφανίδος Mon. ‖ 19 δεῖν [*oportere* Gaza] Schn. : δεῖ codd. Ald. ‖ 21 σπαρῶσι U M P Ald. : παρ- Mon. ‖ πρὸς add. Schn. coll. infra VII, 5, 3.

rieure se reconnaît à l'aspect : à variété excellente, graine fine, à variété médiocre, graine grosse. La rave elle-même, et aussi le radis, se trouvent bien du froid de l'hiver, qui, pense-t-on, les adoucit, en même temps que leur développement s'oriente vers la racine et non vers les feuilles[7] ; au contraire, par vent du sud et par beau temps, ils montent en tige rapidement. Ainsi donc, ce qui demande qu'on justifie leur assimilation, c'est l'existence des différences au sein de l'une et l'autre espèce[8].

4 Pour le chou[9], qui se divise en trois, chou à feuilles frisées et chou à feuilles lisses[10], avec en troisième lieu la plante sauvage[11] (celle-ci à feuille lisse mais petite et arrondie, très rameuse et très feuillue, pourvue en outre d'un suc âcre et médicinal, ce qui explique l'usage qu'en font les médecins pour les intestins[12]), oui, c'est pareillement dans le fait énoncé plus haut[13] que résident, semble-t-il, des différences concernant chacune de ses deux races, puisqu'il en est une variété sans graines ou à graines sans valeur. Cependant en général le chou frisé a meilleur goût que le chou lisse et des feuilles plus grandes. Parmi les bettes aussi, la « blanche » a meilleur goût que la « noire »[14] et moins de graines ; on l'appelle parfois bette de Sicile. 5 De même pour la laitue : la « blanche » est plus douce et plus tendre. Mais il y en a trois autres variétés, à tige plate, à tige ronde et en troisième lieu celle de Laconie. Cette dernière a un peu la feuille du scolyme[15], elle est droite, de belle venue, sans pousses sur les côtés de la tige. Parmi les laitues

βέλτιον φανερόν· τῆς μὲν γὰρ χρηστῆς λεπτόν, τῆς δὲ μοχθηρᾶς ἁδρόν. Χειμαζομένη δὲ χαίρει καὶ αὐτὴ καὶ ἡ ῥαφανίς· οἴονται γὰρ ἅμα γλυκαίνεσθαί τε καὶ τὴν αὔξησιν εἰς τὴν ῥίζαν τρέπεσθαι καὶ οὐκ εἰς τὰ φύλλα· τοῖς δὲ νοτίοις καὶ ταῖς εὐδίαις ἐκκαυλεῖ ταχύ. Τοῦτο μὲν οὖν λόγου δεῖται τῆς ὁμοιώσεως ἐν ἀμφοῖν εἶναι τὰς διαφοράς.

4 Τῆς δὲ ῥαφάνου τριχῇ διαιρουμένης, οὐλοφύλλου τε καὶ λειοφύλλου καὶ τρίτης τῆς ἀγρίας, — ἣ τὸ μὲν φύλλον ἔχει λεῖον, μικρὸν δὲ καὶ περιφερές, πολύκλαδος καὶ πολύφυλλος, ἔτι δὲ χυλὸν ἔχουσα δριμὺν καὶ φαρμακώδη, διὸ καὶ πρὸς τὰς κοιλίας αὐτῷ χρῶνται οἱ ἰατροί — ὁμοίως δὲ καὶ ἐν ἐκείνῳ δοκοῦσι διαφοραὶ καθ' ἑκατέραν, ἐπεὶ ἄσπερμόν τι γένος αὐτῶν ἐστιν ἢ κακόσπερμον. Τὸ δ' ὅλον ἡ οὔλη τῆς λείας εὐχυλοτέρα καὶ μεγαλοφυλλοτέρα. Εὐχυλότερον δὲ καὶ τῶν τευτλίων τὸ λευκὸν τοῦ μέλανος καὶ ὀλιγοσπερμότερον, ὃ καλοῦσί τινες σικελικόν. 5 Ὡσαύτως δὲ καὶ τῆς θριδακίνης· ἡ γὰρ λευκὴ γλυκυτέρα καὶ ἁπαλωτέρα. Γένη δὲ αὐτῆς ἐστιν ἄλλα τρία, τό τε πλατύκαυλον καὶ στρογγυλόκαυλον καὶ τρίτον τὸ λακωνικόν. Αὕτη δὲ τὸ μὲν φύλλον ἔχει σκολυμῶδες, ὀρθὴ δὲ καὶ εὐαυξὴς καὶ ἀπαράβλαστος ἐκ τοῦ καυλοῦ. Τῶν δὲ πλατειῶν οὕτω

TEST.: 1-3 Mon. — 8-9 *passim* ATH. 369 f. — 15-21 Mon. ; 16-18 ATH. 371 a. — 18-23 ATH. 69 a ; 23 Mon.

2 αὐτὴ codd. Ald. : αὕτη coni. Schn. ‖ 8-9 οὐλοφύλλου — ἀγρίας codd. Ald. : ἡ μὲν ἐστιν οὐλόφυλλος, ἡ δὲ ἀγρία ATH. uide adn. ‖ 11 post πολύκλαδος add. δὲ M ‖ 14 ἑκατέραν U : ἑτέραν M P Ald. ‖ 15 λείας U M P Ald. : ῥαφανίδος Mon. ‖ εὐχυλοτέρα U M P Ald. : εὐψυχω- Mon. ‖ 16 εὐχυλότερον δὲ om. Mon. ‖ 17-18 ὃ καλοῦσί τινες codd. Ald. : καὶ καλεῖσθαι ATH. ‖ 19 ἁπαλωτέρα U P : ἁπαλο- M ἁπλω- Mon. ‖ 20 τό τε … καὶ U M P Ald. : τὸ … καὶ ATH. τὸ μὲν … τὸ δὲ … Mon. ‖ 22 σκολυμῶδες U P ATH. Ald. : -λικῶδες M ‖ εὐαυξὴς U ut uid. ATH. : -αξὴς M P Ald. ‖ alt. καὶ om. ATH. ‖ 23 ἀπαράβλαστος codd. Ald. : -βλητος ATH. ‖ πλατειῶν U[2] M P Mon.[γρ] Ald. : -τέων U ATH. πλαγίων Mon.

« plates », il en est dont la tige s'aplatit à tel point que certains en font même, dit-on, des portes de jardin[16]. La variété fortement laiteuse, à petites feuilles et tige plus blanche ressemble à la laitue sauvage[17].

6 Pour les céleris, les différences concernent à la fois les feuilles et les côtes[18]. Une variété a un feuillage massif, frisé et touffu[19], l'autre l'a plus léger et plus étalé, avec des côtes plus grandes ; à leur tour, ces variétés comprennent des céleris à côtes blanches, d'autres à côtes pourpres ou de plusieurs couleurs[20]. Mais en somme, tout ce qu'il y a de tel reste assez proche de l'espèce sauvage.

Quant au concombre et à la citrouille, on dit que le premier a des variétés et la seconde n'en a pas, comme le radis et la rave, mais que dans la même variété, certaines citrouilles sont meilleures, d'autres moins bonnes[21]. Il y a trois sortes de concombre : le laconien, le concombre « en massue », le béotien ; parmi eux, le laconien est meilleur si on l'arrose, les autres le sont sans arrosage[22].

7 A la fois les oignons et les aulx se présentent différemment selon la variété. Il y a de fort nombreuses variétés d'oignon[23], par exemple ceux qu'on appelle d'après leur région d'origine oignons de Sardes, de Cnide, de Samothrace[24], auxquels s'ajoutent les oignons nouveaux, ceux qui se divisent et ceux d'Ascalon. Parmi ces dernières variétés, les oignons nouveaux[25] sont petits et tout à fait doux, ceux qui se divisent et ceux d'Ascalon se distinguent à la fois par leur mode de culture et bien évi-

τινὲς πλατύκαυλοι γίνονται ὥστ᾽ ἐνίους φασὶ καὶ θύραις χρῆσθαι κηπουρικαῖς. Τὸ δὲ ὀπῶδες σφόδρα καὶ μικρόφυλλον καὶ λευκοκαυλότερον ἔοικεν ἀγρίᾳ.

6 Τῶν δὲ σελίνων καὶ ἐν τοῖς φύλλοις καὶ ἐν τοῖς καυλοῖς αἱ διαφοραί. Τὸ μὲν γὰρ πυκνὸν καὶ οὖλον καὶ δασὺ τὸ φύλλον ἔχει, τὸ δὲ μανότερον καὶ πλατύτερον, καυλὸν δὲ μείζω· τούτων δὲ πάλιν τὰ μὲν λευκόκαυλα, τὰ δὲ πορφυρόκαυλα ἢ ποικιλόκαυλα· τὸ δ᾽ ὅλον ἅπαν τὸ τοιοῦτον ἐμφερέστερον τῷ ἀγρίῳ.

Σικύου δὲ καὶ κολοκύντης τοῦ μὲν εἶναί φασι γένη, τῆς δ᾽ οὐκ εἶναι, καθάπερ τῆς ῥαφανίδος καὶ τῆς γογγυλίδος, ἀλλ᾽ ἐν τῷ αὐτῷ γένει τὰς μὲν βελτίους, τὰς δὲ χείρους. Τοῦ δὲ σικύου τρία, λακωνικὸν σκυταλίαν βοιώτιον· τούτων δὲ ὁ μὲν λακωνικὸς ὑδρευόμενος βελτίων, οἱ δ᾽ ἕτεροι ἀνύδρευτοι.

7 Διαφέρει δὲ γένει καὶ τὰ κρόμμυα καὶ τὰ σκόροδα. Πλείω δὲ τοῦ κρομμύου τὰ γένη, οἷον τὰ κατὰ τὰς χώρας ἐπικαλούμενα σάρδια κνίδια σαμοθρᾴκια, καὶ πάλιν τὰ σητάνια καὶ σχιστὰ καὶ ἀσκαλώνια. Τούτων δὲ τὰ μὲν σητάνια μικρά, γλυκέα δὲ εὖ μάλα, τὰ δὲ σχιστὰ καὶ ἀσκαλώνια καὶ ταῖς θεραπείαις διαφέροντα

TEST.: 1-3 Mon. ; 1-2 Ath. 69b. — 10-13 *passim* Ath. 58 f. — 13-15 Ath. 74 a. — 17-19 Mon. ; 19 Hsch. s.u. σχιστά. — 21 Mon.

1 γίνονται U M P Ath. Ald. : λέγοντ- Mon. ‖ φασὶ om. Ath. ‖ 2 κηπουρικαῖς M P Ath. Ald. : κηπουριακ- U κηπωρικ- Ald. κηπωριακ- Mon. ‖ 3 μικρόφυλλον U M P Ald. : -οφυλλότερον Mon. ‖ καὶ λευκοκαυλότερον ἔ. ἀ. U M P Ald. : ἔ. ἀ., ὃ καὶ λευκόκαυλόν ἐστιν Mon. ‖ 9 ἐμφερέστερον U : -τατον M P Ald. ‖ 10 τοῦ Schn. : τῆς codd. Ald. ‖ 11-12 καθάπερ — γένει codd. Ald. : ἐν μέρει ἰδέας, ἀλλ᾽ εἶναι Ath. uide adn. ‖ 15 οἱ … ἕτεροι ἀνύδρευτοι codd. Ald. : τοὺς … ἄλλους ἀνύδρους Ath. ‖ 18 ἐπικαλούμενα U M P Ald. : καλούμενα Mon. ‖ σάρδια Meursius coll. Plin. uide adn. : γάρδια U M P Ald. διὰ Mon. ‖ κνίδια P Ald. : -δα U M Mon. ‖ 19 alt. καὶ om. Ald.

demment par leurs caractères naturels. De l'oignon qui se divise[26], l'hiver on laisse au repos la touffe entière[27], mais quand vient le printemps, on enlève les feuilles de l'extérieur et on met le reste en culture ; ces feuilles enlevées, les autres poussent, tandis que la plante se divise à la base, d'où son nom d'« oignon qui se divise ». Il faudrait même, selon d'autres, <avoir ôté> absolument toutes <les feuilles> pour que la puissance vitale se concentre dans la partie souterraine et qu'il ne se forme pas de graines. 8 Quant aux oignons d'Ascalon[28], leur nature a quelque chose d'original : eux seuls se divisent et sont comme incapables de se reproduire par la racine[29] ; qui plus est, ils sont eux-mêmes dans l'impossibilité de se développer et de grossir[30]. C'est pourquoi, au lieu d'en mettre en terre <des rejetons>, on les sème, et on les sème tard, vers le printemps, puis quand ils ont commencé à pousser, on les repique ; et ils arrivent à maturité si rapidement qu'on peut les arracher en même temps que les autres ou même avant. Si on les laisse en terre plus longtemps, ils pourrissent ; et si on les plante, ils forment une tige et produisent seulement de la graine, puis se vident et se dessèchent. 9 Telle est à peu près la nature de ces oignons. Certaines variétés se distinguent également par la couleur. A Issos[31] en effet, il y a des oignons par ailleurs semblables aux oignons blancs, mais pour la couleur véritablement blancs ; c'est un produit que l'on dit semblable aux oignons de Sardes[32]. Les oignons de Crète sont d'une nature très particulière, quoiqu'elle s'apparente, en un sens, à celle des oignons d'Ascalon, si toutefois ce n'est pas exactement la même. Car il existe en Crète une variété qui, multipliée par le semis, fait une racine, alors que par la plantation, elle donne une tige et de la graine sans former de bulbe, et qui est de saveur douce. Elle se comporte, peut-on dire, à l'inverse des autres. 10 Toutes en effet réussissent mieux et plus

καὶ δηλονότι τῇ φύσει. <Τὸ> γὰρ σχιστὸν τῷ μὲν χειμῶνι μετὰ τῆς κόμης ἐῶσιν ἀργόν, ἅμα δὲ τῷ ἦρι τὰ φύλλα περιαιροῦσι τὰ ἔξω καὶ τὰ ἄλλα θεραπεύουσι· περιαιρεθέντων δὲ τῶν φύλλων, τὰ ἕτερα βλαστάνει καὶ ἅμα κάτω σχίζεται, διὸ καλοῦσι σχιστά. Οἱ δὲ καὶ ὅλως φασὶ πάντων δεῖν, ὅπως ἡ δύναμις εἰς τὸ κάτω καὶ μὴ σπερμοφυῇ. 8 Τῶν δὲ ἀσκαλωνίων ἰδία τις ἡ φύσις· μόνα γὰρ σχιστὰ καὶ ὥσπερ ἄγονα ἀπὸ τῆς ῥίζης, ἔτι δὲ ἐν αὐτοῖς ἀναυξῆ καὶ ἀνεπίδοτα. Διὸ καὶ οὐ πηγνύουσιν ἀλλὰ σπείρουσιν αὐτά, καὶ σπείρουσιν ὀψὲ πρὸς τὸ ἔαρ, εἶθ' ὅταν βλαστήσῃ, μεταφυτεύουσι· τελειοῦται δὲ οὕτω ταχέως ὥσθ' ἅμα τοῖς ἄλλοις ἢ καὶ πρότερον ἐξαιρεῖσθαι. Πλέονα δὲ χρόνον ἐαθέντα ἐν τῇ γῇ σήπεται· φυτευθέντα δὲ καυλὸν ἀφίησι καὶ σπέρμα φύει μόνον, εἶτα κενοῦται καὶ αὐαίνεται. 9 Τούτων μὲν οὖν τοιαύτη τις ἡ φύσις. Διαφέρει δ' ἔνια καὶ τοῖς χρώμασιν. Ἐν Ἰσσῷ γὰρ τὰ μὲν ἄλλα ὅμοια τοῖς λευκοῖς [λευκά], λευκὰ δὲ σφόδρα τῇ χροιᾷ· φέρειν δέ φασιν ὅμοια τοῖς σαρδιανοῖς. Ἰδιωτάτη δὲ ἡ φύσις ἡ τῶν κρητικῶν, παραπλησία δὲ τρόπον τινὰ τοῖς ἀσκαλωνίοις, εἰ μὴ ἄρα καὶ ἡ αὐτή. Ἐν Κρήτῃ γάρ ἐστί τι γένος ὃ σπειρόμενον μὲν ῥίζαν ποιεῖ, φυτευόμενον δὲ καυλὸν καὶ σπέρμα, κεφαλὴν δὲ οὐκ ἴσχει, γλυκὺ δὲ τῷ χυμῷ· τοῦτο γὰρ οἷον ἀνάπαλιν ἔχει τοῖς ἄλλοις. 10 Ἅπαντα

TEST.: 1-5 Mon. — 7-10 Mon.

1 τὸ add. Heins. ‖ 2 κομῆς ἐῶσιν [(*cum*) *coma... relinquunt* Gaza] Scal. : κοιμήσεως codd. Ald. ‖ 3 περιαιροῦσι [*detrahunt* Gaza] Scal. : -άγουσι codd. Ald. ‖ 6 τὸ U^1 M : τῶ U τὰ P Ald. ‖ 8 post γὰρ add. οὐ Scal. uide adn. ‖ ἄγονα [*steriles* Gaza] Scal. : ἄτο- codd. Ald. ‖ ἔτι U M P Ald. : ἔστι Mon. ‖ 9 ἐν αὐτοῖς om. Mon. ‖ 12 οὕτω [*adeo* Gaza] Schn. : τοῖς ἄλλοις codd. Ald. ‖ 13 πλέονα U^2 : πλέον U M πολλὸν P πολὺν Ald. ‖ 15 κενοῦται [*exinaniuntur* Gaza] Stack. : καιν- codd. Ald. ‖ 17 Ἰσσῷ [*Issum* Gaza] Schn. : ἴσῳ U M νήσῳ P Ald. ‖ 18 λευκά del. Ald.

vite quand <des rejetons> sont mis en terre. Elles se plantent toutes après le lever de l'Arcture[33], alors que la terre est encore chaude, de façon que les plants, une fois mis en place, profitent des pluies. On plante soit les oignons entiers, soit des rejetons détachés sur le bord du bulbe ; les pousses issues de celui-ci ne sont pas uniformes : de la base sort un oignon, du sommet seulement de la verdure ; partagé à la verticale, il ne fait pas du tout de pousses. Ce qu'on appelle la ciboulette est une espèce sans bulbe arrondi[34], qui a une sorte de long col d'où partent les pousses formant la partie supérieure de la plante. On la coupe ras fréquemment, comme le poireau ; c'est pourquoi on la sème au lieu de la planter[35]. Voilà donc à peu près les différents types d'oignon.

11 L'ail se plante un peu avant le solstice ou après le solstice, selon les variétés[36]. La différence entre elles est à la fois celle des variétés tardives par rapport aux variétés hâtives (il s'en trouve une pour venir à maturité en soixante jours !) et celle des plus ou moins grandes dimensions. Il y a une variété de taille exceptionnelle (tel est surtout l'ail dit de Chypre), qu'on ne fait pas cuire[36] mais qui s'utilise pour les aillées[37], auxquelles cet ail donne en moussant, quand on le pile, un volume surprenant. De plus, quelques variétés se distinguent en ne formant pas leurs caïeux[38]. Mais la douceur, le parfum et la grosseur dépendent, semble-t-il, du pays d'origine et du mode de culture, comme pour les autres légumes. L'ail accomplit son cycle végétatif même en venant de graine, mais lentement[39]. La première année, il acquiert un bulbe comme celui d'un poireau, qui l'année suivante se change en caïeux, pour venir à maturité la troisième, et il

γὰρ [καὶ] πηγνύμενα καὶ βελτίω καὶ θᾶττον παραγίνεται. Πάντα δὲ φυτεύεται μετ᾽ Ἀρκτοῦρον, ἔτι θερμῆς οὔσης τῆς γῆς, ὅπως τὰ ὕδατα πεφυτευμένα καταλαμβάνῃ. Καὶ ὅλα δὲ φυτεύεται [τε] καὶ διατεμνόμενα παρὰ τὴν κεφαλήν· οὐχ ὅμοιαι δὲ αἱ ἐκβλαστήσεις, ἀλλ᾽ ἐκ μὲν τοῦ κάτω γίγνεται κρόμμυον, ἐκ δὲ τοῦ ἄνω χλόη μόνον· ὀρθὸν δὲ διατμηθὲν ὅλως ἀβλαστές ἐστι. Τὸ δὲ γήτειον καλούμενον ἀκέφαλόν τι καὶ ὥσπερ αὐχένα μακρὸν ἔχον ὅθεν καὶ ἡ βλάστησις ἄκρα· καὶ ἐπικείρεται πολλάκις ὥσπερ τὸ πράσον· διὸ καὶ σπείρουσιν αὐτὸ καὶ οὐ φυτεύουσι. Τὰ μὲν οὖν κρόμμυα σχεδὸν ταύτας ἔχει τὰς ἰδέας.

11 **Τὸ δὲ σκόροδον φυτεύεται μὲν μικρὸν πρὸ τροπῶν ἢ μετὰ τροπὰς διαιρούμενον κατὰ γένη. Διαφορὰ δέ ἐστιν αὐτῶν ἥ τε ὀψίων πρὸς τὰ πρώϊα — γένος γάρ τι τυγχάνει τοιοῦτον ὃ ἐν ἑξήκοντα ἡμέραις τελειοῦται — καὶ μεγέθει καὶ μικρότητι. Καὶ τῷ μεγέθει γένος τι διαφέρον ἐστί — μάλιστα δὲ τὸ κύπριον καλούμενον τοιοῦτον — ὅπερ οὐχ ἑψοῦσιν ἀλλὰ πρὸς τοὺς μυττωτοὺς χρῶνται καὶ ἐν τῇ τρίψει θαυμαστὸν ποιεῖ τὸν ὄγκον ἐκπνευματούμενον. Καὶ ἔτι τῷ μὴ ἔχειν ἔνια τὰς γέλγεις. Ἡ δὲ γλυκύτης καὶ ἡ εὐωδία καὶ ἡ ἁδρότης σχεδὸν παρὰ τὰς χώρας γίνεται καὶ τὰς θεραπείας, ὥσπερ καὶ τῶν ἄλλων. Τελειοῦται δὲ καὶ ἀπὸ σπέρματος, ἀλλὰ βραδέως. Τῷ πρώτῳ γὰρ ἔτει κεφαλὴν ἡλίκην πράσου λαμβάνει, τῷ δὲ ὕστερον γελγιδοῦται**

TEST.: 18-21 Mon. — 22-23 Mon.

1 pr. καὶ del. Stack. || 2 φυτεύεται Schn. : φύεται codd. Ald. || 3-4 καταλαμβάνῃ U Ald. : -νει M P || 4 φυτεύεται U M : φύεται P Ald. || τε del. Schn. || 11 οὐ om. M || 12 ἰδέας U P Ald. : -ίας M || 13 μὲν U P Ald. : δὲ M || 15 ὀψίων U M P^γρ^ : -ίμων P Ald. || 16 ὃ ἐν Schn. : ὅθεν codd. Ald. ὅ τε ἐν Dalec. ὅτι ἐν coni. Stack. || 19 ἑψοῦσιν U M P Ald. : -ῶσιν Mon. uide adn. || 23 χώρας Dalec. : ὥρ- codd. Ald. || 26 γελγιδοῦται U : γελδιδ- M P Ald.

n'est en rien inférieur mais même supérieur, du moins au dire de certains, à l'ail venu de plant. 12 La formation de la racine[40] n'est pas identique pour l'ail et pour l'oignon. Celle de l'ail, quand les gousses ont commencé à gonfler, devient toute bosselée ; dès lors, elle grossit, puis se divise à son tour en caïeux et la maturité de la tête fait naître plusieurs individus d'un seul. L'oignon au contraire émet tout de suite, à partir de sa racine, un ou deux rejetons, comme les muscaris, la scille et toutes les plantes de ce genre. Le fait est qu'oignons et aulx se multiplient quand, au lieu de les récolter[41], on les laisse <en terre>. D'autre part, l'ail porte aussi, dit-on, sur sa tige fistuleuse des bulbes d'ail, et de même les oignons[42].

Eh bien donc, admettons que la question des variétés[43] a été suffisamment traitée.

5. 1 Tous les légumes en général aiment l'eau et le fumier (sauf la rue, qui, elle, aime très peu le fumier), les légumes d'hiver autant que ceux d'été, les espèces délicates autant que les espèces vigoureuses. Comme fumier, on recommande[1] surtout les balayures ; celui des bêtes de somme est au contraire jugé mauvais parce que c'est celui qui se déshydrate le plus. On demande que le fumier ait été bien mélangé à la semence, mais certains aussi le répandent sur les semis. On emploie également les déjections humaines à l'état brut pour faire de l'engrais liquide[2]. Les légumes d'hiver sont plus avides d'eau que ceux d'été, les plantes fragiles plus que les plantes vigoureuses, et davantage encore celles qui ont le plus grand besoin de nourriture[3]. L'oignon et la ciboulette aiment l'eau, quoique certains prétendent qu'ils n'en demandent pas si, dans un premier temps, il a plu[4] deux

καὶ τῷ τρίτῳ τέλειον γίνεται, καὶ οὐδὲν χεῖρον ἀλλ' ἔνιοί γε καὶ κάλλιόν φασι τοῦ πηκτοῦ. 12 Τῆς δὲ ῥίζης ἡ γένεσις οὐχ ὁμοία τοῦ τε σκορόδου καὶ τοῦ κρομμύου. Ἀλλὰ τοῦ μὲν σκορόδου, ὅταν ἀνοιδήσῃ ἡ γέλγις, κυρτοῦται πᾶσα καὶ ἐνταῦθα αὐξηθεῖσα διαιρεῖται πάλιν εἰς τὰς γέλγεις καὶ ἐξ ἑνὸς πολλὰ γίνεται τῷ τελειοῦσθαι τὴν κεφαλήν. Τὸ δὲ κρόμμυον εὐθὺς ἐκ τῆς ῥίζης ἄλλο καὶ ἄλλο παραφίησι, καθάπερ καὶ βολβοὶ καὶ σκίλλα καὶ πάντα τὰ τοιαῦτα. Καὶ γὰρ τὰ κρόμμυα καὶ τὰ σκόροδα μὴ ἀναιρουμένων ἀλλ' ἐώντων πολλὰ γίνεται. Φέρειν δέ φασι καὶ τὸ σκόροδον ἐπὶ τῆς φύσιγγος σκόροδα καὶ τὰ κρόμμυα.

Περὶ μὲν οὖν τῶν γενῶν ἱκανῶς εἰρήσθω.

5. 1 Φίλυδρα δὲ πάντα τὰ ἄλλα λάχανα καὶ φιλόκοπρα — πλὴν πηγάνου· τοῦτο γὰρ ἥκιστα φιλόκοπρον —, τὰ χειμερινὰ δὲ οὐχ ἧττον τῶν θερινῶν καὶ τὰ ἐπίκηρα τῶν ἰσχυρῶν. Κόπρον δὲ μάλιστα ἐπαινοῦσι τὴν συρματῖτιν, τὴν δὲ τῶν ὑποζυγίων μοχθηρὰν διὰ τὸ μάλιστα ἐξικμάζεσθαι. Ζητοῦσι δὲ τὴν κόπρον ἅμα τῷ σπόρῳ μάλιστα συναναμιχθεῖσαν, οἱ δὲ καὶ σπείροντες ἐπιβάλλουσι. Χρῶνται δὲ καὶ τῇ ἀνθρωπίνῃ ὠμῇ πρὸς τὴν χύλωσιν. Φιλυδρότερα δὲ τὰ χειμερινὰ τῶν θερινῶν καὶ τὰ ἀσθενῆ τῶν ἰσχυρῶν, ἔτι δὲ τὰ πλεῖστα δεόμενα τροφῆς. Φίλυδρα καὶ τὸ κρόμμυον καὶ τὸ γήθυον· καίτοι φασί τινες οὐ ζητεῖν ἐὰν τὸ πρῶτον ἐπιγένηται δὶς ἢ

TEST.: 14-16 Mon. — 17-21 Mon.

3-4 καὶ — σκορόδου om. M P Ald. ‖ 4 ἀνοιδήσῃ U : ἀνοιγή- M P Ald. ‖ 7 τελειοῦσθαι Stack. : τελεῖσθαι codd. Ald. ‖ 10 ἀναιρουμένων codd. Ald. : -ούντων coni. Schn. uide adn. ‖ 11-12 φύσιγγος [*fistula* Gaza] Salm. : σφύριγγ- codd. Ald. ‖ 13 γενῶν Ald. : γενεῶν M P γενέσεων U ‖ 15 γὰρ Mon. : δὲ cett. ‖ 20 συναναμιχθεῖσαν U M P Ald. : αναμ- (*sic*) Mon. ‖ 25 ἐπιγένηται Schn. in comm. : ἐγγέν- codd. Ald.

ou trois fois. 2 Les eaux potables et les eaux fraîches sont les meilleures, les eaux chargées de sel et mal décantées[5] les moins bonnes ; aussi une eau prise aux rigoles n'est-elle pas excellente, car elle charrie à la ronde des graines d'herbe. Celle du ciel est bénéfique, car en même temps elle détruit, paraît-il, les insectes au moment où, devenant aptes à se reproduire, ils dévorent <les plantes>[6]. Certains toutefois prétendent qu'elle ne profite ni aux concombres, ni aux oignons. On arrose les légumes en général de bon matin ou sur le soir, afin de ne pas les brûler, mais le basilic en plein midi[7] ; ne dit-on pas aussi qu'il germe plus vite si on l'arrose pour la première fois à l'eau chaude ? Un apport d'eau excessivement copieux paraît être profitable, surtout si la plante n'a pas de fumier[8], car souvent, dit-on, les légumes éprouvent un besoin de nourriture[9], que reconnaissent les jardiniers expérimentés.

3 Toutes les plantes potagères deviennent plus belles et plus grandes si elles sont repiquées. Les grandes dimensions des poireaux et des radis sont dues à la transplantation ; mais le repiquage se pratique surtout pour les porte-graine[10]. Si la plupart[11] des légumes le supportent — par exemple la ciboulette, le poireau, le chou, le concombre, le céleri, la rave, la laitue — non sans peine, absolument tous sont de plus belle venue et de plus grande taille si leurs graines sont enfoncées en terre que si elles sont semées.

4 Comme parasites, les radis ont des puces, le chou des chenilles et des vers, et sur la laitue, les poireaux et bien d'autres légumes sévissent les « coupe-poireau »[12]. En ce qui concerne ces derniers insectes, il est avéré que le

τρίς. 2 Τῶν δὲ ὑδάτων ἄριστα τὰ πότιμα καὶ τὰ ψυχρά, χείριστα δὲ τὰ ἁλυκὰ καὶ δυσμανῆ· διὸ καὶ ἐκ τῶν ὀχετῶν οὐ χρηστά· συμπεριφέρει γὰρ σπέρματα πόας. Ἀγαθὰ δὲ τὰ ἐκ διός· ταῦτα γὰρ δοκεῖ καὶ φθείρειν τὰ θηρία γινόμενα γόνιμα κατεσθίοντα. Φασὶ δέ τινες οὔτε τοῖς σικύοις συμφέρειν οὔτε τοῖς κρομμύοις. Ἀρδεύουσι δὲ τὰ μὲν ἄλλα πρωῒ ἢ πρὸς ἑσπέραν, ὅπως μὴ καθέψηται, τὸ δὲ ὤκιμον καὶ μεσημβρίας· καὶ γὰρ διαβλαστάνειν θᾶττόν φασι θερμῷ τὸ πρῶτον ἀρδευόμενον. Τὸ δὲ πολὺ λίαν ὕδωρ δοκεῖ συμφέρειν ἄλλως τε καὶ ἐὰν μὴ ἔχῃ κόπρον· πολλάκις γὰρ πεινῆν τὰ λάχανά φασι καὶ ταῦτα γνωρίζειν τοὺς ἐμπείρους τῶν κηπουρῶν.

3 Μεταφυτευόμενα δὲ πάντα καλλίω καὶ μείζω γίνεται· καὶ γὰρ τὰ τῶν πράσων μεγέθη καὶ τὰ τῶν ῥαφανίδων ἐκ μεταφυτείας· μάλιστα δὲ μεταφυτεύουσι πρὸς τοὺς σπερματισμούς. Καὶ τὰ μὲν πολλὰ ὑπομένει — οἷον γήθυον πράσον ῥάφανος σίκυος σέλινον γογγυλὶς θρίδαξ — γλίσχρως, ἅπαντα δὲ εὐαυξέστερα καὶ μείζω πηγνυμένων τῶν σπερμάτων ἢ σπειρομένων.

4 Θηρία δὲ γίνεται ταῖς μὲν ῥαφανίσι ψύλλαι, τῇ δὲ ῥαφάνῳ κάμπαι καὶ σκώληκες, καὶ ἐν τῇ θριδακίνῃ καὶ ἐν τοῖς πράσοις καὶ ἐν ἄλλοις δὲ πλείοσιν αἱ πρασοκουρίδες. Ταῦτα μὲν οὖν ἡ κράστις ἀθροισθεῖσα ἀπόλ-

TEST.: 1 Mon. — 4-5 Mon. — 6-11 Mon. — 14-15 Mon. — 19-20 Mon.

3 οὐ χρηστά Wim. : εὔχρηστα codd. Ald. || 7-8 καθέψηται [(*ne aqua*) *feruens sole officiat* Gaza] Schn. : καθάψ- codd. Ald. || 13 κηπουρῶν U M P[1] : -πωρῶν P Ald. || 15 τὰ … μεγέθη …τὰ Ald. : τὸ[τῷ M P]… μεγέθει … τὸ[τῷ P] codd. || 17 σπερματισμούς [*seminationes* Gaza] Scal. : -τικούς codd. Ald. || πολλὰ ego uide adn. : ἄλλα codd. Ald. || 19 γλίσχρως U : -ος P Ald. -οι M || εὐαυξέστερα Heins. : εὐαξ- codd. Ald. || 23-24 πρασοκουρίδες Heins. : πρασιοκου- U πρασικου- M P Ald. || 24 κράστις Const. : κράσις codd. κρᾶσις Ald.

fourrage vert mis en tas les fait périr[13] ; de plus, quand il trouve quelque part du fumier entassé, l'animal, qui l'affectionne, sort de terre et pénètre dans le fumier[14], où il s'endort, ce qui permet, bien sûr, de le capturer facilement ; sinon, ce n'est pas possible. Pour combattre les puces des radis, le meilleur moyen est de contre-planter des ers[15]. Mais pour prévenir l'apparition des chenilles, on prétend qu'il n'y a rien à faire. D'autre part, pendant la canicule, le basilic blanchit et sur la coriandre se forment des efflorescences salines[16]. Voilà les faits à travers lesquels il faut étudier les phénomènes.

5 Les semences ont une faculté de conservation tantôt forte, tantôt plus faible ; forte, par exemple pour la coriandre, la bette, le poireau, le cresson, la moutarde, la roquette, la sarriette, dans l'ensemble toutes les plantes âcres ; plus faible, pour la ciboulette (qui refuse de se conserver), l'arroche, le basilic, la citrouille, le concombre[17], en un mot, pour les légumes d'été plus que pour ceux d'hiver[18]. Cependant aucune graine ne reste plus de quatre ans en état d'être encore utilisée pour les semis ; si des graines de deux ans sont préférables, celles de trois ans ne leur cèdent en rien, mais passé cette limite, la semence est moins bonne. 6 Pour l'usage culinaire, les graines se conservent plus longtemps, quoique toutes, nécessairement[19], perdent de leurs principes actifs, parce qu'elles s'éventent et se ramollissent[20]. Elles sont gâtées surtout par les insectes, car il s'en forme dans

λυσι· καὶ ὅταν κόπρον ἀθρόαν που καταλάβῃ, φιλόκοπρον <ὄν>, τὸ θηρίον ἀναδύεται καὶ ἐνδῦσα κοιμᾶται ἐν τῇ κόπρῳ, διὸ δὴ ῥᾴδιον θηρεύειν· ἄλλως δ' οὐκ ἔστι. Ταῖς δὲ ῥαφανίσι πρὸς τὰς ψύλλας πρόσφορον τὸ ἐπισπείρειν ὀρόβους. Πρὸς δὲ τὸ μὴ γίνεσθαι καμπὰς οὔ φασιν εἶναι φάρμακον οὐδέν. Ὑπὸ δὲ τὸ ἄστρον ὤκιμον μὲν λευκαίνεται, κορίαννον δὲ ἁλμᾷ. Τὰ μὲν οὖν συμβαίνοντα διὰ τούτων θεωρητέον.

5 **Τῶν δὲ σπερμάτων τὰ μέν ἐστιν ἰσχυρότερα, τὰ δὲ ἀσθενέστερα πρὸς διαμονήν· ἰσχυρότερα μὲν οἷον κορίαννον τεύτλιον πράσον κάρδαμον νᾶπυ εὔζωμον θύμβρα ὅλως τὰ δριμέα πάντα· ἀσθενέστερα δὲ γήθυον — τοῦτο γὰρ οὐκ ἐθέλει μένειν — ἀνδράφαξυς ὤκιμον κολοκύντη σίκυον, ἁπλῶς τὰ θερινὰ τῶν χειμερινῶν μᾶλλον. Διαμένει δὲ οὐδὲν πλέον τεττάρων ἐτῶν ὥστε ἔτι χρήσιμον εἶναι πρὸς τοὺς σπόρους· ἀλλὰ δίενα μὲν βελτίω, τὰ δὲ τρίενα οὐδὲν χείρω, τὸ δ' ὑπερπαῖον ἤδη χεῖρον.** 6 **Πρὸς δὲ τὴν μαγειρικὴν χρείαν ἐπὶ πλείω διαμένει, πλὴν ἀσθενέστερα πάντα ἀναγκαῖον εἶναι διὰ τὴν ἀναπνοὴν καὶ τὴν μώλυσιν. Φθορὰ δὲ μάλιστα μὲν ὑπὸ τῶν θηρίων· γίγνεται γὰρ ἐν ἅπασι καὶ τοῖς δριμέσιν,**

TEST.: 9-15 *passim* Mon.

1 κόπρον ἀθρόαν Scal. : κόπρος ἀθρόα codd. Ald. || που M P Ald. : ποῦ U || 1-2 φιλόκοπρον Bod. coll. *Geop*. XII, 9 : -όπονον codd. Ald. || 2 ὂν add. Wim. || ἀναδύεται Scal. : -δεύεται U M Ald. -δεύηται P || ἐνδῦσα Schn. : ἐν αἷς codd. Ald. uide adn. || 4 πρόσφορον Bas. mg. : πρὸς codd. Ald. ἀρκεῖ coni. Wim. || 5 καμπὰς Wim. ex Schn. in comm. : ψύλλας codd. Ald. || 7 ἁλμᾷ Wim. : αλμαι sine accentu U ἅλμαι M P Ald. ἁλμᾶται Bas. mg. || 10 οἷον post δὲ [l. 12] transp. Mon. || 12 ὅλως [*ad summam* Gaza] Schn. in comm. : ἄλλως [ἄλως U] U² M P Mon. Ald. || τὰ U M P Ald. : τε Mon. || 16 ἔτι U : ἐστι uario accentu M P Ald. || σπόρους U P Ald. : πόρ- M || δίενα U : δι' ἕνα M P Ald. || 17 τὰ...τρίενα [*trima* Gaza] Wim. : διὰ...τρεῖς codd. Ald. || ὑπερπαῖον U² : ὑπεραῖον U ὑπὲρ γαῖον M P Ald. || 20 μώλυσιν U a.ras. : μόλ- U p.ras. κώλ- P Ald. κόλ- M.

toutes, même celles qui sont âcres, mais très peu dans la graine de concombre[21]. Néanmoins les graines de saveur piquante s'altèrent aussi en se déshydratant : avec le temps[22], elles prennent un goût amer, qui les rend moins bonnes pour cet usage.

Admettons que la question des graines et, en un mot, celle des légumes de nos jardins ont été suffisamment traitées.

6. 1 Il faut tâcher de traiter pareillement des plantes sauvages et de celles qu'on appelle les herbes des champs[1]. Il se trouve que les premières portent le même nom que les espèces précédemment décrites[2]. Celles-ci en effet existent toutes également à l'état sauvage, et même, semble-t-il, pour la plupart, sous un aspect assez voisin de celui des plantes domestiques, à ceci près qu'elles ont les feuilles plus petites[3] et plus rudes, ainsi que les tiges, et surtout que leurs sucs sont plus âcres et plus forts, comme chez la sarriette et l'origan, le chou et la rue[4]. De fait, même la patience, quoique plus savoureuse à l'état de nature que dans l'espèce cultivée, a cependant un suc plus acide, qui constitue la principale différence[5]. Toutes ces plantes sont aussi plus sèches qu'en culture, et c'est peut-être bien ce qui rend la plupart d'entre elles plus âcres et plus fortes également.

2 Voici comment le chou se singularise par rapport aux autres espèces : il a les tiges plus arrondies et plus lisses que la plante domestique, l'attache de la feuille, aplatie chez cette dernière, plus arrondie, et la feuille même moins anguleuse[6] ; le fait est que les autres espèces sont plus rudes, tant pour les tiges que pour les feuilles. La rave a non seulement la racine longue et semblable à un radis, mais encore la tige courte[7]. Chez la laitue, la feuille est plus courte qu'en culture (de plus, quand elle est

ἥκιστα δὲ ἐν τῷ σικύῳ. Οὐ μὴν ἀλλὰ καὶ ἐξικμαζόμενα φθείρεται τὰ δριμέα· χρονιζόμενα γὰρ πικρὰ γίνεται τῇ γεύσει, διὸ καὶ πρὸς τὴν χρείαν χείρω.

Καὶ περὶ μὲν τῶν σπερμάτων καὶ ἁπλῶς τῶν κηπευομένων ἱκανῶς εἰρήσθω.

6. 1 Περὶ δὲ τῶν ἀγρίων καὶ τῶν καλουμένων ἀρουραίων πειρατέον ὁμοίως εἰπεῖν. Τυγχάνει δὲ τὰ μὲν ὁμώνυμα τοῖς εἰρημένοις. Ἅπαντα γάρ ἐστι τὰ γένη ταῦτα καὶ ἄγρια, καὶ σχεδὸν τά γε πολλὰ παραπλησίαν ἔχοντα τὴν ὄψιν τοῖς ἡμέροις, πλὴν τοῖς γε φύλλοις ἐλάττω ταῦτα καὶ τραχύτερα, καὶ τοῖς καυλοῖς, καὶ μάλιστα τοῖς χυλοῖς δριμύτερα καὶ ἰσχυρότερα, καθάπερ ἥ τε θύμβρα καὶ ἡ ὀρίγανος, ἥ τε ῥάφανος καὶ τὸ πήγανον. Ἐπεὶ καὶ τὸ λάπαθον ἄγριον, καίπερ εὐστομώτερον τοῦ ἡμέρου, τὸν δὲ χυλὸν ὅμως ὀξύτερον ἔχει καὶ τούτῳ μάλιστα διαφέρει. Πάντα δὲ καὶ ξηρότερα τῶν ἡμέρων καὶ ἴσως αὐτῷ τούτῳ τά γε πολλὰ καὶ δριμύτερα καὶ ἰσχυρότερα.

2 Ἰδίως δὲ ἡ ῥάφανος ἔχει παρὰ τὰ ἄλλα τοὺς καυλοὺς περιφερεστέρους καὶ λειοτέρους τῆς ἡμέρου, καὶ τὴν τοῦ φύλλου πρόσθεσιν ἐκείνη μὲν ἔχει πλατεῖαν, αὕτη δὲ περιφερεστέραν, καὶ αὐτὸ δὲ τὸ φύλλον ἀγωνότερον· ἐπεὶ τά γε ἄλλα τραχύτερα καὶ τοῖς καυλοῖς καὶ τοῖς φύλλοις. Ἡ δὲ γογγυλὶς καὶ τὴν ῥίζαν ἔχει μακρὰν καὶ ῥαφανιδώδη καὶ τὸν καυλὸν βραχύν. Θριδακίνη δὲ τό τε φύλλον βραχύτερον τῆς ἡμέρου — καὶ τελειουμε-

TEST.: 25-26 Mon.

1 σικύῳ Schn. in comm. : -υῶνι U P Ald. -υῶν M uide adn. ‖ 2 φθείρεται — γὰρ om. M P Ald. ‖ 17 γε Schn. : τε codd. Ald. ‖ 22 αὕτη [*haec* Gaza] Scal. : αὐτὴ codd. Ald. ‖ 22-23 ἀγωνότερον Heins. uide adn. : ἀγονώ- codd. Ald. ἀγωνιό- coni. Stack. ‖ 23 τραχύτερα Schn. : -ρον codd. Ald.

adulte, elle devient épineuse) et la tige pareillement ; le suc laiteux est âcre et médicinal. Elle pousse dans les champs. On en recueille le suc à l'époque de la moisson ; celui-ci, dit-on, évacue les sérosités des hydropiques, guérit les yeux du néphélion et fait disparaître les leucomes, pris dans du lait de femme[8].

3 Le maceron (« céleri de cheval »), l'ache des marais (« céleri des marais ») et le persil (« céleri des montagnes ») se différencient à la fois entre eux et par rapport au céleri cultivé. L'ache des marais[9], qui pousse le long des fossés pleins d'eau et dans les marécages, est une plante à feuillage léger, qui ne devient pas touffue, et se rapproche assez du céleri par l'odeur, le goût et le port. Le maceron[10] est pour la feuille proche de l'ache des marais, mais c'est une plante touffue, à tige élevée, avec une racine de la grosseur d'un radis et noire ; noir est également son fruit, de plus grande taille qu'une graine d'ers. On dit que fruit et racine sont bons contre la rétention d'urine, pris dans du vin blanc doux, et dans les lithiases. Le maceron pousse partout indifféremment. De plus, il en sort une espèce de suc en larmes qui ressemble à la myrrhe (selon d'autres, c'est vraiment de la myrrhe). 4 Le persil[11] présente des différences encore plus considérables : sa feuille ressemble à celle de la ciguë, sa racine est fine, son fruit pareil à celui de l'aneth en plus petit ; on le donne aux femmes dans du vin sec pour leurs règles.

Quelquefois cependant la comparaison avec les plantes cultivées est absolument impossible, du moins en ce qui concerne le goût et les propriétés, comme quand il s'agit du concombre, sauvage et domestique[12] ; ces espèces

νον ἀκανθοῦται — καὶ τὸν καυλὸν ὁμοίως, τὸν ὀπὸν δὲ δριμὺν καὶ φαρμακώδη. Φύεται δ' ἐν ταῖς ἀρούραις. Ὀπίζουσι δὲ αὐτὴν ὑπὸ πυραμητὸν καί φασι καθαίρειν ὕδρωπα καὶ ἀχλὺν ἀπ' ὀφθαλμῶν ἀπάγειν καὶ ἄργεμα ἀφαιρεῖν ἐν γάλακτι γυναικείῳ.

3 Τὸ δ' ἱπποσέλινον καὶ ἐλειοσέλινον καὶ ὀρεοσέλινον καὶ πρὸς ἑαυτὰ διαφορὰν ἔχει καὶ πρὸς τὸ ἥμερον. Τὸ μὲν γὰρ ἐλειοσέλινον τὸ παρὰ τοὺς ὀχετοὺς καὶ ἐν τοῖς ἕλεσι φυόμενον μανόφυλλόν τε καὶ οὐ δασὺ γίνεται, προσεμφερὲς δέ πως τῷ σελίνῳ καὶ τῇ ὀσμῇ καὶ τῷ χυλῷ καὶ τῷ σχήματι. Τὸ δ' ἱπποσέλινον φύλλον μὲν ἐμφερὲς τῷ ἐλειοσελίνῳ, δασὺ δὲ καὶ μεγαλόκαυλον καὶ τὴν ῥίζαν ὥσπερ ῥαφανὶς ἔχει τὸ πάχος μέλαιναν· μέλας δὲ καὶ ὁ καρπός, μέγεθος δὲ μεῖζον ὀρόβου. Χρήσιμα δὲ ἄμφω φασὶ πρὸς στραγγουρίαν εἶναι ἐν οἴνῳ γλυκεῖ λευκῷ καὶ τοῖς λιθιῶσι. Φύεται δὲ ὁμοίως πανταχοῦ. Γίνεται δὲ καί τι δάκρυον ἐξ αὐτοῦ ὅμοιον τῇ μύρρᾳ — οἱ δέ φασιν ὅλως μύρραν. 4 Τὸ δὲ ὀρεοσέλινον μείζους ἔτι διαφορὰς ἔχει· τὸ μὲν γὰρ φύλλον ἔοικε κωνείῳ, ῥίζα δὲ λεπτή, τὸν δὲ καρπὸν ἔχει καθάπερ ἄνηθον πλὴν ἐλάττω· διδόασι δὲ τοῦτον ἐν οἴνῳ αὐστηρῷ τῶν γυναικείων χάριν.

Ἔνια δὲ ὅλως ἀσύμβλητα τοῖς ἡμέροις ἐστὶ κατά γε τοὺς χυλοὺς καὶ τὰς δυνάμεις, ὥσπερ σίκυος ὅ τε ἄγριος καὶ ὁ ἥμερος, ἀλλ' ἐκ τῆς προσόψεως ἔχει τὴν

TEST.: 1-11 Mon. — 11-22 *passim* Mon. ; 11 schol. NIC. *Ther.* 596.

4 ὕδρωπα U a.ras. : ὕδροπα U p.ras. M P Mon. Ald. ‖ 7 ἑαυτὰ U M P Ald. : αὐτὰ Mon. ‖ καὶ πρὸς τ. ἥ. post ἑαυτὰ transp. Mon. ‖ τὸ ἥμερον U M P Ald. : τὰ ἥμερα Mon. ‖ 10 σελίνῳ U M P Ald. : ἡμέρῳ Mon. ‖ 11 σχήματι U M P Ald. : βλαστῷ Mon. ‖ 16 τοῖς λιθιῶσι U M P Ald. : τοὺς ἰλιγγιῶντας Mon. uide adn. ‖ ὁμοίως Schn. : ὅμως codd. Ald. ‖ 17 καί τι Schn. in comm. : καὶ τὸ codd. Ald. ‖ 20 κωνείῳ Schn. : κωνίῳ U κονίῳ M P Ald. ‖ καρπὸν Dalec. : καυλὸν codd. Ald.

n'ont de ressemblance qu'à première vue, de même que parmi les plantes coronaires la violette et le violier : leurs feuilles sont presque semblables[13].

Voilà donc en quoi consistent les différences entre les espèces en question.

7. 1 Après cela, il nous faut présenter les caractères distinctifs[1] des espèces dites « herbes des champs » et en général de toute plante herbacée qui ne se trouve pas être comestible. Nous appelons en effet légumes les plantes que nous consommons, mais la catégorie <des herbacées> dans son entier comprend également les autres espèces, dont nous devons par conséquent parler.

Sont appelées légumes évidemment les plantes suivantes : la chicorée, le pissenlit, la chondrille, la picridie, le séneçon[2], en un mot toutes les chicoracées, ainsi nommées à cause de la similitude de leurs feuilles, qui effectivement rappellent toujours plus ou moins celles de la chicorée ; en outre, le tordyle, le cerfeuil et la menthe[3]. Mais certains désignent ainsi une infinité d'autres plantes, dont le scandix[4] et les autres espèces que leur aspect rapproche du scandix, la barbe-de-bouc, appelée aussi « herbe à la houppe », qui a la racine longue et douce, les feuilles semblables à celles du safran en plus long, la tige courte, surmontée d'un grand calice et terminée par la grande aigrette chenue d'où lui vient le nom de barbe-de-bouc[5]. 2 On peut en dire autant des autres plantes du même type[6], que leurs sucs rendent consommables soit crues, soit bouillies. Quelques-unes en effet ont besoin d'une cuisson, comme la mauve et la bette, la

ὁμοιότητα, καθάπερ καὶ ἐν τοῖς στεφανώμασιν ἡ ἰωνιά· τὸ γὰρ φύλλον ἔχει παρόμοιον.

Τούτων μὲν οὖν ἐν τοῖς εἰρημένοις αἱ διαφοραί.

7. 1 Τῶν δὲ ἀρουραίων λεγομένων μετὰ ταῦτα ῥητέον, καὶ ὅλως εἴ τι ποιῶδές ἐστιν ὃ μὴ τυγχάνει βρωτόν. Καλοῦμεν γὰρ λάχανα τὰ πρὸς τὴν ἡμετέραν χρείαν, ἐν δὲ τῷ καθόλου κἀκεῖνα περιέχεται, διὸ καὶ περὶ ἐκείνων λεκτέον.

Λάχανα μὲν δὴ τὰ τοιαῦτα καλεῖται κιχόρη ἀπάπη χόνδρυλλα ὑποχοιρὶς ἠριγέρων καὶ ὅλως ὅσα κιχοριώδη καλεῖται διὰ τὴν ὁμοιότητα τῶν φύλλων· πάντα γάρ πως ἐμφερῆ ἔχει τῷ κιχορίῳ· πάλιν καυκαλὶς ἔνθρυσκον ἡδύοσμον. Οἱ δὲ μυρία ἄλλα καλοῦσιν, <ἐν οἷς> σκάνδιξ καὶ ὅσα ἄλλα τοιαῦτα σκανδικώδη, τραγοπώγων — οἱ δὲ κόμην καλοῦσιν — ὃ τὴν μὲν ῥίζαν ἔχει μακρὰν καὶ γλυκεῖαν, τὰ δὲ φύλλα τῷ κρόκῳ ὅμοια πλὴν μακρότερα, τὸν καυλὸν δὲ βραχύν, ἐφ᾿ οὗ τὴν κάλυκα μεγάλην καὶ ἐξ ἄκρου μέγαν τὸν πάππον πολιὸν ἀφ᾿ οὗ καλεῖται τραγοπώγων. 2 Ὁμοίως δὲ καὶ ὅσα ἄλλα τὰς αὐτὰς μὲν ἰδέας ἔχει, τοὺς δὲ χυλοὺς ἐδωδίμους ἢ ὠμοὺς ἢ ἑφθούς. Ἔνια γὰρ δεῖται πυρώ-

TEST.: 10 HSCH. s.u. χονδρίλη. — 13 HSCH. s.u. ἔνθρυσκος.

5 εἴ τι ποιῶδές [*cuiusque herbacei* Gaza] Heins. : ἐγγειποιῶδές codd. Ald. ‖ 9 κιχόρη U M : -ώρη P ut uid. Ald. ‖ ἀπάπη Wim. uide adn. : ἀφάκη codd. Ald. ‖ 10 χόνδρυλλα Salm. : χονδρίλη HSCH. ἀνδρυάλα codd. Ald. ‖ 10-12 κιχοριώδη ... κιχορίῳ Wim. : κιχωρ- codd. Ald. ut plerumque ‖ 11 καλεῖται Schn. in comm. : ταῦτα codd. Ald. ‖ 12 πως M Ald. : πῶς U P ‖ 13 ἔνθρυσκον Wim. coll. HSCH. : ἐνθουσικόν [-σσ- M] codd. Ald. ‖ 13-14 ἐν οἷς [*inter quae* Gaza] add. Bas. mg. ‖ 14-15 σκάνδιξ — καλοῦσιν om. M P Ald. ‖ 15 κόμην Schn. 1821 : κώμ- U ‖ 17 δὲ Scal. : διὸ codd. Ald. ‖ 18 πάππον Wim. ex Schn. in comm. : πάγητον codd. Ald. πώγωνα [*barba* Gaza] coni. Heins. ‖ 20 ὅσα om. M P Ald. ‖ τὰς αὐτὰς Wim. : τοιαῦτα τὰς codd. Ald.

patience, l'ortie et la pariétaire[7] (la morelle au contraire se mange aussi bien crue dans la variété qu'on a même parfois qualifiée de « belle des jardins »[8]) et encore bon nombre de ces herbes parmi lesquelles se trouve même le mouron, d'une amertume proverbiale[9], qui a la feuille du basilic.

Dans l'ensemble <des plantes herbacées> il en est d'annuelles, d'autres à tige annuelle. Les premières se dessèchent complètement, les secondes ont des racines plus durables, et ce dernier type n'est pas, semble-t-il, le moins représenté[10]. 3 Elles viennent les unes aussi bien des racines que des graines, les autres uniquement de graine, à moins que la génération spontanée ne joue aussi un certain rôle[11]. Qu'il s'agisse précisément des espèces citées ou des autres, le départ de la végétation se produit soit à l'époque des premières pluies, après l'équinoxe, par exemple pour le pissenlit, l'œil-de-chien et ce qu'on appelle parfois « la grosse brûlante »[12], soit après le coucher des Pléiades, comme pour la chicorée et à peu près toutes les autres chicoracées. En outre, les unes laissent apparaître leur fleur dès le départ de la végétation, comme le tussilage[13], d'autres peu après, comme l'anémone[14], les autres attendent le printemps pour former leur tige et fleurir, comme la chicorée et les chicoracées, ainsi que les plantes épineuses légumières[15]. 4 Les fleurs présentent une grande diversité dont il a été question plus haut[16]. <La fleur> est en effet commune à presque toutes <les herbacées> ; quelques-unes toutefois en sont absolument dépourvues, comme en particulier la joubarbe[17]. Il se trouve d'autre part que chez les espèces dont la fleur apparaît avec la tige, la floraison est vite finie ; fait

σεως, ὥσπερ μαλάχη καὶ τευτλὶς καὶ τὸ λάπαθον καὶ ἡ ἀκαλύφη καὶ τὸ παρθένιον — τὸ δὲ στρύχνον καὶ ὠμὸν ἐσθίουσιν ὃ καὶ εὐκήπευτόν τινες προσεῖπον — καὶ ἕτερα δὲ πλείω τούτων ἐν οἷς καὶ παροιμιαζόμενός ἐστι διὰ πικρότητα κόρχορος ἔχων τὸ φύλλον ὠκιμῶδες.

Πάντων δὲ τὰ μὲν ἐπέτεια, τὰ δὲ ἐπετειόκαυλα τυγχάνει. Τὰ μὲν γὰρ ἐξαυαίνονται, τῶν δὲ διαμένουσιν εἰς πλείω χρόνον αἱ ῥίζαι· σχεδὸν δὲ οὐκ ἐλάττω τὰ τοιαῦτά ἐστι. 3 **Φύεται δὲ τὰ μὲν καὶ ἀπὸ τῶν ῥιζῶν καὶ ἀπὸ τῶν σπερμάτων, τὰ δὲ ἕτερα μόνον ἀπὸ σπέρματος, εἰ μή τι καὶ αὐτόματον. Ἡ δὲ βλάστησις καὶ τούτων δὴ καὶ τῶν ἄλλων, τῶν μὲν ἅμα τοῖς πρώτοις ὑετοῖς ἐστι μετ' ἰσημερίαν, οἷον ἀπάπης καὶ [τὸ] τοῦ κύνωπος καὶ ἣν καλοῦσί τινες βούπρηστιν, τῶν <δὲ> μετὰ Πλειάδα, καθάπερ καὶ κιχορίου καὶ σχεδὸν τῶν ἄλλων τῶν κιχοριωδῶν. Καὶ τὰ μὲν εὐθὺς ἅμα τῇ βλαστήσει τὸ ἄνθος ἀφίησι καθάπερ ἡ ἀφία, τὰ δὲ ὕστερον οὐ πολλῷ καθάπερ ἡ ἀνεμώνη, τὰ δὲ ἅμα τῷ ἦρι καὶ ἐκκαυλεῖ καὶ ἀνθεῖ, καθάπερ τὸ κιχόριον καὶ τὰ κιχοριώδη καὶ τῶν ἀκανθικῶν ὅσα λαχανώδη.** 4 **Διαφορὰ δὲ τῶν ἀνθῶν πολλὴ περὶ ἧς ἐν τοῖς πρότερον εἴρηται. Σχεδὸν γάρ ἐστι κοινὸν ἁπάντων, ἔνια δὲ καὶ ὅλως ἀνανθῆ καθάπερ καὶ τὸ ἐπίπετρον. Συμβαίνει δὲ τοῖς ἅμα τῷ καυλῷ τὸ ἄνθος ἀφιεῖσι ταχεῖαν εἶναι τὴν**

TEST.: 2 Suid. s.u. ἀκαλήφη. — 23 Hsch. s.u. ἐπίπετρον.

2 alt. τὸ U : τὸν U[2] M P Ald. || 3 εὐκήπευτον U : εὐβή- M εὐήπατον P Ald. || προσεῖπον ego uide adn. : πρότερον codd. Ald. || 7 τῶν Heins. : ὧν codd. Ald. || 8 ἐλάττω U : ἔλαττον M P Ald. || 12 δὴ P : δὲ U M Ald. || 13 ἀπάπης Wim. ex Schn. 1821 : ἀφάκης U ἀφάκεις M P Ald. || τὸ del. Schn. || 14 τῶν δὲ [*partim* Gaza] Bas. mg. : τῷ codd. Ald. || 23 ἐπίπετρον Scal. coll. Plin. uide adn. : ἐπιμε- codd. Ald. || 24 καυλῷ Schn. in comm. : καρπῷ codd. Ald. || ἀφιεῖσι Heins. : -ίησι codd. Ald.

exception le pissenlit qui, lorsque sa première fleur a passé, en forme à côté une autre, puis encore une autre, et ainsi de suite tout au long de l'hiver et du printemps, jusqu'à l'été. Le séneçon aussi fleurit longtemps. Mais il n'en est pas de même des autres espèces : ainsi le crocus ne <refleurit> pas, ni celui qui est odorant, ni celui à fleur blanche et le safran épineux, qui, eux, n'ont pas de parfum[18].

8. 1 La distinction suivante s'applique à tous les végétaux herbacés : ce sont des plantes soit à tige dressée et fibreuse, soit à tige couchée comme la mauve[1], le scandix, le concombre sauvage ; l'« héliotrope »[2] appartient encore davantage, si l'on peut dire, à ce groupe, de même que parmi les plantes épineuses le *tribolos* [3], le câprier et bien d'autres encore, la différence étant là plus marquée[4]. Il y a d'autre part quelques espèces dont la tige s'attache à d'autres[5], mais rampe sur le sol quand elle ne trouve pas d'appui, comme la vrillée[6], le gratteron et, en un mot, les plantes à tige fine, souple et longue, qui de ce fait poussent la plupart du temps entrelacées à d'autres. Cependant cette dernière distinction s'applique, elle, à tous les végétaux non seulement herbacés et suffrutescents, mais même frutescents : le lierre grimpant et plus encore la salsepareille ne sont-ils pas des espèces dont la tige s'attache à d'autres ? 2 Ajoutons que des plantes herbacées, les unes ont de nombreuses tiges, les autres une seule, et que des espèces à tige unique, les unes sont dépourvues de pousses latérales tout le long de la tige, les autres en sont pourvues, comme parmi les végétaux domestiques entre autres le radis. Ont de nombreuses tiges, en principe, les plantes à tige rampante ; en ont une seule ou quelques-unes les plantes à tige dressée. Parmi ces dernières, les espèces à tige lisse sont dépourvues de pousses latérales, comme parmi les végétaux domes-

ἀπάνθησιν· πλὴν ἡ μὲν ἀπάπη γηράσαντος τοῦ πρώτου πάλιν ἄλλο καὶ ἄλλο παραφύει, καὶ τοῦτο ποιεῖ παρ' ὅλον τὸν χειμῶνα καὶ τὸ ἔαρ ἄχρι τοῦ θέρους. Πολὺν δὲ χρόνον καὶ ὁ ἠριγέρων. Τὰ δὲ ἄλλα οὐ ποιεῖ τοῦτο, καθάπερ οὐδὲ ὁ κρόκος οὔτε ὁ εὔοσμος οὔθ' ὁ λευκὸς οὔθ' ὁ ἀκανθώδης· οὗτοι δὲ ἄοσμοι.

8. 1 **Κοινὴ δὲ διαφορὰ πάντων τῶν ποιωδῶν ἡ τοιάδε· τὰ μὲν γάρ ἐστιν ὀρθόκαυλα καὶ νευρόκαυλα, τὰ δὲ ἐπιγειόκαυλα, καθάπερ μαλάχη σκάνδιξ σίκυος ἄγριος· τὸ δὲ ἡλιοτρόπιον ἔτι μᾶλλον, ὡς εἰπεῖν, τούτων, ὥσπερ καὶ ἐν τοῖς ἀκανθώδεσιν οὖσι τρίβολος καὶ ἡ κάππαρις καὶ ἄλλα πλείω· καὶ γὰρ ἐκείνων ἡ διαφορὰ πλείων. Ἔνια δὲ περιαλλόκαυλα, μὴ ἔχοντα δὲ ποῦ προσπέσωσιν ἐπιγειόκαυλα, καθάπερ ἐπετίνη καὶ ἀπαρίνη καὶ ἁπλῶς ὧν ὁ καυλὸς λεπτὸς καὶ μαλακὸς καὶ μακρός, διὸ καὶ φύονται ταῦτα ὡς ἐπὶ τὸ πᾶν ἐν ἄλλοις. Κοινὴ δὲ καὶ αὕτη ἡ διαφορὰ πάντων οὐ μόνον τῶν ποιωδῶν καὶ φρυγανικῶν, ἀλλὰ καὶ τῶν θαμνωδῶν· καὶ γὰρ ἡ ἕλιξ καὶ ἔτι μᾶλλον ἡ σμῖλαξ περιαλλόκαυλον.** 2 **Ἔτι δὲ καὶ τῶν ποιωδῶν τὰ μὲν [γὰρ] πολύκαυλα, τὰ δὲ μονόκαυλα· καὶ τῶν μονοκαύλων τὰ μὲν ἀπαράβλαστα κατὰ τὸν καυλόν, τὰ δὲ παραβλαστικὰ καθάπερ καὶ ἐν τοῖς ἡμέροις ἥ τε ῥαφανὶς καὶ ἄλλ' ἄττα. Πολύκαυλα δέ, ὡς ἁπλῶς εἰπεῖν, τὰ ἐπιγειόκαυλα, μονόκαυλα δὲ καὶ ὀλιγόκαυλα τὰ ὀρθόκαυλα. Τούτων δὲ ἀπαρά-**

1 ἀπάπη γηράσαντος Wim. : ἀπηγηρά- U ἀπογηρά- U[2] M P Ald. ‖ 6 ὁ om. U M ‖ ἄοσμοι codd. : εὔοσ- Ald. ‖ 8-9 ἐπιγειόκαυλα Dalec. : ἐπετειό- codd. Ald. ‖ 10 τούτων codd. Ald. : τοιοῦτον [*tali natura* Gaza] coni. Schn. ‖ 11 ante τρίβολος add. ὁ Stack. uide adn. ‖ 13 περιαλλόκαυλα Ald. : περιαυλό- codd. ‖ 14 ἐπετίνη U : πετ- M πιτ- P Ald. ‖ ἀπαρίνη U : ἡ παρίνη M P Ald. ‖ 17 δὲ U M Ald. : δὴ P ‖ αὕτη Schn. : αὐτὴ codd. Ald. ‖ 20 γὰρ del. Ald. ‖ 22 καθάπερ M P Ald. : καίπερ U.

tiques l'oignon, le poireau et l'ail ; en outre, les unes ont la tige rectiligne, les autres l'ont tortueuse et de celles-ci les plantes domestiques fournissent des exemples[7].

3 Il existe d'autre part entre les végétaux herbacés une différence qui est la suivante : les uns se trouvent avoir les feuilles sur le sol, d'autres sur la tige, les autres combinent les deux dispositions. Ont les feuilles sur le sol le pied-de-corneille, une marguerite à fleur sans ligules, l'orcanète, l'anémone, la ficaire, la langue d'agneau[8], le pissenlit ; ont les feuilles sur la tige le mélinet, la marguerite ligulée, le mélilot, le violier[9] ; la chicorée combine les deux dispositions, du fait même que sur ses tiges prennent naissance, conjointement avec les ramifications formant les branches, un peu <de feuillage>[10] et une fleur ; de même quelques-unes des plantes à feuilles épineuses (hormis celles dont les feuilles forment de véritables épines[11]), comme le laiteron.

9. 1 Il y a aussi les espèces qui ne font pas de fruits et celles qui en font. A considérer l'ensemble des herbacées, les unes <n'> arrivent à former <que> leurs feuilles[1], d'autres ont la tige, la fleur, mais non le fruit[2], les autres possèdent également le fruit, qui est comme l'aspect le plus achevé de leur nature, à moins qu'il n'y ait quelque espèce fructifère même en l'absence de fleur, comme cela se produit pour les arbres[3].

Les feuilles en particulier présentent des différences qui ne sont probablement pas moindres, mais au contraire plus importantes que celles des arbres. Plus exactement, les premières ont par rapport à celles-ci des différences dont une vraiment essentielle, peut-on dire, est que leur limbe se trouve attaché soit à un pétiole, soit directement, sans rien d'autre ou avec une sorte d'attache caulinaire[4]. En outre, au départ de la végétation, dans certains cas la tige sort la première, mais le plus souvent les feuilles la précèdent et c'est presque au début qu'elles deviennent le plus grandes et le plus comestibles ; sur les arbres, au contraire, les feuilles poussent en avant une sorte de tige[5].

βλαστα τὰ λειόκαυλα, ὥσπερ καὶ ἐν τοῖς ἡμέροις κρόμμυον πράσον σκόροδον· καὶ τὰ μὲν εὐθύκαυλα, τὰ δὲ σκολιόκαυλα καὶ τούτων τοῖς ἡμέροις ὑπάρχει.

3 **Διαφορὰ δέ τις καὶ τοιάδε τῶν ποιωδῶν ἐστι· τὰ μὲν γὰρ ἐπιγειόφυλλα, τὰ δ' ἐπικαυλόφυλλα τυγχάνει, <τὰ> δὲ ἀμφοτέρως· ἐπιγειόφυλλα μὲν κορωνόπους ἄνθεμον ἀφυλλανθὲς ἄγχουσα [πόα] ἀνεμώνη ἀπαργία ἀρνόγλωσσον ἀπάπη· [καὶ] ἐπικαυλόφυλλα δὲ κρηπὶς ἄνθεμον τὸ φυλλῶδες λωτὸς λευκόϊον· ἀμφοτέρως δὲ τὸ κιχόριον· καὶ γὰρ ἐπὶ τῶν καυλῶν ἅμα ταῖς ἐκφύσεσι ταῖς ἀκρεμονικαῖς ἐκφύει τι καὶ ἄνθος· καὶ τῶν φυλλακάνθων ἔνια — πλὴν ἀκανθώδεσι κομιδῇ — καθάπερ ὁ σόγκος.**

9. 1 **Ἔστι δὲ καὶ τὰ μὲν ἄκαρπα, τὰ δὲ κάρπιμα. Καὶ ὅλως τῶν ποιωδῶν τὰ μὲν ἄχρι τῶν φύλλων ἀφικνεῖται, τὰ δὲ καυλὸν ἔχει καὶ ἄνθος, καρπὸν δὲ οὔ, τὰ δὲ καὶ καρπὸν ὥσπερ τελειοτάτην φύσιν, εἰ μή τι καὶ ἄνευ τοῦ ἄνθους καρποφόρον, ὥσπερ ἐπὶ τῶν δένδρων.**

Διαφέρει δὲ καὶ τὰ φύλλα σχεδὸν οὐκ ἐλάττοσιν, ἀλλὰ πλείοσι διαφοραῖς ἢ τὰ τῶν δένδρων. Καὶ πρὸς αὐτὰ δὲ ἐκεῖνα διαφορὰς ἔχει, μεγίστην μέν, ὡς εἰπεῖν, ὅτι τὰ μὲν ἀπὸ μίσχου προσπέφυκε, τὰ δ' αὐτὰ μὲν ὡς ἁπλῶς, τὰ δὲ καυλικῇ τινι προσφύσει. Καὶ τῶν μὲν ἐν τῇ βλαστήσει προτερεῖ <ὁ καυλός>, τῶν δὲ πλείστων τὰ φύλλα καὶ σχεδὸν ἐν τῇ ἀρχῇ μέγιστα γίνονται καὶ μάλιστα ἐδώδιμα· τὰ δὲ ἐκ τῶν δένδρων προωθεῖ τινα καυλόν.

1 ὥσπερ — ἡμέροις huc transposui : post σκόροδον habent codd. Ald. || 2-3 καὶ — ἡμέροις om. M P Ald. || 6 τὰ add. Stack. || ἀμφοτέρως codd. : -ων Ald. || 7 ἀφυλλανθὲς huc transp. Schn. in comm. : post ἀνεμώνη habent codd. Ald. || πόα deleui uide adn. || ἀνεμώνη P Ald. : -μό/νη U -μόνη M || 8 ἀπάπη U : -άτη M P Ald. || καὶ del. Stack. || 9 λωτὸς U M : -ὸν P Ald. || 18 καρποφόρον U M : -φορεῖ P Ald. || 24 ὁ καυλός [*caulis* Gaza] add. Schn.

2 Les différences relatives aux fleurs sont elles aussi considérables. Chez les arbres en effet la plupart des fleurs sont blanches, certaines légèrement purpurines, d'autres d'un vert vif ou d'un vert pâle, mais aucune n'a une teinte chaude[6] ; chez les herbacées au contraire, les couleurs sont nombreuses et variées, tantôt pures et tantôt mélangées, accompagnées ou non de parfum[7]. Alors que les arbres font une floraison massive, certaines herbacées l'ont échelonnée, comme il a été dit en particulier du basilic[8] ; aussi fleurissent-elles longtemps, comme entre bien d'autres l' « héliotrope » et la chicorée[9].

3 Les différences entre les racines sont nombreuses également et en un sens plus frappantes que les précédentes[10]. Les unes sont ligneuses, les autres charnues et fibreuses (de même que chez les plantes domestiques) comme celles du blé et de l'herbe la plus commune. A l'intérieur même de chacun de ces groupes, il y a de très nombreuses différences de couleur, d'odeur, de saveur et de taille. Les racines sont en effet tantôt blanches, tantôt noires, tantôt rouges comme celles de l'orcanète et de la garance[11], tantôt jaunâtres ou plutôt couleur de bois. Elles sont également de saveur douce, amère ou âcre, d'odeur agréable ou fétide, et dans certains cas, douées de propriétés médicinales, comme nous l'avons déjà dit ailleurs[12]. 4 Il y a des différences spécialement parmi les racines charnues. Les unes sont rondes, les autres allongées ou en forme de gland, comme chez l'asphodèle et le crocus. Certaines ont des écailles, comme celles du muscari, de la scille et des espèces voisines du muscari, ainsi que de l'oignon, de la ciboulette et des plantes semblables ; d'autres sont lisses, cassantes et tendres sur toute leur longueur, et pour ainsi dire sans écorce, comme

2 Διαφέρουσι δὲ καὶ τοῖς ἄνθεσι πολύ. Ἐν μὲν γὰρ τοῖς δένδρεσι τά γε πλεῖστα λευκά, τὰ δὲ μικρὸν ἐπιπορφυρίζοντα, τὰ δὲ ποώδη καὶ χλοώδη, κεχρωσμένον δὲ ἀνθικῷ <οὐδέν· ἐν δὲ τοῖς ποιώδεσι> πολλαὶ καὶ παντοδαπαὶ χροιαὶ καὶ ἄκρατοι καὶ μεμιγμέναι, καὶ εὔοσμοι δὴ καὶ ἄοσμοί εἰσι. Καὶ τὰ μὲν δένδρα τὴν ἄνθησιν ἀθρόαν ποιεῖται, τούτων δὲ ἔνια κατὰ μέρος, ὥσπερ ἐλέχθη καὶ περὶ τοῦ ὠκίμου· διὸ καὶ πολὺν χρόνον ἀνθεῖ, καθάπερ ἄλλα τε πολλὰ καὶ τὸ ἡλιοτρόπιον καὶ τὸ κιχόριον.

3 Πολλαὶ δὲ καὶ τῶν ῥιζῶν διαφοραὶ καὶ τρόπον τινὰ τούτων φανερώτεραι. Εἰσὶ γὰρ αἱ μὲν ξυλώδεις, αἱ δὲ σαρκώδεις καὶ ἰνώδεις — ὥσπερ καὶ τῶν ἡμέρων — καθάπερ αἵ τε τοῦ σίτου καὶ τῆς πόας τῆς πλείστης. Αὐτῶν δὲ τούτων ἕκασται πλείστας ἔχουσι διαφορὰς χρώμασιν ὀσμαῖς χυλοῖς μεγέθεσιν. Αἱ μὲν γὰρ λευκαί, αἱ δὲ μέλαιναι, αἱ δ' ἐρυθραὶ καθάπερ ἥ τε τῆς ἀγχούσης καὶ τοῦ ἐρευθεδανοῦ, αἱ δ' ὥσπερ ξανθαὶ καὶ ξυλοειδεῖς. Καὶ γλυκεῖαι δὲ καὶ πικραὶ καὶ δριμεῖαι καὶ εὐώδεις καὶ κακώδεις καὶ ἔνιαι φαρμακώδεις, ὡς ἐν ἄλλοις εἴρηται. 4 Διαφοραὶ δὲ καὶ τῶν σαρκωδῶν. Αἱ μὲν γὰρ στρογγύλαι, αἱ δὲ προμήκεις καὶ βαλανώδεις, ὥσπερ ἀσφοδέλου καὶ κρόκου. Καὶ αἱ μὲν λεπυριώδεις, ὥσπερ ἡ τοῦ βολβοῦ καὶ τῆς σκίλλης καὶ ὅσαι βολβώδεις, καὶ κρομμύου δὲ καὶ γηθύου καὶ ὅσα τούτοις ὅμοια· αἱ δὲ ὁμαλεῖς καὶ ψαθυραὶ καὶ μαλακαὶ δι' ὅλου

2 δένδρεσι U : -δροις M P Ald. || 3 κεχρωσμένον Scal. : -νων codd. Ald. || 4 ἀνθικῷ codd. Ald. : -ινῷ coni. Wim. uide adn. || οὐδέν — ποιώδεσι [*nulli... In herbarum autem genere* Gaza] add. Scal. || 5 ἄκρατοι codd. : εὔ- Ald. || 6 εἰσι. Καὶ Wim. uide adn. : καὶ ἐνίων codd. Ald. || 9 ἡλιοτρόπιον P Ald. : -πην U M || 18 αἱ δ' P Ald. : δ' U οὐδὲ M || 20 ἔνιαι U[rec] Ald. : -ια U M P || 24 alt. καὶ Ald. : ἢ codd. || 26 μαλακαὶ M : μάλα καὶ U P Ald.

dans le cas de l'arum ; mais il en est aussi qui ont une écorce adhérente à la chair, comme celles du cyclamen et de la rave[13]. On ne saurait dire que toutes les racines qui sentent bon, qui sont douces ou d'un goût agréable sont également comestibles, ni que les racines amères sont impropres à la consommation ; sont comestibles[14] celles qui après ingestion ne portent pas préjudice à l'organisme, car il y en a de douces et cependant capables de causer la mort ou la maladie, et au contraire d'autres amères ou fétides qui pourtant font du bien ; d'ailleurs, il en va de même pour les feuilles et les tiges dans le cas de l'absinthe et de la centaurée.

5 Il y a encore des différences qui concernent le départ de la végétation et la floraison, selon que, par exemple, ils se produisent au début ou au milieu de l'hiver, ou inversement au printemps, en été ou en automne. Mais pour les fruits aussi la comestibilité <fait> pareillement <office de critère>, ainsi que celle des tiges, des feuilles, des graines et des racines[15] ; dans ces organes mêmes <les différences> concernent les sucs et se fondent par exemple sur l'acidité, l'âcreté, la douceur, l'âpreté et les autres caractères de ce genre, considérés dans l'absolu ou sous le rapport d'une intensité particulière.

Voilà donc les faits sur lesquels il faut s'appuyer pour se faire une idée de ces différences.

10. 1 Comme les plantes se trouvent réparties une à une au cours des saisons pour le bourgeonnement et en ce qui concerne la floraison et la maturité des fruits, aucune n'entre en végétation avant son temps, qu'elle vienne de racine ou qu'elle vienne de graine ; chacune attend son heure et pas même les pluies n'ont d'influence sur elle. Il existe en effet quelques espèces totalement estivales, tant pour la végétation que pour la floraison, tels le scolyme et le concombre sauvage[1], comme il a été dit aussi à propos

καὶ ὥσπερ ἄφλοιοι, καθάπερ τοῦ ἄρου· αἱ δὲ καὶ φλοιὸν ἔχουσι πρὸς τῇ σαρκί, καθάπερ ἡ τοῦ κυκλαμίνου καὶ τῆς γογγυλίδος. Οὐχ ἅπασαι δὲ <αἱ> εὐώδεις ἢ γλυκεῖαι ἢ εὔστομοι καὶ ἐδώδιμοι, οὐδ' αἱ πικραὶ ἄβρωτοι· ἀλλ' ὅσαι ἀβλαβεῖς εἰσι τῷ σώματι μετὰ τὴν προσφοράν· ἔνιαι γὰρ γλυκεῖαι μέν, θανάσιμοι δὲ καὶ νοσώδεις, αἱ δὲ πικραὶ μὲν ἢ κακώδεις, ὠφέλιμοι δέ· τὸν αὐτὸν δὲ τρόπον καὶ φύλλα καὶ καυλοὶ καθάπερ τοῦ ἀψινθίου καὶ τοῦ κενταυρίου.

5 **Διαφοραὶ δὲ καὶ κατὰ τὴν βλάστησιν καὶ κατὰ τὴν ἄνθησιν οἷον ἀρχομένου χειμῶνος καὶ μεσοῦντος καὶ πάλιν ἦρος ἢ θέρους ἢ μετοπώρου. Καὶ ἐπὶ τῶν καρπῶν δὲ ὁμοίως τὸ βρωτὰ εἶναι καὶ καυλοὺς εἶναι καὶ φύλλα καὶ σπέρματα καὶ ῥίζας· καὶ ἐν αὐτοῖς τούτοις κατὰ τοὺς χυλοὺς οἷον ὀξύτητι καὶ δριμύτητι καὶ γλυκύτητι καὶ αὐστηρότητι καὶ ταῖς ἄλλαις ταῖς τοιαύταις ἁπλῶς τε καὶ κατὰ τὸ μᾶλλον.**

Τὰς μὲν οὖν διαφορὰς ἐν τούτοις ληπτέον.

10. 1 **Διῃρημένων δὲ κατὰ τὰς ὥρας ἑκάστων πρός τε τὰς βλαστήσεις καὶ κατὰ τὰς ἀνθήσεις καὶ τελειώσεις τῶν καρπῶν, οὐδὲν ἀναβλαστάνει πρὸ τῆς οἰκείας ὥρας οὔτε τῶν ῥιζοφυῶν [οὔτε τῶν σπερμάτων] οὔτε τῶν σπερμοφυῶν, ἀλλ' ἕκαστον ἀναμένει τὴν οἰκείαν οὐδ' ὑπὸ τῶν ὑδάτων οὐδὲν πάσχον. Ἔνια γὰρ θερινὰ κομιδῇ καὶ τῇ βλαστήσει καὶ τῇ ἀνθήσει, καθάπερ ὅ τε σκόλυμος καὶ ὁ σίκυος ἄγριος, ὥσπερ καὶ περὶ τῶν**

1 ἄφλοιοι M Ald. : -οοι U P ‖ 3 αἱ add. Const. ‖ 4 καὶ Wim. : ἢ codd. Ald. ‖ οὐδ' αἱ Ald. : οὐδὲ codd. ‖ 9 κενταυρίου codd. : καναυ- Ald. ‖ 10 διαφοραὶ P Ald. : -ρὰ U M ‖ 12 ἦρος Stack. : ἥρους codd. Ald. ‖ 15 καὶ δριμύτητι om. Ald. ‖ 21 ἀναβλαστάνει Wim. : -στεῖ καὶ codd. Ald. ‖ 22 οὔτε τῶν σπερμάτων del. Heins. ‖ 23 οὐδ' Wim. : οὔθ' codd. Ald. ‖ 24 θερινὰ Bas. mg. : θερμὰ codd. Ald. ‖ 25 βλαστήσει … ἀνθήσει U M : ἀ. … β. P Ald.

des sous-arbrisseaux, notamment de l'inule et du câprier[2] ; eh bien, même de ces espèces-là aucune ne fleurit ni n'entre en végétation avant son temps. 2 Par conséquent on peut penser que <les plantes herbacées> diffèrent sur ce point des arbres. En effet ces derniers bourgeonnent en quelque sorte tous ensemble ou à peu près, du moins, peut-on dire, au cours d'une seule saison ; au contraire, l'entrée en végétation des herbacées et plus encore leur floraison se produisent en plusieurs saisons, ou plutôt en toute saison, de sorte que si l'on veut bien y regarder de près, végétation et floraison sont presque continues tout au long de l'année. La succession ininterrompue d'une espèce à l'autre occupe toutes les saisons. Ainsi après le pissenlit, il y aura le crocus, l'anémone, le séneçon et les autres plantes d'hiver[3], et après celles-ci, les plantes de printemps et d'automne[4]. 3 Beaucoup de fleurs, comme il a été dit, en particulier de celles qui s'épanouissent peu à peu[5], voient se prolonger leur saison. Quelques plantes effectivement fleurissent de la sorte, entre autres le pissenlit, la vipérine, la chicorée, la langue d'agneau[6]. En raison de cette continuité et de ces chevauchements, il n'est évidemment pas facile dans certains cas de déterminer quelles espèces entrent en végétation les premières, et dans l'absolu, lesquelles sont hâtives[7] et lesquelles tardives, à moins de se représenter le commencement de l'année comme une date correspondant à celui du lieu où l'on vit[8]. 4 De plus, pour les espèces mêmes dont nous parlions tantôt, <on ne saurait fixer>[9] le moment où elles ont pris naissance et la saison où, après avoir mûri leurs fruits, elles s'engagent dans un nouveau processus de reproduction. Selon toute vraisemblance, cela se pro-

φρυγανικῶν ἐλέχθη περὶ κονύζης τε καὶ καππάριδος καὶ τῶν ἄλλων· οὐδὲν γὰρ οὐδὲ ἐκείνων ἀνθεῖ καὶ βλαστάνει πρὸ τῆς οἰκείας ὥρας. 2 Διὸ κἂν ταύτῃ δόξαιεν ἂν διαφέρειν τῶν δένδρων. Τῶν μὲν γὰρ ἅμα πως πάντων <ἢ> ἐγγὺς ἡ βλάστησις, εἰ δὲ μή, κατὰ μίαν γε ὥραν, ὡς εἰπεῖν· τούτων δὲ ἐν πολλαῖς, μᾶλλον δὲ ἐν ἁπάσαις ἡ βλάστησις καὶ ἔτι μᾶλλον ἡ ἄνθησις, ὥστε εἴ τις ἐθέλει κατανοεῖν, σχεδὸν συνεχὴς γίνεται καθ' ὅλον ἐνιαυτὸν καὶ ἡ βλάστησις καὶ ἡ ἄνθησις. Αἰεὶ γὰρ ἕτερον ἐξ ἑτέρου διαδεχόμενον πάσας καταλαμβάνει τὰς ὥρας. Οἷον μετὰ τὴν ἀπάπην κρόκος ἔσται <καὶ> ἡ ἀνεμώνη καὶ ὁ ἠριγέρων καὶ τὰ ἄλλα χειμερινά, μετὰ δὲ ταῦτα τὰ ἠρινὰ καὶ μετοπωρινά. 3 Πολλὰ δέ, ὥσπερ ἐλέχθη, καὶ τῶν κατὰ μέρος ἀνθέων ἐπιτείνεται ταῖς ὥραις. Ἔνια γὰρ οὕτως ἀνθεῖ, καθάπερ ἥ τε ἀπάπη καὶ τὸ ὀνοχειλὲς καὶ τὸ κιχόριον καὶ τὸ ἀρνόγλωσσον καὶ ἄλλα. Διὰ δὲ τὴν συνέχειαν καὶ τὴν περικατάληψιν τὴν ὑπ' ἀλλήλων οὐ φαίνεται ῥᾴδιον ἐν ἐνίοις οὐδ' ὁρίσαι ποῖα πρῶτα βλαστάνει καὶ ὅλως ποῖα πρωϊβλαστῆ καὶ ποῖα ὀψιβλαστῆ, πλὴν εἴ τις ὑποθοῖτο τοῦ ἔτους τὴν ἀρχήν τινα πρὸς τῇ ἵνα ζῇ. 4 Καὶ αὐτῶν δὲ τούτων τὰς γενέσεις καὶ τὰς ὥρας ὅταν τελειωθέντων τῶν καρπῶν πάλιν ἄλλας ἀρχὰς ἐνίστωνται τῆς γενέ-

3 κἂν U : κἀν M καὶ P Ald. || 5 πως P Ald. : πῶς U M || ἢ add. Schn. || 9 καθ' ὅλον U : καθ' ὅλου M καθόλου P Ald. || 10-11 καταλαμβάνει U M : ἀνα- P Ald. || 11 ἀπάπην Wim. coll. VII, 7, 1 : ἀφάκην codd. Ald. || κρόκος Wim. ex ὁ κ. Schn. et τὸ κρόκον [*crocum* Gaza] Bas. mg. : ἀφάκην]κρος U ut uid. M ἦρος U^{rec} om. P Ald. || 12 καὶ add. Bas. mg. || ἀνεμώνη Heins. : -μωνία M -μωλία U P Ald. || 16 ἀπάπη Wim. : ἀφάκη codd. Ald. || τὸ ὀνοχειλὲς Schn. : ὁ ὀνοκίχλης codd. Ald. || 20 πρωϊβλαστῆ ego uide adn. : πρωϊβλαστάνει U πρωῒ βλαστάνει M P Ald. || ὀψιβλαστῆ U P : ὄψιν βλαστῆ M ὀψιβλαστεῖ Ald. || 20-21 πλὴν — τῇ om. M P Ald. || 21 ἵνα ζῇ U^{rec} M P Ald. : ινο// U uide adn. || 22 δὲ Schn. : τε codd. Ald. || 23 ἐνίστωνται U Ald. : -ιστῶντες M P.

duit après l'équinoxe d'automne, car c'est l'époque où le plus grand nombre de graines sont mûres, ainsi que la plupart des fruits d'arbres, et où un certain changement du végétal lui-même coïncide avec un changement de saison. Cependant, sur les sujets qui n'ont pas achevé leur cycle végétatif et sont encore immatures quand ils sont rejoints par la nouvelle génération, on voit se produire normalement tour à tour le bourgeonnement, la floraison et la complète maturité[10]. C'est pourquoi il arrive que certains sujets fleurissent à l'époque du solstice, d'autres pendant la Canicule et d'autres même après le lever de l'Arcture et l'équinoxe d'automne. 5 Du reste ces faits semblent bien impliquer un plus ample examen en vue d'une définition du commencement <de l'année naturelle>. Mais l'existence de différences plus nombreuses, ou non moins nombreuses, dans cette catégorie de végétaux[11] saute aux yeux : ne s'y trouve-t-il pas même quelques espèces à feuilles persistantes, comme la germandrée grise, l'« héliotrope » et l'adiante[12] ?

11. 1 Maintenant donc que nous avons ainsi défini les différences en indiquant dans quoi et comment elles se manifestent[1], il reste à exposer le résultat de nos recherches de détail. <Celles-ci concernent> des groupements constitués sans tenir compte de la nature particulière de chaque espèce[2], c'est-à-dire par exemple les plantes à épi, celles qui ont l'aspect du scandix ou de la « mort aux rats »[3], et ce qui permet de saisir un caractère du même ordre commun à l'ensemble du groupe et tombant sous le sens, qu'il appartienne aux feuilles, aux fleurs, aux racines ou aux fruits. Car le découpage se fonde sur les parties visibles aussi bien que sur les racines. 2 Comme plantes à épi, nous avons ce que certaines personnes appellent *akhynops* [4], qui comprend plusieurs formes, la queue-de-renard et le plantain[5], appelé parfois « langue d'agneau », ou encore « herbe aux cailles », et auquel même la molène[6] ressemble quelque

σεως· ὅπερ μάλιστα δοκεῖ συμβαίνειν μετ᾽ ἰσημερίαν μετοπωρινήν· τότε γὰρ ἤδη τὰ σπέρματα πλεῖστα τετελείωται καὶ τῶν δενδρικῶν καρπῶν οἱ πολλοὶ καὶ ἅμα μεταβολή τις αὐτοῦ τούτου προσγίνεται καὶ τῆς ὥρας. Ὅσα δὲ ἀτελῆ καὶ ἄπεπτα [καὶ] περικαταλαμβάνεται, τούτοις κατὰ λόγον ἐκ περιόδου καὶ ἡ βλάστησις γίνεται καὶ ἡ ἄνθησις καὶ ἡ τελείωσις. Διὸ συμβαίνει τὰ μὲν ὑπὸ τροπὰς ἀνθεῖν, τὰ δ᾽ ὑπὸ Κύνα, τὰ δὲ καὶ μετ᾽ Ἀρκτοῦρον καὶ ἰσημερίαν μετοπωρινήν. 5 **Ἀλλὰ ταῦτα μὲν ἔοικε κοινοτέραν ἔχειν σκέψιν εἰς ἀφορισμὸν ἀρχῆς. Ὅτι δὲ αἱ διαφοραὶ πλείους ἢ οὐκ ἐλάττους ἐν τούτοις φανερόν· ἐπεὶ καὶ ἀείφυλλα τῶν τοιούτων ἐστὶν ἔνια, καθάπερ τὸ πόλιον καὶ τὸ ἡλιοτρόπιον καὶ τὸ ἀδίαντον.**

11. 1 **Ἀφωρισμένων οὖν τούτων περὶ τὰς διαφορὰς ἐν οἷς γίνονται καὶ πῶς, λεκτέον ἤδη τὰς καθ᾽ ἕκαστον ἱστορίας ... ὅσα μὴ κατὰ τὴν ἰδίαν ἑκάστου φύσιν, λέγω δὲ οἷον τὰ σταχυώδη καὶ τὰ σκανδικώδη καὶ μυοφόνα καὶ εἴ τι ἕτερον ἔστι τοιοῦτο κοινὸν ἐπὶ πάντων λαβεῖν ὃ τῇ αἰσθήσει γνώριμον ἢ φύλλοις ἢ ἄνθεσιν ἢ ῥίζαις ἢ καρποῖς· ἐκ γὰρ τῶν φανερῶν ὁ μερισμὸς ὥσπερ καὶ <ἐκ> τῶν ῥιζῶν.** 2 **Σταχυώδη μὲν οὖν ἐστιν ὅ τε ἀχύνωψ ὑπό τινων καλούμενος, πλείους ἔχων ἰδέας ἐν ἑαυτῷ, καὶ ὁ ἀλωπέκουρος καὶ ὁ στελέφουρος, ὑπ᾽ ἐνίων δὲ ἀρνόγλωσσον, τῶν δὲ ὄρτυξ καλούμενος· παρόμοιον δὲ τούτῳ τρόπον τινὰ καὶ ἡ**

TEST.: 24 Hsch. s.u. ὄρτυξ.

5 alt. καὶ del. Heins. ‖ 13 τὸ πόλιον om. Ald. ‖ 16 post ἱστορίας lacunam praebent codd. Ald. ‖ μὴ codd. : καὶ Ald. ‖ 17 σταχυώδη U Ald. : -χώδη M P ‖ 18 μυοφόνα [*muricida* Gaza] Heins. uide adn. : -φάα U -φῶα M P Ald. ‖ καὶ Ald. : κἂν U M P non legitur ‖ τοιοῦτο U M : τοῦτο P Ald. ‖ 19 pr. ἢ codd. : τοῖς Ald. ‖ 22 ἀχύνωψ codd. Ald. : κύνωψ coni. Schn. uide adn. ‖ ὑπό τινων καλούμενος Heins. : ὑπο τιν □ μενος codd. ὑπο □ μένος Ald. ‖ 25 παρόμοιον U M Ald. : -ος P.

peu. Ce sont des espèces simples et dans une certaine mesure uniques en leur genre, dont l'épi n'est pas effilé ni aristé. La queue-de-renard a un épi souple et particulièrement duveteux puisque aussi bien on l'assimile à la queue des renards, dont la plante a pris le nom. Le plantain lui ressemble, sauf qu'elle ne fleurit pas comme lui peu à peu[7], mais par épis entiers, à la manière du froment ; tous deux font des fleurs pareilles à un duvet[8], comme le blé également. Du reste, c'est une plante que son aspect général fait ressembler un peu au froment, avec toutefois des feuilles plus larges[9]. Les autres plantes à épi doivent être traitées de la même façon que les précédentes.

3 D'autre part les chicoracées sont toutes des végétaux à feuilles annuelles et à feuilles radicales ; elles entrent en végétation après le coucher des Pléiades, à l'exception du pissenlit[10], et diffèrent considérablement entre elles pour les tiges et pour les racines. Certaines tiges en effet sont plus simples et plus courtes que les autres, celle de la chicorée est longue, plusieurs fois ramifiée, en outre élastique et peu fissile, ce qui permet de l'utiliser comme lien ; sa racine également produit des pousses latérales et comme par ailleurs c'est une plante à longue racine, elle est difficile à détruire : quand on a cueilli le légume, le restant se met à se régénérer. Il arrive aussi qu'une partie de la plante après l'autre fasse une floraison secondaire, et cela jusqu'à l'automne, bien que la tige semble dure[11]. De plus les tiges portent vers leur extrémité un capitule[12] qui renferme la graine. 4 La picridie[13] est plus glabre, d'apparence plus domestique, plus douce, et on ne saurait dire que, comme la chondrille, elle n'est pas comestible en totalité ; celle-ci en effet est immangeable <dans son entier> et en particulier sa racine renferme un suc laiteux âcre et abondant. Le pissenlit[14] est <pareillement> immangeable et amer ; épanouies de bonne heure, ses

θρυαλλίς. Ἁπλᾶ δὲ καὶ μονοειδῆ τρόπον τινὰ ταῦτα καὶ στάχυν οὐκ ὀξὺν οὐδ᾽ ἀθερώδη ἔχοντα. Ὁ δὲ ἀλωπέκουρος μαλακὸν καὶ χνοωδέστερον ὅτι καὶ ὅμοιον ταῖς τῶν ἀλωπέκων οὐραῖς, ὅθεν καὶ τοὔνομα μετείληφεν. Ὅμοιος δὲ τούτῳ καὶ ὁ στελέφουρος, πλὴν οὐχ ὥσπερ ἐκεῖνος ἀνθεῖ κατὰ μέρος ἀλλὰ δι᾽ ὅλου τοῦ στάχυος, ὥσπερ ὁ πυρός· ἡ δὲ ἄνθησις ἀμφοῖν χνοώδης, καθάπερ καὶ τοῦ σίτου. Παρόμοιον δὲ τῇ ὅλῃ μορφῇ τῷ πυρῷ, πλὴν πλατυφυλλότερον. Ὡσαύτως δὲ τούτοις καὶ τὰ ἄλλα τὰ σταχυώδη λεκτέον.

3 Τὰ δὲ κιχοριώδη πάντα μὲν ἐπετειόφυλλα καὶ ῥιζόφυλλα, βλαστάνει δὲ μετὰ Πλειάδα πλὴν τῆς ἀπάπης, τοῖς δὲ καυλοῖς καὶ ταῖς ῥίζαις μεγάλας ἔχουσι διαφοράς. Οἱ μὲν γὰρ τῶν ἄλλων ἁπλούστεροι καὶ ἐλάττους, ὁ δὲ τοῦ κιχορίου μέγας καὶ ἀποφύσεις ἔχων πολλάς, ἔτι δὲ γλίσχρος καὶ δυσδιαίρετος, διὸ καὶ δεσμῷ χρῶνται· παραβλαστητικὸν δὲ καὶ τῇ ῥίζῃ καὶ ἄλλως μακρόρριζον, διὸ καὶ δυσώλεθρον· ὅταν γὰρ ἐκλαχανίσωνται, πάλιν τὸ ὑπόλοιπον ἀρχὴν λαμβάνει γενέσεως. Συμβαίνει δὲ καὶ παρανθεῖν αὐτοῦ μέρος ἄλλο καὶ ἄλλο, καὶ τοῦτο ἄχρι τοῦ μετοπώρου, σκληροῦ δοκοῦντος εἶναι τοῦ καυλοῦ. Φέρει δὲ καὶ λοβὸν ἐν ᾧ τὸ σπέρμα περὶ τὰ ἄκρα τῶν καυλῶν. 4 Ἡ δὲ ὑποχοιρὶς λειοτέρα καὶ ἡμερωτέρα τῇ προσόψει καὶ γλυκυτέρα, καὶ οὐχ ὥσπερ ἡ χόνδρυλλα τὸ ὅλον οὐκ ἐδώδιμος· αὕτη γὰρ ἄβρωτος καὶ ἐν τῇ ῥίζῃ δριμὺν ὀπὸν ἔχει καὶ πολύν. Ἄβρωτος δὲ καὶ πικρὰ ἡ ἀπάπη·

2 ἀθερώδη P Ald. : ἀθαρ- U M ‖ 12 ἀπάπης U : -άτης M P Ald. ‖ 13 ταῖς ῥίζαις [*radicibus* Gaza] Bas. mg. : αἱ ῥίζαι codd. Ald. ‖ 14-15 ἐλάττους [*minores* Gaza] Scal. : θάττ- codd. Ald. ‖ 19 τὸ Schn. in comm. : τὴν codd. Ald. ‖ 24 ὑποχοιρὶς [*porcellia* Gaza] Scal. : -χώρησις codd. Ald. ‖ 25 ante γλυκυτέρα add. ἡ U M ‖ χονδρύλλα Stack. coll. PLIN. XXI, 89 : χανδρύαλλα U χανδρὺ · ἀλλὰ M χανδρὰς· ἀλλὰ P Ald. ‖ 27 ἀπάπη Wim. : ἀφάκη codd. Ald.

fleurs se fanent vite et se transforment en aigrette, puis il s'en forme de nouvelles, l'une après l'autre, et ainsi de suite pendant tout l'hiver et le printemps jusqu'à l'été ; la fleur est d'un jaune vif. On peut en dire autant de la « chicorée amère »[15] : elle aussi fleurit au printemps et elle fait à peu près de la même manière une floraison secondaire qui dure tout l'hiver et tout l'été ; elle a un goût amer, auquel elle doit son nom.

Voilà pour ces espèces, dans le cadre des différences indiquées. Il nous faut essayer, comme il a été dit, de saisir pareillement les caractères distinctifs des autres groupes.

12. 1 C'est un groupe[1] nombreux que celui des végétaux à racine charnue ou à racine bulbeuse qui se différencient à la fois par rapport aux autres et entre eux par les racines, ainsi que par les feuilles et les tiges, et par leurs autres aspects. Des racines, nous l'avons déjà dit plus haut[2], les unes sont formées d'écailles, les autres de chair, certaines ont une écorce, d'autres n'en ont pas ; de plus, il en est de rondes et d'allongées, de comestibles et d'immangeables. Outre les bulbes du muscari[3] et des espèces semblables, on consomme également la racine de l'asphodèle[4] et celle de la scille, non cependant de n'importe laquelle, mais de la scille dite « d'Épiménide », ainsi qualifiée d'après l'usage qu'on en fait[5] ; celle-ci a les feuilles plus étroites et plus lisses[6] que toutes les autres. 2 On consomme également de l'arum[7] la racine elle-même et aussi les feuilles bouillies au préalable dans du vinaigre ; elle a un goût agréable et elle est bonne pour les fractures. Pour la faire grossir, après avoir arra-

πρωϊανθὴς δὲ καὶ ταχὺ γηράσκει καὶ ἀποπαπποῦται, εἶτ᾽ ἄλλο φύεται πάλιν καὶ ἄλλο, καὶ τοῦτο παρ᾽ ὅλον ποιεῖ τὸν χειμῶνα καὶ τὸ ἔαρ ἄχρι τοῦ θέρους· τὸ δ᾽ ἄνθος μηλινοειδές. Ὡσαύτως δὲ καὶ ἡ πικρίς· καὶ γὰρ αὕτη τῷ ἦρι ἀνθεῖ καὶ παραπλησία δι᾽ ὅλου τοῦ χειμῶνος καὶ τοῦ θέρους παρανθεῖ· τῇ γεύσει δὲ πικρά, διὸ καὶ τοὔνομα εἴληφε.

Ταῦτα μὲν οὖν ἐν ταύταις ταῖς διαφοραῖς. Πειρατέον δέ, ὡς ἐλέχθη, καὶ τῶν ἄλλων λαμβάνειν ὁμοίως.

12. 1 Πολὺ δέ τι γένος ἐστὶ καὶ τῶν σαρκορρίζων ἢ κεφαλορρίζων ἃ καὶ πρὸς τὰ ἄλλα καὶ καθ᾽ αὑτὰ τὰς διαφορὰς ἔχει ῥίζαις τε καὶ φύλλοις καὶ καυλοῖς καὶ ταῖς ἄλλαις μορφαῖς. Τῶν γὰρ ῥιζῶν, ὥσπερ εἴρηται πρότερον, αἱ μὲν λεπυρώδεις, αἱ δὲ σαρκώδεις, καὶ αἱ μὲν ἔχουσαι φλοιόν, αἱ δ᾽ ἄφλοιοι· ἔτι δὲ αἱ μὲν στρογγύλαι, αἱ δὲ προμήκεις καὶ αἱ μὲν ἐδώδιμοι, αἱ δὲ ἄβρωτοι. Ἐδώδιμοι μὲν γὰρ οὐ μόνον βολβοὶ καὶ τὰ ὅμοια τούτοις, ἀλλὰ καὶ ἡ τοῦ ἀσφοδέλου ῥίζα καὶ ἡ τῆς σκίλλης, πλὴν οὐ πάσης, ἀλλὰ τῆς ἐπιμενιδείου καλουμένης, ἣ ἀπὸ τῆς χρήσεως ἔχει τὴν προσηγορίαν· αὕτη δὲ στενοφυλλοτέρα τε καὶ λειοτέρα τῶν λοιπῶν ἐστιν. 2 Ἐδώδιμος δὲ καὶ ἡ τοῦ ἄρου καὶ αὐτὴ καὶ τὰ φύλλα προαφεψηθέντα ἐν ὄξει· καὶ ἔστιν ἡδεῖά τε καὶ πρὸς τὰ ῥήγματα ἀγαθή. Πρὸς δὲ τὴν αὔξησιν αὐτῆς, ὅταν ἀποφυλλίσωσιν — ἔχει δὲ μέγα σφόδρα τὸ φύλ-

TEST.: 4-6 Mon. — 19 Eust. 1220, 61.

1 πρωϊανθὴς Schn. : προϊ- U προϊανθεὶς M P Ald. ‖ 4 alt. καὶ U M Ald. : ὡς P ‖ 5 αὕτη M P Ald. : αὐτὴ U ‖ 11 καὶ καθ᾽ αὑτὰ [*et inter se* Gaza] Heins. : καθὰ καὶ M P Ald. καθὰ U ‖ 14 λεπυρώδεις U[rec] M P Ald. (cf. I, 6, 7) : -ρώδης U -ριώδεις coni. Schn. ‖ 21 αὕτη U M : αὐτὴ P Ald. ‖ 23 προαφεψηθέντα Schn. : προσαφ- codd. Ald. ‖ 25 ἀποφυλλίσωσιν Schn. : -φυλλάσωσιν Ald. -φυλάσσωσιν codd.

ché les feuilles (l'arum a la feuille très grande), on la déterre, puis on la retourne, afin qu'elle ne laisse pas poindre de pousse et qu'elle attire à elle toute la nourriture, comme certains font aussi pour les bulbes de muscari qu'ils mettent en jauge. Cependant la racine de la serpentaire[8] (on donne à une espèce d'arum le nom de serpentaire parce que sa tige présente une sorte de bigarrure) est immangeable et même vénéneuse. 3 Au contraire, celle de la plante qu'on appelle le glaïeul[9] a une saveur douce, une fois cuite ; broyée et mélangée à la farine, elle édulcore et assainit le pain ; elle est ronde, sans écorce et pourvue de bulbilles comme la ciboulette. On en trouve beaucoup dans les trous de taupe car cet animal les aime et les amasse. La racine de l'« herbe à Thésée »[10] a une saveur amère et, broyée, elle purge par le bas. Il en existe encore d'autres qui sont vénéneuses, mais dans bien des cas elles ne sont ni vénéneuses, ni comestibles. Voilà les différences que présentent les racines.

13. 1 En ce qui concerne les feuilles, on prend pour critères les dimensions et les formes. L'asphodèle a la feuille longue, assez étroite et un peu visqueuse ; chez la scille elle est large et se déchire facilement ; le glaïeul, que certains appellent « herbe aux épées », l'a en forme d'épée, d'où son nom ; chez l'iris, elle rappelle davantage celle du roseau ; chez l'arum, outre qu'elle est large, elle est marquée d'une dépression et fait penser à celle du concombre ; le narcisse a des feuilles étroites, nombreuses et grasses ; le muscari et les espèces voisines les ont tout à fait étroites, mais celle du crocus l'est même encore davantage[1].

λον — [ὃ] ἀνορύξαντες στρέφουσιν ὅπως ἂν μὴ διαβλαστάνῃ ἀλλ' ἅπασαν ἕλκῃ τὴν τροφὴν εἰς ἑαυτήν, ὃ καὶ ἐπὶ τῶν βολβῶν τινες ποιοῦσι συντιθέντες. Ἡ δὲ τοῦ δρακοντίου — καλοῦσι γάρ τι δρακόντιον ἄρον διὰ τὸ τὸν καυλὸν ἔχειν τινὰ ποικιλίαν — ἄβρωτος καὶ φαρμακώδης. 3 Ἀλλὰ ἡ τοῦ φασγάνου καλουμένου γλυκεῖά τε ἑψηθεῖσα καὶ τριφθεῖσα μιγνυμένη τῷ ἀλεύρῳ ποιεῖ τὸν ἄρτον γλυκὺν καὶ ἀσινῆ· στρογγύλη δέ ἐστι καὶ ἄφλοιος καὶ ἀποφύσεις ἔχουσα μικρὰς ὥσπερ τὸ γήθυον. Πολλὰς δὲ εὑρίσκουσιν <ἐν> ταῖς σκαλοπιαῖς· χαίρει γὰρ καὶ συλλέγει τὸ ζῷον. Ἡ δὲ τοῦ θησείου τῇ μὲν γεύσει πικρά, τριβομένη δὲ κοιλίαν ὑποκαθαίρει. Φαρμακώδεις δέ τινές εἰσι καὶ ἕτεραι, πολλῶν δὲ οὔτε φαρμακώδεις οὔτε ἐδώδιμοι. Καὶ αὗται μὲν ἐν ταῖς ῥίζαις αἱ διαφοραί.

13. 1 Κατὰ δὲ τὰ φύλλα τοῖς τε μεγέθεσι καὶ τοῖς σχήμασιν. Ὁ μὲν ἀσφόδελος μακρὸν καὶ στενότερον καὶ ὑπόγλισχρον ἔχει τὸ φύλλον, ἡ δὲ σκίλλα πλατὺ καὶ εὐδιαίρετον, τὸ δὲ φάσγανον, ὑπό τινων δὲ καλούμενον ξίφος, ξιφοειδὲς ὅθεν ἔσχε καὶ τοὔνομα, ἡ δὲ ἶρις καλαμωδέστερον· τὸ δὲ τοῦ ἄρου πρὸς τῇ πλατύτητι καὶ ἔγκοιλον καὶ σικυῶδές ἐστιν· ὁ δὲ νάρκισσος στενὸν καὶ πολὺ καὶ λιπαρόν· βολβὸς δὲ καὶ τὰ βολβώδη παντελῶς στενά, καὶ τοῦ κρόκου δ' ἔτι στενότερον.

TEST.: 12 Hsch. et *E.M.* s.u. θήσειον. — 17-18 Suid. s.u. ἀσφόδελος. — 19-20 Hsch. s.u. ξίφος.

1 ὃ del. Stack. ‖ 1-2 μὴ διαβλαστάνῃ U M : μηδὲν βλαστ- P Ald. ‖ 2 ἀλλ' ἅπασαν U : ἀλλὰ πᾶσαν M P Ald. ‖ 7 post τε add. καὶ U ‖ 10 ἐν add. Schn. in comm. ‖ 11 σκαλοπιαῖς Schn. ex C. Gesneri *Hist. animalium* : σκολοπίαις codd. Ald. ‖ 17 στενότερον U M : -ώτερον P Ald. (item l. 24).

2 Quant à la tige, certaines espèces n'en ont pas du tout, ni de fleur, comme l'arum comestible[2] ; d'autres n'ont que la tige florale, comme le narcisse tardif et le crocus[3] ; quelques-unes ont une <véritable> tige : ainsi la scille, le muscari et les plantes voisines du muscari, l'iris et le glaïeul. L'asphodèle[4] est de toutes celle qui a la plus haute tige (celle-ci, l'*anthérikos*, est en effet très haute), l'iris l'a plus courte, plus dure mais globalement semblable à l'*anthérikos*. En outre l'asphodèle fructifie abondamment ; son fruit est ligneux, de forme triangulaire et de couleur noire ; il se forme dans le corps rond situé à la base de la fleur, d'où il tombe en été quand celui-ci s'ouvre largement. 3 La floraison se fait peu à peu, comme sur la scille, et elle commence par le bas. A l'intérieur de la hampe un ver prend naissance, qui se change en un autre insecte, ailé, rappelant un frelon ; puis, une fois la hampe desséchée, il la ronge pour s'ouvrir un passage et s'envole[5]. Il semble du reste que l'asphodèle se singularise par rapport aux autres végétaux à tige lisse en ce que la sienne, malgré sa minceur, se ramifie du haut. La plante a de nombreux usages alimentaires : la hampe se mange frite, la graine grillée et surtout la racine coupée en morceaux avec des figues ; elle est, selon Hésiode, d'une très grande utilité[6].

4 Toutes les bulbeuses ont la vie dure, mais la scille plus que les autres : suspendue, elle continue à vivre et

2 Καυλὸν δὲ τὰ μὲν οὐκ ἔχει τὸ ὅλον, οὐδ᾽ ἄνθος, ὥσπερ τὸ ἄρον τὸ ἐδώδιμον· τὰ δὲ τὸν τοῦ ἄνθους μόνον, ὥσπερ ὁ νάρκισσος καὶ ὁ κρόκος· ἔνια δὲ ἔχει, καθάπερ ἡ σκίλλα καὶ ὁ βολβὸς καὶ τὰ βολβώδη καὶ ἡ ἶρις καὶ τὸ ξίφιον. Μέγιστον δὲ πάντων ἀσφόδελος — ὁ γὰρ ἀνθέρικος μέγιστος —, ὁ δὲ τῆς ἴριδος ἐλάττων μέν, σκληρότερος δέ, τὸ δὲ ὅλον ἀνθερικώδης. Ἔστι δὲ καὶ πολύκαρπος ὁ ἀσφόδελος καὶ ὁ καρπὸς αὐτοῦ ξυλώδης, τῇ μὲν μορφῇ τρίγωνος, τῷ δὲ χρώματι μέλας· γίνεται δὲ ἐν τῷ στρογγύλῳ τῷ ὑποκάτω τοῦ ἄνθους, ἐκπίπτει δὲ τοῦ θέρους ὅταν τοῦτο διαχάνῃ. 3 Τὴν ἄνθησιν ποιεῖται κατὰ μέρος, ὥσπερ καὶ ἐπὶ τῆς σκίλλης, ἄρχεται δὲ πρῶτον ἀπὸ τῶν κάτωθεν. Ἐν δὲ τῷ ἀνθερίκῳ συνίσταται σκώληξ ὃς εἰς ἄλλο μεταβάλλει ζῷον πτηνὸν ἀνθρηνοειδές· εἶθ᾽ ὅταν ὁ ἀνθέρικος αὐανθῇ, διεσθίον ἐκπέταται. Δοκεῖ δὲ ἴδιον ἔχειν πρὸς τὰ ἄλλα τὰ λειόκαυλα διότι στενὸς ὢν ἀποφύσεις ἄνωθεν ἔχει. Πολλὰ δὲ εἰς τροφὴν παρέχεται χρήσιμα· καὶ γὰρ ὁ ἀνθέρικος ἐδώδιμος σταθευόμενος καὶ τὸ σπέρμα φρυγόμενον, καὶ πάντων δὲ μάλιστα ἡ ῥίζα κοπτομένη μετὰ σύκων· καὶ πλείστην ὄνησιν ἔχει καθ᾽ Ἡσίοδον.

4 Ἅπαντα μὲν οὖν φιλόζωα τὰ κεφαλόρριζα, μάλιστα δ᾽ ἡ σκίλλα· καὶ γὰρ κρεμαννυμένη ζῇ καὶ

TEST.: 19-21 SUID. s.u. ἀσφόδελος. — 22-23 Mon.

1 οὐδ᾽ U : οὐκ M P Ald. ‖ 5 post πάντων add. ὁ P Ald. ‖ ἀσφόδελος P : -οδελὸς U M ἀσφοδελος Ald. uide adn. ‖ 7 ἀνθερικώδης M P Ald. : -ριώδης U ‖ 9 χρώματι codd. : σχήμ- Ald. ‖ 11 ἐκπίπτει [*decidit* Gaza] Wim. : -πτων codd. Ald. ‖ 12 ἄνθησιν [*floret* Gaza] Scal. : ἄνανσιν M αὔανσιν U P Ald. ‖ 13 ἄρχεται U Ald. : ἄρξε- M P ‖ 14 ὃς Ald. : ὃ codd. ‖ 15 ἀνθρηνοειδές H. Stephanus in *Thes. Linguae gr.* : ἀνθηρηνο- U[rec] ἀνθηνο- U M P Ald. ‖ 16 διεσθίον U : -ίων M P Ald. ‖ 20 καὶ om. M P Ald. ‖ 21 σύκων SUID. : σύκου codd. Ald. ‖ 23 κρεμαννυμένη U Mon. : -μανημένη M -μαμένη P Ald.

subsiste très longtemps. Elle a même le pouvoir de conserver les produits mis en réserve, comme la grenade dont on enfonce le pédoncule dans <son bulbe>, et certaines boutures ainsi plantées reprennent plus vite. On raconte aussi que plantée devant la porte d'entrée, elle a pour effet de la protéger contre les assauts de la malignité[7].

Toutes ces espèces constituent un ensemble de végétaux qui se multiplient comme les oignons et les aulx, par des rejetons de leur racine ; quelques-unes cependant viennent aussi de graine, manifestement, par exemple l'asphodèle, le narcisse de mer[8], le glaïeul et le muscari.
5 On raconte que le muscari a ceci d'original que toutes ses graines ne germent pas simultanément, mais l'une dans l'année en cours, l'autre dans l'année suivante, comme on le dit de l'aegilops et du lotier[9].

Ainsi donc, cette particularité, à la supposer authentique, est commune à d'autres espèces. Celle qui va être exposée est peut-être commune aussi à des espèces néanmoins peu nombreuses, mais elle est étonnante dans tous les cas : c'est ce qui se produit pour la scille et le narcisse tardif. Chez les autres plantes, qu'elles se trouvent au stade initial de la plantation ou qu'elles recommencent leur cycle végétatif, on voit apparaître à la saison opportune la feuille d'abord, et puis plus tard la tige ; dans le cas des espèces en question, la tige sort la première.
6 Chez le narcisse, il s'agit seulement de la tige florale qui aussitôt pousse en avant la fleur. Chez la scille au contraire, c'est une tige proprement dite, sur laquelle plus tard prend naissance la fleur, qui est placée à proximité de la tige[10]. La floraison se fait en trois parties, dont la première passe pour préfigurer la première culture, la seconde la culture intermédiaire, la troisième la dernière culture : à la manière dont s'effectuent ces floraisons

πλεῖστόν γε χρόνον διαμένει. Δύναται δὲ καὶ τὰ θησαυριζόμενα σῴζειν, ὥσπερ τὴν ῥόαν ἐμπηγνυμένου τοῦ μίσχου, καὶ τῶν φυτευομένων δ᾽ ἔνια βλαστάνει θᾶττον ἐν αὐτῇ. Λέγεται δὲ καὶ πρὸ τῶν θυρῶν τῆς εἰσόδου φυτευθεῖσαν ἀλεξητήριον εἶναι τῆς ἐπιφερομένης δηλήσεως.

Πάντα δὲ ταῦτα ἀθρόα φύεται καθάπερ καὶ τὰ κρόμμυα καὶ τὰ σκόροδα· παραβλαστάνουσι γὰρ ἀπὸ τῆς ῥίζης· ἔνια δὲ καὶ ἀπὸ τοῦ σπέρματος φανερῶς, οἷον ὅ τε ἀνθέρικος καὶ τὸ λείριον καὶ τὸ φάσγανον καὶ ὁ βολβός. 5 Ἀλλ᾽ ἴδιον τοῦτο τοῦ βολβοῦ λέγεται τὸ μὴ ἀπὸ πάντων βλαστάνειν ἅμα τῶν σπερμάτων, ἀλλὰ τοῦ μὲν αὐτοετές, τοῦ δὲ εἰς νέωτα, καθάπερ τὸν αἰγίλωπά φασι καὶ τὸν λωτόν.

Τοῦτο μὲν οὖν, εἴπερ ἀληθές, κοινὸν ἑτέρων. Κοινὸν δὲ ἴσως καὶ τὸ μέλλον λέγεσθαι, πλὴν οὐ πολλῶν, θαυμαστὸν δὲ ἐπὶ πάντων, ὅπερ ἐπί τε τῆς σκίλλης καὶ τοῦ ναρκίσσου συμβαίνει. Τῶν μὲν γὰρ ἄλλων καὶ τῶν ἐξ ἀρχῆς φυτευομένων καὶ τῶν βλαστανόντων, καθ᾽ ὥραν ἔτους τὸ φύλλον ἀνατέλλει πρῶτον, εἶθ᾽ ὕστερον ὁ καυλός· ἐπὶ δὲ τούτων ὁ καυλὸς πρότερον. 6 Τοῦ ναρκίσσου δὲ ὁ τοῦ ἄνθους μόνον εὐθὺς προωθῶν τὸ ἄνθος. Τῆς δὲ σκίλλης καθ᾽ αὑτόν, εἰς ὕστερον ἐπὶ τούτῳ τὸ ἄνθος ἀνίσχον προσκαθήμενον. Ποιεῖται δὲ τὰς ἀνθήσεις τρεῖς ὧν ἡ μὲν πρώτη δοκεῖ σημαίνειν τὸν πρῶτον ἄροτον, ἡ δὲ δευτέρα τὸν μέσον, ἡ δὲ τρίτη τὸν ἔσχατον· ὡς γὰρ ἂν αὗται γένωνται, καὶ οἱ ἄροτοι

TEST.: 1-6 Mon.

2 ἐμπηγνυμένου U Mon. : ἐκπ- M P Ald. ‖ 5 ἀλεξητήριον Stack. : ἀλεξιτ- codd. Ald. ‖ 13 αἰγίλωπά (iam αἰγίλοπά Stack.) Schn. : γίλωπά codd. Ald. ‖ 20 ἔτους om. M P Ald. ‖ 22 εὐθὺς προωθῶν ego ex εὐθὺ π. Wim. : εὐθυπρόωρον codd. Ald. ‖ 27 ὡς Schn. coll. *De signis*, 55 uide adn. : ὅσαι codd. Ald.

correspond à peu près le résultat des cultures[11]. Une fois la tige flétrie, les feuilles commencent à pousser, beaucoup plus tard. Il en est de même dans le cas du narcisse, sauf que celui-ci n'a pas de tige autre que la tige florale, comme nous l'avons dit, ni de fruit visible, et que la fleur même périt avec la tige, puis, quand elles se sont desséchées, vient le moment où les feuilles apparaissent. 7 Voilà donc les particularités que ces deux espèces présentent conjointement par rapport aux autres ; mais si on les compare aux végétaux qui fleurissent avant d'avoir leurs feuilles et leurs tiges, comme le font, semble-t-il, la vendangeuse[12] ainsi que d'autres plantes à fleurs, et en outre parmi les arbres l'amandier par excellence ou exclusivement[13], voici ce qui fait leur originalité : alors que sur les végétaux en question la feuille se montre en même temps que la fleur ou sitôt après, de sorte que certains peuvent faire l'objet d'une recherche minutieuse, dans leur cas <la feuille> paraît avoir, si l'on peut dire, une origine distincte, en raison du long intervalle de temps et aussi parce qu'elle ne pousse pas avant que la fleur de l'un et même la tige entière de l'autre se soient flétries. La feuillaison de la scille est la première des deux, celle du narcisse la dernière ; celui-ci donne naissance à un feuillage peu abondant, sa racine elle-même est petite, au lieu d'être grosse, et présente presque l'aspect d'un bulbe de muscari, quoiqu'elle ne soit pas formée d'écailles[14]. Ce sont là des faits qui demandent réflexion.

8 Des bulbes de muscari on voit bien qu'il existe plusieurs variétés, car ils diffèrent pour la grosseur, la couleur, la forme, ainsi que par le goût : en certains endroits ils sont si doux qu'on peut même les manger crus,

σχεδὸν οὕτως ἐκβαίνουσιν. Ὅταν δὲ οὗτος ἀπογηράσῃ, τότε ἡ τῶν φύλλων βλάστησις πολλαῖς ἡμέραις ὕστερον. Ὡσαύτως δὲ καὶ ἐπὶ τοῦ ναρκίσσου, πλὴν οὔτε καυλὸν ἕτερον ἔχει παρὰ τὸν τοῦ ἄνθους, ὥσπερ εἴπομεν, οὔτε καρπὸν φανερόν, ἀλλ' αὐτὸ τὸ ἄνθος ἅμα τῷ καυλῷ καταφθίνει καὶ ὅταν αὐανθῇ, τότε τὰ φύλλα ἀνατέλλει. 7 **Πρὸς μὲν οὖν τὰ ἄλλα τὰ συνάμφω ταῦτα ἴδια· πρὸς δὲ τὰ προανθοῦντα τῶν φύλλων καὶ τῶν καυλῶν, ὅπερ δοκεῖ ποιεῖν τὸ τίφυον καὶ ἕτερα τῶν ἀνθικῶν, ἔτι δὲ τῶν δένδρων ἡ ἀμυγδαλῆ μάλιστα ἢ μόνον, ὅτι ταῦτα μὲν ἅμα τῷ ἄνθει προφαίνει τὸ φύλλον <ἢ> εὐθὺς κατόπιν, ὥστε καὶ διαζητεῖσθαι περί τινων, ἐπὶ δὲ τούτων οἷον ἀφ' ἑτέρας ἀρχῆς φαίνεται καὶ διὰ τὸ πλῆθος τῶν ἡμερῶν καὶ διὰ τὸ μὴ πρότερον βλαστάνειν πρὶν τοῦ μὲν τὸ ἄνθος, τοῦ δὲ καὶ ὁ καυλὸς ὅλος ἀπογηράσῃ. Ἡ δὲ βλάστησις προτέρα μὲν τῆς σκίλλης, ὑστέρα δὲ τοῦ ναρκίσσου· οὐ πολὺ δὲ καὶ τὸ φύλλον οὗτος ἀφίησι καὶ ἔστιν ἡ ῥίζα αὐτὴ μικρὰ καὶ οὐ μεγάλη, προσεμφερὴς δὲ κατὰ τὸ σχῆμα τῷ βολβῷ, πλὴν οὐ λεπυρώδης. Ταῦτα μὲν οὖν ἔχει σκέψιν.**

8 **Τῶν δὲ βολβῶν ὅτι πλείω γένη φανερόν· καὶ γὰρ τῷ μεγέθει καὶ τῇ χρόᾳ καὶ τοῖς σχήμασι διαφέρουσι καὶ τοῖς χυλοῖς· ἐνιαχοῦ γὰρ οὕτω γλυκεῖς ὥστε καὶ ὠμοὺς ἐσθίεσθαι, καθάπερ ἐν Χερρονήσῳ τῇ ταυρικῇ. Μεγίστη**

TEST.: 23-24 Ath. 64 d.

1 οὗτος Schn. : οὕτως codd. Ald. ‖ 6 post τότε add. γὰρ P ‖ 9 τὸ τίφυον codd. Ald. : τό τ' ἴφ- [*iphyum* Gaza] coni. Wim. uide adn. ‖ 10 δὲ ego : τε codd. Ald. ‖ 12 ἢ [*uel* Gaza] add. Bas. mg. ‖ 13 ἐπὶ Heins. : περὶ codd. Ald. ‖ 17 οὐ hic transposui : ante μικρὰ habent codd. Ald. ‖ καὶ U M P Ald. : πλέον U[1] mg. ‖ 18 οὗτος [*is* Gaza] Bas. mg. : οὕτως codd. Ald. ‖ αὐτὴ [*ipsa* Gaza] Scal. : αὕτη codd. Ald. ‖ 19 δὲ om. P Ald. ‖ 20 οὐ λεπυρώδης [*non squamata* Gaza] Heins. : οὐδὲ πυρώδη [-ης U[2] an U[rec] ?] codd. Ald. ‖ 23 γλυκεῖς Ath. Ald. : -κὺς codd. ‖ 24 Χερρονήσῳ τῇ ταυρικῇ P Ald. : τῇ τ. Χ. Ath. Χ. καὶ τῇ τ. U M.

comme en Chersonèse taurique[15]. Mais la particularité la plus importante est celle par laquelle se distinguent les bulbes porteurs de laine. Il existe en effet une variété de cette sorte, qui pousse sur les plages et dont la laine se trouve sous les premières tuniques, par conséquent intercalée entre l'intérieur comestible et l'extérieur ; on en tisse des chaussons et d'autres articles vestimentaires[16]. Il s'agit donc d'une variété laineuse et non chevelue comme celle de l'Inde[17]. 9 Les espèces voisines du muscari sont plus nombreuses et plus petites : ce sont des plantes comme le perce-neige, l'ornithogale, la terre-noix, la fritillaire et dans une certaine mesure l'iris sisyrinchium[18]. Elles s'apparentent au muscari en ce sens que leurs racines sont rondes ; celles-ci néanmoins sont de couleur blanche et ne sont pas formées d'écailles. L'iris sisyrinchium a ceci de particulier que la partie inférieure de sa racine grossit en premier lieu, c'est-à-dire pendant l'hiver, mais au tout début du printemps son volume diminue, tandis que la partie supérieure, qui est comestible, grossit[19]. Telles sont les différences que présentent les espèces précédentes.

14. 1 On trouve encore les particularités suivantes chez les herbacées, par exemple ce qui se produit dans le cas de l'adiante : sa feuille ne s'humecte même pas quand on la trempe, et cela bien évidemment parce que l'humidité n'adhère pas à sa surface ; d'où sa dénomination[1]. Il en existe deux sortes, l'adiante « blanc » et le « noir »[2], qui s'emploient l'un et l'autre, triturés dans de l'huile, contre la chute des cheveux. Ils poussent surtout au voisinage

δὲ καὶ ἰδιωτάτη διαφορὰ τῶν ἐριοφόρων. Ἔστι γάρ τι γένος τοιοῦτον ὃ φύεται μὲν ἐν αἰγιαλοῖς, ἔχει δὲ τὸ ἔριον ὑπὸ τοὺς πρώτους χιτῶνας, ὥστε ἀνὰ μέσον εἶναι τοῦ τε ἐδωδίμου τοῦ ἐντὸς καὶ τοῦ ἔξω· ὑφαίνεται δὲ ἐξ αὐτοῦ καὶ πόδεια καὶ ἄλλα ἱμάτια. Διὸ καὶ ἐριῶδες τοῦτο καὶ οὐχ ὥσπερ τὸ ἐν Ἰνδοῖς τριχῶδες. 9 **Πλείω δὲ καὶ τὰ βολβώδη καὶ ἐλάττω· ταῦτα δὲ καθάπερ τὸ λευκόϊον καὶ βολβίνη καὶ ὀπιτίων καὶ κὺξ καὶ τρόπον τινὰ τὸ σισυρίγχιον. Βολβώδη δὲ ταῦτα ὅτι στρογγύλα ταῖς ῥίζαις· ἐπεὶ τοῖς γε χρώμασι λευκὰ καὶ οὐ λεπυρώδη. Ἴδιον δὲ τοῦ σισυριγχίου τὸ τῆς ῥίζης αὐξάνεσθαι τὸ κάτω πρῶτον, ὃ καὶ λέγουσι χειμῶνα, τοῦ δ' ἦρος ὑποφαίνοντος τοῦτο μὲν ταπεινοῦσθαι, τὸ δ' ἄνω τὸ ἐδώδιμον αὐξάνεσθαι. Καὶ τὰ μὲν τοιαύτας ἔχει τὰς διαφοράς.**

14. 1 **Ἴδια δὲ καὶ ταῦτα ἐν τοῖς ποώδεσιν, οἷον τὸ [τε] ἐπὶ τοῦ ἀδιάντου συμβαῖνον· οὐδὲ γὰρ ὑγραίνεται τὸ φύλλον βρεχόμενον, ὃ δὴ ἐπίδηλόν ἐστι διὰ τὸ <μὴ> τὴν νοτίαν ἐπιμένειν· ὅθεν καὶ ἡ προσηγορία. Γένη δ' αὐτοῦ δύο, τὸ μὲν λευκόν, τὸ δὲ μέλαν, χρήσιμα δὲ ἀμφότερα πρὸς ἔκρυσιν κεφαλῆς τριχῶν ἐν ἐλαίῳ τριβόμενα. Φύεται δὲ μάλιστα πρὸς τὰ ὑδρηλά. Ὡς δὲ**

TEST.: 1-5 Ath. 64 d. — 16-22 Mon.

2 μὲν om. Ath. ‖ ἐν Ath. : om. codd. Ald. ‖ 4 τε om. Ath. ‖ 5 πόδεια Ath. : -δια codd. Ald. ‖ 7 post δὲ lacunam ind. Wim. ‖ 8 ὀπιτίων M P Ald. : ὁ πιτίων U ‖ κὺξ codd. : κύϊξ Ald. ‖ 9 σισυρίγχιον U : -ρίνχιον M -ρίχιον P Ald. ‖ 10 γε Schn. : τε codd. Ald. ‖ 10-11 λεπυρώδη U^{ac} M P Ald. : -ριώδη U^{pc} ‖ 11 σισυριγχίου U : -ρινχίου M -ριϋχίου P -ριχίου Ald. ‖ 12 ὃ καὶ λέγουσι ego uide adn. : ὃ καλοῦσι codd. Ald. κατὰ Dalec. ‖ 13 τὸ Ald. : τὰ codd. ‖ 16 τε del. Stack. ‖ 18 βρεχόμενον U M P Ald. : δεχ- Mon. ‖ ὃ δὴ ego uide adn. : οὐδ' codd. Ald. ‖ μὴ add. Wim. ‖ 22 φύεται [*nascuntur* Gaza] Stack. : -εσθαι codd. Ald.

des points d'eau. De l'avis de certains, le capillaire[3] est efficace également contre la rétention d'urine ; il a la tige semblable à celle de l'adiante « noir », des feuilles extrêmement petites, serrées l'une contre l'autre et opposées ; il n'y a pas de racine à la base de la plante ; celle-ci aime les lieux ombreux.

2 Dans les espèces à floraison échelonnée, on trouve une particularité concernant la marguerite[4] : alors que chez toutes les autres les fleurs du bas passent les premières, ce sont chez elle les fleurs du haut ; les fleurons blancs forment le pourtour de la fleur, les jaunes en occupent le centre ; le fruit s'en échappe et tombe, comme pour les carduacées, en laissant un vide à son point d'attache. Il en existe plusieurs espèces.

3 Autre particularité, celle de la bardane[5] qui s'accroche aux vêtements grâce à ses aspérités et s'arrache difficilement : la fleur naît dans ce corps couvert d'aspérités ; elle n'est pas proéminente ni très apparente à l'extérieur, mais elle réalise en elle-même sa maturation et la formation de la graine, de sorte que ce phénomène ressemble un peu à ce qui se produit pour les émissoles et les anges de mer : ces animaux donnent naissance à des petits vivants, après avoir été ovipares intérieurement[6], et la bardane forme ses fruits en gardant sa fleur renfermée en elle-même où elle opère sa maturation[7].

15. 1 Quant aux espèces qui arrivent à la floraison en se réglant sur les astres, par exemple celle qu'on appelle

οἴονταί τινες, καὶ πρὸς στραγγουρίαν τὸ τριχομανὲς ποιεῖ· ἔχει δὲ τὸν καυλὸν ὅμοιον τῷ ἀδιάντῳ τῷ μέλανι, φύλλα δὲ μικρὰ σφόδρα καὶ πυκνὰ καὶ πεφυκότα καταντικρὺ ἀλλήλων, ῥίζα δὲ οὐχ ὕπεστι· χωρία δὲ φιλεῖ σκιερά.

2 **Τῶν δὲ κατὰ μέρος ἀνθούντων ἴδιον τὸ περὶ τὸ ἄνθεμον, ὅτι τῶν μὲν ἄλλων πάντων [ἴδιον] τὰ κάτω πρῶτον ἀπανθεῖ, τούτου δὲ τὰ ἄνω· τυγχάνει δ' αὐτοῦ τὸ μὲν κύκλῳ τὸ λευκὸν ἄνθος, τὸ δὲ ἐν τῷ μέσῳ τὸ χλωρόν· καὶ ὁ καρπὸς ἐκπίπτει, καθάπερ τοῖς ἀκανώδεσι, καταλιπὼν τὴν πρόσφυσιν κενήν· εἴδη δ' αὐτοῦ πλείω.**

3 **Ἴδιον δὲ καὶ τὸ περὶ τὴν ἀπαρίνην ἣ καὶ τῶν ἱματίων ἀντέχεται διὰ τὴν τραχύτητα καὶ ἔστι δυσαφαίρετον· ἐν τούτῳ γὰρ ἐγγίνεται τῷ τραχεῖ τὸ ἄνθος οὐ προϊὸν οὐδὲ ἐκφαῖνον ἀλλ' ἐν ἑαυτῷ πεττόμενον καὶ σπερμογονοῦν, ὥστε παρόμοιον εἶναι τὸ συμβαῖνον ὥσπερ ἐπὶ τῶν γαλεῶν καὶ ῥινῶν· ἐκεῖνά τε γὰρ ἐν ἑαυτοῖς ᾠοτοκήσαντα ζῳογονεῖ, καὶ αὕτη τὸ ἄνθος ἐν ἑαυτῇ κατέχουσα καὶ πέττουσα καρποτοκεῖ.**

15. 1 **Ὅσα δὲ τὰς ἀνθήσεις λαμβάνουσιν ἀκολουθοῦντα τοῖς ἄστροις, οἷον τὸ ἡλιότροπιον καλούμενον**

TEST.: 1-4 Mon. — 13-19 Mon. — 21-22 Ath. 684 e.

2 ποιεῖ · ἔχει [*facit...gerit* Gaza] Heins. : ποιεῖν · ἔχειν codd. Ald. ‖ 4 ὕπεστι Schn. : ὑπέστι U ὑπέστη M P Ald. ‖ 6 alt. τὸ M P Ald. : τὸν U ‖ 7 ἴδιον del. Schn. ‖ τὰ Stack. : τὸ codd. Ald. ‖ 8 ἀπανθεῖ Schn. : -εῖν codd. Ald. ‖ 10 ὁ καρπὸς Schn. in comm. uide adn. : κ. ὃς codd. Ald. ‖ 10-11 ἀκανώδεσι ego coll. I, 13, 3 : ἀκανθώ- codd. Ald. ‖ 11 δ' om. U M ‖ 13 ἣ U P Mon. : ἢ M Ald. ‖ 14 τραχύτητα U M P Ald. : βρα- Mon. ‖ 18 γαλεῶν Schn. : -έων codd. Ald. ‖ ῥινῶν U Mon. : κρηνῶν M P Ald. ‖ 19 αὕτη [*haec* Gaza] Schn. : αὐτὴ U M Ald. αὐτὸ P ‖ 21 ὅσα δὲ τὰς codd. Ald. : τὰς δ' Ath. ‖ λαμβάνουσιν U : βλαστά- M P Ald. λαμβάνειν δεῖ Ath. ‖ 21-22 ἀκολουθοῦντα codd. Ald. : συνακο- Ath. ‖ 22 ἄστροις Ath. : ἀγρίοις codd. Ald. ‖ οἷον om. Ath.

l'« héliotrope », le scolyme (dont la floraison coïncide aussi avec le solstice) et encore la chélidoine (qui fleurit quand souffle le Chélidonias)[1], on peut penser qu'elles sont déterminées par une cause en partie naturelle, en partie accidentelle[2]. 2 Chez d'autres espèces également, de nombreux faits du même ordre font figure de particularités. Ainsi est-il dans la nature de l'orpin de rester en permanence gonflé de sève et vert, avec une feuille charnue, lisse et allongée. Il croît dans les plaines littorales ainsi que sur le faîte des murs, et tout aussi bien sur les tuiles des toits quand un peu de terre sablonneuse vient à s'y accumuler[3].

3 Sans doute pourrait-on trouver encore bien d'autres anomalies. Mais il est nécessaire, nous l'avons dit et redit, d'étudier les particularités et les différences en tenant compte du reste[4]. Certains végétaux se présentent sous des formes multiples et pour ainsi dire presque homonymes, comme le *lotos* [5] dont il existe effectivement de nombreuses espèces différenciées par les feuilles, les tiges, les fleurs et les fruits, parmi lesquelles il y a aussi ce qu'on appelle le mélilot (*mélilotos*)[6] ; mais elles se différencient également par leur valeur alimentaire et en outre par le fait qu'elles ne recherchent pas les mêmes habitats[7]. On pourrait en dire autant d'un certain nombre d'autres plantes. 4 Il y en a par ailleurs qui se présentent sous des formes moins nombreuses[8], comme les solanées concernées en totalité par un phénomène d'homonymie : l'une est la morelle comestible, une espèce en quelque sorte domestique[9], dont le fruit ressemble à un grain de raisin ; mais il en existe deux autres, qui ont le pouvoir de provoquer l'une le sommeil, l'autre la folie et même, administrée à plus forte dose, la mort[10]. C'est là un fait qui peut s'observer pareillement dans le cas d'autres plantes fort éloignées les unes des autres.

καὶ ὁ σκόλυμος — ἅμα γὰρ ταῖς τροπαῖς καὶ οὗτος — ἔτι δὲ τὸ χελιδόνιον — καὶ γὰρ τοῦτο ἅμα τῷ Χελιδονίᾳ ἀνθεῖ — ταῦτα δὲ δόξειεν ἂν τῇ μὲν φυσικὴν ἔχειν τὴν αἰτίαν, τῇ δὲ συμπτωματικήν. 2 **Πολλὰ δὲ τοιαῦτά ἐστι καὶ ἐν ἑτέροις ἴδια. Οἷον καὶ ἡ τοῦ ἀειζώου φύσις τὸ διαμένειν ὑγρὸν ἀεὶ καὶ χλωρόν, φύλλον σαρκῶδες ἔχον καὶ λεῖον καὶ πρόμηκες. Φύεται δὲ ἔν τε τοῖς ἁλιπέδοις <καὶ> τοῖς ἐπὶ τῶν τειχῶν ἀνδήροις καὶ οὐχ ἥκιστα ἐπὶ τῶν κεράμων ὅταν ἐπιγένηται γῆς τις ἀμμώδης συρροή.**

3 **Πολλὰ δ' ἄν τις ἴσως λάβοι καὶ ἕτερα περιττά. Χρὴ δέ, ὥσπερ πολλάκις εἴρηται, τὰς ἰδιότητας θεωρεῖν καὶ τὰς διαφορὰς πρὸς τὰ ἄλλα· τὰ μὲν ἐν πλείοσιν ἰδέαις ἐστὶ καὶ σχεδὸν οἷον ὁμωνύμοις, ὥσπερ ὁ λωτός· τούτου γὰρ εἴδη πολλὰ διαφέροντα καὶ φύλλοις καὶ καυλοῖς καὶ ἄνθεσι καὶ καρποῖς, ἐν οἷς καὶ ὁ μελίλωτος καλούμενος· καὶ δυνάμει δὲ τῇ κατὰ τὴν προσφοράν, ἔτι δὲ τῷ μὴ τοὺς αὐτοὺς τόπους ζητεῖν. Ὁμοίως δὲ καὶ ἕτερα πλείω.** 4 **Τὰ δὲ ἐν ἐλάττοσιν ὥσπερ ὁ στρύχνος ὁμωνυμίᾳ τινὶ παντελῶς εἰλημμένος· ὁ μὲν γὰρ ἐδώδιμος καὶ ὥσπερ ἥμερον, καρπὸν ἔχων ῥαγώδη· ἕτεροι δὲ δύο εἰσίν, ὧν ὁ μὲν ὕπνον, ὁ δὲ μανίαν ἐμποιεῖν δύναται, πλείων δ' ἐπιδοθεὶς καὶ κτείνει. Ὁμοίως δὲ τοῦτο καὶ ἐφ' ἑτέρων ἔστι λαβεῖν ἃ πολλὴν ἔχει τὴν διάστασιν.**

TEST.: 2-3 Ath. 684 e. — 15 Hsch. s.u. μελίλωτος. — 19-23 Mon.

1 σκόλυμος U P Ald. : -υμβος M || 2 τῷ Schn. in comm. : τῇ U M P Ath. Ald. || Χελιδονίᾳ M P Ald. : -δόνι U Ath. || 3 ἂν τῇ U Ald. : αὐτὴ M αὐτὰ P || 5 οἷον [*ut* Gaza] Schn. in comm. : διὸ codd. Ald. || 7 πρόμηκες P Ald. : προμήκη [-κηι U] U M || ἁλιπέδοις Schn. : ἀλιπ- U[corr] ἀληπ- M ἀλοπ- P Ald. || 8 καὶ add. Stack. || 10 λάβοι U M Ald. : -βῃ P || 12 πρὸς τὰ P Ald. : πρός τε U M || 15 μελίλωτος Const. : μελίας σῖτος codd. Ald. || 16 δὲ τῇ Schn. in comm. : διτταῖς codd. Ald. || 17 ἔτι U : ὅτι M P Ald. || pr. δὲ ego : τε codd. Ald. || 22 ἐπιδοθεὶς Mon. : ἔτι δοθεὶς cett. || κτείνει P Mon. Ald. : κτίν- U κατίν- M.

Sur les herbacées en général, nous nous sommes suffisamment étendu ; après cela, il faut parler du blé et des céréales : c'est la question qui restait encore à traiter[11].

Περὶ μὲν οὖν τῶν ἄλλων τῶν ποιωδῶν ἱκανῶς εἴρηται· περὶ δὲ σίτου καὶ τῶν σιτωδῶν μετὰ ταῦτα λεκτέον· τοῦτο γὰρ ἔτι κατάλοιπον ἦν.

LIVRE VIII

LIVRE VIII

1. 1 Admettons que sur les herbacées en général, nous nous sommes suffisamment étendu ; traitons la question du blé et des céréales au même titre que les précédentes : c'est le reliquat des herbacées[1].

On y trouve deux groupes principaux : les céréales, comme le froment, l'orge, l'engrain, l'amidonnier et les autres espèces qui ressemblent au froment ou ressemblent à l'orge, et les légumineuses, comme la fève, le pois chiche, le pois[2] et tout ce qu'on entend par « légumes secs »[3]. A côté de ces groupes, on trouve en troisième lieu le millet commun, la sétaire[4], le sésame[5] et, en un mot, les plantes des cultures estivales qui ne répondent pas à une dénomination collective[6].

2 Ces végétaux ont un mode de reproduction unique et simple : ils viennent de graine, si l'on excepte une propagation par la racine rare et limitée. La plupart se sèment à deux époques. La première et la plus importante se situe vers le coucher des Pléiades ; c'est à elle que

ΤΟ Θ

1. 1 Περὶ μὲν οὖν τῶν ἄλλων τῶν ποιωδῶν ἱκανῶς εἰρήσθω· περὶ δὲ σίτου καὶ τῶν σιτωδῶν λέγωμεν ὁμοίως τοῖς πρότερον· τοῦτο γὰρ κατάλοιπον ἦν τῶν ποιωδῶν.

Δύο δὲ αὐτοῦ γένη τὰ μέγιστα τυγχάνει· τὰ μὲν γὰρ σιτώδη οἷον πυροὶ κριθαὶ τίφαι ζειαὶ τὰ ἄλλα τὰ ὁμοιόπυρα ἢ ὁμοιόκριθα· τὰ δὲ χεδροπὰ οἷον κύαμος ἐρέβινθος πίσος καὶ ὅλως τὰ ὄσπρια προσαγορευόμενα. Τρίτον δὲ παρ' αὐτὰ κέγχρος ἔλυμος σήσαμον καὶ ἁπλῶς τὰ ἐν τοῖς θερινοῖς ἀρότοις ἀνώνυμα κοινῇ προσηγορίᾳ.

2 Ἔστι δὲ ἡ μὲν γένεσις αὐτῶν μία καὶ ἁπλῆ· φύεται γὰρ ἀπὸ σπέρματος, ἐὰν μή τι σπάνιον καὶ ὀλίγον ἀπὸ τῆς ῥίζης. Ὧραι δὲ τοῦ σπόρου τῶν πλείστων δύο· πρώτη μὲν καὶ μάλιστα ἡ περὶ Πλειάδος δύσιν, ᾗ καὶ Ἡσίοδος ἠκολούθηκε καὶ σχεδὸν οἱ πλεῖστοι, διὸ καὶ

TEST.: 6-10 Mon.

14 μὲν Schn. : δὲ codd. Ald. ‖ Πλειάδος U : -άδων M P Ald. ‖ 15 ἠκολούθηκε U M Ald. : -θησε P.

font référence Hésiode[7] et, peut-on dire, la plupart des auteurs ; aussi l'appelle-t-on parfois « la saison des semailles ». Il y en a une autre au début du printemps, après le solstice d'hiver. Mais chacune des deux ne convient pas aux mêmes espèces. Certaines d'entre elles aiment un semis précoce, d'autres, incapables de supporter les rigueurs de l'hiver, un semis tardif, d'autres s'accommodent des deux saisons, de l'hiver et du printemps. 3 Comme espèces de semis précoce, il y a le froment, l'orge (c'est l'orge qui se sème le plus tôt), ainsi que l'amidonnier, l'engrain, l'épeautre[8] et toute autre céréale qui ressemble au froment. Toutes se sèment en effet à peu près en même temps. Parmi les légumineuses, ce sont par excellence, pour ainsi dire, la fève et la gesse ochre[9] : ces plantes-là, peu résistantes, ont besoin d'être enracinées avant l'hiver. Autre espèce de semis précoce, le lupin, qu'il faut, dit-on, répandre sur le sol tout de suite au sortir de l'aire[10]. 4 Comme plantes de semis tardif, on trouve à l'intérieur même des espèces précédentes ce qui constitue des variétés distinctes, par exemple dans le froment et dans l'orge une certaine variété dite « de trois mois » parce qu'elle vient à maturité en ce laps de temps, et parmi les légumineuses les espèces suivantes : la lentille, la gesse chiche[11] et le pois[12]. Mais le semis des légumineuses comme l'ers[13] et le pois chiche se fait aux deux époques. Certains sèment tard également la fève, s'ils ont laissé passer la saison des premières semailles. En résumé, on sème tôt les espèces robustes, qu'on estime capables de supporter les rigueurs de l'hiver, et d'autres peu résistantes, afin qu'avant le froid elles aient commencé leur croissance à la faveur des beaux jours. Voilà pour ces deux époques de semis. La troisième est celle des cultures d'été, dont nous avons parlé[14] , pendant laquelle se sèment le millet commun, le millet à grappe, le sésame, ainsi que le sisymbre à cornes et l'hormin[15]. Tel est le temps de <l'ensemencement> pour chaque groupe d'espèces.

καλοῦσί τινες αὐτὴν ἄροτον· ἄλλη δ' ἀρχομένου τοῦ ἦρος μετὰ τὰς τροπὰς τοῦ χειμῶνος. Οὐ τῶν αὐτῶν δὲ ἑκατέρα. Τὰ μὲν γὰρ αὐτῶν φιλεῖ πρωϊσπορεῖσθαι, τὰ δὲ ὀψὲ διὰ τὸ μὴ δύνασθαι φέρειν τοὺς χειμῶνας, τὰ δὲ πρὸς ἀμφοτέρας τὰς ὥρας οὐ κακῶς ἔχει καὶ πρὸς χειμῶνα καὶ πρὸς ἔαρ. 3 Πρωΐσπορα μὲν οὖν ἐστι πυρὸς κριθή — καὶ τούτων ἡ κριθὴ πρωϊσπορώτερον — ἔτι δὲ ζειὰ τίφη ὄλυρα καὶ εἴ τι ἕτερον ὁμοιόπυρον. Ἁπάντων γὰρ σχεδὸν ὁ αὐτὸς χρόνος τῆς σπορᾶς. Τῶν δὲ [γε] χεδροπῶν μάλιστα, ὡς εἰπεῖν, κύαμος καὶ ὦχρος· ταῦτα γὰρ διὰ τὴν ἀσθένειαν προλαβεῖν τῇ ῥιζώσει βούλεται τοὺς χειμῶνας. Πρωΐσπορον δὲ καὶ ὁ θέρμος· ἀπὸ τῆς ἅλω γάρ φασι δεῖν καταβάλλειν εὐθύς. 4 Ὀψίσπορα δὲ τούτων γε αὐτῶν ὅσα διαφέρει τοῖς γένεσιν οἷον πυρῶν τέ τι γένος καὶ κριθῶν ὃ καλοῦσι τρίμηνον διὰ τὸ ἐν τοσούτῳ τελειοῦσθαι, καὶ τῶν χεδροπῶν τὰ τοιάδε φακὸς ἀφάκη πίσος. Ἐν ἀμφοτέραις δὲ ταῖς ὥραις τῶν χεδροπῶν καθάπερ ὄροβος ἐρέβινθος. Οἱ δὲ καὶ τὸν κύαμον ὀψὲ σπείρουσιν, ἐὰν ὑστερήσωσι τῶν πρώτων ἀρότων. Ἁπλῶς δὲ πρωϊσποροῦσι τὰ μὲν δι' ἰσχύν, ὡς [οὐ] δυνάμενα φέρειν τοὺς χειμῶνας, τὰ δὲ δι' ἀσθένειαν, ὅπως προλάβωσι ταῖς εὐδίαις τὴν αὔξησιν. Δύο μὲν οὖν αὗται. Τρίτη δὲ τῶν θερινῶν, ἣν εἴπομεν, ἐν ᾗ κέγχρος σπείρεται καὶ μέλινος καὶ σήσαμον, ἔτι δ' ἐρύσιμον καὶ ὅρμινον. Χρόνοι μὲν οὖν ἑκάστων οὗτοι.

TEST.: 24 Harp., Hsch., Phot. s.u. μελίνη. — 25 Hsch. s.u. ὅρμινοι.

1 ἄλλη δ' ἀρχομένου U : ἄ. δὲ ἀρχομένη P Ald. ἀλλ' ἡ διαρχομένη M ‖ 3 πρωϊσπορεῖσθαι U P Ald. : προσυσπορῆσθαι M ‖ 10 γε del. Schn. ‖ 11 ὦχρος Wim. uide adn. : κέγχρος codd. Ald. ‖ 12 τοὺς χειμῶνας U : τοῦ χειμῶνος M P Ald. ‖ 13 ἅλω P Ald. : ἄλλω U M ‖ γάρ om. U M ‖ 14 γε U : δὲ M om. P Ald. ‖ 15 τέ om. Ald. ‖ 16 τρίμηνον^{γρ} M^{2} : τρίγονον U -γωνον M P Ald. ‖ 20 ὑστερήσωσι U M : -ρίσωσι P Ald. ‖ 21 οὐ del. Scal. : εὖ dubit. Wim. 1842 in notis ‖ 25 χρόνοι P Ald. : -νιοι U M.

5 La germination est plus ou moins rapide. L'orge et le froment sortent autour du septième jour, mais plutôt l'orge la première. Les légumes secs lèvent le quatrième ou le cinquième jour, sauf les fèves. La fève demande même plus de temps que les céréales[16], quinze jours dans certains cas et parfois jusqu'à vingt ; c'est de tous ces légumes celui qui se multiplie le plus difficilement[17], et même très difficilement si de surcroît il vient à pleuvoir plus qu'il ne faut sur le semis. Reste à savoir si dans les espèces de culture printanière la saison accélère la formation de la plantule. 6 Il faut d'ailleurs interpréter dans le sens le plus général ces indications relatives à la levée de la graine et à la sortie de la plantule, car il arrive que <le processus s'accomplisse> en moins de temps, dans des pays comme l'Égypte[18], où, dit-on, la plantule apparaît le troisième ou le quatrième jour, alors que dans d'autres il est besoin de plus de temps que nous ne l'avons dit, ce qui n'a rien d'anormal du moment que la région et le climat sont différents, qu'on a semé plus tôt ou plus tard et que les conditions atmosphériques se trouvent être dissemblables. En effet, si un terrain perméable et léger, sous un climat bien tempéré, produit vite et facilement <des plantules>, un autre, collant et lourd, leur donne naissance lentement, et <encore> plus lentement celui qui appartient à un milieu vraiment aride. 7 Ajoutons l'incidence des froids rigoureux, de la sécheresse, du beau temps et inversement de la pluie, car dans ces conditions on observe des variations importantes[19]. De même encore selon que la terre se trouve préalablement travaillée et fumée[20], ou que rien de tel n'a été fait. Il est vrai aussi que le choix dans chaque cas d'un ensemencement pré-

5 **Βλαστάνει δὲ τὰ μὲν θᾶττον, τὰ δὲ βραδύτερον. Καὶ κριθὴ μὲν καὶ πυρὸς ἑβδομαῖα μάλιστα, προτερεῖ δὲ ἡ κριθὴ μᾶλλον. Τὰ δ' ὄσπρια τεταρταῖα ἢ πεμπταῖα, πλὴν κυάμων. Κύαμος δὲ καὶ τῶν σιτωδῶν ἐν πλείοσιν· ἐνιαχοῦ γὰρ καὶ πεντεκαιδεκαταῖος, ὁτὲ δὲ καὶ εἰκοσταῖος· δυσφυέστατον γὰρ τοῦτο πάντων, ἐὰν δὲ δὴ καὶ σπαρέντος ἐπὶ πλέον ὕδωρ ἐπιγένηται καὶ παντελῶς. Εἰ δὲ τῶν ἐν τοῖς ἠρινοῖς ἀρότοις θᾶττον ἡ ἔκφυσις διὰ τὴν ὥραν σκεπτέον.** 6 **Χρὴ δὲ τὰς ἀναβλαστήσεις καὶ τὰς διαφύσεις ταύτας ὡς ἐπὶ τὸ πᾶν διαλαβεῖν· ἐνίοτε γὰρ ἐνιαχοῦ καὶ ἐν ἐλάττοσιν ἡμέραις, καθάπερ ἐν Αἰγύπτῳ· τριταίαν γάρ φασι καὶ τεταρταίαν ἀνατέλλειν· παρ' ἄλλοις δὲ ἐν πλείοσι τῶν εἰρημένων, ὅπερ καὶ οὐκ ἄλογον ὅταν καὶ χώρα καὶ ἀὴρ διαφέρῃ καὶ πρωϊαίτερον ἢ ὀψιαίτερον ἀρόσῃ καὶ τὰ ἐπιγινόμενα ἀνόμοια τυγχάνῃ. Ἡ μὲν γὰρ μανὴ καὶ κούφη καὶ εὐκράτῳ ἀέρι ταχὺ καὶ ῥᾳδίως ἀναδίδωσιν, ἡ δὲ γλίσχρα καὶ βαρεῖα βραδέως, ἡ δὲ τοῖς τόποις αὐχμωδεστέρα βραδύτερον.** 7 **Ἔτι δὲ ἂν χειμῶνες ἐπιγένωνται καὶ αὐχμοὶ καὶ εὐδίαι καὶ πάλιν ὕδατα· καὶ γὰρ ἐν τούτοις πολὺ παραλλάττουσιν. Ὡσαύτως δὲ καὶ ἐὰν ἡ γῆ προειργασμένη καὶ κόπρον ἔχουσα τυγχάνῃ, καὶ ἐὰν μηδὲν τούτων. Ἐπεὶ καὶ περὶ τὸ πρωϊσπορεῖν ἕκαστα**

TEST.: 1-6 Mon.

1 τὰ … τὰ U P Ald. : τὸ … τὸ M ‖ 3 πεμπταῖα U M P Ald. : ἑκταῖα Mon. ‖ 4 δὲ – πλείοσιν om. Mon. ‖ ἐν codd. Ald. : ἔνια coni. Wim. uide adn. ‖ 5 ἐνιαχοῦ γὰρ U M : γ. ἐ. Mon. ἐ. δὲ P Ald. ‖ 8 ἠρινοῖς U : ἐαρ- P Ald. κρινοῖς M ‖ ἀρότοις P Ald. : -τροις U M ‖ 12 post Αἰγύπτῳ add. κριθή Wim. ‖ τριταίαν … φασι … τεταρταίαν U : -αῖον … φησι … -αίαν M -αῖον … φησι … -αῖον P Ald. ‖ 15 ἀρόσῃ U M : -σειν P Ald. ‖ 16 τυγχάνῃ U : -νει M P Ald. ‖ 17 εὐκράτῳ U : -κάρπῳ M P Ald. ‖ 19 βραδύτερον [*tardius* Gaza] Scal. : -δέως codd. Ald. ‖ ἔτι P Ald. : ἔστι U M ‖ χειμῶνες P Ald. : -νος U M ‖ 22 προειργασμένη Schn. : ὡς [ος (*sic*) U] πρ. U M Ald. ὥσπερ εἰργασμένη P ‖ 23 τὸ Schn. : τοῦ codd. Ald.

coce ou tardif diffère suivant les régions. Dans certaines contrées, même en Grèce, il est d'usage de tout semer tôt à cause de la rigueur du climat local, comme cela se fait en Phocide, afin d'éviter que les grands froids ne surprennent les plantes dans leur prime jeunesse.

2. 1 En ce qui concerne la germination, dans un cas la racine et la feuille sortent de la même <pousse>, dans l'autre chacune sort de son côté à l'extrémité inférieure <de la graine>[1]. Ainsi le froment, l'orge, l'engrain et toutes les céréales en général forment de chaque côté <du grain> tel qu'il est naturellement dans l'épi, à la base de sa partie épaisse leur racine et au sommet leur germe[2] ; c'est toutefois un processus unique et cohérent que la naissance simultanée de la racine et de la tige. Rien de semblable chez la fève et les autres légumineuses, dont la racine et la tige sortent de la même <pousse>, à l'endroit où leurs <graines> s'attachent à la cosse ; elles ont là quelque chose comme une amorce bien visible[3]. Parfois, plus précisément, son aspect rappelle une verge, comme sur les fèves, les pois chiches et surtout les lupins. C'est de là que partent la racine vers le bas, la feuille et la tige vers le haut. 2 A cet égard, il y a donc, si l'on veut, une différence, mais par ailleurs les faits sont semblables, en ce sens que chez tous ces végétaux la racine sort à l'endroit où <la graine> s'attache à la cosse ou à l'épi, et non à l'opposé comme dans certaines <graines> d'arbres, telles que l'amande, la noix, le gland et les fruits de ce genre. D'autre part, dans la totalité <de ces végétaux> la racine prend naissance un peu avant la tige. Voici ce qui se produit chez les céréales : le germe se forme à l'intérieur même du grain, dans un premier temps ; quand il grossit, celui-ci s'entr'ouvre (car même ces graines-là sont toutes d'une certaine manière bipartites, tandis que les légumineuses, elles, ont toutes manifestement des graines à deux lobes accolés[4]) et la racine est aussitôt

καὶ ὀψισπορεῖν αἱ χῶραι διαφέρουσιν. Ἔνιοι δὲ καὶ περὶ τὴν Ἑλλάδα πάντα πρωϊσπορεῖν εἰώθασι διὰ ψυχρότητα τῆς χώρας, ὥσπερ οἱ Φωκεῖς, ὅπως ἂν οἱ χειμῶνες μὴ νήπια καταλαμβάνωσι.

2. 1 **Βλαστάνει δὲ τὰ μὲν ἐκ τοῦ αὐτοῦ τὴν ῥίζαν ἀφιέντα καὶ τὸ φύλλον, τὰ δὲ ἑκάτερον ἐξ ἑκατέρου τοῦ ἄκρου. Πυρὸς μὲν οὖν καὶ κριθὴ καὶ τίφη καὶ ὅλως ὅσα σιτώδη πάντα ἐξ ἑκατέρου ὥσπερ ἐν τῷ στάχυϊ πέφυκεν, ἀπὸ μὲν τοῦ κάτω τοῦ παχέος τὴν ῥίζαν, ἀπὸ δὲ τοῦ ἄνω τὸν βλαστόν· ἓν δέ τι καὶ συνεχὲς γίνεται τὸ ἀμφοῖν τῆς τε ῥίζης καὶ τοῦ καυλοῦ. Κύαμος <δὲ> καὶ τὰ ἄλλα χεδροπὰ οὐχ ὁμοίως, ἀλλ' ἐκ τοῦ αὐτοῦ τὴν ῥίζαν καὶ τὸν καυλόν, καθ' ὃ καὶ ἡ πρόσφυσις αὐτῶν ἐστι πρὸς τὸν λοβόν, ἐν ᾧ καὶ ἔχουσιν οἷον ἀρχήν τινα φανεράν. Ἐπ' ἐνίων δὲ καὶ αἰδοιῶδες φαίνεται, καθάπερ ἐπὶ τῶν κυάμων καὶ τῶν ἐρεβίνθων καὶ μάλιστα τῶν θέρμων. Ἐκ τούτου γὰρ ἡ μὲν ῥίζα κάτω, τὸ δὲ φύλλον καὶ ὁ καυλὸς ἄνω χωρεῖ.** 2 **Ταύτῃ μὲν οὖν πῃ διαφέρει, τῇ δὲ ὁμοίως ἔχει, τῷ πάντα γε κατὰ τὴν πρόσφυσιν τοῦ λοβοῦ καὶ τοῦ στάχυος ἀφιέναι τὴν ῥίζαν, καὶ μὴ καθάπερ ἐν τοῖς δενδρικοῖς τισιν ἀνάπαλιν, οἷον ἀμυγδάλῃ καρύῳ βαλάνῳ τοῖς τοιούτοις. Ἐν ἅπασι δὲ ἡ ῥίζα μικρῷ πρότερον ἐκφύεται τοῦ καυλοῦ. Συμβαίνει δὲ ἔν γε τοῖς σιτώδεσιν ὥστε τὸν μὲν βλαστὸν ἐν αὐτῷ τῷ σπέρματι βλαστάνειν πρῶτον, αὐξανομένου δὲ διΐστασθαι τὰ σπέρματα — πάντα γάρ πως καὶ ταῦτα διμερῆ, τὰ δὲ δὴ χεδροπὰ φανερῶς πάντα δίθυρα καὶ**

5 ἐκ τοῦ αὐτοῦ U M Ald. : ἀφ' ἑαυτοῦ P || 8 ὥσπερ Scal. : πάντα codd. Ald. || στάχυϊ U : -χει M P Ald. || 11 δὲ [*at* Gaza] add. Stack. || 13 πρόσφυσις Ua.c. P Ald. : -φασις Up.c. πρόφασις M || 17 τούτου Schn. : -των codd. Ald. || 19 πάντα U : πᾶν M P Ald. || 21 τισιν [*quibusdam* Gaza] Heins. : τρισὶν codd. Ald. || 26 γάρ πως M P Ald. : γὰρ πῶς U || 27 διμερῆ [*bipartita* Gaza] Heins. : δια- codd. Ald.

propulsée à l'extérieur. Chez les légumineuses, du fait qu'elles sont <bipartites> à proprement parler[5], cela ne se produit pas, mais la racine précède un peu <la tige>.

3 A la sortie de la plantule, l'orge et le froment ont une seule feuille, le pois, la fève et le pois chiche en ont plusieurs[6]. La racine de toutes les légumineuses est ligneuse et unique, mais garnie de fines radicelles[7]. Le plus profondément enraciné, si l'on peut dire[8], de ce groupe, c'est le pois chiche, qui cependant émet parfois aussi des racines latérales. Au contraire, le froment, l'orge et les autres céréales sont des végétaux à racines nombreuses et fines, donc à racines fasciculées[9]. En outre de telles plantes[10] ont toutes de nombreux rameaux ou de nombreuses tiges. On peut presque aller jusqu'à parler d'opposition entre les deux groupes : les légumineuses, à racine unique, ont des tiges très rameuses au sommet, hormis la fève ; les céréales, à racines nombreuses, émettent des talles nombreuses qui, elles, ne se ramifient pas, sauf certaines variétés de froment comme celles qu'on appelle « gros blé » et « blé-orge »[11]. 4 Les céréales passent l'hiver au stade de l'herbe naissante[12], mais dès le premier sourire du printemps une tige sort d'entre les feuilles et forme ses nœuds. Il arrive qu'elle ait l'épi déjà au troisième nœud, sur d'autres pieds, au quatrième, quoiqu'il ne se voie pas dans le renflement (sur le chaume entier il y a un plus grand nombre de nœuds), de sorte qu'il se constitue presque au moment où croît le chaume ou peu après. Mais il ne se voit pas avant qu'au terme de son développement préalable, il arrive au stade de la fleur en bouton ; alors la gestation se reconnaît à son volume. 5 Sitôt dégagé, il fleurit au bout de quatre ou cinq jours, qu'il s'agisse du froment ou de l'orge, et sa floraison dure à peu près autant ; selon les gens qui

σύνθετα — τὴν δὲ ῥίζαν εὐθὺς ἔξω προωθεῖσθαι. Ἐν δὲ τοῖς χεδροποῖς, διὰ τὸ καθ' αὑτὰ εἶναι, τοῦτο μὲν οὐ συμβαίνει, προτερεῖ δὲ ἡ ῥίζα μικρόν.

3 Ἀναφύεται δὲ ἡ μὲν κριθὴ καὶ ὁ πυρὸς μονόφυλλα, ὁ δὲ πίσος καὶ ὁ κύαμος καὶ ὁ ἐρέβινθος πολύφυλλα. Ῥίζαν δὲ ἔχει τὰ μὲν χεδροπὰ πάντα ξυλώδη καὶ μίαν, ἀπὸ δὲ ταύτης καὶ ἀποφύσεις λεπταί. Βαθυρριζότατον δέ, ὡς εἰπεῖν, τούτων ὁ ἐρέβινθος, ἐνίοτε δὲ καὶ παρακαθίησιν. Ἀλλὰ ὁ πυρὸς καὶ ἡ κριθὴ καὶ τὰ ἄλλα τὰ σιτώδη πολύρριζα καὶ λεπτόρριζα, διὸ καὶ ταρρώδη. Καὶ πολύκλαδα καὶ πολύκαυλα πάντα τὰ τοιαῦτα. Σχεδὸν δὲ καὶ ἐναντίωσίς τις ἑκατέρων ἐστί· τὰ μὲν χεδροπὰ μονόρριζα ὄντα πολλὰς ἄνωθεν ἀπὸ τῶν καυλῶν ἀποφύσεις ἔχει, πλὴν κυάμου· τὰ δὲ σιτηρὰ πολύρριζα πολλοὺς μὲν ἀνίησι βλαστούς, ἀπαράβλαστοι δὲ οὗτοι, πλὴν εἴ τι γένος πυρῶν τοιοῦτον οὓς καλοῦσι σιτανίας καὶ κριθανίας. 4 Τὸν μὲν οὖν χειμῶνα ἐν τῇ χλόῃ μένει τὰ σιτώδη, διαγελώσης δὲ τῆς ὥρας καυλὸν ἀφίησιν ἐκ τοῦ μέσου καὶ γονατοῦται. Συμβαίνει δ' εὐθὺς ἐν τῷ τρίτῳ γόνατι, τοῖς δὲ ἐν τῷ τετάρτῳ, καὶ τὸν στάχυν ἔχειν, ἀλλ' οὐ φανερὸν ἐν τῷ ὄγκῳ — γίνεται δ' ἐν τῷ ὅλῳ καλάμῳ πλείω τούτων — ὥστε σχεδὸν ἅμα τῷ καλαμοῦσθαι συνίστασθαι <ἢ> μικρὸν ὕστερον. Ἀλλ' οὐ πρότερον φανερὸς γίνεται πρὶν ἂν προαυξηθεὶς ἐν τῇ κάλυκι γένηται· τότε δὲ ἡ κύησις φανερὰ διὰ τὸν ὄγκον. 5 Ἀπολυθεὶς δ' εὐθὺς ἀνθεῖ μεθ' ἡμέρας τέτταρας ἢ πέντε καὶ πυρὸς καὶ κριθὴ καὶ ἀνθεῖ σχεδὸν τὰς ἴσας· οἱ δὲ τὰς πλείστας λέγοντες ἐν ταῖς

2 οὐ U : οὖν U² M P Ald. || 10 ταρρώδη U : τὰ ῥώδη M τὰ ῥοβώδη P Ald. || 11 pr. καὶ om. M P Ald. || 12 ἑκατέρων codd. : -τέρῳ Ald. || post μὲν add. γὰρ P Ald. || 13-14 ὄντα ... ἔχει U M : εἶσι ... ἔχοντα P Ald. || 15 μὲν Schn. in comm. : γὰρ codd. Ald. || 17 κριθανίας P Ald. : κριθων- U M || 23 ἢ add. Schn. || 24 ἂν P Ald. : οὐ U M.

comptent le plus large, la fleur passe dans les sept jours. Chez les légumineuses au contraire la floraison dure longtemps. La plus durable, qui est par ailleurs celle de l'ers et du pois chiche, est dans l'ensemble de ces végétaux celle de la fève, également la plus controversée. On raconte en effet que la fève fleurit pendant quarante jours ; seulement, les uns font allusion aux fleurs qui se fanent l'une après l'autre (car la floraison est échelonnée), les autres parlent dans l'absolu[13]. Ainsi donc, la floraison est massive[14] chez les plantes à épi, échelonnée chez les plantes à gousse et toutes les légumineuses en particulier. Les fleurs du bas s'épanouissent les premières ; quand elles sont fanées, c'est au tour des suivantes et ainsi de suite jusqu'aux fleurs du haut. C'est pourquoi lorsqu'on arrache les ers, sur de nombreux <pieds>, les <graines> du bas sont tombées, alors que celles du haut sont encore toutes vertes[15].

6 Après la défloraison, les grains du froment et de l'orge grossissent et arrivent à maturité vers le quarantième jour ; c'est à peu près la même chose pour l'engrain et les autres espèces voisines. La fève aussi, dit-on, mûrit en quarante jours, de sorte qu'elle fleurit et mûrit dans le même laps de temps. Pour les autres <légumineuses> le délai est plus court, surtout pour le pois chiche, s'il est vrai que de l'ensemencement à la maturité il lui faut quarante jours en tout, comme on le dit parfois ; toujours est-il qu'il mûrit manifestement très vite. Le millet commun, le sésame, le millet à grappe et en général les espèces estivales mettent leurs quarante jours, suivant l'opinion presque unanime, et même moins, selon d'autres affirmations.

7 Pour la maturation, il y a aussi des différences de région à région, de climat à climat. Certains pays passent pour donner la récolte en moins de temps, notamment l'Égypte, qui fournit l'exemple le plus remarquable. Là-

ἑπτά φασιν ἀπανθεῖν. Ἀλλὰ τῶν χεδροπῶν χρόνιος ἡ ἄνθησις. Χρονιωτάτη δὲ τῶν μὲν ἄλλων ὀρόβου καὶ ἐρεβίνθου, τούτων δὲ ἁπάντων τοῦ κυάμου καὶ ἐν μεγίστῃ διαφορᾷ· τετταράκοντα γὰρ ἡμερῶν ἀνθεῖν λέγουσι· πλὴν οἱ μὲν ἀεὶ παρανθοῦντος ἑτέρου καὶ ἑτέρου λέγουσι — κατὰ μέρος γὰρ ἀνθεῖν — οἱ δὲ ἁπλῶς. Ἡ γὰρ ἄνθησις τῶν μὲν σταχυηρῶν ἀθρόος, τῶν δὲ ἐλλοβωδῶν καὶ χεδροπῶν πάντων κατὰ μέρος. Πρῶτα γὰρ ἀνθεῖ τὰ κάτω· καὶ ὅταν ταῦτα ἀπανθήσῃ, τὰ ἐχόμενα καὶ οὕτως αἰεὶ βαδίζει πρὸς τὰ ἄνω. Διὸ πολλὰ τῶν ὀρόβων τίλλεται, τὰ μὲν κάτω κατερρυηκότα, τὰ δ᾽ ἄνω χλωρὰ πάμπαν.

6 Μετὰ δὲ τὴν ἀπάνθησιν ἁδρύνονται καὶ τελειοῦνται πυρὸς μὲν καὶ κριθὴ τεσσαρακοσταῖα μάλιστα· παραπλησίως δὲ καὶ τίφη καὶ τἆλλα τὰ τοιαῦτα. Τεσσαρακοσταῖον δέ φασι καὶ τὸν κύαμον, ὥστε ἐν ἴσαις ἀνθεῖν καὶ τελειοῦσθαι. Τὰ δ᾽ ἄλλα ἐν ἐλάττοσιν, ἐλαχίσταις δ᾽ ὁ ἐρέβινθος, εἴπερ ἀπὸ τῆς σπορᾶς ἐν τετταράκοντα τελειοῦται ταῖς ἁπάσαις, ὥσπερ τινές φασιν· ἐπεὶ τό γ᾽ ὅλον ὅτι τάχιστα φανερόν. Οἱ δὲ κέγχροι καὶ τὰ σήσαμα καὶ οἱ μέλινοι καὶ ὅλως τὰ θερινὰ σχεδὸν ὁμολογεῖται τὰς τετταράκονθ᾽ ἡμέρας λαμβάνειν· οἱ δέ φασι καὶ ἐλάττους.

7 Διαφέρει δὲ καὶ πρὸς τὴν τελείωσιν χώρα τε χώρας καὶ ἀὴρ ἀέρος. Ἐν ἐλάττοσι γὰρ ἔνιαι δοκοῦσιν ἐκφέρειν, ὥσπερ ἄλλαι τε καὶ μάλιστα ἐπιδήλως Αἴγυπτος. Ἐκεῖ γὰρ κριθαὶ μὲν ἐν ἑξαμήνῳ, πυροὶ δὲ ἐν τῷ ἑβδόμῳ

5 παρανθοῦντος U : -ντες M P Ald. ‖ 7 ἀθρόος codd. : -όα Ald. uide adn. ‖ 8 ἐλλοβωδῶν P Ald. : -βοδῶν U M ‖ 14 τεσσαρακοσταῖα U : -κονταῖα U[2] M P Ald. ‖ 15-16 τεσσαρακοσταῖον U : -κονταῖα M P Ald. ‖ 19 τελειοῦται [*absolui possit* Gaza] Heins. : -οῦνται codd. Ald. ‖ τό U : τόν M P Ald. ‖ 27-1 (p. 48) alt. ἐν – θερίζονται om. [Ald. in lac.] P Ald. ‖ alt. ἐν – δὲ om. M.

bas les orges mûrissent en six mois, les blés[16] sont moissonnés au cours du septième, alors qu'en Grèce les orges viennent à maturité le septième mois, dans la plupart des régions le huitième, et les blés prennent encore plus de temps. Toutefois même là-bas, ce n'est pas la totalité de la récolte que l'on moissonne ainsi, mais seulement ce qui est destiné à l'offrande des prémices : on apporte de la farine d'orge nouvelle le sixième mois pour les besoins de certains cultes[17] ; encore est-ce du haut pays, en amont de Memphis. 8 On raconte également qu'en Sicile, dans la partie du territoire de Messine qu'on appelle les Moulins, la maturation des variétés tardives est un prodige de rapidité[18] : on sème les légumes secs pendant six mois, et celui qui a semé le dernier mois récolte en même temps que ceux qui l'ont fait les premiers ; mais la région est, paraît-il, exceptionnellement fertile, au point d'avoir un rendement de trente pour un[19], et même les pâturages y sont admirables, ainsi que la forêt[20]. On signale d'autre part à Mèlos un fait plus étonnant[21] : la moisson a lieu dans les trente ou quarante jours après les semailles, ce qui explique le dicton local « il faut continuer à semer jusqu'à ce qu'on voie une javelle » ; pourtant les céréales en question ne sont pas tardives[22] et il n'y en a pas là de nombreuses variétés ; mais la région donne à chacun de merveilleux moyens de subsistance, car elle est bonne productrice de grain et d'huile, et moyennement riche en vignes. 9 Ce qui a lieu à Chalcia[23], l'île dépendant de Rhodes, est encore plus extraordinaire, voire le plus étonnant de tout. Il y a là, dit-on, un terroir dont les produits sont si précoces et si abondants que lorsque des orges semées en même temps qu'ailleurs

θερίζονται· περὶ δὲ τὴν Ἑλλάδα κριθαὶ μὲν ἐν τῷ ἑβδόμῳ, παρὰ δὲ τοῖς πλείστοις ὀγδόῳ, πυροὶ δὲ ἔτι προσεπιλαμβάνουσιν. Οὐ μὴν οὐδὲ ἐκεῖ τό γε πᾶν πλῆθος οὕτως, ἀλλ' ὅσον εἰς ἀπαρχήν· κομίζεται γὰρ πρὸς ἱερῶν τινων χρείαν ἄλφιτα νέα τῷ ἕκτῳ μηνὶ καὶ ταῦτα ἐκ τῶν ἄνω τόπων ὑπὲρ Μέμφιν. 8 Λέγεται δὲ καὶ ἐν Σικελίᾳ, τῆς Μεσηνίας ἐν ταῖς καλουμέναις Μύλαις, ταχεῖάν τινα γίνεσθαι τὴν τελείωσιν τῶν ὀψίων· τὸν τῶν ὀσπρίων μὲν γὰρ σπορητὸν ἓξ μῆνας, τὸν δὲ τῷ ὑστάτῳ σπείραντα θερίζειν ἅμα τοῖς πρώτοις· ἀγαθὴν δὲ διαφερόντως εἶναι τὴν χώραν, ὥστε τριακοντάχοα ποιεῖν, ἔχειν δὲ καὶ νομὰς θαυμαστὰς καὶ ὕλην. Ἐν Μήλῳ δέ τι θαυμασιώτερον λέγουσιν· ἐν γὰρ τριάκοντα ἢ τετταράκοντα ἡμέραις σπαρέντα θερίζουσι, διὸ καὶ λέγειν αὐτοὺς ὅτι μέχρι τούτου δεῖ σπείρειν ἕως ἂν ἴδῃ τις δράγμα· γίνεσθαι δὲ οὔτε ὄψιμα ταῦτα οὔτε πολλὰ παρ' αὐτοῖς· δεινὴν δέ τινα διαδοῦναι τὴν χώραν τροφήν· καὶ γὰρ εἶναι σιτοφόρον μὲν καὶ ἐλαιοφόρον ἀγαθήν, ἀμπελοφόρον δὲ μετρίαν. 9 Ὑπερβάλλον δ' ἔτι τούτου καὶ πάντων θαυμασιώτερον τὸ περὶ Χαλκίαν τὴν νῆσον τὴν Ῥοδίων γινόμενον. Ἐκεῖ γάρ φασιν εἶναί τινα τόπον πρώϊον οὕτω καὶ εὔφορον ὡς σπαρεισῶν κριθῶν ἅμα ταῖς ἄλλαις θερίσαντες ταύτας σπείρουσιν εἶτα

TEST.: 6-11 Mon. — 12-14 Mon. — 18-19 Mon. — 19-23 Mon. ; 20 HDN. III 1, 314 ; ST. BYZ. s.u. Χάλκη.

1 κριθαὶ Schn. : πυροὶ codd. Ald. ‖ τῷ U P : τῇ M Ald. ‖ 6 λέγεται P Ald. : -ονται U M Mon. ‖ 8 τὴν ὀψίων τελείωσιν Mon. ‖ 9 ἓξ μῆνας om. Mon. in lac. ‖ 10 ἀγαθὴν Mon. : -θὸν cett. ‖ 11 τριακοντάχοα Schn. : -αχόας U τριάκοντα χόας [χνάς Mon.] M P Mon. Ald. ‖ 15 ὅτι Ald. : τί codd. ‖ 16 ὄψιμα U P Ald. : ἔψ- M ‖ 19 δ' ἔτι U : δέ τι M P Ald. δὲ Mon. ‖ 20 Χαλκίαν codd. Ald. HDN. : Χάλκιον ST. BYZ. ‖ 21 τὴν U M Ald. : τῶν P ‖ τὴν – γινόμενον om. Mon. ‖ 22 πρώϊον U M P Ald. : -ϊμον Mon. ‖ οὕτω U[1]mg. : om. cett. ‖ ὡς σπαρεισῶν P Mon. Ald. : ὤ σπαρεισ- U ὡς περησ- M.

ont été moissonnées, on les ressème et puis on les moissonne en même temps que le reste. Voilà, si toutefois elle est authentique, la singularité la plus remarquable. Car le cas d'un ensemencement <avec des grains> que l'on a transportés dans une autre région (comme cela se fait, dit-on, en Cilicie[24] à destination de la Cappadoce et de tout le pays situé au-delà du Taurus) est moins étrange, vu la distance entre les lieux. 10 Mais que le même terroir donne deux récoltes dans le temps où les autres en donnent une seule, alors qu'ils sont limitrophes et forment un tout, est extrêmement étonnant. C'est donc bien ce terroir qui se singularise le plus. Les données relatives aux autres régions comportent un décalage chronologique peu important, pour ne pas dire nul. En effet, quant aux saisons de récolte[25], Athènes a sur les pays de l'Hellespont environ trente jours d'avance ou à peine un peu plus. En réalité, si l'ensemencement s'est fait plus tôt également, la variation peut être due à la situation géographique ; s'il s'est fait en même temps, il est évident que le délai est plus long.

11 Il arrive cependant que même des terroirs pourtant tout proches présentent une différence considérable. Ainsi les récoltes de Salamine précèdent largement celles du reste de l'Attique, et de même celles des zones littorales en général, qu'il s'agisse des produits dont nous traitons ou des autres fruits de la terre, comme c'est le cas dans la partie du Péloponnèse qu'on appelle l'Actè[26] et sur Halycos de Mégare[27] ; seulement, ce qui là du moins favorise aussi cet état de choses, c'est la nature du terrain, maigre et caillouteux.

Tels sont les modes de formation et de maturation.

3. 1 Il existe pour les groupes que nous avons distingués, à savoir les blés, les légumineuses et les plantes

πάλιν, εἶτα θερίζουσιν ἅμα τοῖς λοιποῖς. Μεγίστη μὲν οὖν, εἴπερ ἀληθής, αὕτη διαφορά. Τὸ γὰρ εἰς ἑτέραν χώραν μετενεγκόντας σπείρειν — ὥσπερ ἐν Κιλικίᾳ φασὶν εἰς Καππαδοκίαν καὶ ὅλως τὴν ἐπέκεινα τοῦ Ταύρου — ἧττον ἄτοπον· φανερὰ γὰρ ἡ τῶν τόπων διάστασις. 10 Τὸ δὲ τὴν αὐτὴν διφορεῖν, ἐν ᾧπέρ γε ἅπαξ αἱ ἄλλαι, σύνορον οὖσαν καὶ μίαν θαυμασιώτατον. Αὕτη μὲν οὖν ἐν μεγίστῃ διαφορᾷ. Τὰ δὲ κατὰ τὰς ἄλλας χώρας οὐ πολλήν, οὐδεμίαν ὡς εἰπεῖν, τοῦ γε χρόνου λαμβάνει διάστασιν. Προτερεῖ γὰρ ταῖς ὥραις τὰ Ἀθήνησι τῶν περὶ Ἑλλήσποντον ἡμέραις τριάκοντα μάλιστα ἢ οὐ πολλῷ πλείοσιν. Εἰ μὲν οὖν καὶ ὁ σπορητὸς πρότερον, μετάθεσις ἂν εἴη τῆς χώρας· εἰ δ' ἅμα, δῆλον ὅτι πλείων [ἂν] ὁ χρόνος.

11 Οὐ μικρὰν δὲ ποιοῦσι διαφορὰν οὐδὲ οἱ τόποι καίπερ ἔνιοι συνεγγὺς ὄντες. Τὰ γὰρ ἐν Σαλαμῖνι προτερεῖ πολὺ τῶν ἄλλων τῶν ἐν τῇ Ἀττικῇ καὶ ὅλως τὰ ἐπιθαλάττια καὶ εἰς ταῦτα καὶ εἰς τοὺς ἄλλους καρποὺς ὡς τὰ περὶ τὴν Ἀκτὴν καλουμένην τῆς Πελοποννήσου καὶ τὰ ἐφ' Ἁλυκῷ τῆς Μεγαρίδος· πλὴν ἐνταῦθά γε συμβάλλεται καὶ τὸ λεπτόγεων εἶναι καὶ ψαφαρὰν τὴν χώραν.

Καὶ τὰ μὲν περὶ τὴν γένεσιν καὶ τὴν τελείωσιν οὕτως ἔχει.

3 . 1 Διαφέρει δὲ καθ' ὅλα τὰ γένη τὰ διῃρημένα τῶν γενῶν, οἷον σῖτος χεδροπὰ τὰ θερινά, καὶ καθ' ἕκαστον

TEST.: 1-5 Mon.

2 ἀληθής Mon. : -θῶς cett. || αὕτη διαφορά U Mon. Ald. : ἀντιδιαφορά M P || 3 ἐν Κιλικίᾳ U M Mon. : ἐκ Κιλικίας P Ald. || 6 διφορεῖν U : διαφορὰν M P Ald. || 8 τὰ Stack. : τὸ codd. Ald. || 9 ὡς εἰπεῖν om. M P Ald. || γε P Ald. : τε U M || 10 διάστασιν U M : διαφοράν P Ald. || 12 μάλιστα om. M P Ald. || 13 εἴη U^{rec} Ald. : εἴ U ἢ M P || 14 ἂν ut dittographiam deleui || 20 ἐφ' Ἁλυκῷ Einarson ex ἐφαλύκωι U uide adn. : ἐκ φαλήκου [-κω M] M P Ald. || 26 καθ' Schn. in comm. : καὶ codd. Ald.

estivales, des différences globales entre les groupes, et pour les espèces d'un même groupe, des différences particulières à chaque groupe. Ainsi les céréales ont la feuille du roseau[1], les légumineuses l'ont soit arrondie, comme la fève et, peut-on dire, la plupart d'entre elles, soit plus oblongue, comme le pois, la gesse commune, la gesse ochre et les espèces voisines[2] ; les feuilles sont en outre les unes fibreuses, les autres dépourvues de vaisseaux et de fibres[3]. Celles du sésame et du sisymbre à cornes se singularisent davantage par rapport aux précédentes[4]. 2 Ajoutons que la tige est dans le premier groupe noueuse et creuse (d'où son nom de « chaume »[5]), creuse pour la fève et plus ligneuse pour les autres légumineuses, la plus ligneuse étant celle du pois chiche ; dans les espèces estivales, chez le millet commun et le millet à grappe la tige a l'aspect du chaume, chez le sésame et le sisymbre à cornes elle rappelle plutôt la férule[6]. Il y a aussi des plantes à tige dressée, comme le froment, l'orge et en général les céréales et les espèces estivales, d'autres dont la tige a tendance à se déjeter, tels le pois chiche, l'ers, la lentille, d'autres à tige couchée, comme la gesse ochre, le pois, la gesse commune. Quant au dolique, si on le tuteure avec de longs échalas, il grimpe et fructifie bien ; sinon, il est de médiocre venue et sensible à la rouille[7]. Parmi les légumineuses, la fève est seule ou par excellence une espèce à tige dressée.

3 Les fleurs aussi présentent des différences, à la fois de nature et de disposition. Nous leur avons appliqué dans nos généralités[8] à peu près la distinction suivante : certaines forment un duvet, comme celles du blé et de toute plante à épi[9], les autres sont pétalées, comme celles des légumineuses, et en outre tronquées dans la plupart des cas (il s'agit essentiellement d'espèces « à fleurs

γένος τὰ ὁμογενῆ. Τὰ μὲν γὰρ σιτώδη τὸ φύλλον ἔχει καλάμου, τῶν δὲ χεδροπῶν τὰ μὲν περιφερές, οἷον ὁ κύαμος καὶ σχεδὸν τὰ πλεῖστα, τὰ δὲ προμηκέστερον, οἷον ὁ πίσος καὶ ὁ λάθυρος καὶ ὁ ὦχρος καὶ τὰ τοιαῦτα· καὶ τὰ μὲν ἰνώδη, τὰ δ' ἄφλεβα καὶ ἄϊνα. Τὸ δὲ σήσαμον καὶ τὸ ἐρύσιμον ἰδιώτερα παρὰ ταῦτα. 2 Πάλιν ὁ καυλὸς τῶν μὲν γονατώδης καὶ κοῖλος — διὸ καὶ καλεῖται κάλαμος —, τοῦ δὲ κυάμου κοῖλος [διὸ καὶ καλεῖται κάλαμος], τῶν δ' ἄλλων χεδροπῶν ξυλωδέστερος, ξυλωδέστατος δὲ ὁ ἐρέβινθος· τῶν δὲ θερινῶν κέγχρου μὲν καὶ μελίνου καλαμώδης, σησάμου δὲ καὶ ἐρυσίμου ναρθηκώδης μᾶλλον. Καὶ τὰ μέν ἐστιν ὀρθόκαυλα, καθάπερ πυρὸς καὶ κριθὴ καὶ ὅλως τὰ σιτώδη καὶ θερινά, τὰ δὲ πλαγιόκαυλα μᾶλλον, οἷον ἐρέβινθος ὄροβος φακός, τὰ δ' ἐπιγειόκαυλα, καθάπερ ὦχρος πίσος λάθυρος. Ὁ δὲ δόλιχος, ἐὰν παρακαταπήξῃ τις ξύλα μακρά, ἀναβαίνει καὶ γίνεται κάρπιμος· εἰ δὲ μή, φαῦλος καὶ ἐρυσιβώδης. Μόνος δ' ἢ μάλιστα τῶν χεδροπῶν ὀρθόκαυλος ὁ κύαμος.

3 Ἔχει δὲ καὶ τὰ ἄνθη διαφορὰν καὶ τῇ φύσει καὶ τῇ θέσει. Περὶ ὧν σχεδὸν ἐν τοῖς καθόλου διείλομεν ὅτι τὰ μὲν χνοώδη, καθάπερ σίτου καὶ παντὸς τοῦ σταχυώδους, τὰ δὲ φυλλώδη, καθάπερ τῶν χεδροπῶν, καὶ τῶν πλείστων κολοβά — τὰ γὰρ πολλὰ κολοβανθῆ —·

TEST.: 12-18 GALENUS, VI, 542 Kühn ; 15-18 Mon.

1 ὁμογενῆ Schn. 1821 : ὁμοιο- codd. Ald. ‖ 8-9 τοῦ – κάλαμος om. Ald. ‖ διὸ – κάλαμος del. Wim. ‖ 9 τῶν δ' om. U M ‖ 9-10 ξυλωδέστερος U M Ald. : -οι P ‖ 11 καλαμώδης U M Ald. : -δεις P ‖ 12 ναρθηκώδης [ναρθακ- U M] U M Ald. : -δεις P ‖ 17 ξύλα U M P Ald. GAL. : ξυλάρια Mon. ‖ 18 καὶ om. Mon. ‖ ἐρυσιβώδης codd. Ald. : ἐρημώ- GAL. ‖ δ' ἢ Wim. ex δὲ ἢ Stack. : δὲ codd. Ald. ‖ 22 σίτου Wim. ex Schn. in comm. : που M P Ald. ποῦ U ‖ 22-23 παντὸς τοῦ σταχυώδους [*omnium…gerentium spicam* Gaza] Scal. : πάντες τοῦ χυλώδους codd. Ald.

tronquées »[10]) ; la fleur forme un duvet également chez le millet commun et le millet à grappe, tandis que celle du sésame et du sisymbre à cornes est pétalée[11]. Nous disions donc que certaines espèces ont <la fleur> tout autour du fruit[12] : ainsi les blés et les millets l'ont autour de l'épi ; chez les légumineuses, au contraire, <le fruit> sort de la fleur même, en quelque sorte, ou du moins il se forme à partir du même point. De la floraison nous avons dit encore qu'elle est tantôt massive, tantôt échelonnée[13] ; et le reste à l'avenant, dans un tel ordre d'idées.

4 Des distinctions semblables s'appliquent aussi aux fruits[14] : les espèces du premier groupe ont un épi, les légumineuses une gousse, les millets une panicule (une inflorescence diffuse comme celle du roseau est une panicule). Mais généralement parlant, ce sont des végétaux soit à graines contenues dans une capsule, soit à graines renfermées dans une membrane, soit à graines nues[15] ; ou encore, soit à fructification terminale, soit à fructification latérale[16], et ainsi de suite pour tous les caractères qui relèvent de la présente étude. D'autre part, en général, les légumineuses l'emportent pour la productivité et le rendement, les espèces estivales, millet et sésame, encore davantage, et surtout, parmi les légumineuses elles-mêmes, la lentille. 5 En un mot, il s'agit plutôt, peut-on dire, des espèces à plus petites graines, comme le cumin parmi les plantes potagères[17], qui ont toutes des graines nombreuses. Par ailleurs, les plus résistantes à l'hiver et aux conditions atmosphériques en général, ce sont les céréales, et les plus nourrissantes, les légumineuses[18] ; mais sur ce point peut-être en est-il ainsi pour nous, à l'inverse de ce qui se produit pour les autres <créatures>[19].

4. 1 Telles sont donc les différences entre les groupes considérés globalement ; quant aux espèces d'un même

χνοῶδες δὲ καὶ τὸ τοῦ κέγχρου καὶ μελίνου, τοῦ δὲ σησάμου καὶ τοῦ ἐρυσίμου φυλλῶδες. Καὶ ὅτι δὴ τὰ μὲν ἔχει περὶ αὑτὸν τὸν καρπόν, οἷον τὰ σιτώδη καὶ κεγχρώδη περὶ τὸν στάχυν· τὰ δὲ χεδροπὰ ἐξ αὑτοῦ πως τοῦ ἄνθους ἢ ἀπό γε τῆς αὐτῆς ἀρχῆς γίνεται. Καὶ τὴν ἄνθησιν ὅτι τὰ μὲν ἀθρόαν, τὰ δὲ κατὰ μέρος ποιεῖται· καὶ τἆλλα δὲ τὰ παραπλήσια τούτοις.

4 **Ὁμοίως δὲ καὶ τὰ κατὰ τοὺς καρποὺς ὅτι τὰ μὲν ἔχει στάχυν, τὰ δὲ χεδροπὰ λοβόν, τὰ δὲ κεγχρώδη φόβην — ἡ γὰρ καλαμώδης ἀπόχυσις φόβη —. Τὸ δ' ὅλον τὰ μὲν ἐναγγειόσπερμα, τὰ δὲ ἐνυμενόσπερμα, τὰ δὲ γυμνόσπερμα· καὶ ἔτι τὰ μὲν ἀκρόκαρπα, τὰ δὲ πλαγιόκαρπα καὶ ὅσα δὴ ἄλλα ταύτης ἔχεται τῆς θεωρίας. Ὅλως δὲ πολυκαρπότερα καὶ πολυχούστερα τὰ χεδροπά, τούτων δὲ ἔτι μᾶλλον τὰ θερινὰ κέγχρος καὶ σήσαμον, αὐτῶν δὲ τῶν χεδροπῶν μάλιστα φακός.** 5 **Ἁπλῶς δὲ τὰ μικροσπερμότερα μᾶλλον, ὡς εἰπεῖν, ὥσπερ καὶ τῶν λαχανωδῶν κύμινον, ἁπάντων ὄντων πολυσπέρμων. Ἰσχυρότερα δὲ πρὸς μὲν τὸν χειμῶνα καὶ ὅλως τὰ τοῦ ἀέρος τὰ σιτηρά, πρὸς δὲ τὴν τροφὴν τὰ χεδροπά· τάχα δὲ τοῦτό γε ἡμῖν τοῖς ἄλλοις ἀνάπαλιν.**

4. 1 **Τὰ μὲν οὖν ὅλα γένη τοιαύτας ἔχει διαφοράς [τὰ μὴ ὁμοιογενῆ] · τὰ δὲ ὁμογενῆ δῆλον ὅτι κατὰ τὴν τῶν**

TEST.: 8-15 Mon.

5 πως Ald. : πῶς codd. ‖ γε codd. : τε Ald. ‖ 8 pr. τὰ om. Mon. ‖ 10 γὰρ P Ald. : δὲ U M Mon. ‖ ἀπόχυσις Schn. coll. IV, 4, 10 : ἀπόφυ- codd. Ald. ‖ 11-12 pr. τὰ – ἔτι U M²mg. P Mon. Ald. : om. M ‖ 11 ἐναγγειόσπερμα Schn. : ἀγγ- U P Mon. Ald. ἀγγειοσπέρματα M² ‖ 14 πολυκαρπότερα καὶ om. Mon. ‖ 23-24 τὰ μὴ ὁμοιογενῆ [τὰ ὁ. U M] codd. Ald., quae uerba iam Gaza non uertit, del. Wim. ‖ 24 ὁμογενῆ [*generis eiusdem consortia* Gaza] Schn. in comm. : ὁμοιο- codd. Ald.

groupe, il est évident que leurs différences tiennent à la dissemblance de leurs parties : ainsi parmi les céréales le froment est par rapport à l'orge une plante à feuille plus étroite et à tige plus lisse, tige en outre plus forte, plus souple, plus difficile à écraser ; en même temps, le grain du froment est renfermé dans plusieurs tuniques, alors que l'orge est nue (la céréale à grain nu par excellence, c'est bien l'orge)[1]. Comme céréales à glumes abondantes[2], il y a aussi l'engrain, l'épeautre[3], avec toutes les espèces voisines, et par-dessus tout, si l'on peut dire, l'avoine[4]. En outre, le chaume du froment est plus haut que celui de l'orge et l'épi est mieux dégagé de la feuille chez le froment. Même la paille de froment est meilleure que celle d'orge, car elle est plus grasse et plus tendre. 2 Autre différence de l'orge aux blés : elle forme des sortes de rangs, à l'inverse du froment, qui présente de toutes parts un aspect uniforme[5]. Telles sont à peu près les différences du genre considéré globalement par rapport à l'autre genre[6].

Chacun des deux — froment et orge en l'occurrence — comprend à son tour de nombreuses variétés qui se distinguent par leurs fruits proprement dits, par leurs épis et leurs autres caractères morphologiques, ainsi que par leurs aptitudes et leurs qualités[7].

Il y a des orges à deux rangs, à trois rangs, à quatre ou cinq rangs, mais la plus commune est l'orge à six rangs[8] : il existe effectivement une variété ainsi faite. Pour la disposition, en règle générale, les variétés à rangs nombreux

μερῶν ἀνωμαλίαν, οἷον τῶν σιτωδῶν πυρὸς κριθῆς στενοφυλλότερον καὶ λειοκαυλότερον, καὶ πυκνότερον καὶ γλισχρότερον ἔχει τὸν καυλὸν καὶ δυσθλαστότερον· ἅμα δὲ καὶ ὁ μὲν ἐν χιτῶσι πολλοῖς, ἡ δὲ γυμνή — μάλιστα γὰρ δὴ γυμνοσπέρματον ἡ κριθή. Πολύλοπον δὲ καὶ ἡ τίφη καὶ ἡ ὄλυρα καὶ πάντα τὰ τοιαῦτα, καὶ μάλιστα πάντων, ὡς εἰπεῖν, ὁ βρόμος. Ἔστι δὲ καὶ ὑψηλότερος ὁ κάλαμος τοῦ πυροῦ ἢ τῆς κριθῆς καὶ τὸν στάχυν ἀπηρτημένον ἔχει τοῦ φύλλου μᾶλλον ὁ πυρός. Ἥδιον δὲ καὶ τὸ ἄχυρον τοῦ κριθίνου τὸ πύρινον· ἐγχυλότερον γὰρ καὶ μαλακώτερον. 2 **Διαφέρει δὲ ἡ κριθὴ καὶ τούτῳ τῶν πυρῶν· ἡ μὲν γὰρ στοιχειώδης, ὁ δὲ πυρὸς ἄστοιχος καὶ πανταχόθεν ὁμαλής τις. Τῷ μὲν οὖν ὅλῳ γένει πρὸς τὸ γένος τοιαῦταί τινές εἰσι διαφοραί.**

Καθ' ἑκάτερον δὲ τούτων πάλιν οἷον πυρῶν καὶ κριθῶν πολλὰ γένη καὶ τοῖς καρποῖς αὐτοῖς διαφέροντα καὶ τοῖς στάχυσι καὶ ταῖς ἄλλαις μορφαῖς καὶ ἔτι ταῖς δυνάμεσι καὶ τοῖς πάθεσι.

Τῶν μὲν κριθῶν αἱ μέν εἰσι δίστοιχοι, αἱ δὲ τρίστοιχοι, αἱ δὲ τετράστοιχοι καὶ πεντάστοιχοι, πλεῖστον δ' ἑξάστοιχον· καὶ γὰρ τοιοῦτόν τι γένος ἐστί. Πυκνότεραι δὲ ἀεὶ κατὰ τὴν θέσιν ὡς ἐπίπαν αἱ πολυστοιχότε-

TEST.: 20-22 *passim* Mon.

1 σιτωδῶν U[rec] P Ald. : σιτηδ- U M ‖ κριθῆς U a.ras. : -θὴ U p.ras. M P Ald. ‖ 1-2 στενοφυλλότερον [*angustiori folio* Gaza] Bas. mg. : στεφανο- codd. Ald. ‖ 3 δυσθλαστότερον [*ruptu difficiliorem* Gaza] Scal. : δυσαλθατώ- codd. Ald. ‖ 4 γυμνή U M Ald. : -όν P ‖ 5 πολύλοπον [*multiplici folliculo includuntur* Gaza] Salm. : -λοβον P Ald. -λοβος U M ‖ 7 βρόμος U : κρόμος M P κρόκος Ald. ‖ 8 ὑψηλότερος Stack. : -ον codd. Ald. ‖ ἢ [*quam* Gaza] Schn. : καὶ codd. Ald. ‖ 11 καὶ codd. : τὸ Ald. ‖ 13 ὁμαλής Schn. 1821 : -ή codd. Ald. -ός coni. Heins. ‖ 20 pr. μὲν U M P Ald. : δὲ Mon. ‖ δίστοιχοι U P : -στιχοι Ald. (item τρίστιχοι et cetera) δύστοιχοι M δ. αἱ δὲ om. Mon. ‖ 21 πλεῖστον U M : -σται P Ald. om. Mon. ‖ 22 δ' Wim. : καὶ P Mon. Ald. om. U M.

sont toujours les plus compactes[9]. Ce qui constitue aussi une différence importante, c'est que l'espèce indienne possède, comme nous l'avons dit, <une infrutescence> rameuse[10]. Les épis sont longs et assez lâches dans certaines variétés de notre orge[11], plus courts et plus compacts dans d'autres, sans compter que la distance de l'épi à la feuille est tantôt considérable, tantôt faible, comme dans ce qu'on appelle l'orge d'Achille[12]. Les grains mêmes sont tantôt arrondis et assez petits, tantôt plus allongés, plus gros et moins serrés le long de l'épi. Ajoutons qu'à côté des orges blanches, il en est de noires ou violacées, qui passent pour donner beaucoup de farine et résister mieux que les blanches aux froids de l'hiver, aux coups de vent et aux conditions atmosphériques en général[13].

3 Il existe de nombreuses variétés de froment qui tirent leur nom tout simplement de leur pays : ainsi les blés de Libye, du Pont, de Thrace, d'Assyrie, d'Égypte, de Sicile[14], qui du reste se différencient par leur couleur, leur taille, leur aspect et leurs particularités ; celles-ci résident dans leurs aptitudes générales et principalement dans leur valeur nutritive. Il y a aussi des blés dont l'appellation a une autre origine, par exemple le blé « à bourgeons d'hiver »[15], le blé « strigile »[16], le blé « d'Alexandrie »[17]. Les différences entre toutes ces variétés sur les points qui ont été indiqués doivent être prises en considération, mais il n'est pas du tout déplacé d'établir des distinctions telles que les suivantes : par exemple, il y a des blés hâtifs et d'autres tardifs, des variétés à grand développement et à fort rendement, d'autres chétives et peu productives, certaines à gros épis, d'autres à petits épis[18] ; elles gardent <l'épi> dans sa gaine les unes longtemps, les autres peu de temps, comme le blé de Libye.

ραι. Διαφορὰ δὲ μεγάλη καὶ τὸ παραβλαστητικὴν [τε] εἶναι, καθάπερ εἴπομεν, τὴν ἰνδικήν. Καὶ οἱ στάχυες δὲ τῶν μὲν μεγάλοι καὶ μανότεροι τῆς κριθῆς, τῶν δὲ ἐλάττους καὶ πυκνότεροι, καὶ ἀπέχοντες δὲ τοῦ φύλλου τῶν μὲν πολύ, τῶν δὲ μικρόν, ὥσπερ τῶν ἀχιλλείων καλουμένων. Καὶ αὐτῶν δὲ τῶν κριθῶν αἱ μὲν στρογγυλότεραι καὶ ἐλάττους, αἱ δὲ προμηκέστεραι καὶ μείζους καὶ μανότεραι κατὰ τὸν στάχυν. Ἔτι δ' αἱ μὲν λευκαί, αἱ δὲ μέλαιναι καὶ ἐπιπορφυρίζουσαι, αἵπερ καὶ πολυάλφιτοι δοκοῦσιν εἶναι, καὶ πρὸς τοὺς χειμῶνας δὲ καὶ τὰ πνεύματα καὶ ὅλως τὸν ἀέρα τῶν λευκῶν ἰσχυρότεραι.

3 Πολλὰ δὲ γένη καὶ τῶν πυρῶν εὐθύς ἐστιν ἀπὸ τῶν χωρῶν ἔχοντα τὰς ἐπωνυμίας, οἷον λιβυκοὶ ποντικοὶ θρᾳκες ἀσσύριοι αἰγύπτιοι σικελοί, διαφέροντες δὲ καὶ ταῖς χροιαῖς καὶ τοῖς μεγέθεσι καὶ τοῖς εἴδεσι καὶ ταῖς ἰδιότησιν· ἔχουσι δὲ ἐν ταῖς δύναμεσι ταῖς τε ἄλλαις καὶ μάλιστα ταῖς πρὸς τὴν σίτησιν. Τινὲς καὶ ἀπ' ἄλλων τὰς προσηγορίας, οἷον καχρυδίας στλεγγίας ἀλεξάνδρειος. Ὧν ἁπάντων ἐν τοῖς εἰρημένοις τὰς διαφορὰς ληπτέον, οὐχ ἥκιστα δ' οἰκεῖαι εἴ τις λαμβάνοι τὰς τοιαύτας· οἷόν εἰσιν οἱ μὲν πρώϊοι, οἱ δὲ ὄψιοι, καὶ εὐαυξεῖς καὶ πολύχοι, οἱ δὲ <δυσαυξεῖς> καὶ ὀλιγόχοι, καὶ μεγαλοστάχυες, οἱ δὲ μικροστάχυες· καὶ οἱ μὲν ἐν κάλυκι πολὺν χρόνον, οἱ δ' ὀλίγον ἔχοντες, ὥσπερ ὁ

1 παραβλαστητικὴν U : -βλαστικὴν M P Ald. || τε del. Wim. || 4 τοῦ φύλλου U M : τῶν φύλλων P Ald. || 8 μανότεραι M : μανώ- U P Ald. || 9 μέλαιναι Schn. 1821 : -αναι U om. M P Ald. || pr. καὶ om. M Ald. || 13 εὐθύς post ἐστιν transp. Wim. fort. recte || 14 ποντικοὶ [*ponticum* Gaza] Schn. : πόντιοι codd. Ald. || 19 καχρυδίας U M : καγχρ- P Ald. sed infra [p. 54, l. 2] καχρ- codd. omnes habent || στλεγγίας ego ex Einarson & Link uide adn. : -γγὺς codd. Ald. || 21 οἰκεῖαι P : -εῖαν U -εῖον M Ald. || λαμβάνοι U P Ald. : -νει M || 23 εὐαυξεῖς Schn. : εὐαξ- codd. Ald. || δυσαυξεῖς [*ieiunum* Gaza] addidi : μικροὶ edd. a Schn.

Le chaume également est tantôt mince, tantôt épais — caractère que possède encore le blé de Libye, mais le blé « à bourgeons d'hiver » a lui aussi un chaume épais[19]. Ajoutons que certaines variétés ont peu de tuniques, d'autres en ont beaucoup, comme le blé de Thrace[20]. L'une a un chaume unique, l'autre en a plusieurs, plus ou moins nombreux. 4 <Il faut tenir compte> pareillement de tout caractère du même ordre que ces derniers ou que ceux mentionnés plus haut, en ce qui concerne les aptitudes <des diverses variétés>, car de telles différences peuvent sembler les plus naturelles. Parmi elles figurent la particularité des blés trémois, celle des blés de deux mois et de toute autre variété qui mûrit en moins de temps, comme ces blés de la région d'Ainos[21] qui, dit-on, grossissent et arrivent à maturité en quarante jours à partir de l'ensemencement ; c'est un grain consistant et lourd — et non léger comme le trémois — qui est pour cette raison distribué aux domestiques ; il ne donne même pas beaucoup de son[22]. Voilà donc le froment le plus rare et le plus prompt à mûrir. Il existe en outre des blés de deux mois qui ont été introduits de Sicile en Achaïe[23] ; ils ont peu de rendement, peu de fécondité, fournissent une nourriture légère et agréable. Il y en a quelques autres aussi qui se rencontrent en Eubée, principalement sur le territoire de Carystos[24]. Les blés trémois, nombreux, sont, eux, partout légers et de faible rendement ; ils sortent de terre avec un chaume unique[25] et sont au total peu vigoureux. 5 Le plus léger, c'est, dans l'absolu, le blé du Pont ; parmi les blés importés en Grèce, celui de Sicile est spécialement lourd. Mais celui de Béotie est encore plus lourd : on en veut pour preuve que les athlètes qui consomment à peine trois demi-chénices en Béotie, en consomment facilement cinq quand il viennent à Athènes[26]. Comme blé léger, il y a aussi celui de Laconie. Ces particularités s'expliquent sans doute par

λιβυκός. Καὶ κάλαμον οἱ μὲν λεπτόν, οἱ δὲ παχύν· καὶ τοῦτο ὁ λιβυκὸς ἔχει, παχὺν δὲ καὶ ὁ καχρυδίας. Ἔτι δὲ χιτῶνας οἱ μὲν ὀλίγους, οἱ δὲ πολλούς, ὥσπερ ὁ θρᾴκιος. Καὶ ὁ μὲν μονοκάλαμος, ὁ δὲ πολυκάλαμος, καὶ μᾶλλον δὲ καὶ ἧττον. 4 Ὁμοίως δὲ καὶ εἴ τι παραπλήσιον τούτοις ἢ τοῖς πρότερον εἰρημένοις κατὰ τὰς δυνάμεις· αἱ γὰρ τοιαῦται φυσικώταται δόξαιεν ἂν εἶναι τῶν διαφορῶν. Ἐν αἷς καὶ τὸ τῶν τριμήνων καὶ τὸ τῶν διμήνων καὶ εἴ τι γένος ἐν ἐλάττοσιν ἡμέραις τελειοῦται, καθάπερ φασὶν εἶναι περὶ τὴν Αἴνειαν <οἳ> τετταράκοντα ἡμέραις ἀπὸ τῆς σπορᾶς ἁδρύνονται καὶ τέλος ἴσχουσιν· εἶναι δ' ἰσχυρὸν τοῦτον καὶ βαρύν, οὐχ ὥσπερ τὸν τρίμηνον κοῦφον, διὸ καὶ τοῖς οἰκέταις παρέχειν· καὶ γὰρ οὐδὲ πίτυρον ἔχειν πολύ. Σπανιώτατος μὲν οὖν καὶ τάχιστος εἰς τελείωσιν οὗτος. Εἰσὶ δὲ καὶ δίμηνοί τινες οἵπερ καὶ ἐκ Σικελίας ἐκομίσθησαν εἰς Ἀχαΐαν· ὀλιγόχοοι δὲ καὶ ὀλιγόγονοι καὶ κοῦφοι κατὰ τὴν προσφορὰν καὶ ἡδεῖς. Καὶ ἄλλοι δέ τινες οἱ περὶ Εὔβοιάν εἰσι καὶ μάλιστα ἐν τῇ Καρυστίᾳ. Τρίμηνοι δὲ πολλοὶ καὶ πανταχοῦ κοῦφοι οὗτοι καὶ ὀλιγόχοοι καὶ μονοκάλαμοι κατὰ τὴν ἔκφυσιν καὶ τὸ ὅλον ἀσθενεῖς. 5 Κουφότατος μὲν οὖν, ὡς ἁπλῶς εἰπεῖν, πυρὸς ὁ ποντικός· βαρύτερος δὲ τῶν εἰς τὴν Ἑλλάδα παραγινομένων ὁ σικελός. Τούτου δ' ἔτι βαρύτερος ὁ βοιωτός· σημεῖον δὲ λέγουσιν ὅτι οἱ μὲν ἀθληταὶ ἐν τῇ Βοιωτίᾳ τρί' ἡμιχοίνικα μόλις ἀναλίσκουσιν, Ἀθήναζε δὲ ὅταν ἔλθωσι πένθ' ἡμιχοίνικα ῥᾳδίως. Κοῦφος δὲ ὁ ἐν τῇ Λακωνικῇ. Τούτων μὲν οὖν ἔν τε ταῖς χώραις καὶ τῷ

TEST.: 10-14 Mon. — 22-28 Mon.

7 φυσικώταται U : -ώτεραι M P Ald. ‖ 10 Αἴνειαν U Mon. : ἔννοιαν M εὔβοιαν P Ald. ‖ οἳ add. Heins. ‖ 12 ἰσχυρὸν U M P Ald. : -ότατον Mon.

les conditions locales et le climat. De fait en Asie, non loin de Bactres, il est, dit-on, un terroir où le grain est si gros qu'il atteint la taille d'un noyau d'olive[27], et chez le peuple qu'on appelle les Pissates[28], il est si indigeste qu'à trop en absorber, on en crève, ce qui est arrivé à plusieurs Macédoniens. Mais ce qui se produit pour les blés du Pont est bizarre et en contradiction avec la légèreté des blés trémois : les blés durs y sont des blés de printemps, les blés tendres des blés d'hiver[29] ; en effet le blé tendre l'emporte de beaucoup pour la légèreté. 6 De même les semailles s'y font, semble-t-il, pour toutes les céréales en deux opérations, l'une en hiver, l'autre au printemps, au cours de laquelle on répand aussi la semence des légumes secs. Il y a également des blés sans ivraie[30], comme ceux du Pont et d'Égypte. Celui de Sicile est relativement pur et surtout celui d'Agrigente n'est pas sujet à être mêlé d'ivraie ; mais le blé de Sicile se singularise par la présence de ce qu'on appelle le « blé noir »[31], qui n'est pas nocif, au lieu d'être lourd et de donner des maux de tête comme l'ivraie. Toutefois les particularités de ce genre doivent être attribuées, comme il a été dit, aux conditions locales[32], et seulement dans une certaine mesure aux variétés[33].

5. 1 Dans les légumes secs on ne peut pas trouver pareillement de telles différences, soit, à vrai dire, faute d'un examen aussi approfondi, soit également à cause de leur caractère plus volontiers monotypique. En effet, hormis le pois chiche, la lentille et à un moindre degré la fève et l'ers, dans la mesure où ils présentent des différences de couleur et de saveur, on ne distingue pas chez les autres espèces des variétés typiques. Les pois chiches

ἀέρι τὸ αἴτιον. Ἐπεὶ καὶ περὶ τὴν Ἀσίαν οὐ πόρρω Βάκτρων ἐν μέν τινι τόπῳ οὕτως ἁδρὸν εἶναί φασι τὸν σῖτον ὥστε πυρῆνος ἐλάας μέγεθος λαμβάνειν, ἐν δὲ τοῖς Πισσάτοις καλουμένοις οὕτως ἰσχυρὸν ὥστ' εἴ τις πλεῖον προσενέγκοιτο διαρρήγνυσθαι καὶ τῶν Μακεδόνων καὶ πολλοὺς τοῦτο παθεῖν. Ἄτοπον δὲ καὶ ἀνομολογούμενον πρὸς τὴν τῶν τριμήνων κουφότητα τὸ περὶ τοὺς ποντικοὺς συμβαῖνον· εἰσὶ γὰρ οἱ μὲν σκληροὶ ἠρινοί, οἱ δὲ μαλακοὶ χειμερινοί· πολὺ γὰρ διαφέρει τῇ κουφότητι ὁ μαλακός. 6 Ὁμοίως δὲ καὶ δύο ἀρότους, ὡς ἔοικε, παντὸς τοῦ σίτου ποιοῦνται τὸν μὲν χειμερινόν, τὸν δὲ ἠρινόν, ἐν ᾧ καὶ τὰ ὄσπρια καταβάλλουσιν. Εἰσὶ δὲ καὶ οἱ μὲν καθαροὶ αἰρῶν, ὥσπερ ὁ ποντικὸς καὶ ὁ αἰγύπτιος. Καθαρὸς δὲ ἐπιεικῶς καὶ ὁ σικελὸς καὶ μάλιστα ὁ ἀκραγαντῖνος οὐκ αἰρώδης· ὁ δὲ σικελὸς ἴδιον ἔχει τὸ μελάμπυρον καλούμενον, ὅ ἐστιν ἀβλαβὲς καὶ οὐχ ὥσπερ ἡ αἶρα βαρὺ καὶ κεφαλαλγές. Ἀλλὰ τὰ μὲν τοιαῦτα, καθάπερ ἐλέχθη, ταῖς χώραις ἀναθετέον καὶ ὅσον ἐπιβάλλει τοῖς γένεσιν.

5. 1 Ἐν δὲ τοῖς ὀσπρίοις οὐχ ὁμοίως ἔστι λαβεῖν τὰς τοιαύτας διαφοράς, εἴτ' οὖν διὰ τὸ μὴ ἐξετάζειν ὁμοίως, εἴτε καὶ διὰ τὸ μονοειδέστερα τυγχάνειν. Ἔξω γὰρ ἐρεβίνθου καὶ φάκου καὶ ἐπ' ὀλίγον κυάμου καὶ ὀρόβου, καθ' ὅσον ἡ τῶν χρωμάτων καὶ τῶν χυλῶν διαφορά, τῶν γε ἄλλων οὐ ποιοῦσιν ἰδέας. Οἱ δὲ ἐρέβινθοι καὶ τοῖς

TEST.: 1-6 Mon. ; 1-3 APOLLON. PARADOX. XXXIII.

1 Ἀσίαν οὐ U Mon. : ἀσίου M ἀσίαν P Ald. ‖ 1-2 Βάκτρων U P Mon. Ald. : βάκτωρ M τῆς βακτριανῆς ὁδοῦ APOLLON. uide adn. ‖ 4 Πισσάτοις U : πισσώτ- M P Ald. πισσύτ- Mon. uide adn. ‖ 5 πλεῖον U M P Ald. : πλέον Mon. ‖ 6 pr. καὶ om. P Mon. Ald. ‖ 10 ὁ μαλακός U P Ald. : ὁμαλός M ‖ 17 ἡ om. M P Ald. ‖ 25 γε ego ex γ' Schn. 1821 : τε codd. Ald. ‖ οὐ [*nullis* Gaza] Bas.mg. : οἳ codd. Ald.

se différencient par leur grosseur, leur saveur, leur couleur et leur forme : <il y a> ainsi les « béliers », les « grains d' ers » et les moyens[1]. Mais dans tous les cas les grains clairs sont les plus doux : l'ers <le prouve>[2], ainsi que la lentille, le pois chiche, la fève et le sésame (car il existe aussi un sésame blanc)[3]. 2 C'est plutôt dans les faits suivants que l'on peut voir les différences : par exemple, sur l'ensemble des plantes à gousse, il s'en trouve à cosse non cloisonnée et <graines> en quelque sorte contiguës, comme l'ers, le pois et, peut-on dire, la plupart des espèces, et d'autres à cosse cloisonnée, comme le lupin et plus encore, avec une disposition originale, le sésame[4]. Il y a aussi des espèces à gousse allongée, d'autres à gousse arrondie, comme le pois chiche, et il s'ensuit que le nombre de leurs graines varie proportionnellement : elles sont moins nombreuses dans les cosses courtes comme celle des pois chiches et celle des lentilles. 3 Il se peut cependant que de telles différences soient assez voisines de celles que nous décrivions pour les céréales au sujet de leurs épis et de leurs fruits proprement dits[5], puisque aussi bien les <enveloppes> qu'on appelle les gousses correspondent à peu près aux graines, tantôt aplaties, comme celles de la lentille et de la gesse chiche[6], tantôt plus nettement cylindriques, comme celles de l'ers et du pois : telle est en effet la forme des graines dans chacun des deux types. On trouverait d'ailleurs, point par point, de pareilles différences en grand nombre, les unes tout à fait générales, les autres spécifiques[7]. 4 Quant au fait que toutes <les graines> sont attachées à la cosse et ont pour ainsi dire une sorte d'amorce, tantôt saillante comme chez la fève et le pois chiche, tantôt déprimée comme chez le lupin et quelques autres, tantôt

μεγέθεσι καὶ τοῖς χυλοῖς καὶ τοῖς χρώμασι καὶ ταῖς μορφαῖς διαφέρουσιν, οἷον κριοὶ ὀροβίαι οἱ ἀνὰ μέσον. Ἐπὶ πᾶσι δὲ τὰ λευκὰ γλυκύτερα· καὶ γὰρ ὁ ὄροβος καὶ φακὸς καὶ ἐρέβινθος καὶ κύαμος καὶ σήσαμον — ἔστι γὰρ καὶ σήσαμον λευκόν. 2 **Ἀλλὰ μᾶλλον ἐν τοῖς τοιοῖσδε ποιεῖν ἔστι τὰς διαφοράς, οἷον ἐπὶ πάντα τὰ ἔλλοβα, τὰ μὲν αὐτῶν ἀδιάφρακτα καὶ ὥσπερ συμψαύοντα τυγχάνει, καθάπερ ὄροβος πίσος καὶ σχεδὸν τὰ πλεῖστα, τὰ δὲ διαπεφραγμένα, καθάπερ θέρμος, ἔτι δὲ μᾶλλον καὶ ἰδίως τὸ σήσαμον. Καὶ τὰ μὲν μακρόλοβα, τὰ δὲ καὶ στρογγυλόλοβα, καθάπερ ὁ ἐρέβινθος, ἀνάλογον δὲ ἀκολουθεῖ καὶ τὰ πλήθη τῶν σπερμάτων· ἐλάττω γὰρ ἐν τοῖς μικροῖς ὥσπερ ἔν τε τῷ τῶν ἐρεβίνθων καὶ ἐν τῷ τῶν φακῶν.** 3 **Καὶ παραπλήσιαι δὲ ἴσως αἱ τοιαῦται καὶ ἃς ἐπὶ τῶν σιτηρῶν ἐλέγομεν περὶ τῶν σταχύων καὶ αὐτῶν τῶν καρπῶν, ἐπεὶ καὶ οἱ καλούμενοι λοβοὶ σχεδὸν ἀκόλουθοι τοῖς σπέρμασίν εἰσιν, οἱ μὲν ἐπιπλατεῖς, ὥσπερ οἱ τοῦ φακοῦ καὶ τῆς ἀφάκης, οἱ δὲ κυλινδρώδεις μᾶλλον, ὡς οἱ τοῦ ὀρόβου <καὶ> τοῦ πίσου· τὰ γὰρ σπέρματα ἑκατέρων τοιαῦτα τοῖς σχήμασιν. Ἀλλὰ τὰς μὲν τοιαύτας διαφορὰς πολλὰς ἄν τις εὕροι καθ' ἕκαστον, ὧν αἱ μὲν κοιναὶ πᾶσιν, αἱ δὲ ἴδιαι κατὰ γένος.** 4 **Ὅτι δὲ πάντα προσπέφυκε τοῖς λοβοῖς καὶ ἔχει καθάπερ ἀρχήν τινα, τὰ μὲν προέχουσαν ὥσπερ ὁ κύαμος καὶ ὁ ἐρέβινθος, τὰ δὲ καὶ ἔγκοιλον**

TEST.: 2 Ath. 54 f.

2 ὀροβίαι οἱ L.S.J. uide adn. : ὀροβιαῖοι codd. Ald. ‖ 7 ἔλλοβα Bas. mg. : ἐλλόβορα U ἐλλέβορα M P Ald. ‖ ἀδιάφρακτα [*non intersepta* Gaza] Scal. : διάφρ- codd. Ald. ‖ 9 διαπεφραγμένα Schn. : λεῖαν πεφρ- codd. Ald. ‖ 11 καὶ et ὁ om. Ald. ‖ 16 ἐπεὶ M P Ald. : ἐπὶ U ‖ 19-20 ὀρόβου καὶ τοῦ πίσου · τὰ γὰρ Scal. : ὀρόβου · τοῦ πίσου γὰρ τὰ codd. Ald. ‖ 20 ἑκατέρων U M : -ωθεν P Ald.

moins visible, plus petite et en quelque sorte réduite à une simple marque[8], on s'en aperçoit au premier coup d'œil. De là sortent, après le semis, la jeune pousse et la racine, comme il a été dit[9], mais à l'origine <les graines> mêmes reçoivent leur nourriture par leur attache à la cosse jusqu'à complète maturité ; cela ressort à l'évidence des présentes remarques et de celles qui précèdent.

Mais en voilà assez sur la question des différences.

6. 1 On a intérêt à tout semer de préférence pendant la saison normale des semailles[1] ; certains néanmoins répandent <le grain> aussi bien sur une terre sèche, surtout le froment et l'orge, estimant qu'il a les meilleures chances de subsister à l'époque où la campagne n'est pas ravagée par les oiseaux ou par d'autres animaux sauvages[2]. Il semble en effet que d'ordinaire les premières semailles donnent de meilleurs résultats, mais que le pire soit l'ensemencement des terres à demi détrempées, car les graines périssent en devenant laiteuses[3] et il se produit en même temps une poussée massive d'herbe. Au contraire, une pluie qui survient après le semis profite à toutes les graines, hormis celles dont la germination difficile le devient davantage, comme la fève, nous semblait-il[4], et parmi les plantes estivales, le sésame, l'hormin[5] et le sisymbre à cornes.

2 Il faut semer dru ou semer clair en accordant une attention particulière au terrain : la bonne terre riche peut supporter plus de semence que le sol sablonneux et léger[6]. On raconte toutefois que le même terrain en

ὥσπερ θέρμος καὶ ἄλλ' ἄττα, τὰ δ' οὕτω μὲν οὐ φανεράν, ἐλάττω δὲ καὶ ὥσπερ ἀποσημαίνουσαν μόνον, δῆλον μὲν ἀπὸ τῆς ὄψεως. Ἐξ ἧς καὶ ὅταν σπαρῇ βλαστάνει καὶ ῥιζοῦται, καθάπερ ἐλέχθη, κατ' ἀρχὰς δὲ καὶ αὐτὰ τρέφεται προσηρτημένα τῷ λοβῷ μέχρι οὗ ἂν τελειωθῇ· φανερὸν δέ ἐστι καὶ ἐκ τῶν νῦν καὶ ἐκ τῶν προειρημένων.

Περὶ μὲν οὖν τῶν κατὰ τὰς διαφορὰς ἅλις.

6 . 1 Σπείρειν δὲ ξυμφέρει πάντα μάλιστα μὲν ἐν τοῖς ὡραίοις ἀρότοις· οὐ μὴν ἀλλὰ καὶ ἐν ξηρᾷ τινες καταβάλλουσι, καὶ οὐχ ἥκιστα πυροὺς καὶ κριθάς, ὡς μάλιστα ἀνταρκεῖν δυνάμενα ὅπου μὴ ὄρνισιν ἢ ἄλλοις θηρίοις ἐπισινὴς ἡ χώρα. Δοκεῖ γὰρ ὡς ἐπὶ πάνθ' ὁ πρῶτος ἄροτος ἀμείνων εἶναι, χείριστος δὲ σπόρος ἐν ταῖς ἡμιβρόχοις· ἀπόλλυται γὰρ καὶ ἐκγαλακτοῦται τὰ σπέρματα καὶ ἅμα ξυμβαίνει πόαν ἀναφύεσθαι πολλήν. Μετὰ δὲ τὴν σπορὰν ὕδωρ ἐπιγίνεσθαι πᾶσι ξυμφέρει, πλὴν ὅσα δυσβλαστῆ γίνεται μᾶλλον, ὥσπερ ὅ τε κύαμος ἐδόκει καὶ τῶν θερινῶν σήσαμον καὶ ὅρμινον καὶ ἐρύσιμον.

2 Πυκνοσπορεῖν δὲ καὶ μανοσπορεῖν καὶ πρὸς τὰς χώρας βλέποντα χρή· πλεῖον γὰρ ἡ πίειρα καὶ ἀγαθὴ δύναται φέρειν τῆς ὑφάμμου τε καὶ λεπτῆς. Καίτοι λέγεταί τις λόγος ὡς ὁτὲ μὲν πλέον, ὁτὲ δὲ ἔλαττον ἡ

TEST.: 14-17 Mon.

8 τῶν om. M ‖ 10 ὡραίοις om. P Ald. ‖ ἀρότοις M : -τροις U M[1] P Ald. ‖ 12 ἀνταρκεῖν U : αὐτ- M P Ald. ‖ 13 ἐπισινὴς [*obnoxia* Gaza] Dalec. : ἐπινὴς codd. Ald. ‖ ἐπὶ πάνθ' [ἐπίπανθ' P] codd. Ald. : ἐπὶ πᾶν uel ἐπίπαν edd. ab Heins. ‖ 14 ἄροτος – ἐν om. M P Ald. ‖ 15 ταῖς U M P Ald. : τοῖς Mon. ‖ ἐκγαλακτοῦται Mon. Ald. : -οῦνται U M P ‖ 16-17 πολλήν et ὕδωρ ἐπιγίνεσθαι om. Mon. ‖ 18 post τε add. ὁ U M praua iteratione ‖ 19 ὅρμινον ego uide adn. : κύμ- codd. Ald. ‖ 22 πίειρα P Ald. : πεῖρα U M ‖ 23 ὑφάμμου U[rec] P Ald. : -αίμου U M.

accepte tantôt plus, tantôt moins, et on voit dans le premier cas un présage défavorable, car, dit-on, la terre est franchement affamée[7]. Certes, c'est peut-être là un racontar assez naïf. Mais un examen qui porterait sur les semences et, avant tout, sur les lieux mêmes en liaison avec leur nature édaphique, et qui tiendrait le plus grand compte de leur exposition aux vents et au soleil, permettrait une compréhension plus intime des différences. 3 L'apport de fumier aux semences varie aussi proportionnellement selon les terrains ; mais pour la jachère, la façon d'hiver est meilleure que celle de printemps[8]. Dans certains pays on n'a pas intérêt à labourer profondément, comme en Syrie, où l'on se sert par conséquent d'araires légers[9] ; dans d'autres, travailler <la terre> avec trop de soin est nuisible : ainsi en Sicile, où pour cette raison les étrangers, à ce qu'il paraît, font souvent fausse route[10]. Voilà ce qui a trait aux terrains.

4 On classe les semences également suivant le type de terrain auquel telle d'entre elles est adaptée. En situation froide, on recommande le froment plutôt que l'orge, et les céréales en général plutôt que les légumineuses sur les terres arides ou remuées après une longue friche ; ces dernières aussi produisent du froment plutôt que de l'orge. En outre le froment accepte la grosse pluie mieux que l'orge et dans les terrains non fumés il produit davantage[11]. Les froments eux-mêmes <sont classés> à leur tour de cette manière, suivant que tel d'entre eux est adapté à tel type de terrain, par exemple à une bonne terre riche, à un sol caillouteux et léger, et ainsi de suite.

5 La pluie profite davantage à toutes <ces plantes> quand elles sont en herbe et en bouton ; pendant la flo-

αὐτὴ δέχεται χώρα. Καὶ οἰωνίζονται τὸ πλέον ὡς οὐκ ἀγαθόν· πεινῆν γὰρ εὐθύς φασι τὴν γῆν. Οὗτος μὲν οὖν ἴσως εὐηθέστερος λόγος. Εἰ δέ τις πρὸς τὰ σπέρματα θεωροίη καὶ μάλιστά γε πρὸς αὐτοὺς τοὺς τόπους ἅμα τῷ ἐδάφει καὶ τὴν θέσιν ἀναθεωρῶν τήν γε πρὸς τὰ πνεύματα καὶ τὸν ἥλιον, οἰκειότερον ἂν λαμβάνοι τὰς διαφοράς. 3 Ἀνάλογον δὲ ἔχει καὶ ἡ κόπρισις τοῖς σπόροις πρὸς τὰς χώρας· νειὸς δ' ἀμείνων ἡ χειμέριος τῆς ἐαρινῆς. Ἐνιαχοῦ δὲ οὐ ξυμφέρει βαθέως γε ἀροτριᾶν, ὥσπερ καὶ ἐν Συρίᾳ, διὸ μικροῖς ἀρότροις χρῶνται· παρ' ἄλλοις δὲ τὸ λίαν ἐξεργάζεσθαι βλάπτει, καθάπερ ἐν Σικελίᾳ· διὸ καὶ τῶν ξένων, ὡς ἔοικε, πολλοὶ διαμαρτάνουσι. Ταῦτα μὲν πρὸς τὰς χώρας.

4 Διαιροῦσι δὲ καὶ τὰ σπέρματα ποίᾳ ποῖον πρόσφορον. Ἐν γὰρ ταῖς χειμεριναῖς πυρὸν μᾶλλον ἢ κριθήν, καὶ ὅλως σῖτον ἢ χεδροπὰ κελεύουσιν ἐν ταῖς χέρσοις καὶ διὰ χρόνου κινουμέναις· καὶ γὰρ αὗται πυρὸν φέρουσι μᾶλλον ἢ κριθήν. Δέχεται δὲ καὶ ἐπομβρίαν μᾶλλον πυρὸς ἢ κριθὴ καὶ ἐν ταῖς ἀκόπροις φέρει μᾶλλον. Ὡσαύτως δὲ καὶ αὐτῶν τῶν πυρῶν ποῖος τῇ ποίᾳ πρόσφορος, οἷον ἀγαθῇ καὶ πιείρᾳ, καὶ ψαφαρᾷ καὶ λεπτῇ, ταῖς ἄλλαις ὁμοίως.

5 Ὕδωρ δ' ὅταν μὲν χλοηφορήσῃ καὶ κυήσῃ πλεῖον ἅπασι ξυμφέρει· ἀνθοῦσι δὲ πυροῖς μὲν καὶ κριθαῖς καὶ

TEST.: 24 *passim* Mon.

6 ἂν λαμβάνοι Schn. ex ἀναλαμβάνοι Stack. : ἀναλαμβάνει codd. Ald. ‖ 7 κόπρισις Schn. : -πρησις codd. Ald. ‖ 7-8 τοῖς σπόροις om. M P Ald. ‖ 9 ξυμφέρει Up.ras. M P Ald. : -ειν Ua.ras. ‖ βαθέως [*alte* Gaza] Heins. : -είας U Ald. -εῖαν M P ‖ γε U : δὲ M P Ald. ‖ 11 ἐξεργάζεσθαι U : ἐργά- M P Ald. ‖ 13 ταῦτα U P : πάντα M Ald. ‖ post μὲν add. οὖν Schn. ‖ 14 ποίᾳ P Ald. : ποῖα U M ‖ 16 κελεύουσιν Wim. : καὶ ὅλως iter. codd. Ald. ‖ 17 κινουμέναις Schn. : κεν- codd. Ald. ‖ 19 ἢ κριθὴ P Ald. : καὶ κριθῆς U M ‖ 21-22 ἀγαθὴ … πίειρα … ψαφαρὰ … λεπτὴ P Ald.

raison, elle est nuisible aux froments et aux orges, ou pour mieux dire aux céréales, car elle <en> détruit <les fleurs>[12]. Au contraire, elle ne nuit pas aux légumes secs, à l'exception des pois chiches, qui, lavés de leur sécrétion saumâtre, périssent atteints du blanc ou dévorés par les chenilles[13]. Le pois chiche est plus résistant dans ses variétés noire et rousse que dans la blanche[14] ; toutefois on a intérêt, dit-on, à le semer tard dans les lieux humides. La fève aime particulièrement être mouillée quand elle est en fleur ; aussi n'est-ce pas volontairement qu'on la sème tard, comme nous l'avons dit, vu la durée de sa floraison[15]. Une fois défleurie, elle a besoin de très peu d'eau, car la maturité est imminente. 6 <La pluie> semble nuire également aux céréales quand le grain a fini de grossir, et même à l'orge plus qu'au blé. En Égypte, à Babylone et à Bactres, où la campagne ne reçoit pas de pluie, si ce n'est rarement, les rosées leur fournissent toute leur nourriture ; les régions de Cyrène et d'Euhespérides sont encore dans ce cas[16]. Mais partout, en un mot, les pluies de printemps sont les plus favorables. Ainsi s'explique la richesse en grain de la Sicile : les précipitations y sont au printemps fréquentes et modérées[17], en hiver peu nombreuses. Une région au sol maigre demande qu'il pleuve souvent par petites quantités, alors qu'une terre grasse peut supporter et l'abondance et la pénurie d'eau (il semble toutefois que les vents et les brises du large contribuent à pallier localement cette pénurie, et que d'autres facteurs du même ordre interviennent ailleurs, comme nous l'avons dit plus haut [18]). 7 En règle générale, la sécheresse profite aux céréales plus que la grosse pluie, car les averses violentes, qui de toute façon leur sont contraires, gâtent souvent les grains eux-mêmes[19] ; sinon, du moins font-elles pousser une telle quantité de mauvaises herbes [20] que <les céréales> risquent d'être étouffées et privées de nourriture.

τοῖς σιτώδεσι βλαβερόν· ἀπόλλυσι γάρ. Ὀσπρίοις δ' ἀβλαβές, πλὴν ἐρεβίνθων· οὗτοι δ' ἀποκλυσθείσης τῆς ἅλμης ἀπόλλυνται σφακελίζοντες καὶ ὑπὸ καμπῶν κατεσθιόμενοι. Ἰσχυρότερος δὲ ὁ μέλας ἐρέβινθος καὶ ὁ πυρρὸς τοῦ λευκοῦ· συμφέρει δέ, φασίν, ἐν τοῖς ἐφύδροις τόποις ὀψὲ σπείρειν αὐτόν. Κύαμος δὲ ἀνθῶν μάλιστα φιλεῖ βρέχεσθαι· διὸ καὶ οὐκ ἐθέλουσιν ὀψισπορεῖν, ὥσπερ εἴπομεν, ὅτι πολὺν ἀνθεῖ. Μετὰ δὲ τὴν ἀπάνθησιν ὀλίγου πάμπαν ὕδατος δεῖται· σύνεγγυς γὰρ ἡ τελείωσις. 6 Ἀλλ' ὅταν ἁδρυνθῇ καὶ βλάπτειν δοκεῖ τὰ σιτώδη, καὶ κριθὴν δὲ πυροῦ μᾶλλον. Ἐν Αἰγύπτῳ δὲ καὶ Βαβυλῶνι καὶ Βάκτροις ὅπου μὴ ὕεται ἡ χώρα <ἢ> σπανίως, αἱ δρόσοι τὸ ὅλον ἐκτρέφουσιν· ἔτι καὶ οἱ περὶ Κυρήνην καὶ Εὐεσπερίδας τόποι. Καιριώτατα δὲ πᾶσιν, ὡς ἁπλῶς εἰπεῖν, τὰ ἠρινά. Διὸ καὶ ἡ Σικελία πολύσιτος· πολλὰ γὰρ τοῦ ἦρος καὶ μαλακὰ γίνεται, τοῦ δὲ χειμῶνος ὀλίγα. Ζητεῖ δ' ἡ μὲν λεπτόγεως πολλὰ κατὰ μικρόν, ἡ δὲ πίειρα καὶ πλῆθος μὲν ἐνεγκεῖν δύναται καὶ αὐδρίαν — πρὸς δὲ τὴν χώρας αὐδρίαν πόντια πνεύματα καὶ αὖραι δοκοῦσι ξυμφέρειν, ἄλλα δὲ παρ' ἄλλοις τοιαῦτα, καθάπερ καὶ πρότερον εἴρηται. 7 Ὡς ἐπὶ τὸ πᾶν δὲ μᾶλλον αὐχμὸς ἢ ἐπομβρία ξυμφέρει τῷ σίτῳ· οἱ γὰρ ὄμβροι καὶ ἄλλως ἐναντίοι καὶ πολλάκις αὐτὰ τὰ σπέρματα διαφθείρουσιν· εἰ δὲ μή, πλῆθός γε ποιοῦσι βοτάνης ὥστε καταπνίγεσθαι καὶ ἀτροφεῖν.

TEST.: 1-3 Mon.

2 ἀποκλυσθείσης U Mon. : -κλείσης M -κλύσης P Ald. || 5 πυρρὸς τοῦ λευκοῦ [*rufum…quam album* Gaza] Scal. coll. Plin. uide adn. : λευκὸς τοῦ πυροῦ [λ. τοῦ πυρὸς M] codd. Ald. || 9 δεῖται Schn. : δεῖσθαι codd. Ald. || 13 ἢ [*aut* Gaza] add. Scal. || 14 ἔτι [*adde* Gaza] Stack. : ἐπεὶ codd. Ald. || 19 χώρας P Ald. : -αν U M || 20 πόντια Schn. coll. VIII, 7, 6 : πάντα codd. Ald. || 22 ἢ U P Ald. : καὶ M.

7. 1 Alors qu'aucune autre semence ne tend par nature à s'altérer pour se changer en une semence différente, le blé et l'orge se changent, dit-on, en ivraie, surtout le blé ; cela se produirait à l'occasion des grosses pluies, principalement dans les contrées bien arrosées et sujettes à des pluies d'orage[1]. Qu'on ne puisse pas dire (certains s'y risquent[2] en effet) que l'ivraie pousse au printemps comme le reste de l'herbe, voilà ce qui le montre à l'évidence : dès l'entrée de l'hiver elle apparaît bien constituée, et elle se distingue par plusieurs caractères. Sa feuille est étroite, poilue et brillante, et le plus original de ces traits est cet aspect brillant, car la pilosité appartient aussi aux feuilles de l'aegilops, quoique sur les feuilles de l'aegilops elle <ne> devienne bien visible <qu'> au printemps[3]. C'est donc une particularité de ces espèces, sans compter le lin, qui lui aussi, dit-on, donne naissance à l'ivraie[4].

2 Le propre du pois chiche par rapport aux autres légumineuses, c'est ce qui a été dit de sa floraison et le fait qu'il mûrit ses fruits très vite, étant par excellence une plante robuste et ligneuse, et qu'au total il ne fertilise pas une jachère ; du moins fait-il périr toute l'herbe, et surtout la croix de Malte, qui est la plus vite détruite[5]. D'autre part, loin que n'importe quel sol puisse lui convenir, il lui faut une terre noire et riche[6]. Parmi les autres <légumineuses>, ce sont les fèves qui préparent la meilleure jachère, bien qu'elles soient semées dru et fructifient beaucoup[7].

7. 1 Τῶν μὲν οὖν ἄλλων σπερμάτων οὐδὲν εἰς ἄλλο πέφυκε μεταβάλλειν φθειρόμενον, πυρὸν δὲ καὶ κριθὴν εἰς αἶράν φασι, καὶ μᾶλλον τὸν πυρόν· γίνεσθαι τοῦτ᾽ ἐν ταῖς ἐπομβρίαις καὶ μάλιστα ἐν τοῖς εὐύδροις καὶ ὀμβρώδεσι χωρίοις. Ὅτι δὲ οὐκ ἔστιν ἠρινὸν ἡ αἶρα καθάπερ ἡ ἄλλη πόα — πειρῶνται [αἰτιῶνται] γάρ τινες τοῦτο λέγειν — ἐκεῖθεν δῆλον· εὐθὺς γὰρ τοῦ χειμῶνος φανερὰ γίνεται πεφυκυῖα, καὶ διαφέρει πολλοῖς. Ἔχει γὰρ τὸ φύλλον στενὸν καὶ δασὺ καὶ λιπαρόν, καὶ τούτων ἰδιώτατον τὸ λιπαρόν· ἡ γὰρ δασύτης καὶ τοῖς τοῦ αἰγίλωπος ὑπάρχει, ἀλλ᾽ ἐκφανὴς γίνεται ἐπὶ τοῖς τοῦ αἰγίλωπος τοῦ ἦρος. Τοῦτο μὲν οὖν ἴδιον τούτων καὶ ἔτι τοῦ λίνου· καὶ γὰρ ἐκ τούτου φασὶ γίνεσθαι τὴν αἶραν.

2 Τοῦ δὲ ἐρεβίνθου πρὸς τὰ ἄλλα χεδροπὰ τό τε περὶ τὴν ἄνθησιν λεχθὲν καὶ τὸ τάχιστα τελειοκαρπεῖν, ἰσχυρότατον ὂν καὶ ξυλωδέστατον, καὶ τὸ ὅλον μὴ ποιεῖν νειὸν κάρπιμον· τήν γε πόαν ἐξαπόλλυσι, καὶ μάλιστα δὲ καὶ τάχιστα τὸν τρίβολον. Ὅλως δὲ οὐδὲ ἡ τυχοῦσα δύναται φέρειν αὐτόν, ἀλλὰ μελάγγειόν τινα δεῖ καὶ πίειραν εἶναι. Τῶν δὲ ἄλλων ἡ ἀρίστη νειὸς ἀπὸ τῶν κυάμων, καίπερ πυκνοσπορουμένων καὶ πολὺν καρπὸν φερόντων.

2 φθειρόμενον U M : σπειρό- P Ald. ‖ 3 post γίνεσθαι add. δὲ P Ald. ‖ 4 εὐύδροις Ald. : ἀνύ- codd. ‖ 6 πειρῶνται Heins. : ἀπειρ- U ἃ πειρ- M P Ald. ‖ αἰτιῶνται del. Heins. uide adn. ‖ 7 γὰρ [*enim* Gaza] Schn. : τὰ codd. Ald. ‖ 11 τοῖς Schn. 1821 : τῆς codd. Ald. ‖ αἰγίλωπος Heins. : αἰγίλοπ- codd. αἰγύλωπ- Ald. ‖ 11-12 ἀλλ᾽ – αἰγίλωπος om. M P Ald. ‖ ἐκφανὴς U : -νεῖς U[rec] ‖ 12 γίνεται Schn. 1821 : -νονται U ‖ ἐπὶ Wim. : καὶ U ‖ αἰγίλωπος Schn. 1821 : -λο/πος U ‖ 14 γίνεσθαι U M Ald. : γενέσθαι P ‖ 18 κάρπιμον ego : καρπὸν P Ald. -πὸς M -πῷς U unde καρποῖς Schn. 1821 ‖ 21 ἀρίστη Wim. : χειρίστη [-ην M P] codd. καλλίστη Ald. ‖ νειὸς Ald. : νήπιος codd. ‖ 22 καίπερ πυκνοσπορουμένων Ald. : καὶ περὶ π. M P καὶ περὶ πυκνοσπόρου μένων U.

3 Les plantes des cultures estivales sont peu exigeantes à tous égards[8] ; on dit même que l'eau d'arrosage leur réussit mieux que celle du ciel. Le millet à grappe et le millet commun sont peu résistants à l'eau : s'ils en ont trop, ils perdent leurs feuilles. Le millet commun est le plus robuste des deux, le millet à grappe, le plus doux et le plus délicat[9]. Aucun <être vivant> ne mange en vert le sésame ni le lupin[10] ; reste à savoir si le sisymbre à cornes n'est pas consommé non plus, ni l'hormin, eux aussi amers. Le sisymbre à cornes ressemble au sésame et renferme un corps gras[11]. L'hormin est <une graine> qui rappelle le cumin, noire[12] ; il se sème en même temps que le sésame. Ces espèces-là restent à étudier.

4 Dans les bons terrains, pour empêcher les céréales de ne pousser qu'en feuilles, on les fait pâturer ou on les effane, comme en Thessalie, avec le résultat suivant : si souvent qu'on les fasse pâturer, le fruit ne subit aucune altération ; mais un seul et unique effanage peut provoquer la dégénérescence du froment, qui s'allonge au lieu de grossir — on l'appelle le blé « échalas » — et ne reprend pas son aspect primitif quand il est semé. Certes, les Thessaliens qui racontent cet accident le donnent pour exceptionnel[13]. Mais à Babylone, c'est un usage constant et en quelque sorte bien établi de faire deux effanages et en troisième lieu de lâcher les moutons dans les champs ; ainsi <la plante> forme sa tige, sinon, elle ne pousse qu'en feuilles[14]. En ne travaillant pas la terre comme il faut, on obtient un rendement de cinquante pour un, et de cent pour un quand on la cultive avec soin[15]. La technique consiste à laisser l'eau séjourner le plus longtemps possible, afin que se forme un limon abondant. La terre étant grasse et compacte, il faut en effet l'ameublir ; or elle ne porte pas de broussailles ni d'herbe comme en Égypte[16]. Tel est le genre de faits qui tiennent à la qualité du terrain.

3 Τὰ δὲ ἐν τοῖς θερινοῖς ἀρότοις ὀλίγου δεῖ πάντα· φασὶ δὲ καὶ τὰ ναματιαῖα συμφέρειν μᾶλλον αὐτοῖς τῶν ἐκ διός. Μέλινοι δὲ καὶ κέγχροι ἐλάττους ὕδατος· ἐὰν γὰρ ἔχωσι πλεῖον, φυλλοβολοῦσιν. Ἰσχυρότερον δὲ ὁ κέγχρος, οἱ δὲ μέλινοι γλυκύτεροι καὶ ἀσθενέστεροι. Σήσαμον δὲ οὐδὲν ἐσθίει χλωρὸν οὐδὲ θέρμον· εἰ δὲ μηδ' ἐρύσιμον μηδὲ ὅρμινον σκεπτέον· καὶ ταῦτα πικρά. Ἔστι δὲ τὸ μὲν ἐρύσιμον ὅμοιον σησάμῳ καὶ λῖπος ἔχει. Τὸ δ' ὅρμινον κυμινῶδες μέλαν· σπείρεται δ' ἅμα καὶ τὸ σήσαμον. Περὶ μὲν οὖν τούτων σκεπτέον.

4 Ἐν δὲ ταῖς ἀγαθαῖς χώραις πρὸς τὸ μὴ φυλλομανεῖν ἐπινέμουσι καὶ ἐπικείρουσι τὸν σῖτον, ὥσπερ καὶ ἐν Θετταλίᾳ· συμβαίνει δ' ἂν μὲν ἐπινέμωσιν ὁποσακισοῦν, μηδὲν ἀλλοιοῦσθαι τὸν καρπόν, ἂν δὲ ἐπικείρωσιν ἅπαξ μόνον, ἐξίστασθαι τὸν πυρὸν καὶ γίνεσθαι μακρὸν καὶ οὐχ ἁδρόν — ὃν καλοῦσι καμακίαν — καὶ οὐκ ἀποκαθίστασθαι πάλιν σπειρόμενον. Τοῦτο μὲν οὖν ὡς παύροις συμβαῖνον Θετταλοὶ λέγουσιν. Ἐν Βαβυλῶνι δὲ ἀεὶ καὶ ὥσπερ τεταγμένως ἐπικείρουσι μὲν δίς, τὸ δὲ τρίτον τὰ πρόβατα ἐπαφιᾶσιν· οὕτω γὰρ φύει τὸν καυλόν, εἰ δὲ μή, φυλλομανεῖ. Γίνεται δὲ μὴ καλῶς ἐργασαμένοις πεντηκοντάχοα, τοῖς δὲ ἐπιμελῶς ἑκατοντάχοα. Ἡ δὲ ἐργασία τὸ ὡς πλεῖστον χρόνον ἐμμένειν τὸ ὕδωρ, ὅπως ἰλὺν ποιήσῃ πολλήν. Πίειραν γὰρ οὖσαν καὶ πυκνὴν τὴν γῆν δεῖ ποιῆσαι μανήν· ὕλην δὲ οὐ φέρει καὶ πόαν ὥσπερ ἐν Αἰγύπτῳ. Τὰ μὲν οὖν τοιαῦτα χώρας ἀρετῆς.

1 ἀρότοις Bas.mg. : -τροις codd. Ald. ‖ δεῖ P Ald. : δὲ U M ‖ 2 τῶν Ald. : τοῦ P τὸν U M ‖ 5 ante καὶ add. εἰ Ald. ‖ 6 οὐδὲν U M : οὐδεὶς P Ald. οὐδὲν ζῷον [*nullum animal* Gaza] coni. Schn. uide adn. ‖ μηδ' [*neque* Gaza] Schn. : μὴ codd. Ald. ‖ 7 post ταῦτα add. εἰ Ald. ‖ 13-14 ὁποσακισοῦν U M Ald. : ὅσα- P ‖ 19 τεταγμένως [*ordinate* Gaza] Heins. : τεταμ- M P Ald. τετταμεύως U ‖ 22-23 πεντηκοντάχοα ... ἑκατοντάχοα Schn. : -οντόχοα (*bis*) codd. Ald. ‖ 24 ἰλὺν Schn. coll. PLIN. uide adn. : ὕλην codd. Ald.

5 Le froment et l'orge renaissent de leurs racines en de nombreux endroits l'année suivante, et l'année même sur les sujets coupés ras pour servir de fourrage vert[17], un second chaume se développant latéralement. De même si la plante a été victime du gel hivernal : qu'il vienne à pleuvoir et elle forme des pousses latérales ; mais l'épi venu de tels rejets est avorté ou chétif. Repoussent aussi l'année suivante les céréales abîmées et piétinées au point qu'il n'en reste, pour ainsi dire, rien de visible, par exemple après le passage d'une armée ; ces plantes également ont des épis chétifs, qu'on appelle des « agneaux ». Aucune légumineuse ne peut en faire autant ou n'y réussit aussi bien[18]. Telles sont les circonstances[19] dans lesquelles se forment les repousses.

6 Ce qui contribue le plus à la croissance et à la nutrition, c'est l'heureuse combinaison des facteurs climatiques, en un mot, le bon équilibre de l'année. Si les pluies, les beaux jours et les vagues de froid viennent en temps voulu, tout produit bien et fructifie abondamment, même sur des terrains saumâtres et des sols maigres. Aussi le proverbe dit-il avec raison : « c'est l'année, non le champ, qui porte la récolte »[20]. Les terrains diffèrent beaucoup entre eux non seulement parce qu'ils sont gras ou maigres, gorgés d'eau ou arides, mais encore par l'atmosphère ambiante et le régime des vents. Certains en effet, quoique maigres et médiocres, mènent à bien leurs récoltes à la faveur de leur exposition aux vents du large. 7 Comme nous l'avons déjà dit maintes fois[21], chaque terroir a son bon vent : ici le vent d'ouest, là celui du nord, là celui du midi. Autre contribution, qui n'est pas négligeable, celle de la préparation du sol et surtout du labour des semailles, car une terre bien travaillée produit facilement[22]. Le fumier aide aussi beaucoup en échauf-

5 Φύεται δὲ καὶ ἀπὸ τῶν ῥιζῶν πυρὸς καὶ κριθὴ πολλαχοῦ τῷ ὑστέρῳ ἔτει, αὐτοετὴς δὲ καὶ ἀπὸ τῶν εἰς κράστιν κειρομένων, ἑτέρου καλάμου παραβλαστάνοντος. Ὡσαύτως δὲ κἂν ὑπὸ χειμῶνος ἐκπαγῇ· παραβλαστάνει γὰρ ὑδάτων ἐπιγινομένων· ὁ δὲ στάχυς ἀτελὴς καὶ μικρὸς ἀπὸ τῶν τοιούτων. Βλαστάνουσι δὲ τῷ ὑστέρῳ ἔτει καὶ ἀπὸ τῶν καταπονουμένων καὶ συμπατουμένων ὥστε μηδὲν εἶναι δῆλον, ὡς εἰπεῖν, οἷον ὅταν διέλθῃ στρατόπεδον· καὶ οἱ στάχυες μικροὶ καὶ τούτοις, οὓς καλοῦσιν ἄρνας. Τῶν δὲ χεδροπῶν οὐδὲν δύναται τοιοῦτον ποιεῖν ἢ οὐχ ὁμοίως. Καὶ αἱ βλαστήσεις τοιαυταχῶς.

6 Πρὸς αὔξησιν δὲ καὶ τροφὴν μέγιστα μὲν ἡ τοῦ ἀέρος κρᾶσις συμβάλλεται καὶ ὅλως ἡ τοῦ ἔτους κατάστασις. Εὐκαίρων γὰρ ὑδάτων καὶ εὐδιῶν καὶ χειμώνων γινομένων ἅπαντα εὔφορα καὶ πολύκαρπα, κἂν ἐν ἁλμώδεσι καὶ λεπτογείοις ᾖ. Διὸ καὶ παροιμιαζόμενοι λέγουσιν οὐ κακῶς ὅτι « ἔτος φέρει, οὐχὶ ἄρουρα ». Μέγα δὲ καὶ αἱ χῶραι διαφέρουσιν οὐ μόνον τῷ πίειραι καὶ λεπταὶ καὶ ἔπομβροι καὶ αὐχμώδεις <εἶναι>, ἀλλὰ καὶ τῷ ἀέρι τῷ περιέχοντι καὶ τοῖς πνεύμασιν. Ἔνιαι γὰρ οὖσαι λεπταὶ καὶ φαῦλαι τελεσφοροῦσι διὰ τὸ πρὸς τὰ πνεύματα τὰ πόντια κεῖσθαι καλῶς. 7 Ἄλλα δὲ ἄλλαις τοιαῦτα, καθάπερ πολλάκις εἴρηται· ταῖς μὲν γὰρ τὰ ζεφυρικά, ταῖς δὲ τὰ βόρεια, ταῖς δὲ τὰ νότια. Συμβάλλεται δὲ καὶ οὐ μικρὰ ἡ ἐργασία καὶ μάλισθ' ἡ τοῦ σπόρου· κατεργασθεῖσα γὰρ ῥᾳδίως ἐκφέρει. Καὶ ἡ κόπρος δὲ μεγάλα βοηθεῖ τῷ δια-

3 κειρομένων U[2] Ald. : -μένας U M P ‖ 6 ἀτελὴς codd. : εὐτ- Ald. ‖ 7 καταπονουμένων U M : καταπατου- P Ald. ‖ 10 τούτοις Scal. : -ους codd. Ald. ‖ 12 τοιαυταχῶς codd. Ald. : τοσαυτα- [*tot modis* Gaza] Scal. uide adn. ‖ 16 εὔφορα Ald. : ἔκφ- codd. ‖ 18 κακῶς codd. : καλῶς Ald. ‖ 21 εἶναι add. Schn. ‖ 24 ἄλλαις Up.c. : ἄλλα Ua.c. M ἄλλοις P Ald. ‖ 28 μεγάλα U Ald. : -άλη M P.

fant <les plantes> et en les amenant à une coction parfaite : les cultures fumées ont sur les cultures sans fumier une avance qui va jusqu'à vingt jours[23]. Mais il ne profite pas à toutes sans exception, ou plutôt il est bon non seulement pour tout ce qui est céréales, mais encore pour les autres végétaux sauf la fougère[24], que, dit-on, un épandage de fumier fait périr. La fougère est détruite également quand les moutons se couchent dessus, et selon certains rapports, de même la luzerne[25], par l'effet du fumier et de l'urine.

8. 1 Chacune des semences a en outre une affinité pour la nature du pays, <qui se manifeste> aussi d'une manière générale dans les rapports entre espèces, et à l'intérieur même d'une espèce unique : voilà les faits que l'on s'efforce de distinguer[1].

Les semences étrangères se transforment en semences indigènes dans un délai d'environ trois ans. Le passage d'un climat doux à un autre un peu moins doux, ou le processus analogue à partir d'un climat frais, favorise cette transformation[2]. Mais là où la végétation est précoce, les semences des régions aux hivers rigoureux sont répandues trop tard, de sorte qu'elles périssent du fait de la sécheresse, à moins qu'une pluie tardive ne les sauve. C'est pourquoi il faut bien se garder, dit-on, de mélanger les semences étrangères à celles du pays, sauf si elles proviennent d'une région semblable, car elles ne sont pas adaptées au rythme local des semailles et de la germination, de sorte qu'elles exigent un mode de culture différent : <il faut prendre garde> aux différences de terrain et aux aptitudes des semences, ainsi qu'à l'époque favorable à chacune. 2 Quand l'année est bonne, les grains aussi rendent davantage[3]. Cependant c'est bien à Athènes que l'orge donne la plus grande quantité de farine[4] (le pays est un excellent producteur d'orge), et cela non quand elle a poussé très dru, mais quand la région a bénéficié d'une sorte d'équilibre climatique[5]. En Phocide, aux

θερμαίνειν καὶ συμπέττειν· προτρέχει γὰρ τὰ κοπριζόμενα τῶν ἀκόπρων καὶ εἴκοσιν ἡμέραις. Ἅπασι δὲ οὐ ξυμφέρει, καὶ χρήσιμος οὐ μόνον τοῖς περὶ τὸν σῖτον, ἀλλὰ καὶ τοῖς ἄλλοις πλὴν πτερίδι, ταύτην δὲ φθείρειν φασὶν ἐπιβαλλομένην. Ἀπόλλυται δὲ [καὶ] ἡ πτερὶς καὶ ἐπικοιμωμένων τῶν προβάτων, ὡς δέ τινες λέγουσι, καὶ ἡ μηδίκη διὰ τὴν κόπρον καὶ τὸ οὖρον.

8. 1 **Τῶν δὲ σπερμάτων ἕκαστα καὶ πρὸς τὴν τῆς χώρας φύσιν ἁρμόττει, καὶ ὅλως γένη πρὸς γένος καὶ ἐν αὐτοῖς τοῖς ὁμογενέσιν· ἃ δὴ πειρῶνται διαιρεῖν.**

Μεταβάλλει δὲ τὰ ξενικὰ τῶν σπερμάτων μάλιστα μὲν ἐν τρισὶν ἔτεσιν εἰς τὰ ἐπιχώρια. Συμφέρει δ᾽ ἐκ τῶν ἀλεεινῶν εἰς τὰ μικρὸν ἧττον ἀλεεινὰ καὶ ἐκ τῶν ψυχεινῶν ἀνάλογον ποιεῖσθαι τὴν μεταβολήν. Τὰ δ᾽ ἐκ τῶν δυσχειμερινῶν ἐν τοῖς πρωΐοις ὀψὲ ἀποχεῖται, ὥστ᾽ ἀπ᾽ αὐχμοῦ φθείρεται, ἐὰν μὴ ὄψιον ὕδωρ σώσῃ. Διὰ τοῦτο καὶ εὐλαβητέον φασὶ τὸ μίσγειν τὰ ξενικὰ τοῖς ἐπιχωρίοις, ἐὰν μὴ ἐξ ὁμοίας, ὅτι ἀσύμφωνα τῇ χώρᾳ κατὰ τὸν σπόρον καὶ κατὰ τὴν γένεσιν, ὥστε καὶ ἐργασίας ἑτέρας δεῖται· τάς τε τῆς γῆς διαφορὰς καὶ τὰς τῶν σπερμάτων δυνάμεις καὶ ἔτι τὰς ἑκάστων ὥρας. 2 **Ὅταν δὲ εὐετηρία γένηται, πολυνοστότερα καὶ τὰ σπέρματα γίνεται. Ἀθήνησι δ᾽ οὖν αἱ κριθαὶ τὰ πλεῖστα ποιοῦσι τὰ ἄλφιτα — κριθοφόρος γὰρ ἀρίστη — τοῦτο δ᾽ οὐχ ὅταν πλεῖσται γένωνται, ἀλλ᾽ ὅταν λάβῃ τινὰ κρᾶσιν. Ἐν δὲ τῇ Φωκίδι περὶ Ἐλάτειαν οἱ πυροὶ**

4 πτερίδι Stack. : -ρίᾳ codd. Ald. ‖ 9 χώρας Schn. : ὥρας codd. Ald. (item l. 18) ‖ 10 ἃ [*quae* Gaza] Dalec. : ἂν codd. Ald. ‖ 13 ἀλεεινῶν … ἀλεεινὰ U Ald. : ἐλ- (*bis*) M P ‖ 14 ψυχεινῶν [iam ψυχινῶν Schn. 1821] Wim. : -χικῶν codd. ψυχρῶν Ald. ‖ 15 ἀποχεῖται Schn. 1821 : ἀπόκειται codd. Ald. ‖ 18 ὅτι Schn. : ἔτι codd. Ald. ‖ 22 καὶ ante πολυνοστότερα transp. P Ald. om. M ‖ 23 δ᾽ οὖν M P Ald. : γοῦν U.

environs d'Élatée, le blé donne une fois et demie <la quantité normale> de farine ; il en est de même à Soles en Cilicie[6] tant pour le blé que pour l'orge, et ailleurs pour d'autres productions auxquelles chaque terroir est par nature favorable. Il est certain qu'à la fois la culture et le sol améliorent ou détériorent les semences : <ces plantes> s'assauvagissent et se domestiquent comme les arbres, ou plutôt, en général, elles s'abâtardissent sous l'influence des conditions locales, comme il est bien établi par exemple pour les arbres[7].

3 Aucune espèce toutefois n'est de nature à se changer radicalement en une autre, hormis l'engrain et l'amidonnier, comme nous l'avons dit en commençant[8], mais aussi l'ivraie, qui naît de la dégénérescence du blé et de l'orge, ou qui du moins, s'il n'en est pas ainsi[9], se trouve d'ordinaire surtout dans le blé, comme le « blé noir » pontique[10] et la graine des muscaris[11], outre celle d'autres espèces dans d'autres semences. Il est vrai que l'aegilops se trouve plutôt, semble-t-il, dans l'orge[12] ; dans les lentilles, c'est la vesce, celle qui est rugueuse et dure[13] ; parmi les gesses chiches, c'est la sécurigère, qui a l'aspect de la double hache[14]. Il y a presque dans chaque cas une adventice qui se développe et se mélange <avec la plante semée>[15], soit sous des influences locales, ce qui ne serait pas absurde, soit pour quelque autre raison. 4 Quelques-unes <de ces adventices> sont manifestement associées à plusieurs <espèces cultivées>, mais comme elles prospèrent surtout parmi certaines d'entre elles, on a l'impression qu'elles leur sont propres, comme la cuscute aux ers et le gratteron aux lentilles[16]. Or la première vient à bout surtout des ers à cause de leur peu de vigueur, et le gratteron a surtout parmi les lentilles une bonne nutrition. On peut même dire qu'en un sens le gratteron se rapproche de la cuscute, du fait qu'il envahit et empri-

ποιοῦσιν ἡμιόλια τὰ ἄλευρα· καὶ ἐν Σόλοις τῆς Κιλικίας καὶ οἱ πυροὶ καὶ αἱ κριθαί, καὶ παρ' ἄλλοις ἄλλα πρὸς ἅπερ εὐφυὴς ἑκάστη. Βελτίω μὲν οὖν καὶ χείρω τὰ σπέρματα καὶ διὰ τὴν ἐργασίαν καὶ διὰ τὴν γῆν γίνεται· καὶ γὰρ ἀπαγριοῦται καὶ ἡμεροῦται καθάπερ τὰ δένδρα, καὶ ὅλως μεταβάλλει <διὰ> τὴν χώραν, ὥσπερ τὰ τῶν δένδρων εὐθὺς ἕστηκε, πρὸς τὸ χεῖρον.

3 Γένος δ' ὅλον ἐξαλλάττειν εἰς ἕτερον οὐδὲν [ἕτερον] ἄλλο πέφυκε πλὴν τίφη καὶ ζειά, καθάπερ εἴπομεν ἐν τοῖς πρώτοις λόγοις, καὶ ἡ αἶρα δ' ἐκ τῶν πυρῶν καὶ κριθῶν διαφθειρομένων, ἢ εἰ μὴ τοῦτο, ἀλλὰ φιλεῖ γε μάλιστα ἐν τοῖς πυροῖς γίνεσθαι, καθάπερ καὶ ὁ μελάμπυρος ὁ ποντικὸς καὶ τὸ τῶν βολβῶν σπέρμα, καὶ ἄλλα δὲ ἐν ἄλλοις τῶν σπερμάτων. Ἐπεὶ καὶ ὁ αἰγίλωψ δοκεῖ μᾶλλον ἐν ταῖς κριθαῖς, ἐν δὲ τοῖς φακοῖς ἄρακος τὸ τραχὺ καὶ σκληρόν, ἐν δὲ ταῖς ἀφάκαις ὁ πελεκῖνος ὅμοιον τῇ ὄψει τῷ πελέκει. Σχεδὸν δὲ καθ' ἕκαστόν ἐστι τὸ συνεκτρεφόμενον καὶ συναναμιγνύμενον εἴτε διὰ τὰς χώρας, ὅπερ οὐκ ἄλογον, εἴτε δι' ἄλλην τινὰ αἰτίαν. 4 Ἔνια δὲ καὶ φανερῶς ἐστι κοινὰ πλειόνων, ἀλλὰ διὰ τὸ μάλιστα ἔν τισιν εὐθενεῖν ἴδια τούτων φαίνεται, καθάπερ ἡ ὀροβάγχη τῶν ὀρόβων καὶ ἡ ἀπαρίνη τῶν φακῶν. Ἀλλὰ ἡ μὲν μάλιστα ἐπικρατεῖ τῶν ὀρόβων διὰ τὴν ἀσθένειαν, ἡ δὲ ἀπαρίνη μάλιστα ἐν τοῖς φακοῖς εὐτροφεῖ. Τρόπον δέ τινα καὶ παραπλήσιόν ἐστι τῇ ὀροβάγχῃ <τῷ> ἐπιβάλλειν καὶ κατέχειν ὅλον ὥσπερ

TEST.: 14-17 Mon. — 24-26 HSCH. s.u. ἀπαρίνη.

1-2 ποιοῦσιν – πυροὶ om. P Ald. ‖ 6 διὰ [*propter* Gaza] add. Heins. ‖ 7 τὰ U ut uid. M : τῷ P Ald. ‖ 8 alt. ἕτερον del. Schn. ‖ 9 ζειά Scal. : ὕεα codd. Ald. ‖ 14 αἰγίλωψ Heins. : γίλωψ U M P Ald. γίλοψ Mon. ‖ 15 φακοῖς U P Mon. : ἀφάκοις M Ald. ‖ 19 τινὰ om. M P Ald. ‖ 21 εὐθενεῖν U : εὐσθε- P εὐστε- M ἀσθε- Ald. ‖ 22 ὀροβάγχη Bas. : -άκχη codd. Ald. (item l. 26) ‖ 25 εὐτροφεῖ P Ald. : -φοῖ U M ‖ τινα καὶ U P : τι καὶ M τινα Ald. ‖ 26 τῷ add. Schn.

sonne une plante entière comme s'il se servait de tentacules : la cuscute étouffe les plantes de cette manière, ce qui lui a valu le nom <d' « étrangleuse d'ers »>[17]. 5 Le végétal qui pousse au pied de l'hormin et du fenugrec[18], directement sur la racine, et qu'on appelle l'orobanche[19], se singularise davantage. L'orobanche est une espèce à tige unique qui n'est pas sans rappeler la tige du chou, quoique beaucoup plus courte et formant au sommet une sorte de tête, et à racine un peu arrondie ; elle ne fait se dessécher rien d'autre que le fenugrec[20]. Ces plantes viennent sur les sols maigres, non dans les terres grasses : ainsi en Eubée il n'en sort pas dans la plaine de Lélante, mais sur le Canéthos[21] et partout ailleurs où se trouve un tel milieu. Voilà donc les <adventices> qui, tout en étant associées à plusieurs <espèces cultivées>, deviennent dominantes plutôt parmi celles que nous avons indiquées, à cause de leur peu de vigueur.

6 « Facile à cuire » ou « dur à cuire »[22] se dit des légumes secs uniquement, mais il ne serait pas étrange qu'un phénomène assez voisin, voire la même chose, se produise pour les céréales ; seulement, comme on ne les utilise pas de la même manière, cela ne saute pas aux yeux pareillement. Le fait est que même pour les légumes secs, cela ne se dit pas de tous pareillement, mais surtout des fèves et des lentilles, soit qu'effectivement elles présentent ce caractère au plus haut degré, soit qu'à l'usage elles en donnent l'impression. Du moins le phénomène est-il plus général, car il est en maints endroits des terroirs qui donnent toujours des produits faciles à cuire et d'autres, inversement, des produits durs à cuire. D'ordinaire les produits d'un sol maigre sont plus faciles à cuire[23]. 7 Les conditions atmosphériques, elles aussi, provoquent de telles variations[24]. La preuve en est que les mêmes parcelles, cultivées de manière identique, donnent des produits tantôt faciles, tantôt difficiles à cuire. Dans

πλεκτάναις· ἀποπνίγει γὰρ οὕτως, ὅθεν καὶ τοὔνομα εἴληφε. 5 Τὸ δ' ὑποφυόμενον εὐθὺς ἐκ τῆς ῥίζης τῷ ὁρμίνῳ καὶ τῷ βουκέρῳ τὸ αἱμόδωρον καλούμενον μᾶλλον ἰδίᾳ. Ἔστι δὲ τὸ αἱμόδωρον μονόκαυλον οὐκ ἀπεμφερὲς τῷ καυλῷ, πλὴν βραχύτερόν τε πολὺ καὶ ἄνωθέν τι κεφαλῶδες, ἔχει ῥίζαν δὲ ὑποστρόγγυλον· οὐθὲν δ' ἕτερον ἀφαυαίνεται παρὰ τὸ βούκερας. Γίνεται δὲ ταῦτα ἐν ταῖς λεπταῖς, οὐκ ἐν ταῖς πιείραις, ὥσπερ καὶ τῆς Εὐβοίας ἐν τῷ Ληλάντῳ μὲν οὐ γίνεται, περὶ δὲ τὸν Κάνηθον καὶ εἴ τις ἄλλος τοιοῦτος τόπος. Ταῦτα μὲν οὖν κοινὰ πλειόνων ὄντα κατισχύει μᾶλλον ἐν τοῖς εἰρημένοις διὰ τὴν ἀσθένειαν.

6 Τὸ δὲ τέραμον καὶ ἀτέραμον λέγεται μὲν ἐπὶ τῶν ὀσπρίων μόνον, οὐκ ἄλογον δὲ καὶ ἐπὶ τῶν σιτωδῶν παραπλήσιον ἢ καὶ ταὐτό τι συμβαίνειν· ἀλλὰ διὰ τὸ μὴ τὴν αὐτὴν εἶναι χρείαν οὐχ ὁμοίως ἐμφανές. Ἐπεὶ οὐδ' ἐπὶ τούτων ἁπάντων ὁμοίως ἀλλὰ μάλιστα ἐπὶ τῶν κυάμων λέγεται καὶ φακῶν, εἴτ' οὖν καὶ μάλιστα πασχόντων, εἴτε καὶ διὰ τὴν χρείαν φαινομένων. Γίνεται γοῦν πλέον· πολλαχοῦ γὰρ τόποι τινές εἰσιν οἳ αἰεὶ φέρουσι τεράμονα καὶ ἄλλοι πάλιν ἀτεράμονα. Τὸ δὲ ὡς ἐπίπαν οἱ λεπτόγεῳ μᾶλλον τεράμονα. 7 Καὶ ἀέρος κατάστασίς τις ποιεῖ τὴν τοιαύτην παραλλαγήν. Σημεῖον δὲ ὅτι ταὐτὰ χωρία καὶ ὁμοίως ἐργασθέντα φέρει ποτὲ μὲν τεράμονα, <ποτὲ δὲ ἀτεράμονα>. Περὶ

TEST.: 25 Mon.

1 πλεκτάναις [*brachiis* Gaza] Wim. : -νες U M -νης P -νην Ald. ‖ 3 ὁρμίνῳ ego uide adn. : κυμ- codd. Ald. ‖ 3-4 καλούμενον – αἱμόδωρον om. M P Ald. ‖ 5 τε U M : τι P Ald. ‖ 10 τόπος U P Ald. : τρό- M ‖ 14 μόνον U P Ald. : -νων M ‖ 15 συμβαίνειν P Ald. : -ει U M ‖ 20 πολλαχοῦ Schn. in comm. : -χῶς codd. Ald. ‖ 24 ταὐτὰ [*eaedem* Gaza] Schn. : ταῦτα τὰ codd. Ald. ‖ 25 ποτὲ δὲ ἀτεράμονα [*alias incoctabilia* Gaza] add. Heins.

la région de Philippes, si pendant le vannage la fève a été au contact d'un vent local, de facile à cuire qu'elle était, elle devient dure à cuire[25]. Voilà donc ce qui explique pourquoi en maintes circonstances certaines parties des mêmes terrains, qui sont contiguës, pareillement disposées, sans la moindre différence de sol, donnent l'une des produits faciles à cuire, l'autre des produits durs à cuire, alors que parfois même un simple sillon les sépare.

9. 1 Ce qui épuise le plus la terre, c'est le froment, et ensuite l'orge ; aussi le premier demande-t-il un sol fertile, tandis que l'orge peut produire même dans les terrains un peu caillouteux[1]. Des légumineuses, la plus épuisante est le pois chiche, tout en étant celle qui reste en place le moins longtemps ; la fève, au contraire, comme il a été dit, du reste peu exigeante, passe en outre pour fumer la terre, parce qu'elle a des tissus lâches et pourrit facilement ; c'est pourquoi en Macédoine et en Thessalie, on retourne les champs quand <les fèves> sont en fleur[2]. 2 Des espèces qui ressemblent au froment ou ressemblent à l'orge[3], tels l'amidonnier, l'engrain, l'épeautre, l'avoine, l'aegilops, la plus vigoureuse et la plus épuisante est l'amidonnier, qui est une plante à racines nombreuses et profondes, et à chaumes nombreux et gros, alors que son grain est le plus léger et plaît à tous les animaux[4]. Puis vient l'avoine, qui a, elle aussi, des racines nombreuses et des chaumes nombreux[5]. L'épeautre est une céréale plus délicate et moins vigoureuse que les précédentes[6]. Quant à l'engrain, c'est la plus ménageante de toutes, car il a un chaume unique et fin ; aussi demande-t-il un terrain maigre[7], et non, comme l'amidonnier, une terre grasse et fertile. Encore

Φιλίππους δὲ ὁ κύαμος λικμώμενος ἐὰν ὑπὸ πνεύματος ἐγχωρίου ληφθῇ, τεράμων ὤν, ἀτεράμων γίνεται. Ταῦτα μὲν οὖν μηνύει διότι πολλαχῶς τῶν αὐτῶν χωρίων ἔνια σύνορα καὶ ὁμοίως καθήμενα καὶ οὐδεμίαν ἔχοντα κατὰ τὴν γῆν διαφορὰν τὸ μὲν τεράμονα, τὸ δ' ἀτεράμονα φέρει, καὶ ἐνίοτε μόνον αὔλακος διοριζούσης.

9. 1 Καρπίζεται τὴν γῆν μάλιστα πυρός, εἶτα κριθή· διὸ καὶ ὁ μὲν ἀγαθὴν ζητεῖ χώραν, ἡ δὲ κριθὴ δύναται καὶ ἐν ταῖς ψαφαρωτέραις ἐκφέρειν. Τῶν δὲ χεδροπῶν μάλιστα ἐρέβινθος, καίπερ ἐλάχιστον χρόνον ἐν τῇ γῇ μένων· ὁ δὲ κύαμος, ὥσπερ ἐλέχθη, καὶ ἄλλως οὐ βαρὺ καὶ ἔτι κοπρίζειν δοκεῖ τὴν γῆν διὰ μανότητα καὶ εὐσηψίαν· διὸ καὶ οἱ περὶ Μακεδονίαν καὶ Θετταλίαν ὅταν ἀνθῶσιν ἀνατρέπουσι τὰς ἀρούρας. 2 Τῶν δὲ ὁμοιοπύρων καὶ ὁμοιοκρίθων, οἷον ζειᾶς τίφης ὀλύρας βρόμου αἰγίλωπος, ἰσχυρότατον καὶ μάλιστα καρπιζόμενον ἡ ζειά· καὶ γὰρ πολύρριζον καὶ βαθύρριζον, καὶ πολυκάλαμον καὶ παχυκάλαμον· ὁ δὲ καρπὸς κουφότατος καὶ προσφιλὴς πᾶσι τοῖς ζῴοις. Τῶν δὲ ἄλλων ὁ βρόμος· πολύρριζος γὰρ καὶ οὗτος καὶ πολυκάλαμος. Ἡ δὲ ὄλυρα μαλακώτερον καὶ ἀσθενέστερον τούτων. Ἡ δὲ τίφη πάντων κουφότατον· καὶ γὰρ καὶ μονοκάλαμον καὶ λεπτοκάλαμον· διὸ καὶ χώραν ζητεῖ λεπτήν, οὐχ

TEST.: 1-2 Mon. — 15-20 GALENUS, VI, 516 Kühn. — 22-24 GALENUS, *ibid.*

1 λικμώμενος Schn. uide adn. : λιχμώ- U M Ald. λικνώ- Mon. λιχνώ- P || 13 ἔτι Stack. : ὅτι codd. Ald. || μανότητα P Ald. : μονό- U M || 15-16 ὁμοιοπύρων ... ὁμοιοκρίθων codd. Ald. : ὁμοιῶν κριθῶν ... ὁμοιῶν πυρῶν GAL. || 17 αἰγίλωπος P Ald. GAL. : -λοπος U M || ἰσχυρότατον GAL. : -ότερον codd. Ald. || 19 καὶ παχυκάλαμον GAL. : om. codd. Ald. || 23 κουφότατον codd. Ald. : -οτάτη GAL. || 24 καὶ λεπτοκάλαμον GAL. : om. codd. Ald.

ces deux dernières céréales (l'amidonnier et l'engrain)[8] ressemblent-elles tout à fait aux froments, mais l'aegilops et l'avoine sont en quelque sorte des espèces sauvages, ou plutôt non domestiquées[9]. 3 L'aegilops aussi épuise beaucoup la terre, avec ses racines nombreuses et ses chaumes nombreux. Quant à l'ivraie, c'est une espèce complètement assauvagie[10]. Parmi les plantes des cultures estivales, le sésame passe pour le plus préjudiciable à la terre et le plus épuisant ; or le millet a des chaumes plus nombreux et plus gros, et de plus nombreuses racines[11]. D'autre part, il y a une différence entre ce qui est léger pour la terre et ce qui l'est pour notre alimentation (ces caractères s'opposent parfois, comme dans le cas des légumineuses et des millets)[12] et même entre ce qui l'est pour nous, comme nous l'avons dit, et ce qui l'est d'autre part pour les animaux[13]. Mais en voilà assez sur ce point.

10. 1 Les maladies des plantes cultivées pour leurs graines[1] sont les unes communes à toutes, par exemple la rouille, les autres spécifiques, par exemple le blanc du pois chiche[2], sans compter que certaines espèces sont dévorées par des chenilles, des puces et d'autres bestioles, quelques-unes aussi rongées par la « gale » et par des efflorescences salines, de même que le cumin[3]. Les animaux qui les attaquent non à partir de la plante même, mais de l'extérieur, sont moins nuisibles[4]. Ainsi le charançon s'attaque au blé[5], la bruche à l'ers[6], et d'autres

ὥσπερ ἡ ζειὰ πίειραν καὶ ἀγαθήν. Ἔστι δὲ δύο ταῦτα καὶ ὁμοιότατα τοῖς πυροῖς — ἥ τε ζειὰ καὶ ἡ τίφη —, <ὁ δ'> αἰγίλωψ καὶ ὁ βρόμος ὥσπερ ἄγρια ἄττα καὶ ἀνήμερα. 3 **Ἐπικαρπίζεται δὲ σφόδρα καὶ ὁ αἰγίλωψ τὴν γῆν καὶ ἔστι πολύρριζον καὶ πολυκάλαμον. Ἡ δὲ αἶρα παντελῶς ἀπηγριωμένον. Τῶν δὲ ἐν τοῖς θερινοῖς ἀρότοις τὸ σήσαμον δοκεῖ χαλεπώτατον εἶναι τῇ γῇ καὶ μάλιστα καρπίζεσθαι· καίτοι πολυκαλαμώτερον καὶ παχυκαλαμώτερον καὶ πολυρριζότερον κέγχρος. Διαφέρει δὲ τά τε πρὸς τὴν γῆν κοῦφα καὶ τὰ πρὸς τὴν ἡμετέραν τροφήν — ἔνια γὰρ ἐναντίως, ὥσπερ τὰ χεδροπὰ καὶ οἱ κέγχροι — καὶ [οἱ] τὰ πρὸς ἡμᾶς δέ, ὥσπερ ἐλέχθη, καὶ τὰ <πρὸς> τἆλλα ζῷα. Καὶ περὶ μὲν τούτων ἅλις.**

10. 1 **Νοσήματα δὲ τῶν σπερμάτων τὰ μὲν κοινὰ πάντων ἐστὶν οἷον ἡ ἐρυσίβη, τὰ δ' ἴδιά τινων οἷον ὁ σφακελισμὸς τοῦ ἐρεβίνθου καὶ τὸ ὑπὸ καμπῶν κατεσθίεσθαι καὶ ὑπὸ ψύλλων τινὰ καὶ ὑπ' ἄλλων θηριδίων, ἔνια δὲ καὶ ψώραις καὶ ἅλμαις, καθάπερ καὶ τὸ κύμινον. Τὰ δὲ ἐπιγινόμενα ζῷα μὴ ἐξ αὐτῶν, ἀλλ' ἐκ τῶν ἔξωθεν, οὐχ ὁμοίως βλάπτει. Ἐπιγίνεται γὰρ ἡ μὲν κανθαρὶς ἐν τοῖς πυροῖς, τὸ δὲ φαλάγγιον ἐν ὀρόβοις,**

TEST.: 1-2 GALENUS, VI, 516 Kühn. — 15-22 Mon.

1 πίειραν codd. Ald. : λιπαρὰν GAL. || 2 ἥ τε codd. GAL. : ὅ τ' Ald. || ζειὰ καὶ ἡ τίφη GAL. : om. codd. Ald. || 3 ὁ δ' add. Scal. ex ὅ τ' Ald. || αἰγίλωψ M P Ald. : γίλωψ U || 8 καίτοι Wim. : καὶ codd. Ald. || 9 κέγχρος codd. : -ου Ald. || 10 τὰ om. Ald. || 12 οἱ del. Ald. || 13 καὶ τὰ ego : τί καὶ codd. Ald. || πρὸς add. Stack. || 13-15 alt. καὶ – νοσήματα om. M P Ald. || 16 ἡ om. P Mon. Ald. || ὁ om. Mon. || 17-18 κατεσθίεσθαι Ald. : κατεσθίεται δὲ codd. || 18 τινὰ – ἄλλων om. M P Ald. || θηριδίων U Mon. : θηρίων M P Ald. || 19 ἔνια P Mon. Ald. : ἐνίαις U M || 20 ante μὴ add. εἰ P Ald. ἡ M || ζῷα μὴ ἐξ et ἀλλ' ἐκ τῶν om. Mon. || 22 κανθαρὶς U Mon. : καθ- M P Ald.

insectes à d'autres graines. 2 La rouille[7] atteint, en un mot, les céréales plutôt que les légumes secs, mais parmi celles-là mêmes l'orge plutôt que le blé, et parmi les orges certaines variétés plutôt que d'autres, avec une prédilection, si l'on peut dire, pour l'orge d'Achille[8]. Les différences dues à la situation du terrain et à sa nature ne sont pas non plus négligeables : les crêtes exposées au vent n'ont pas de rouille ou en ont moins, à l'inverse des vallons étouffés ; d'autre part, la rouille apparaît surtout pendant la pleine lune[9].

3 Le froment et l'orge sont détruits également par les coups de vent qui les surprennent soit en fleur, soit à peine défleuris et fragiles. Cela arrive plutôt à l'orge, et souvent quand elle est déjà en train de grossir, si le vent vient à souffler fort et trop longtemps : il la sèche et la dessèche, ce qui fait dire parfois qu' « elle n'est plus que du vent »[10]. En outre le soleil qui perce à travers les nuages est fatal aux deux céréales, au froment encore plus qu'à l'orge, de sorte que l'épi ne se voit même pas, car il est vide[11].

4 Les vers aussi font périr le froment, soit en dévorant ses racines à mesure qu'il pousse, soit quand <les épis> sèchent sans pouvoir se déployer : le ver né à l'intérieur mange le chaume qui se dégage de sa gaine ; il le mange jusqu'à l'épi, puis, lorsqu'il l'a épuisé, il meurt[12]. L'a-t-il mangé tout entier, le grain lui-même <est> complètement <perdu> ; est-ce d'un seul côté qu'il a rongé le chaume et gêné le déploiement <de l'inflorescence>, cette partie de l'épi est sèche, mais l'autre est saine. Ce n'est pas partout que les blés sont atteints — par exemple ils ne le sont pas en Thessalie — mais dans certaines régions, comme en Libye et dans la plaine de Lélante en Eubée[13]. 5 Des vers se forment également dans les graines de la

ἄλλα δ᾽ ἐν ἄλλοις. 2 Ἐρυσιβᾷ δ᾽ ὡς ἁπλῶς εἰπεῖν [εἰς] τὰ σιτώδη μᾶλλον τῶν ὀσπρίων, αὐτῶν δὲ τούτων κριθὴ μᾶλλον ἢ πυρός, καὶ τῶν κριθῶν ἕτεραι ἑτέρων, μάλιστα δ᾽ ὡς εἰπεῖν ἡ ἀχιλληΐς. Διαφέρει δὲ καὶ ἡ τῶν χωρίων θέσις καὶ ἡ φύσις οὐ μικρόν· <τὰ> γὰρ προσήνεμα καὶ μετέωρα οὐκ ἐρυσιβᾷ ἢ ἧττον, ἀλλὰ τὰ ἔγκοιλα καὶ ἄπνοα· γίνεται δὲ ἡ ἐρυσίβη πανσελήνοις μάλιστα.

3 Ἀπόλλυται δὲ καὶ ὑπὸ τῶν πνευμάτων καὶ πυρὸς καὶ κριθὴ ὅταν ἢ ἀνθοῦντα ληφθῇ ἢ ἄρτι ἀπηνθηκότα καὶ ἀσθενῆ. Μᾶλλον δὲ καὶ κριθή, πολλάκις δ᾽ ἤδη ἐν τῷ ἁδρύνεσθαι οὖσα, ἐὰν μεγάλα καὶ πλείω χρόνον ἐπιγένηται· ξηραίνει γὰρ καὶ ἀφαυαίνει, ὃ καλοῦσί τινες ἐξανεμοῦσθαι. Διαπόλλυσι δὲ καὶ ἥλιος ὁ ἐκνέφελος ἄμφω καὶ μᾶλλον πυρὸν ἢ κριθήν, ὥστε μηδ᾽ ἐπίδηλον εἶναι τὸν στάχυν τῇ ὄψει ὄντα κενόν.

4 Τὸν δὲ πυρὸν ἀπολλύουσι καὶ οἱ σκώληκες οἱ μὲν εὐθὺς κατεσθίοντες φυομένου τὰς ῥίζας, οἱ δὲ ὅταν αὐχμῶντες ἀποχυθῆναι μὴ δύνωνται· τότε γὰρ ἐγγινόμενος ὁ σκώληξ ἐσθίει τὸν ἀποπνιζόμενον κάλαμον· ἐσθίει δὲ ἄχρι τοῦ στάχυος, εἶτ᾽ ἐξαναλώσας ἀπόλλυται. Καὶ ἐὰν μὲν ὅλον ἐκφάγῃ, τελέως αὐτὸς ὁ πυρός· ἐὰν δὲ ἐπὶ θάτερον τοῦ καλάμου καὶ ἐκβιάσηται τὴν ἀπόχυσιν, τοῦτο μὲν αὗον τοῦ στάχυος, θάτερον δὲ ὑγιές. Γίνεται δὲ οὐ πανταχοῦ τὸ περὶ τοὺς πυροὺς οἷον ἐν Θετταλίᾳ, ἀλλὰ κατὰ χώρας τινάς, ὥσπερ ἐν τῇ Λιβύῃ καὶ τῆς Εὐβοίας ἐν τῷ Ληλάντῳ. 5 Σκώληκες δὲ

TEST.: 1-2 Mon. — 7-11 Mon. — 14 Mon.

1 ἐρυσιβᾷ Schn. 1821 : -σίβαι U M P Ald. ἐρισύβη Mon. || 2 εἰς del. Schn. || 5 τὰ add. Stack. || 7 πανσελήνοις U M P Ald. : -σέληνος Mon. || 10 ἀνθοῦντα – ἀπηνθηκότα U M P Ald. : ἀπηνθηκότα [-κυῖα γρ] ᾗ ἢ ἀνθῇ Mon. || 11 δὲ om. M P Ald. || 12 οὖσα U : οὗ M οὕ P Ald. || μεγάλα Schn. : -λη codd. Ald. || 18 φυομένου Heins. : -όμενον codd. Ald. || 19 ἀποχυθῆναι Schn. coll. *C.P.* III, 22, 4 : ἀπολυ- codd. Ald. || 23 θάτερον Schn. : θατέρου codd. Ald. || 24 αὗον U : οὖν M P Ald. || 27 Ληλάντῳ M P Ald. : -άντων U.

gesse ochre et de la gesse commune, et dans les pois, quand ils ont été mouillés et que viennent des journées chaudes, de même que les chenilles sur les pois chiches[14]. Tous ces insectes meurent après avoir épuisé leur nourriture, dans les parties vertes et dans les fruits secs[15] ; ainsi les tordeuses de la vigne[16] et les vers qui naissent à l'intérieur des fèves et des autres graines, de même que dans les arbres et dans le bois, comme il a été dit, sauf ceux qu'on appelle les longicornes[17].

Pour tous ces faits, en vérité, il existe des différences locales considérables, ce qui n'a rien d'anormal : l'air est tout simplement différent selon qu'il est chaud ou froid, humide ou sec ; or c'est lui l'élément générateur[18]. Voilà pourquoi dans les régions où ces accidents se produisent d'ordinaire, ils ne se produisent pas toujours.

11. 1 Les semences n'ont pas la même aptitude à germer et à se conserver. Il y a des espèces très promptes à germer et à mûrir des grains d'excellente conservation, comme la sétaire et le millet. Il y en a qui, au contraire, ne germent pas rapidement, mais pourrissent vite, comme la fève et surtout sa variété facile à cuire[1]. La gesse chiche pourrit vite, ainsi que le dolique, l'orge plus vite que le blé, le grain poudreux plus vite que le grain non poudreux[2], et dans les locaux chaulés plus vite que dans ceux qui ne le sont pas[3].

2 Bien sûr, les grains qui se gâtent donnent naissance à des animaux particuliers, comme il a été dit[4], sauf le pois chiche : lui seul en effet n'en engendre pas. Ou plutôt s'ils pourrissent, tous ont le ver ; s'ils sont attaqués, c'est

γίνονται καὶ ἐν τοῖς ὤχροις καὶ τοῖς λαθύροις καὶ τοῖς πίσοις, ὅταν ὑγρανθῶσι καὶ θερμημερίαι γένωνται, καθάπερ καὶ ἐν τοῖς ἐρεβίνθοις αἱ κάμπαι. Πάντα δὲ ἐξαναλώσαντα τὰς τροφὰς ἀπόλλυται καὶ ἐν τοῖς χλωροῖς καὶ ἐν τοῖς ξηροῖς καρποῖς, οἷον οἵ τε ἶπες καὶ οἱ ἐν τοῖς κυάμοις ἐγγινόμενοι καὶ ἐν τοῖς ἄλλοις, ὥσπερ καὶ ἐν τοῖς δένδρεσι καὶ ἐν τοῖς ξύλοις ἐλέχθη, πλὴν τῶν κεραστῶν καλουμένων.

Πρὸς ἅπαντα δὴ ταῦτα μεγάλα διαφέρουσιν αἱ χῶραι οὐκ ἀλόγως· ὁ γὰρ ἀὴρ εὐθὺς διάφορος τῷ θερμὸς ἢ ψυχρὸς εἶναι ἢ ὑγρὸς ἢ ξηρός· οὗτος δ' ὁ γονεύων. Διὸ καὶ ἐν αἷς εἰώθασι γίνεσθαι, οὐκ ἀεὶ γίνονται.

11. 1 Τῶν δὲ σπερμάτων οὐχ ἡ αὐτὴ δύναμίς ἐστιν εἴς τε τὴν βλάστησιν καὶ εἰς θησαυρισμόν. Ἔνια μὲν γὰρ βλαστάνει καὶ τελειοῦται τάχιστα καὶ θησαυρίζεται κράτιστα, καθάπερ ἔλυμος καὶ κέγχρος. Ἔνια δὲ βλαστάνει μὲν οὐ ταχέως, <σήπεται> δέ, καθάπερ ὁ κύαμος καὶ μᾶλλον ὁ τεράμων. Ταχὺ δ' ἡ ἀφάκη καὶ ὁ δόλιχος, κριθὴ δὲ πυροῦ θᾶττον, [δὲ] καὶ ὁ κονιορτώδης ἢ ὁ ἀκονίορτος, καὶ ὁ ἐν τοῖς κονιατοῖς ἢ ἀκονιάτοις οἰκήμασι.

2 Γίνεται δὴ φθειρομένοις ἴδια ζῷα, καθάπερ ἐλέχθη, πλὴν ἐρεβίνθου· μόνος γὰρ οὗτος οὐ ζῳογονεῖ. Καὶ σηπομένοις μὲν πᾶσι σκώληξ, κοπτομένοις δὲ καθ'

3 καθάπερ καὶ Schn. : καὶ κ. codd. Ald. ‖ πάντα Wim. : τὰ [post lacunam 2-3 litt. U] codd. Ald. ‖ 5 ξηροῖς om. M P Ald. ‖ 9 δὴ U M : δὲ P Ald. ‖ μεγάλα U M : -λως P Ald. ‖ 11-12 δ' ὁ γονεύων Wim. ex Schn. uide adn. : δ' ἦν ὁ νεύων codd. Ald. ‖ 17 ἔλυμος U M Ald. : ἔμμος P ‖ 18 σήπεται add. Wim. uide adn. ‖ 20 δὲ del. Heins. ‖ 21 pr. ἢ Heins. : καὶ codd. Ald. ‖ ἀκονίορτος U : κονί- cett. ‖ 21-22 κονιατοῖς ἢ ἀκονιάτοις οἰκήμασι ego coll. *C.P.* IV, 16, 1 : κονιορτοῖς ἐν ἅπασιν οἷον κονιατοῖς ἢ ἀκονιάτοις codd. Ald. ‖ 23 δὴ φθειρομένοις [*in corruptis itaque* Gaza] Schn. : διαφθειρ- codd. Ald.

par un insecte propre à chaque espèce[5]. Ceux qui se gardent le mieux de tous, ce sont le pois chiche, l'ers, et plus encore que les précédents, le lupin (mais celui-ci a bien l'air d'une plante un peu sauvage)[6].

3 Il existe apparemment des différences de région à région, de climat à climat, selon que les grains sont attaqués ou non. Du moins à Apollonie, sur la côte de la mer Ionienne, la fève, dit-on, n'est pas du tout mangée des vers, ce qui permet de la mettre en réserve pour la conserver ; mais elle se garde encore plus longtemps dans la région de Cyzique[7]. Il importe aussi, pour avoir des grains de bonne garde, de moissonner des plantes sèches ; l'humidité est moins favorable. On moissonne toutefois les légumineuses encore un peu en sève, pour avoir une récolte plus abondante et plus facile (les graines tombent vite et si elles sont sèches, elles se brisent), ainsi que le froment et une variété d'orge, parce qu'ils deviennent d'ordinaire meilleurs pour la farine dès lors qu'ils ne sont pas complètement desséchés[8]. 4 Voilà pourquoi on met en tas le froment et l'orge, et on estime que le grain entassé grossit plutôt qu'il ne se racornit[9]. Mais un grain qui, après avoir été mouillé, se couvre de moisissures[10] est impropre à la consommation. Si le froment est la céréale qui attend le mieux la moisson, le lupin résiste encore davantage : on évite même de le moissonner avant qu'il ait plu, parce que la graine saute quand on le moissonne et elle se perd[11].

5 Pour la production des plantules et l'ensemencement en général, les grains d'un an sont, semble-t-il, les meilleurs, ceux de deux ans et de trois ans moins bons ; au-delà, ils sont presque stériles, mais suffisants pour l'alimentation. Chaque espèce dispose en effet pour se reproduire d'une durée de vie limitée. Or même cette

ἕκαστον ἴδιον. Πάντων δὲ μάλιστα διαμένουσιν ἐρέβινθος καὶ ὄροβος, τούτων δ᾽ ἔτι μᾶλλον ὁ θέρμος — ἀλλ᾽ ἔοικέ γε οὗτος ὥσπερ ἀγρίῳ.

3 Διαφέρει δέ, ὡς ἔοικε, χώρα χώρας καὶ ἀὴρ ἀέρος εἰς τὸ κόπτεσθαι καὶ μὴ τὰ σπέρματα. Ἐν Ἀπολλωνίᾳ γοῦν τῇ περὶ τὸν Ἰόνιον οὐκ ἐσθίεσθαί φασιν ὅλως κύαμον, διὸ καὶ εἰς θησαυρισμὸν ἀποτίθεσθαι· διαμένει δὲ καὶ περὶ Κύζικον ἐπὶ πλείω. Μέγα δὲ πρὸς διαμονὴν καὶ τὸ ξηρὰ θερίζειν· ἐλάττων γὰρ ἡ ὑγρότης. Θερίζουσι δ᾽ ἐγχυλότερα τὰ μὲν χεδροπὰ πρὸς τὸ μᾶλλον καὶ ῥᾷον συλλέξαι — ταχὺ γὰρ καταρρεῖ καὶ αὐανθέντα θρύπτεται — τοὺς δὲ πυροὺς καὶ γένος τι κριθῶν διὰ τὸ βελτίους εἰς τὰ ἄλφιτα γενέσθαι μὴ ἀπεξηραμμένας. 4 Διὸ καὶ εἰς θώμους συντιθέασι καὶ πυροὺς καὶ κριθάς, καὶ δοκοῦσιν ἁδρύνεσθαι ἐν θώμῳ μᾶλλον ἢ λιποσαρκεῖν. Οὐκ ἐσθίεται δὲ σῖτος ὅταν ὑσθεὶς περιφυῇ. Ἀθέριστος δὲ μάλιστα διαμένει ὁ πυρός, ἔτι δὲ μᾶλλον ὁ θέρμος· οὐδὲ γὰρ θερίζουσι τοῦτον πρότερον ἢ ὕδωρ γενέσθαι διὰ τὸ ἐκπηδᾶν θεριζόμενον καὶ ἀπόλλυσθαι τὸ σπέρμα.

5 Πρὸς ἔκφυσιν δὲ καὶ τὴν ὅλην σπορὰν ἄριστα δοκεῖ τὰ ἑνάενα, τὰ δὲ δίενα χείρω καὶ τὰ τρίενα, τὰ δ᾽ ὑπερτείνοντα σχεδὸν ἄγονα, πρὸς δὲ τὴν σίτησιν ἀρκοῦντα. Βίος γάρ ἐστιν ἑκάστοις ὡρισμένος εἰς γονήν. Καίτοι καὶ ταύταις παραλλάττει ταῖς δυνάμεσι διὰ τοὺς

3 ἔοικέ γε U M : ἔοικεν P Ald. ‖ 6-7 κύαμον U^2 Ald. : -ος U M P ‖ 10 ἐγχυλότερα U : εὐχ- cett. ‖ 12 τοὺς … πυροὺς [*triticum* Gaza] Bas.mg. : τὰς … κριθὰς codd. Ald. ‖ 15-16 ἢ λιποσαρκεῖν [*attenuari* Gaza] Heins. uide adn. : ἡλίκως σαρκῶν M ἡλίκως σαρῶν P Ald. ἡλίκα σωρῶν U ‖ 16 ὅταν ὑσθεὶς Up.c. : ὁ τανυσθεὶς Ua.c. M P Ald. ‖ περιφυῇ codd. Ald. : θερισθῇ coni. Wim. uide adn. ‖ 18 πρότερον ἢ [*priusquam* Gaza] Wim. coll. *C.P.* IV, 13, 3 : τὸν τρόπον codd. Ald. ‖ 25 ταύταις Wim. : ταῦτα codd. Ald.

faculté-là varie du fait des lieux où les semences sont conservées. En tout cas, dans une place de Cappadoce appelée La Roche[12], les grains conservent, dit-on, quarante ans leur fertilité et leur aptitude à l'ensemencement, soixante ou soixante-dix ans leur valeur alimentaire ; car ils ne sont pas du tout attaqués, alors que les vêtements et les autres objets précieux le sont. 6 Cette place, du reste élevée, passe pour spécialement bien aérée et soumise à l'influence continuelle des brises[13] de l'est, de l'ouest et du midi. On dit aussi qu'en Médie et dans les autres régions élevées <les semences> se gardent longtemps en réserve, et bien évidemment le pois chiche, le lupin, l'ers, le millet et les grains de ce genre beaucoup plus longtemps que les précédents, comme en nos terroirs de Grèce[14]. Mais ce sont là, nous l'avons déjà dit, des particularités dues au milieu ambiant.

7 Il y a aussi, semble-t-il, en certains endroits une sorte de terre dont on saupoudre le froment et qui contribue à le préserver, comme celle d'Olynthe et de Cérinthe en Eubée ; elle diminue sa valeur alimentaire, mais le fait paraître plus gros ; on en répand une chénice par médimne[15].

Au contact du feu, toutes les semences se détruisent et perdent leur faculté germinative. On dit pourtant que dans la région de Babylone les grains d'orge et de froment sautent sur l'aire comme ceux que l'on grille. Mais il est évident qu'il y a une différence de température, ou bien le fait que les grains sautent n'est pas dû simplement à la chaleur[16].

τόπους ἐν οἷς ἂν θησαυρίζωνται. Τῆς γοῦν Καππαδοκίας ἐν χωρίῳ τινὶ τῷ καλουμένῳ Πέτρᾳ καὶ τετταράκοντα ἔτη διαμένειν φασὶ γόνιμα καὶ χρήσιμα πρὸς σπόρον, εἰς δὲ τὴν σίτησιν ἑξήκοντα ἢ ἑβδομήκοντα· τὸ γὰρ ὅλον οὐ κόπτεσθαι, τὰ δὲ ἱμάτια καὶ τὴν ἄλλην γάζαν κόπτεσθαι. 6 Τὸ γὰρ χωρίον ἄλλως τε ὑψηλὸν εἶναι καὶ εὔπνουν καὶ ἔναυρον ἀεὶ καὶ ἀπ' ἀνατολῆς ἔχουσι καὶ δύσεως καὶ μεσημβρίας. Φασὶ δὲ καὶ ἐν Μηδείᾳ καὶ ταῖς ἄλλαις ταῖς ὑψηλαῖς χώραις διαμένειν θησαυριζόμενα πολὺν χρόνον, ἐρέβινθον δὲ δὴ καὶ θέρμον καὶ ὄροβον καὶ κέγχρον καὶ τὰ τοιαῦτα δηλονότι πολλῷ πλείω τούτων, ὥσπερ καὶ ἐν τοῖς περὶ τὴν Ἑλλάδα τόποις. Ἀλλὰ ταῦτα μέν, ὥσπερ εἴρηται, τῶν τόπων ἴδια.

7 Δοκεῖ δὲ καὶ γῆ τις εἶναι παρά τισιν ἢ διαπαττομένη συντηρεῖ τὸν πυρόν, ὥσπερ ἥ τε ἐν Ὀλύνθῳ καὶ ἐν Κηρίνθῳ τῆς Εὐβοίας· ποιεῖ δὲ χείρω μὲν εἰς τὴν σίτησιν, ἁδρότερον δὲ τῇ προσόψει· παραπάττουσι δὲ χοίνικα εἰς τὸν μέδιμνον.

Πυρωθέντα δὲ πάντα τὰ σπέρματα ἀπόλλυται καὶ ἀβλαστῆ γίνεται. Καίτοι περί γε Βαβυλῶνά φασι τὰς κριθὰς καὶ τοὺς πυροὺς ἐπὶ τῆς ἅλω πηδᾶν ὥσπερ τὰ φρυγόμενα. Ἀλλὰ δῆλον ὅτι διαφορά τίς ἐστι τῆς θερμότητος, ἢ <οὐχ> ἁπλῶς [πῶς] θερμασίᾳ γίνεται [καὶ] ἡ πήδησις.

TEST.: 1-12 Mon. — 15-18 Mon. ; *passim* APOLLON. PARADOX. XXXIV. — 20 Mon.

3 post γόνιμα add. δὲ M P Ald. ‖ 7 ἀπ' [*ab* Gaza] Schn. : ἐπ' P ἐπὶ cett. ‖ 9 καὶ – χώραις om. Mon. ‖ 10 δὴ om. P Mon. Ald. ‖ 12 πλείω P Mon. Ald. : -είων M -εῖον U ‖ 15-16 διαπαττομένη U corr. : -πλαττομένη [-νω M] M P Ald. -κοπτομένη Mon. μιγνυμένη APOLLON. ‖ 18 ἁδρότερον codd. Ald. : εὐγενέστερον APOLLON. ‖ παραπάττουσι U : παρατάττ- M P Ald. ‖ 22 ἅλω P Ald. : ἄλλω U M (item p. 72, l. 6) ‖ 24 οὐχ add. Heins. ‖ πῶς del. Stack. ‖ 25 καὶ del. Wim.

Encore de tels phénomènes peuvent-ils presque sembler communs, si l'on peut dire, à toutes <les semences> ou à la plupart d'entre elles. 8 Quelques-unes toutefois, en particulier chez les plantes qui semblent un peu sauvages, ont une sorte de spécificité dans leur façon de se multiplier et de produire des plantules : c'est le cas du lupin et de l'aegilops. Le lupin, quoique très vigoureux, pousse mal cependant s'il n'a pas été répandu sur le sol tout de suite au sortir de l'aire, comme il a été dit[17], et il ne supporte pas du tout d'être enterré ; c'est pourquoi on le sème sans faire de labour, fût-ce superficiel. Souvent même, si <la graine> est tombée sur une couche de détritus ou d'herbe, elle se fraye un passage au travers, s'enracine dans la terre et se met à pousser[18]. Le lupin recherche un sol sablonneux, plutôt médiocre, et il refuse absolument de venir dans la terre bien travaillée. 9 C'est l'inverse pour l'aegilops, qui vient mieux dans la terre cultivée[19]. Et même en certains endroits où il ne poussait pas auparavant, si le sol est mis en culture, il pousse abondamment. D'une manière générale, il aime un bon terrain. On raconte que son originalité par rapport aux autres grains, ceux des céréales, c'est la germination annuelle d'une graine sur deux[20]. Voilà pourquoi lorsqu'on veut le détruire complètement (il se trouve être par nature difficile à détruire), on laisse les champs incultes pendant deux ans, et quand la plante est sortie, on lâche les moutons à plusieurs reprises, jusqu'à ce qu'ils l'aient entièrement broutée ; on obtient ainsi sa destruction totale. Et en même temps, cela nous donne un témoignage de la germination alternée[21].

Καὶ τὰ μὲν τοιαῦτα σχεδὸν ὡσπερεὶ κοινὰ δόξειεν ἂν εἶναι πάντων ἢ τῶν πλείστων. 8 Ἔνια δὲ ἔχει τινὰ ἰδιότητα, καὶ τῶν δοκούντων ὥσπερ ἀγρίων εἶναι, κατὰ τὴν γένεσιν καὶ τὴν ἔκφυσιν, ὥσπερ ὁ θέρμος καὶ ὁ αἰγίλωψ. Ὁ μὲν γὰρ θέρμος, καίπερ ἰσχυρότατος ὤν, ὅμως, ἐὰν μὴ εὐθὺς ἀπὸ τῆς ἅλω καταβληθῇ, κακοφυὴς γίνεται, καθάπερ ἐλέχθη, καὶ τὸ ὅλον δὲ οὐκ ἐθέλει κρύπτεσθαι τῇ γῇ· διὸ καὶ οὐχ ὑπαροῦντες σπείρουσι. Πολλάκις δὲ κἂν εἰς ὕλην ἢ βοτάνην τινὰ πέσῃ, διωσάμενος ταύτην, συνάπτει τὴν ῥίζαν τῇ γῇ καὶ βλαστάνει. Χώραν δὲ ὕφαμμον ζητεῖ καὶ φαύλην μᾶλλον, τὸ δὲ ὅλον οὐκ ἐθέλει φύεσθαι <ἐν> τῇ διειργασμένῃ. 9 Ὁ δὲ αἰγίλωψ ἀνάπαλιν· ἐν γὰρ τῇ γεωργουμένῃ κάλλιον. Καὶ ἐνιαχοῦ δὲ πρότερον ἀβλαστὴς ὤν, ἂν γεωργηθῇ, βλαστάνει καὶ γίνεται πολύς. Καὶ ὅλως δὲ φιλεῖ χώραν ἀγαθήν. Ἴδιον δὲ αὐτοῦ λέγεται πρὸς τὰ ἄλλα τὰ σιτώδη σπέρματα καὶ ἡ παρ᾽ ἐνιαυτὸν βλάστησις ἑκατέρου τῶν σπερμάτων. Διὸ καὶ οἱ βουλόμενοι τελέως φθεῖραι — δύσφθαρτον γὰρ δὴ φύσει τυγχάνει — τὰς ἀρούρας ἀνιᾶσιν ἀσπόρους ἐπὶ δύο ἔτη, καὶ ὅταν ἀναβλαστήσῃ, τὰ πρόβατα ἀφιᾶσι πολλάκις, ἕως ἂν ἐκνεμηθῶσι· καὶ αὕτη γίνεται φθορὰ παντελής. Ἅμα δὲ τοῦτο μαρτυρεῖ καὶ τὴν παρὰ μέρος βλάστησιν.

---

1 ὡσπερεὶ κοινὰ [*communia... quasi* Gaza] Schn. : ὥσπερ εἰκόνα [-νες P Ald.] codd. Ald. ‖ 3 καὶ Schn. : ἢ codd. Ald. ‖ ante κατὰ add. καὶ U M ‖ τὴν om. P Ald. ‖ 6 ἀπὸ τῆς om. M P Ald. ‖ 8 ὑπαροῦντες [*subarantes* Gaza] Heins. : ὑπαπορ- codd. Ald. ‖ 9 ἢ βοτάνην codd. Ald. : βαθεῖαν [*praedensam* Gaza] coni. Wim. coll. I, 7, 3 ‖ 11 φαύλην U P Ald. : φαῦλα M ‖ 12 ἐν add. Stack. ‖ 19 post τὰς add. δ᾽ P ‖ 20-21 ἀνιᾶσιν … ἀφιᾶσι U Ald. : -ίησι(ν) (*bis*) M P ‖ 22 αὕτη Schn. : αὐτὴ codd. Ald.

ABRÉVIATIONS BIBLIOGRAPHIQUES

LIVRES VII ET VIII

AMIGUES, *Études* = S. AMIGUES, *Études de botanique antique. Mémoires de l'Académie des Inscriptions et Belles-Lettres* XXV, Paris, 2002.

AMOURETTI, *Le pain et l'huile* = M.-C. AMOURETTI, *Le pain et l'huile dans la Grèce antique. De l'araire au moulin*, Paris, 1986.

ANDRÉ, *L'alimentation* = J. ANDRÉ, *L'alimentation et la cuisine à Rome*, 2e éd., Paris, 1981.

ANDRÉ, *Lexique* = J. ANDRÉ, *Lexique des termes de botanique en latin*, Paris, 1956.

ANDRÉ, *Noms de plantes* = J. ANDRÉ, *Les noms de plantes dans la Rome antique*, Paris, 1985.

BARRAL — SAGNIER = J.-A. BARRAL, H. SAGNIER et coll., *Dictionnaire d'agriculture*, Paris, 1889-1898.

BEAVIS, *Insects* = I.C. BEAVIS, *Insects and Other Invertebrates in Classical Antiquity*, University of Exeter, 1988.

BELLAKHDAR, *Pharmacopée marocaine* = J. BELLAKHDAR, *La pharmacopée marocaine traditionnelle. Médecine arabe ancienne et savoirs populaires*, Paris, 1997.

BOIS = D. BOIS, *Les plantes alimentaires chez tous les peuples et à travers les âges*, Paris, 1927-1937.

BONNIER = *La Grande Flore en Couleurs de Gaston Bonnier*, Paris (Belin), 1990 (réédition de G. BONNIER et R. DOUIN, *Flore Complète Illustrée en Couleurs de France, Suisse et Belgique*, Paris, 1911-1935 ; nomenclature mise à jour et index établis par R. PALESE et D. AESCHIMANN). Il sera fait référence au numéro de l'espèce, conservé sans change-

ment dans la nouvelle édition, alors que tomaison et pagination diffèrent.

CARNOY, *Dict. étym. noms grecs de plantes* = A. CARNOY, *Dictionnaire étymologique des noms grecs de plantes*, Louvain, 1959.

CHANTRAINE, *Formation des noms* = P. CHANTRAINE, *La formation des noms en grec ancien*, Paris, 1933 (réimpression 1979).

Consp. flor. gr. = E. DE HALÁCSY, *Conspectus florae graecae*, Lipsiae, 1901-1904 (réimpression 1968).

COUPLAN = F. COUPLAN, E. STYNER, *Guide des plantes sauvages comestibles et toxiques*, Lausanne — Paris, 1994.

DAMSEAUX = A. DAMSEAUX, *Manuel des plantes de la grande culture*, t. I, Namur — Bruxelles, 1894.

DE CANDOLLE = A. DE CANDOLLE, *Origine des plantes cultivées*, Paris, 1883 (réimpression 1984).

D.E.L.G. = P. CHANTRAINE, *Dictionnaire étymologique de la langue grecque*, Paris, 1968-1980.

DUCOMET = V. DUCOMET, *Les plantes alimentaires sauvages*, Paris, 1917.

Flor. eur. = T.G. TUTIN, V.H. HEYWOOD et coll., *Flora europaea*, Cambridge, 1964-1980.

FRAAS, *Synopsis* = C. FRAAS, *Synopsis plantarum florae classicae*, München, 1845.

GENNADIOS = Π. Γ. ΓΕΝΝΑΔΙΟΥ, *Λεξικὸν φυτολογικόν*, Β´ ἐκδ., Ἀθῆναι, 1959.

HOEFER = F. HOEFER, *Dictionnaire théorique et pratique d'agriculture et d'horticulture*, Paris, 1855.

IBN AL -ʿAWWÂM, *Le Livre de l'agriculture* = IBN AL - ʿAWWÂM, *Le Livre de l'agriculture* (*Kitâb al-filâha*), trad. fr. de J.-J. Clément-Mullet, Paris, 1864-1867 (réédition revue et corrigée par M. El Faïz, Arles, 2000).

JARDÉ, *Les céréales* = A. JARDÉ, *Les céréales dans l'antiquité grecque*, Paris, 1925.

JASNY, *The Wheats* = N. JASNY, *The Wheats of Classical Antiquity*, Baltimore, 1944.

L.S.J. = H.G. LIDDELL, R. SCOTT, H.S. JONES, *A Greek-English Lexicon*, with a supplement edited by E.A. BARBER, Oxford, 1968. Revised Supplement edited by P.G.W. GLARE, Oxford, 1996.

OLIVIER DE SERRES, *Théâtre d'agriculture* = OLIVIER DE SERRES, *Le Théâtre d'agriculture et Mesnage des champs*, Paris, 1600 (réimpression de l'éd. de 1804-1805, Arles, 1996).

PELT = J.-M. PELT, *Des légumes*, Paris, 1993.

R.E. = A. PAULY, G. WISSOWA, W. KROLL et coll., *Real-Encyclopädie der classischen Altertumswissenschaft*, Stuttgart, 1894-1980.

STRÖMBERG, *Theophrastea* = R. STRÖMBERG, *Theophrastea. Studien zur botanischen Begriffsbildung*, Göteborg, 1937.

STRÖMBERG, *Wortstudien* = R. STRÖMBERG, *Griechische Wortstudien*, Göteborg, 1944.

T.L.F. = *Trésor de la Langue Française*, Paris, CNRS, 1971-1994.

VON HELDREICH, *Die Nutzpflanzen* = TH. VON HELDREICH, *Die Nutzpflanzen Griechenlands*, Athen, 1862.

VON HELDREICH, *Λεξικό* = Θ. ΧΕΛΝΤΡΑΪΧ, *Λεξικό τῶν δημωδῶν ὀνομάτων τῶν φυτῶν τῆς Ἑλλάδος*, Ἀθῆναι, 1909 (réimpression 1980).

WYLOCK, *Aromates* = M. WYLOCK, *Les aromates dans les tablettes Ge de Mycènes*, in *Studi micenei ed egeo-anatolici* (*SMEA*), 15, 1972, p. 105-146.

ZOHARY — HOPF = D. ZOHARY, M. HOPF, *Domestication of Plants in the Old World*, Oxford, 1988.

COMMENTAIRE

LIVRE VII

CHAPITRE 1.

1. Rappel de la division initiale (I, 3, 1) des végétaux en quatre catégories définies par leur « aspect typique » (κατ' εἴδη) : arbres, arbrisseaux, sous-arbrisseaux, plantes herbacées. Cette classification fondamentale se combine avec des distinctions secondaires qui la brouillent parfois. Ainsi au livre VI, des sous-arbrisseaux et des espèces herbacées ont été réunis sous l'étiquette de « plantes à couronnes » en un groupe morphologiquement hétérogène (cf. en part. VI, 6, 1). Aux livres VII-VIII la subdivision en plantes potagères et céréales repose également sur l'usage : τὸ λαχανηρόν correspond à nos « légumes verts », τὸ σιτῶδες aux grains des céréales consommés secs (sur les sens de σῖτος et de l'adjectif dérivé, voir L.A. Moritz, « *Corn* », in *Class. Quart.* 49, 1955, p. 135-141). Mais comme il s'agit en général de plantes herbacées (à l'exception du chou et de la rue, donnés en I, 3, 1 comme exemples-types de sous-arbrisseau), elles trouvent leur place naturelle dans la quatrième et dernière classe : τὰ ποώδη. – Sur les choix méthodologiques de Théophraste, on consultera G. Wöhrle, *Theophrasts Methode in seinen botanischen Schriften*, Amsterdam, 1985, ainsi que l'important article de J. Desautels, « La classification des végétaux dans la *Recherche sur les plantes* de Théophraste d'Érésos », in *Phoenix* 42, 1988, p. 219-243.

2. Cf. I, 14, 4 : « La plupart des plantes sauvages sont dépourvues de nom et familières à peu de gens, les espèces domestiques plus souvent désignées par des noms et plus couramment connues ».

3. M. Hofinger, *Hesiodea. Le sens d' ἄροτος et du verbe νεᾶν*, in *Ant. Class.* 36, 1967, p. 5-21, démontre qu'Hésiode entend par ἄροτος le processus complexe consistant à labourer le sol, répandre et enfouir la semence, mais que notamment dans *Trav.* 458 et 460 la notion première de « labour » s'est effacée au profit de celle d'« ensemencement » (cf. Pollux, I, 223, glosant ce passage : ἀρόσαι · σπεῖραι). De même dans Soph., *O.R.* 270, Œdipe demande aux dieux, pour ceux qui

n'exécuteraient pas ses ordres, μήτ' ἄροτον αὐτοῖς γῆς ἀνιέναι τινά « de ne pas laisser la *semence* [plutôt que « la moisson » comme comprennent Mazon (C.U.F., 1958) et L.S.J.] lever de leur sol ». Ce sens dérivé s'impose en horticulture, l'ameublissement du sol n'étant plus alors un véritable labour. Platon ne semble pas faire de différence entre ἀροῦν et σπείρειν dans *Phèdre*, 276 b : le cultivateur qui veut tirer un bon rapport de ses semences procédera-t-il « en faisant un semis dans des jardins d'Adonis » (εἰς 'Αδώνιδος κήπους ἀρῶν) ou en les semant (σπείρας) dans un terrain approprié, pour que toutes celles qu'il aura semées (ὅσα ἔσπειρεν) soient fécondes ? Pour Théophraste également, le semis est ici l'essentiel des opérations comprises dans l'ἄροτος, qui toutefois reste distinct du simple ensemencement (σπορά) ; d'où notre traduction d'ἄροτος par un terme de sens plus large : « culture ».

4. Juillet — août.

5. Nos mss. donnent unanimement et constamment ῥαφανίς, -ίδος, avec -ι- bref, ce qui dément l'indication de L.S.J. s.v. : « -ῑς, -ῑδος in all known passages », et confirme la remarque d'Athénée (56 e) sur ce terme : « il se prononce en attique soit avec voyelle longue, soit avec abrègement ».

6. Dans Hésiode, *Trav.* 446, ἐπισπορίη est le « sursemage », qui se produit, selon Pollux, I, 223, « quand on jette une seconde fois de la semence sur la même semence ». C'est le fait d'un ouvrier inexpérimenté qui ne sait pas répartir le grain comme il faut. Ici, au contraire, les légumes dits ἐπίσπορα sont semés intentionnellement sur un terrain déjà occupé par les graines d'un autre légume. Pline (XIX, 167) définit ces légumes d'appoint comme « des plantes qui se sèment en compagnie d'autres » (*comitantia aliorum satus*) ; il en dresse (XIX, 170) une liste partiellement identique à celle de Théophraste (patience, moutarde, coriandre, aneth). L'horticulture moderne a conservé cette technique : « Les maraîchers plantent rarement un légume tout seul ; sur une surface donnée de terrain, ils sèment et plantent plusieurs légumes à la fois, c'est ce qu'ils appellent contre-planter. (...) Ce système a l'avantage de faire profiter plusieurs plantes à la fois des soins et des arrosages que l'on donne au sol » (Barral — Sagnier, II, 367, s.v. contre-planter).

7. Théophraste appelle la bette τεῦτλον, τεύτλιον et τευτλίς. Les deux derniers termes, dérivés du premier, ne sont réellement interchangeables ni avec lui ni entre eux. Τεῦτλον est la dénomination « botanique » de l'espèce *Beta vulgaris* L. : ses occurrences se trouvent toutes au livre I, dans l'étude morphologique des différentes parties des végétaux.Τεύτλιον (toujours proparoxyton dans nos mss.) apparaît en I, 10, 4, où il est dit que la bette a la feuille charnue en largeur plutôt qu'en épaisseur ; il s'agit donc de la plante améliorée par la culture. De fait, τεύτλιον est la forme constante du nom de la plante potagère

au livre VII, en face de τευτλίς, employé une seule fois (VII, 7, 2) pour désigner la plante sauvage (*B. vulgaris* subsp. *maritima*). Le suffixe -ιον, plus ou moins diminutif, indique fréquemment dans les noms d'aliments ce qui est tendre, bon à manger ; ainsi le foie se dit ἧπαρ dans le vocabulaire de l'anatomie, ἡπάτιον (peut-être en particulier le foie d'un animal jeune) dans celui de la cuisine (Chantraine, *Formation des noms*, p. 66-67). Quant au dérivé en -ίς, il marque simplement une infériorité de taille ou d'importance par rapport au signifié du mot d'où il est tiré (*ibid.*, p. 342-343, avec l'exemple de θύριον « petite porte » / θυρίς « fenêtre »). La sous-espèce *maritima* de *Beta vulgaris* est en effet sensiblement différente des formes modifiées par la culture : plus petite dans toutes ses parties, avec une racine non tubérisée.

8. Comme toujours chez Théophraste, κάρδαμον correspond ici au cresson alénois, *Lepidium sativum* L., notre cresson de fontaine (*Nasturtium officinale* R. Br.) n'apparaissant dans les textes qu'à l'époque romaine, sous le nom de σισύμβριον (Diosc. II, 128) / *sisymbrium* (Pline, XIX, 172, 2e esp. et XX, 247, 1re esp.). Les botanistes modernes croient *L. sativum* originaire de Perse (Bois, I, 51 ; Bonnier, n° 273 ; De Candolle, p. 69), comme le pensaient déjà les anciens : selon Xénophon (*Cyr.* I, 2, 8 et 11), le cresson formait la base de la nourriture la plus frugale en Perse ; Élien, *Hist. Variée*, III, 39, cite parmi les aliments propres aux différents peuples, pour les Perses le térébinthe et le cresson. Sur le κάρδαμον des Grecs, l'origine assyrienne du terme, la culture et les usages de la plante en Orient, voir H. Sancisi-Weerdenburg, *Persian Food. Stereotypes and Political Identity*, in *Food in Antiquity*, ed. by J. Wilkins *et al.*, University of Exeter, 1995, p. 286-302, en part. 289-292. Le mycénien *ka-da-mi-ja* atteste une introduction ancienne en Grèce, où le nom *kuddimmu* a dû pénétrer avec la plante.

9. Décembre — janvier.

10. L'arroche potagère (*Atriplex hortensis* L.) a été évincée des jardins par l'épinard, inconnu de l'antiquité et introduit d'Orient en Europe probablement par les Croisés. Proche parente de l'épinard, l'arroche était aussi venue d'Asie (Bonnier, n° 2349), de l'Asie centrale et de la Sibérie, précisent Bois (I, 412) et A.C. Andrews (*Orach as the Spinach of the Classical Period*, in *Isis* 39, 1948, p. 169-172). Comme pour la coriandre (voir M. Casevitz, *Sur les « mots voyageurs » de l'Inde jusqu'à la Grèce*, in *Topoi* 3, 1993, p. 404), les variations de son nom en confirment l'origine étrangère, qui l'a rendu sujet à toutes sortes d'altérations. Le texte de Théophraste fournit deux formes « de base » : ἀνδράφαξυς, -υος et ἀνδράφαξις, -εως (influencées par le radical ἀνδρ- de ἀνήρ ? En tout cas, confirmées par la transcription *andrafaxis* dans Dioscoride latin, II, 103 ; etc.), et un seul exemple (III, 10, 5) de ἀδράφαξυς (dont on trouve deux autres variantes dans Hérodien, II, 467, 35 : ἀδράφαξις εἶδος λαχάνου, γράφεται δὲ καὶ

ἀτράφαξυς). Authentique fait de langue, cette diversité doit être respectée. – Alors que le semis de graines était seul pratiqué pour l'arroche (*infra*, §3), on pouvait multiplier le céleri en plantant ses rejetons racinés (VII, 2, 2), la ciboulette et le poireau au moyen de petits caïeux ou de bulbilles détachés du pied mère, mais à ce dernier procédé en fait inusité (*ibid.*), on préférait le semis de graines (*infra*, §3).

11. Mars — avril.

12. Pour l'identification de κολοκύντη et les problèmes, incomplètement résolus à ce jour, que pose l'origine de plusieurs Cucurbitacées domestiques, voir n. 13 à I, 11, 4. – Βλίτον est la blette, *Amaranthus lividus* L. (= *A. blitum* L.), à ne pas confondre avec la bette, *Beta vulgaris* L., dont elle se rapproche en botanique systématique (les Amaranthacées sont voisines des Chénopodiacées) et dans l'usage alimentaire (feuilles consommées comme celles de l'épinard) ; l'orthographe « blète » est adoptée ici pour plus de clarté. – L'homonymie de ἀνδράχνη (/ -χλη / -χλος) « arbousier d'Orient » et de ἀνδράχνη « pourpier » reste inexpliquée. Le pourpier (*Portulaca oleracea* L.) est une mauvaise herbe des jardins potagers que la culture a peu modifiée. « Ses jeunes tiges et ses feuilles épaisses, charnues, un peu visqueuses, sont mangées crues, en salade, ou quelquefois cuites, comme succédané de l'oseille et de l'épinard » (Bois, I, 65). – La sarriette de semis est, plutôt que le sous-arbrisseau *Satureia thymbra* (VI, 1, 4 ; etc.), l'espèce annuelle *S. hortensis* L., une des « fines herbes » les plus estimées. Le neutre θύμβρον, dont c'est le seul exemple chez Théophraste, paraît être une variante non significative de la forme usuelle θύμβρα qui se trouve plus loin (VII, 1, 3 et 6 ; VII, 5, 5) dans un contexte identique. La notice θύμβρα de Diosc. III, 37 ajoute à la description d'une sarriette sauvage : « Il existe en outre une sarriette de semis (σπαρτὴ θύμβρα) à tous égards inférieure à la plante sauvage, mais d'un emploi alimentaire plus facile du fait de son âcreté moins intense ». Cette dernière correspond à *S. hortensis*, de même que la *satureia* de Pline, XIX, 165, également semée (cf. André, *Noms de plantes*, s.v., et note à Pline, *ibid.*, avec des références aux agronomes latins et cette remarque : « les Grecs ne semblent pas [l'] avoir utilisée »). Quoique plus confus, Théophraste rejoint Dioscoride en parlant aussi d'une sarriette semée, moins âcre que la plante sauvage (VII, 6, 1).

13. Théophraste ne tient compte ici que de la nature des graines et les délais indiqués correspondent à leur germination dans les conditions ordinaires. La température et le degré d'humidité de la couche arable déterminent des variations importantes (cf. Barral — Sagnier, IV, 624, s.v. semailles). Plusieurs autres facteurs seront indiqués au §5.

14. De là l'étymologie populaire rapportée par Athénée (56 d) : « Les radis (*raphanides*) sont ainsi nommés parce qu'ils viennent à la lumière facilement (*radiôs phainesthai*) ». — A peine moins prompte

à germer que le radis, la laitue était, avec le fenouil, l'orge et le blé, semée en plein été dans un terreau fertile pour donner au plus vite les jeunes plantes drues des jardins d'Adonis (cf. n. 8 à VI, 7, 3).

15. Πρότερον indique le plus précoce, en chronologie absolue, θᾶττον celui dont la semence met le moins de temps à lever.

16. Le cresson alénois pousse avec une rapidité spectaculaire. Selon Bois (I, 51), en toute saison, sauf l'hiver, les graines lèvent en vingt-quatre heures, à une température de 10 à 15 degrés. Elles germent même hors de terre, en se gélifiant sur n'importe quel support, et des poteries couvertes de graines prêtes à donner des plantules se vendent comme objets de curiosité (Bonnier, n° 273). Autres détails dans Barral — Sagnier, I, 216-217, s.v. alénois, et III, 54 et 57, s.v. germination.

17. La correction de γε πολλὰ en τέλεια proposée par Wimmer dès 1842, mais adoptée seulement dans le texte de Hort, est inopportune, s'agissant de la germination et non de la maturité des plantes. Schneider et Wimmer écrivent τὰ πολλὰ, qui donne un sens acceptable : ὅλως élève au niveau de la généralité la formule quantitative ὅσα ... σπείρεται ; τὰ πολλὰ présente comme la norme le fait, à première vue surprenant, énoncé dans οὐθὲν θᾶττον γίνεται τοῦ θέρους.

18. Nous avons relevé (n. 1 à IV, 1, 1) de nombreuses altérations de l'adjectif εὐήλιος dans la tradition manuscrite du chapitre en question. Il faut de même rétablir ici εὐηλίοις, car il est naturel que les semis profitent d'un bon ensoleillement sans chaleur ni sécheresse excessives. Des conditions semblables étaient réunies pour la culture traditionnelle des jardins d'Adonis sur le toit des maisons, où une bonne aération tempérait la chaleur du soleil d'été (cf. n. 8 à VI, 7, 3).

19. *Supra*, §3.

20. Le dictionnaire de Bailly a un lemme σίκυον, τὸ « graine de concombre ou de citrouille », absent de L.S.J. et de ses Suppléments. Le texte cité en référence (Plut., *Mor.* 733 e, σικύου πέπωνος « melon ») ne prouve rien, mais une seconde occurrence du neutre σίκυον « graine de concombre » dans *H.P.* VII, 5, 5 incite à ne pas corriger. – Le trempage a pour effet de ramollir les téguments, ce qui facilite la sortie de la radicule, et d'introduire dans la graine l'eau qui dissout les substances solubles de l'embryon ou de l'albumen, déclenchant ainsi les phénomènes chimiques précurseurs de la germination. Mais même sans manipulation préalable, les graines des Cucurbitacées, en particulier celles de la citrouille, germent très vite, parfois déjà dans le fruit.

21. Phénomène connu de tous les jardiniers, dont l'explication la plus plausible est que dans les espèces citées (parmi lesquelles le cresson, d'ordinaire très prompt à lever ; cf. *supra*, n. 16) la graine n'a pas toujours acquis sa faculté germinative au moment où la plante la laisse échapper. A l'inverse de la germination précoce qui se produit dans

certains fruits (la citrouille [cf. note précédente] et aussi les agrumes : le citron de consommation courante a parfois des graines à tégument éclaté et cotylédons verdis), on observe une germination différée sans cause extrinsèque lorsque la maturité physiologique de la graine est postérieure à sa maturité apparente (Barral — Sagnier, III, 52, s.v. germination).

22. Texte et sens incertains. La conjecture fondée sur la traduction de Gaza paraît être la plus acceptable, si l'on admet le sens restrictif de εἴπερ : il a été dit plus haut (§3) que sans trempage la graine fraîche de coriandre refuse absolument de germer (de même dans *C.P.* IV, 3, 1, avec cette explication : « La cause en est sa dureté, car son enveloppe est comme ligneuse ») ; il est donc exclu dans ce cas de comparer les délais de germination de semences fraîches et de semences anciennes. – Au sujet de σέλινον, A.C. Andrews, *Celery and Parsley as Foods in the Greco-Roman Period*, in *Class. Phil.* 44, 1949, p. 91-99, remarque avec raison (p. 95) que le persil, plutôt que le céleri, passe pour mieux sortir de graines vieilles. Rien ne prouve cependant qu'on doive entendre ici par σέλινον, outre le céleri potager, des formes cultivées des espèces désignées plus loin (VII, 6, 3) par des composés de σέλινον, dont ὀρεοσέλινον, qui, vu la description, correspond au persil, mais à l'état sauvage et recherché uniquement pour un usage médical.

23. La levée capricieuse de la bette est également constatée de nos jours dans les formes améliorées que sont les betteraves fourragère et sucrière. « Chaque fruit renferme deux à six semences qui germent rarement toutes, sinon jamais, car il y a rarement au-delà de deux plantules par fruit » (Damseaux, p. 229-230).– L'échelonnement noté ici est rappelé et bien interprété dans *C.P.* IV, 3, 2 : « L'irrégularité <de la levée> des bettes, dont certaines germent le mois suivant, d'autres en deux mois, d'autres en plusieurs mois, d'autres même au bout d'un an, paraît dénoter dans les semences mêmes un certain défaut de maturité pour la germination ».

24. Cf. *supra* , n. 15.

25. Deux sens, dont le second prédomine, se superposent dans μονόκαυλα : « à tige unique », car les espèces prises pour exemple ne possèdent que la tige florale ; « à tige simple », c'est-à-dire « non rameuse », par opposition aux tiges ramifiées décrites précédemment. L'idée d'objet d'une seule pièce s'exprime de même en V, 7, 6 dans un composé de μονο-, à propos de chariots à roues « tournant en bloc » (μονοστρόφοις), c'est-à-dire « solidaires » (cf. n. 17 *ad loc.*).

CHAPITRE 2.

1. Même précision restrictive (justifiant ici la conjecture δέ) en II, 1, 3 : le laurier se multiplie par rejet, « mais il faut que la bouture arrachée ait à la base (...) des racines » (δεῖ δὲ ὑπόρριζον εἶναι ... τὸ

παρασπώμενον). L'application de cette technique au chou, qui se multiplie de nos jours uniquement par semis de graines, peut paraître plus surprenante. L'ancêtre de notre légume, *Brassica oleracea* L., croît à l'état sauvage sur les côtes méditerranéennes et atlantiques de l'Europe occidentale. « [Sa] domestication remonte très loin dans l'histoire humaine ; des documents archéologiques témoignent que certaines formes de choux étaient déjà cultivées par les habitants des cités lacustres du néolithique » (Pelt, p. 100-101). Cette diffusion précoce et l'extrême variabilité de l'espèce (*Flor. eur.* I, 336-337 ; Zohary — Hopf, p. 170) laissent supposer l'existence dans l'antiquité de plusieurs races dont les plus ligneuses ont été ensuite abandonnées. Rappelons qu'en I, 3, 1 le chou (pour partie mais non exclusivement l'espèce indigène en Grèce, *B. cretica* L. ; cf. n. 3, 3/ *ad loc.*) illustre la définition du sous-arbrisseau comme « ce qui a de nombreux rameaux partant de la racine ». Ces rameaux prélevés avec un peu de l'appareil radiculaire sont utilisables comme boutures racinées.

2. Reprise de II, 1, 3 également, en ce qui concerne la rue. Si l'on en juge par les détails donnés ici et plus loin (VII, 4, 1 ; VII, 5, 1 ; VII, 6, 1), cette plante d'odeur forte, que la plupart des gens trouvent fétide (d'où son nom scientifique, *Ruta graveolens* L.), était couramment cultivée, bien que son usage condimentaire apparaisse peu dans les textes grecs (voir A.C. Andrews, *The Use of Rue as a Spice by the Greeks and Romans* , in *Class. Journ.* 43, 1947-48, p. 371-373). Pour la multiplier, on ne pratique plus, semble-t-il, le bouturage des jeunes pousses, mais seulement le semis de graines (Hoefer, p. 553 ; Barral — Sagnier, IV, 523) dont Théophraste indique plus bas (fin §1) l'inconvénient, et le plant d'éclats de pied (Hoefer, *ibid.*), ce qui se rapproche de *C.P.* I, 4, 2, où la rue est dite, ainsi que le chou, susceptible de venir ἀπὸ παρασπάδος. – Sur le basilic, autres détails dans *C.P.* I, 4, 3.

3. Ce dernier groupe comprend des plantes vivaces par leurs parties souterraines qui sont des racines de type ordinaire, et non des bulbes comme ceux de l'ail, de l'oignon et du muscari, ni des tubercules comme ceux des arums.

4. Assez confus : on ne sait à quoi renvoie ὥσπερ εἴπομεν ; γηθύοις est supprimé par Bodaeus et condamné dans le commentaire de Schneider (III, 544) comme déplacé entre des noms de plantes sauvages. Partout ailleurs dans l'ouvrage (en particulier I, 10, 8 et VII, *passim*) la ciboulette (γήθυον / γήτειον) est en effet rangée parmi les légumes cultivés. Elle est toutefois rapprochée du muscari en I, 6, 9 comme ici, en raison de leur ressemblance morphologique. Vu la répétition presque mécanique d'autres couples (par ex. ῥάφανος καὶ πήγανον « le chou et la rue » [cf. n. 3 à I, 3, 1] ; πύξος λωτός « le buis et le micocoulier / jujubier » [cf. n. 6 à I, 5, 3]), il n'est pas impossible que βολβοῖς ait « appelé » γηθύοις et que le lapsus

remonte à Théophraste même (cf. Pline, XIX, 121 : *ut bulbi, gethyi, scillae*). Que celui-ci ait connu la ciboulette sauvage paraît peu probable : l'espèce (*Allium schoenoprasum* L.) est indigène en Grèce comme dans la plus grande partie de l'Europe, mais cantonnée dans les prairies humides de la zone alpine, inexplorée par les anciens, où elle est très rare (cf. *Consp. flor.gr.* III, 250, sous le nom *A. sibiricum* L., avec la mention *Non vidi*).

5. Les exemples du §1 montrent que τὰ κεφαλόρριζα désigne toutes les plantes pourvues de parties souterraines renflées, sans distinction entre bulbes et tubercules. D'où la nécessité de préciser ici par βολβώδη τινὰ κεφαλήν, litt. « une sorte de tête qui rappelle le muscari », que les rejetons formés à la base de la ciboulette et du poireau sont de petits corps arrondis de même structure qu'un bulbe de muscari, à savoir des bulbilles. Le poireau cultivé du temps de Théophraste avait donc, à l'inverse des variétés modernes, un bulbe bien marqué et des bulbilles. Il se rapprochait par là du poireau des vignes, *Allium ampeloprasum* L., largement distribué et utilisé comme plante du ramassage dans le bassin méditerranéen. Au terme d'une longue controverse, on admet aujourd'hui que *A. ampeloprasum* est l'ancêtre sauvage du poireau maraîcher, *A. porrum* L. = *A. ampeloprasum* var. *porrum* (L.) Gay (cf. Bois, I, 507-508 ; W.T. Stearn in *Flor. eur.* V, 64 ; Zohary — Hopf, p. 168-169). La disparition des bulbilles est une conséquence de l'intervention humaine, qui les a rendues inutiles en assurant par le semis de graines la propagation de l'espèce. Autre résultat de la culture, la diminution de volume du bulbe et l'épaississement corrélatif de la partie inférieure de la tige « que l'on obtient longue et blanche en enterrant profondément le plant au moment de la plantation » (Bois, *ibid.*). Encore au XVIe siècle les illustrations des « herbiers » représentent un poireau plus proche de celui qu'évoque Théophraste que du légume actuel. La ciboulette, destinée de tout temps à l'usage condimentaire de ses feuilles hachées, a été moins modifiée par la culture.

6. Ce μὲν parasite peut être un « arrangement » de la syllabe με formée par la graphie μ du *nu* éphelcystique (tous les mss. ont συλλέγουσι μὲν) et la dittographie de ε-.

7. Exact. La ciboulette et le poireau appartiennent au genre *Allium* (cf. *supra*, n. 4 et 5), de même que l'oignon, *A. cepa* L.

8. Ὥσπερ atténue la hardiesse d'un emploi de ἀριθμός qui semble propre au style des Tragiques (références dans L.S.J.) et à sa parodie (Arist., *Nuées*, 1203). On peut rendre ἀριθμός τις par « une foule » (cf. *tanquam turba* Scal.), « une multitude ». Il n'y a pas lieu de supposer avec Hort (II, 69, n. 8) le texte altéré par la substitution de ἀριθμός à un terme plus rare.

9. Cf. *supra*, §1, où sont distingués la plantation de rejets racinés et le bouturage de rameaux, ici réunis sous l'étiquette γένεσις ... ἀπὸ καυλοῦ.

10. La conjecture λειοκαύλων s'inspire d'une traduction fautive du texte grec dans Pline, XIX, 122 : *quae non scabrum caulem habent.* La leçon des mss. ἀποκαύλων est excellente, loin d'être une *falsa lectio*, comme l'indique L.S.J., et de fournir le « bel exemple de truisme » dénoncé par J. André (n. 1 à Pline, *ibid.*) qui traduit « sauf les plantes acaules ». Τὰ ἀπόκαυλα désigne en effet les plantes « privées de tige » par une mutilation (cf. ἀποκαυλίζω « briser net », à propos de la fracture d'un os [Hpc., *Fract.* 45 ; *Art.* 33], de la rupture du bélier au cours d'un siège [Thuc. II, 76, 4], etc.), et non les plantes « acaules », par nature dépourvues de tige, comme la variété de laitue « sans tige » (θρίδακα ... ἄκαυλον) décrite dans Ath. 69 e. La restriction πλὴν τῶν ἀποκαύλων est tout à fait pertinente : les repousses naissent des bourgeons latéraux de la tige tronquée.

11. Selon Helladius ap. Photius, *Bibl.*, *cod.* 279, 532 a, le langage courant distinguait le végétal θρίδαξ d'une sorte de pain d'orge nommé θριδακίνη. « Les médecins, eux, ajoute Helladius, appellent θρίδαξ le légume cultivé et θριδακίνη sa variété sauvage » – ce qui est inexact au moins pour Dioscoride dont la notice (II, 136) décrit θρίδαξ ἥμερος et ἡ ἀγρία θρίδαξ. Théophraste entend bien par θριδακίνη en VII, 6, 2 la laitue sauvage « à feuille plus courte que la laitue cultivée » (θριδακίνη ... τὸ ... φύλλον βραχύτερον τῆς ἡμέρου), mais pour la plante potagère il emploie les deux termes indifféremment : il dit par exemple en VII, 1, 3 que la graine des laitues (θριδακίναι) lève en quatre ou cinq jours, et en VII, 5, 3 que la laitue (θρίδαξ) supporte bien le repiquage. Bien qu'Athénée (68 f) donne θριδακίνη pour attique, le mélange des formes chez Théophraste ne permet pas d'imaginer non plus une répartition dialectale bien tranchée.

12. Le choix du futur au lieu du subjonctif donne à l'éventualité une sorte de réalité anticipée : on peut gloser εἰ πάλιν βλαστήσει « s'il refait des pousses — et il en refera probablement ».

13. *Infra,* §6.

14. Sur le radis et la rave la « racine unique » située immédiatement au-dessous du collet est la partie charnue, conique ou sphérique plus ou moins allongée ou aplatie, consommée comme légume. Elle se prolonge vers le bas par une racine effilée (ἡ ἀπ' αὐτῆς) garnie de radicelles latérales (αἱ ἀποφυάδες αἱ μικραί). – La conjecture de Wimmer adoptée dans notre texte rend à la phrase tout son sens, auquel l'ellipse d'un verbe tel que προσήκουσι ou προσήρτηνται ne nuit pas, εἰς ταύτην exprimant assez l'idée de rattachement.

15. On avait donc reconnu empiriquement la présence de sucre dans les racines de bette / betterave bien avant que le chimiste allemand A.S. Marggraf ne parvînt à l'en extraire et ne publiât (en 1745) ses découvertes qui furent à l'origine de l'industrie sucrière européenne. — Dans de bonnes conditions de culture, la racine de la bette-

rave n'est pas ramifiée ; on attribue la formation de racines fourchues à l'emploi de fumier trop frais ou pailleux (Barral — Sagnier, I, 810 et 814). On ne peut savoir au juste ce qu'il en était de la bette cultivée dans les jardins antiques, probablement intermédiaire entre la bette sauvage à racines maigres et les variétés modernes de betterave potagère dont la racine peut dépasser 30 cm de longueur. Le passé de la plante cultivée était naguère tout à fait mystérieux : « Il n'y a pas de réponse à la question de savoir où et quand la bette a été introduite en culture, bien que ce soit à l'évidence un élément méditerranéen » (Zohary — Hopf, p. 171). Il l'est un peu moins aujourd'hui grâce aux fouilles récentes qui ont exhumé des graines de bette sauvage d'un dépotoir du VIIe siècle *a.C.* à l'Héraion de Samos. Cf. D. Kučan, *Rapport synthétique sur les recherches archéobotaniques dans le sanctuaire d'Héra de l'île de Samos*, in *Pallas* 52, 2000, p. 99-108, en part. p. 103 : « Les témoignages les plus anciens relatifs à l'utilisation des betteraves et des bettes (*Beta vulgaris* ssp. *maritima*) en Grèce proviennent de Samos. (…) Elles sont attestées comme plantes cultivées dès le VIIIe s. av. J.-C. ».

16. La racine du maceron (*Smyrnium olusatrum* L.) sera décrite en VII, 6, 3 comme « une racine de la grosseur d'un radis et noire ». A l'inverse du radis noir – seul connu des anciens (cf. n. 17 à I, 2, 7) – dont il faut enlever l'écorce épaisse avant consommation, la racine du maceron a une « peau » très mince et peu adhérente à la chair, dont elle se détache spontanément après dessiccation.

17. La plante potagère appelée en grec λάπαθον, en latin *lapathum* et *rumex* est la patience, *Rumex patientia* L., originaire de l'Europe orientale, Grèce comprise (*Flor. eur.* I, 86), et du Proche-Orient, et très cultivée encore au XVIIIe siècle. Cette espèce robuste produit sans soins et en abondance de grandes feuilles considérées comme le meilleur succédané de l'épinard (Bois, I, 432-433) ; d'où ses noms vulgaires « oseille-épinard », « épinard perpétuel » ou « immortel », ce dernier faisant allusion à la longévité de la patience dont Théophraste dit plus loin qu'« elle se prolonge indéfiniment ». Vu la hauteur de sa tige florale, qui atteint 1, 50-2 m, l'enfoncement de sa racine jusqu'à trois demi-pieds (*c.* 45 cm) n'est pas surprenant. La figure 694 « Bourgeon de patience se développant » dans Barral — Sagnier, I, 881, illustre bien la vigueur de cette plante.

18. La détermination de cette « patience sauvage » fait difficulté, plusieurs espèces étant ainsi désignées de nos jours. Ce sont essentiellement *Rumex crispus* L. (« patience sauvage », Bonnier, n° 2402 ; ἀγριολάπαθο, Von Heldreich, *Λεξικό*, p. 83), qui serait selon Fraas (*Synopsis*, p. 231 ; *Index plantarum* éd. Wimmer 1866) τὸ ἄγριον λάπαθον de notre passage ; *R. obtusifolius* L. (fr. « patience sauvage », all. *Wilder-Ampfer*, Bonnier, n° 2398), proposé accessoirement par Fraas (*Synopsis*, *ibid.*) ; *R. conglomeratus* Murray (ἀγριολάπαθο,

Von Heldreich, *ibid.*), retenu dans l'*Index of plants* de l'éd. Hort et dans L.S.J. Comme Théophraste attribue à la plante sauvage « de nombreuses tiges et de nombreux rameaux », *R. conglomeratus* , qui a plusieurs tiges et de nombreux rameaux s'écartant de la tige (voir Bonnier, pl. 528), convient mieux que les précédents, dont les rameaux sont relevés le long d'une haute tige dressée (*ibid.*, pl. 524 et 527). Dioscoride (II, 114) qualifie de « sauvages » ses 3e et 4e espèces de λάπαθον : « la troisième est sauvage, petite, assez semblable à un plantain, molle et basse ; il existe aussi une quatrième espèce, appelée parfois oseille ou patience sauvage (ὃ ἔνιοι ὀξαλίδα ἢ λάπαθον ἄγριον καλοῦσιν), dont les feuilles ressemblent à celles de la petite patience sauvage », etc. On reconnaît dans cette ὀξαλίς l'oseille potagère, *R. acetosa* L., bien caractérisée par sa saveur « acide », ὀξύς. Ce n'est pas d'elle que parle Théophraste, à la fois parce que sa tige n'est pas vraiment rameuse (cf. Bonnier, pl. 521) et parce que, selon les plus récentes informations (*Flor. eur.* I, 85), *R. acetosa* n'existe pas à l'état sauvage en Grèce (*contra*, *Consp. flor. gr.* III, 66, par confusion probable avec *R. arifolius* All.). La « patience sauvage » de Théophraste correspond mieux au 3e λάπαθον de Dioscoride et à notre « patience violon » (*R. pulcher* L.), ainsi nommée à cause de l'aspect « panduriforme » que donne à ses feuilles basales un étranglement dans la partie inférieure du limbe (voir Bonnier, pl. 523, fig. 2396 bis). Dioscoride a pu leur comparer assez judicieusement celles de l'oseille, « portant deux oreillettes à la base, (...) le plus souvent entières, mais parfois divisées chacune en 2 ou 3 lobes » (Bonnier, nº 2391). *R. pulcher* a, comme certains plantains (cf. Diosc., *supra*), une rosette de feuilles charnues étalées sur le sol, d'où s'élèvent jusqu'à 20-60 cm des tiges à nombreux rameaux très écartés, recourbés et enchevêtrés. *R. conglomeratus* et *R. pulcher* présentent donc une ressemblance certaine avec la « patience sauvage » de Théophraste. Mais on manque d'arguments décisifs en faveur de l'une ou de l'autre espèce. En effet, si *R. pulcher* a l'avantage d'être très connu parce que très commun partout en Grèce, *R. conglomeratus* n'y est pas rare, même aux environs d'Athènes (*Consp. flor. gr.* III, 62 et 64). Tous deux ont des feuilles alimentaires (cf. pour le premier, H. Harant – D. Jarry, *Guide du Naturaliste dans le Midi de la France,* t. II, Neuchâtel-Paris, 1963, p. 66 ; pour le second, Von Heldreich, *Die Nutzpflanzen*, p. 24 et 79). Le critère écologique, particulièrement net puisque *R. pulcher* croît dans les lieux secs et incultes, au bord des chemins, *R. conglomeratus* dans les fossés et les terrains humides, ne peut s'appliquer aux « patiences sauvages » des anciens, dont l'habitat n'est pas indiqué. La ressemblance avec la bette, que note Théophraste, ne nous éclaire pas davantage, dans l'ignorance où nous sommes de l'aspect exact que présentait alors cette dernière (cf. *supra* , n. 15 et Ch.1, n. 7). Enfin, on ne peut rien conclure non plus de l'indication contenue dans la phrase suivante :

« la longévité de la patience cultivée l'emporte sur celle de la plante sauvage ». Cette dernière serait très probablement *R. pulcher* s'il était sûr que l'espèce est bisannuelle (cf. *Consp. flor. gr.* III, 64), alors que *R. conglomeratus*, de même que *R. patientia*, est vivace ; mais *Flor. eur.* I, 87 donne *R. pulcher* pour vivace également.

19. Au sens botanique du terme : « rempli de suc ». C'est en effet le stockage de l'eau et des substances de réserve dans les tissus d'une racine charnue ou d'un bulbe qui permet à certaines plantes de survivre hors du sol nourricier. L'exemple le plus frappant est celui de la scille (VII, 13, 4) : « suspendue, elle continue à vivre et subsiste très longtemps ».

20. Même formule qu'en III, 17, 1, au sujet du chêne-liège d'Étrurie, « d'une assez belle taille » (εὔμηκες ἐπιεικῶς).

21. Cf. *supra*, §6 *in fine* . – Au sujet de l'adjectif εὐπαχής, absent des dictionnaires usuels, voir n. 8 à IV, 2, 6.

22. Cf. I, 6, 6 et 7.

23. « Les plantes de ce genre » sont d'autres Amaranthacées voisines de la blète / blette (*Amaranthus lividus* L.), et surtout des Chénopodiacées des genres *Atriplex* (« arroche ») et *Chenopodium* (« patte-d'oie », « ansérine »), qui se rapprochent des espèces-types par leurs usages (cf. n. 6 à I, 14, 2 — première occurrence du couple βλίτον ἀνδράφαξυς) et par leur morphologie. Von Heldreich, *Die Nutzpflanzen*, cite (p. 79-80) parmi les plantes sauvages dont les pousses et les feuilles tendres se mangent en « plats d'herbes », sous le nom de βλίτα, *Amarantus Blitum* L. (= *A. lividus* L.) et *Euxolus viridis* Moq. (auj. *A. graecizans* L.) ; comme « épinard sauvage », ἄγρια σπανάκια, *Blitum Bonus-Henricus* Reichb. (auj. *Chenopodium bonus-henricus* L.) ; enfin *Chenopodium album* L. et *C. murale* L. Toutes ces espèces se ressemblent plus ou moins et certaines d'entre elles, aujourd'hui encore ramassées à l'état sauvage, étaient naguère cultivées, par exemple le chénopode Bon-Henri (cf. Bonnier, n° 2366 ; Ducomet, p. 22). La formule vague τῶν τοιούτων est donc justifiée à propos de ce groupe d'espèces.

24. A la suite de Scaliger, lui-même guidé par la traduction latine de Gaza, tous les éditeurs écrivent αἱ μὲν σαρκώδεις, αἱ δὲ ξυλώδεις, <σαρκώδεις> οἷον ἡ τοῦ τευτλίου, κτλ. Dans son compte rendu du t. III de la présente édition, in *Mnemosyne* 52, 1999, p. 218-221, H.B. Gottschalk fait observer avec raison (p. 220) que Théophraste néglige assez souvent de rappeler, dans l'explication qui suit une antithèse, le premier des deux éléments opposés par μὲν… δὲ… Ainsi en V, 1, 5, au sujet des bois de pin et de sapin : τὸ μὲν βαρύ, τὸ δὲ κοῦφον · ἔνδᾳδον γάρ, τὸ δὲ ἄδᾳδον « l'un est lourd et l'autre léger : <le premier> est imprégné de résine, le dernier non résineux » (dans les autres exemples cités *ibid.*, il n'est fait l'économie que de μέν). Chaque fois que le cas se présente, il faut donc conserver le texte transmis, pour respecter un trait de style désormais reconnu.

25. De même que τὰ κεφαλόρριζα au §1 (cf. *supra*, n. 5), τὰ κεφαλοβαρῆ, qui en est, selon Strömberg, *Theophrastea*, p. 82, un synonyme populaire (de fait, le terme figure en I, 6, 8 dans des propos prêtés à « d'autres »), désigne à la fois les espèces à racines tubérisées et les bulbeuses proprement dites. Le radis et la rave au moins entrent donc dans cette catégorie. D'où le sens rectificatif de καὶ « ou plutôt », « pour mieux dire » (cf. par ex. V, 7, 1, avec le même élargissement de l'expression : τὰς τριήρεις καὶ τὰ μακρὰ πλοῖα « les trières ou plus exactement les navires de guerre »), renforcé, semble-t-il, par celui de μάλιστα « tout à fait », « exactement ». Mais on peut aussi faire de πάντων μάλιστα une locution adverbiale indépendante de τῶν κεφαλοβαρῶν et comprendre « ou pour mieux dire surtout chez les espèces... » — On retrouve les végétaux κεφαλοβαρῆ dans le traité aristotélicien *De la longévité* (467 a 34) avec une explication de leur pérennité plus ingénieuse que convaincante.

26. Καὶ λαπάθου peut provenir d'une dittographie de ἀνήθου due à une mélecture d'onciale : finale -ΗΘΟΥ lue -ΑΘΟΥ, initiale A- dédoublée en ΛΑ-, normalisation du doublet fautif d'après λαπάθου dans la liste précédente (l. 16).

27. Νευρόκαυλος caractérise le même type de tige que ἐννευρόκαυλος (VI, 1, 4 et VI, 2, 9), à ceci près que ce dernier qualifie des tiges plus grosses, renfermant des faisceaux de fibres et en général de la moelle, comme on le voit facilement sur une section de tige de fenouil ou de férule. Ombellifères également, l'aneth et la coriandre cités ici ont des tiges fines, simplement fibreuses. Sur ces adjectifs, voir Strömberg, *Theophrastea*, p.109, et notre n. 22 à VI, 2, 9.

28. Ces « racines secondaires » (ἀποφύσεις, litt. « ramifications ») ont été mentionnées plus haut à propos de la bette (§6 ἀποφύσεις δὲ ἔχει παχείας) et de la patience (§7 οὐ γὰρ ἔχει παχείας ἀποφύσεις). — Il n'y a pas lieu de supposer avec Schneider (III, 551) la disparition de ἡ ἀνδράχνη après ὥσπερ dont le rôle est d'atténuer la négation suivante, comme l'avait déjà bien vu Gaza, qui traduit *quasi omnino caret*.

29. La conjecture adoptée par Schneider et les éditeurs suivants (« etsi non sine dubitatione », précise Wimmer en 1842) : βραχυτέραν ... <καὶ> ἐκ τῶν ἄνωθεν πολυκαυλοτέρα, donne un sens bien différent : « l'espèce sauvage a la racine plus courte que la cultivée, et la partie qui est au-dessus du sol a de plus nombreuses tiges » (d'après la trad. Hort). En réalité le texte transmis n'a besoin d'aucune correction : la culture ayant développé les parties consommées dans la laitue, feuilles et tiges tendres, il est naturel de dire que les parties aériennes de la plante sont plus courtes à l'état sauvage qu'en culture. Cela sera répété pour la feuille (VII, 6, 2) en termes semblables : θριδακίνη ... τὸ ... φύλλον ... βραχύτερον τῆς ἡμέρου.

CHAPITRE 3.

1. L'identité de cette « herbe qu'on appelle 'héliotrope' » est moins évidente que ne le laisse croire l'accord des commentateurs (Fraas, *Synopsis*, p. 160 et *Index plantarum* éd. Wimmer 1866 ; Sprengel ap. Wimmer, *ibid.* ; Hort, *Index of plants* ; L.S.J. ; etc.) sur des espèces du genre *Heliotropium* : *H. europaeum* L., *H. hirsutissimum* Grauer (= *H. villosum* Willd.), *H. supinum* L. Théophraste se dispense de la décrire, comme il le fait pour des espèces communes, présumées familières à tous, et se borne aux indications suivantes : c'est une plante sauvage (τῆς πόας ; voir ci-après), à tige rampante (VII, 8, 1) et feuilles persistantes (VII, 10, 5), dont la floraison commence au solstice d'été (VII, 15, 1) et dure longtemps (VII, 3, 1 et 9, 2). La première difficulté tient au sens de πόα dans notre passage. Hort (II, 76, n. 1) donne ce terme pour l'équivalent de τὰ ποώδη, avec renvoi aux définitions de I, 3, 1, et traduit (p. 77) « among herbaceous plants », ce qui fait de τῆς πόας une précision oiseuse dans un livre consacré aux plantes herbacées (VII, 1, 1, l.1 : περὶ τῶν ποωδῶν). Mais deux autres sens restent disponibles : « herbe sauvage », en particulier « mauvaise herbe » des cultures (cf. *C.P.* III, 20, 6, ποασμός « désherbage ») ; « herbe » i.e. « plante médicinale » récoltée et vendue par les « herboristes » (*H.P.* IX, 8, 1 καλοῦσι ... πόαν ἔνια τῶν φαρμακωδῶν οἱ ῥιζοτόμοι). L'espèce la plus banale du genre *Heliotropium*, *H. europaeum*, qui est en Grèce, à la fin de l'été, une des plantes répandues en tous lieux, répond à cette double définition. *Consp. flor. gr.* II, 316, la signale « dans les terrains vagues, les cultures, les champs, (...) partout dans la campagne athénienne ». Elle a d'autre part « des propriétés détersives et résolutives, utilisées pour combattre les verrues » et présente « des traces d'alcaloïdes fortement hépatotoxiques » (A.-M. Debelmas — P. Delaveau, *Guide des plantes dangereuses* [2], Paris, 1983, p. 52), ce qui explique des effets notés par Dioscoride (IV, 190) pour son ἡλιοτρόπιον τὸ μέγα : « il chasse le phlegme et la bile dans le ventre » et « dessèche les verrues pédiculées ». Autres concordances favorables à l'identification traditionnelle : la floraison des *Heliotropium* commence avec l'été et se prolonge jusqu'en octobre-novembre ; leur inflorescence en cyme scorpioïde se compose de deux rangées de petites fleurs qui s'épanouissent peu à peu à partir de la base ; de la tige principale très courte partent des rameaux étalés, ce qui donne l'impression d'une plante prostrée, surtout dans l'espèce *H. supinum* (*Consp. flor. gr.* II, 317). Il y a toutefois une différence irréductible entre l'ἡλιοτρόπιον de Théophraste et les *Heliotropium* (en particulier *H. europaeum*, à savoir l'ἡλιοτρόπιον τὸ μέγα de Dioscoride) : toutes les espèces du genre présentes en Grèce sont annuelles (*Consp. flor. gr.* II, 314-318) et ne peuvent donc pas être qualifiées de ἀείφυλλα (VII, 10, 5) à l'instar de la germandrée grise, identique à elle-même toute l'année, et de

l'adiante (*Adiantum capillus-veneris* L.), qui conserve quelques vestiges de ses frondes même après un hiver rigoureux. Un autre désaccord entre Théophraste et Dioscoride s'explique mieux s'ils ne parlent pas de la même plante : l'ἡλιοτρόπιον doit son nom, pour le premier, à sa floraison ἅμα ταῖς τροπαῖς (VII, 15, 1), pour le second, « au fait que ses feuilles se retournent quand le soleil décline » (il est exact que les feuilles d'*H. europaeum* sont pendantes le matin, horizontales au milieu du jour et de nouveau penchées le soir). Aucune équivalence ne peut être établie non plus entre l'ἡλιοτρόπιον de notre texte et l' ἡ. τὸ μικρόν de Dioscoride, IV, 191. Dans ce dernier, caractérisé par « des feuilles assez voisines de celles de l'espèce précédente [*H. europaeum*], en plus arrondi » et par « un fruit rond, suspendu comme les verrues pédiculées », on reconnaît le tournesol, *Chrozophora tinctoria* (L.) A. Juss., une Euphorbiacée annuelle à fruits tricoques justement appelée *tricoccum* par Pline dans une notice du reste très confuse (XXII, 57-61 ; voir les notes de J. André *ad loc.*). L'observation directe nous a confirmé que ce tournesol sort de terre en juillet, fleurit et mûrit ses graines en août-septembre, et ne passe pas l'hiver, à l'inverse des espèces ἀείφυλλα. E. von Erhardt-Siebold, *The Heliotrope Tradition*, in *Osiris* 3, 1937, p. 22-46, conclut ainsi son exposé des données théophrastéennes : « Une identification de la plante à partir de ces maigres renseignements est naturellement impossible ». Néanmoins la figure 7 de cet article (p. 36) suggère une solution du problème. Elle reproduit l'illustration de la notice *Solago Minor alias eliotropion* du Pseudo-Apulée, 64, dans un manuscrit anglo-saxon du XIe siècle, le *cod. Vitellius* CIII . A côté d'un serpent et d'un scorpion est représentée une plante alexitère immédiatement identifiable avec la scammonée de Montpellier, *Cynanchum acutum* L. : long rameau flexueux, feuilles opposées à limbe triangulaire aigu fortement cordé à la base, forme du bourgeon terminal, tous les détails se retrouvent à l'identique dans de bons dessins de *C. acutum* (par ex. pl. 145 de V. Täckholm, *Students' Flora of Egypt* ², Beirut, 1974 ; pl. 402, n° 1898-2 de Bonnier). C'est une plante vivace du littoral méditerranéen, très répandue en Grèce où le *Consp. flor. gr.* II, 292 la dit « fréquente aux environs d'Athènes, de Phalère, du Pirée, d'Éleusis » (nous l'avons trouvée en abondance sur le site archéologique de Brauron). Ses tiges volubiles qui atteignent plusieurs mètres de long traînent sur le sol en l'absence de support et ses fleurs en grappes axillaires se succèdent de juin à septembre. Les textes médicaux antiques (notamment Diosc. IV, 80 ; Pline, XXIV, 98 ; Galien, XI, 835 Kühn) décrivent sous le nom de ἀπόκυνον / *apocynum* probablement *C. acutum* et une espèce voisine non rampante, *Cionura erecta* (L.) Griseb. (= *Cynanchum erectum* L. ; *Marsdenia erecta* R. Br.) (voir André, *Noms de plantes*, s.v. *apocynum* et *cynocrambe*). Ils ne lui attribuent que le pouvoir d'empoisonner les chiens dangereux, mais *C. acutum* est aussi un purgatif

drastique et a pu jouir de la même réputation de plante alexitère que ses proches parentes mieux connues : en Europe tempérée, le dompte-venin, *Vincetoxicum hirundinaria* Medicus (= *Cynanchum vincetoxicum* Pers.), auquel « on attribuait la propriété de supprimer l'effet du venin de serpent ainsi que de rendre inoffensif le virus de la rage » (P. Schauenberg — F. Paris, *Guide des plantes médicinales*[3], Neuchâtel-Paris, 1977, p. 226) ; en Amérique du Sud, le condurango (*Marsdenia condurango* Reichb. f.), dont le nom spécifique vient « de Condur-Angu, liane du Condor, cet oiseau ayant la réputation dans les pays d'origine de se guérir des morsures de serpent grâce à cette plante » (R.R. Paris – H. Moyse, *Précis de matière médicale*, t. III, Paris, 1971, p. 97). Si l'on admet pour *C. acutum* une tradition de plante médicinale qui partirait de l'« herbe » ἡλιοτρόπιον dans notre texte pour aboutir à l'image du *Vitellius* CIII, on peut penser qu'il s'agit également de cette espèce dans Nicandre, *Thér*. 678-679, où il est recommandé d'utiliser contre les serpents « la jeune pousse homonyme du solstice (ἠελίοιο τροπαῖς ἰσώνυμον ἔρνος), qui, de même que les feuilles glauques de l'olivier [allusion au phénomène de phototropisme décrit dans *H.P*. I, 10, 1 et *C.P*. II, 19, 1, précisément avec l'exemple de l'olivier], marque la course du fils d'Hypérion revenant sur ses pas ». Vu la date de floraison et l'usage de l'héliotrope à cymes scorpioïdes comme remède aux piqûres de scorpion, en vertu de la « signature » (cf. Diosc. IV, 190), ce pourrait être un *Heliotropium* (*H. supinum* / *europaeum* dans l'index de l'éd. Gow – Scholfield, Cambridge, 1953, p. 230, s.v. [ἡλιοτρόπιον]). Mais ἔρνος se dit toujours d'un végétal vivace et ligneux (olivier, palmier, laurier, vigne, roseau dans les références de L.S.J.). Le terme convient donc pour la plante lianescente qu'est *Cynanchum acutum*, et non pour les petites plantes herbacées du genre *Heliotropium*. Ce serait une raison de plus pour regarder la scammonée de Montpellier comme l'ἡλιοτρόπιον de Théophraste et de Nicandre, si toutefois cette plante conserve en Grèce au moins quelques feuilles pendant l'hiver (comme le térébinthe, cité en III, 3, 3 parmi les arbres à feuilles persistantes, alors qu'il est caducifolié dans le Midi de la France). On trouvera un exposé plus général du problème des plantes « solaires » dans l'article *Les « fiancées du soleil »* de nos *Études*, p. 379-393.

2. Les anciens savaient reconnaître sur la plante monoïque qu'est le concombre deux sortes de fleurs : les unes « incomplètes » (I, 13, 4, ἁπλᾶ, « simples »), c'est-à-dire dépourvues de pistil (ce sont pour nous les fleurs « mâles »), donc stériles ; les autres (« femelles ») constituées de manière à former un fruit, qui seules devaient être conservées. Sans doute pratiquaient-ils sur le jeune plant, comme nos jardiniers, les tailles successives qui déterminent plusieurs poussées de bourgeons. La technique est très simple : chaque fois qu'une fleur femelle apparaît sur un rameau, sitôt le fruit noué, on pince le rameau

à une feuille au-dessus de ce fruit, pour produire un nouveau bourgeonnement (Barral – Sagnier, II, 354). A noter que les longues tiges sarmenteuses du concombre, garnies de fleurs qui s'épanouissent l'une après l'autre et donnent des fruits oblongs, ont une certaine ressemblance avec celles de la scammonée de Montpellier (cf. note précédente), elles aussi rampantes, longtemps fleuries et porteuses de fruits fusiformes qui, selon leur grosseur, évoquent pour nous le cornichon (concombre récolté jeune) ou le haricot vert.

3. Ainsi par exemple la fleur du basilic est blanche, celle du concombre, du chou et de l'aneth jaune vif (de même que parmi les plantes sauvages celle de la férule, pareillement qualifiée en VI, 2, 8 de μηλινοειδές), celle de la ciboulette d'un rose lilacé. – Pline, XIX, 100, traduit correctement par *candidus* ἔκλευκα « d'un blanc pur », et non « blanchâtres » comme l'entendent Wimmer (« pallidi ») et Hort (« whitish ») ; cf. III, 10, 3, au sujet du bois du charme « incolore, très blanc » (ἄχροον, ἔκλευκον). – Les « belles couleurs » sont pour Théophraste les teintes vives et chaudes : l'écarlate des fleurs du grenadier (I, 13, 1), le roux safrané de celles du sapin (III, 4, 4 : τῆς γε ἐλάτης τὸ ἄνθος κρόκινον καὶ ἄλλως καλόν), la coloration fauve de certains bois (III, 9, 7, cœur de pin imprégné de résine ; III, 11, 5, hêtre et orme venus en montagne, etc.). D'où la traduction, très libre mais au fond assez juste, de εὔχρουν δ' οὐθέν dans Gaza : *rubri* (scil. *flores*) *nullis emergunt*.

4. Καὶ peut ne pas être traduit si l'on comprend καὶ τοῖς σχήμασι (l. 21)… καὶ τοῖς χρώμασιν ὁμοίως (l. 25) « à la fois pour les formes…et pour les couleurs pareillement ». La traduction de Hort « the seeds too » fait porter inexactement καὶ sur τὰ σπέρματα.

5. L'importance de ce rapprochement qui nous permet de nous représenter, d'après le fruit de l'arroche (Bonnier, pl. 511, n° 2349), celui du silphium, a été exposée dans la note 5 à VI, 3, 1 ; voir également n. 22 à VI, 3, 5.

6. Pline, XIX, 119 (suivi par Gaza) rend γραμμώδη par *canaliculata* « cannelées ». Il est vrai que les graines du cumin, comme celles des Ombellifères en général, portent de fins sillons longitudinaux, mais il s'agit ici de la forme des graines, non de leur ornementation, et γραμμώδης signifie comme en IV, 12, 2 « linéaire », c'est-à-dire d'une faible largeur à peu près égale d'une extrémité à l'autre. C'est à la minceur de ces graines que fait allusion l'épithète d'un avare κυμινοπρίστης « qui scierait en deux un grain de cumin » (cf. H. Gossen, art. *Kümmel* in *R.E.* Suppl. VIII [1956], c. 256). Sur le cumin et sa culture, voir *infra*, n. 8.

7. Alors que la terminologie botanique moderne distingue les « siliques » des Crucifères (Brassicacées) des « légumes » des Légumineuses (Fabacées), Théophraste use d'un seul terme, λοβός « gousse », pour les deux familles : en I, 11, 2, il est dit que les légu-

mineuses, τὰ χεδροπά, ont leur fruit ἐν λοβῷ ; ce sont ici des Crucifères (radis, moutarde, rave) qui représentent les plantes potagères ἐλλοβοσπέρματα. – La liste des espèces « à graines nues », toutes des Ombellifères aromatiques, est reprise de I, 11, 2 *in fine*.

8. On sait aujourd'hui que « des formes sauvages de cumin [*Cuminum cyminum* L.] sont inconnues au Proche-Orient mais se rencontrent en Asie centrale » (Zohary – Hopf, p. 173). Sa culture est néanmoins très ancienne en Égypte, où des rameaux découverts dans la tombe d'Aménophis II (1450-1425) font penser à une production locale, les semences (aromatiques et médicinales) étant seules commercialisées ; de même dans le sud-ouest de l'Asie, d'où la denrée dut être introduite en Grèce, avec son nom (É. Masson, *Recherches sur les plus anciens emprunts sémitiques en grec* , Paris, 1967, p. 51-52). La lecture de *ku-mi-no /-na* dans les tablettes Ge 602 et 605 de Mycènes atteste l'usage de cette épice en Grèce dès le XIIIe siècle *a.C.*, mais on ignore si elle était importée ou récoltée sur place. Des études récentes (M. Casevitz, art. cit. [*supra*, n. 10 à VII, 1, 2], p. 404 ; Y. Duhoux, *Les premiers phytonymes grecs : les données mycéniennes*, in *Les phytonymes grecs et latins*, Nice, 1993, p. 106, avec la bibliographie) font état d'une controverse sur l'identité de ce *ku-mi-no*. Certains (dont M. Wylock, *Aromates*, p. 109-115) penchent pour le « cumin sauvage » de Diosc. III, 60, à savoir *Lagoecia cuminoides* L., indigène en Grèce et particulièrement commun en Attique et dans les îles (*Consp. flor. gr.* I, 618). La plante s'appelle en grec moderne ἀγριοκύμινο (Von Heldreich, *Λεξικό*, p. 42) et ses graines sont parfois utilisées à la place du vrai cumin (André, n. 2 à Pline, XIX, 161 ; D.H. French, *Ethnobotany of the Umbelliferae*, in *The Biology and Chemistry of the Umbelliferae*, ed. by V.H. Heywood, London, 1971, p. 387 et 402). Mais on ne voit pas comment une espèce de la flore grecque aurait reçu un nom sémitique, sinon par rapprochement secondaire avec la plante – ou plutôt la denrée – orientale du même nom, ce qui suppose celle-ci bien connue en Grèce. En tout cas, le κύμινον de Théophraste ne peut être que *Cuminum cyminum.* Sa culture passe pour « très simple » (Barral — Sagnier, II, 469-470) : semis après la fin des gelées tardives, dans une terre chaude, légère et bien préparée (cf. Pline, XIX, 161 ; Palladius, III, 24, 14 et IV, 9, 17), un ou deux binages avant la récolte. C'est au contraire, selon Théophraste, une entreprise assez aléatoire : la graine germe difficilement après une pluie (VIII, 6, 1) ; la plante peut être rongée par la « gale » et par la « salure » (VIII, 10, 1). D'où une précaution fondée sur une superstition générale. De même qu'il est d'usage de substituer un mot grossier à des vœux pour un succès qu'on craint de compromettre, de même les jardiniers antiques croyaient faire mieux pousser leur cumin en le semant avec injures et malédictions (cf. Pline, XIX, 120, pour le basilic et le cumin ; Palladius, IV, 9, 14, pour la rue, difficile à obtenir de semis [voir *supra*, VII, 2, 1, *in fine*]).

On prendra garde à une version inexacte de cette pratique dans l'article *Kümmel* de Gossen (cf. *supra*, n. 6), c. 255 : « au moment du semis on ne pouvait pas maudire et vitupérer ». L'interprétation correcte est fournie par A. de Gubernatis, *La Mythologie des plantes ou les légendes du règne végétal*, Paris, t. II, 1882 [réimpr. Milano, 1976], p. 111-112, qui ajoute : « La superstition populaire qui fait craindre aux mères les félicitations sur la bonne santé de leurs enfants ; les souhaits que les chasseurs toscans s'adressent réciproquement pour la rencontre du loup, *in bocca al lupo*, disent-ils, pour souhaiter au contraire une bonne chasse, tiennent, sans doute, à la même cause et à la même croyance ».

9. A l'inverse de I, 3, 1 où σῖτος correspond à notre « blé » au sens le plus large du terme (cf. aussi VII, 1, 1 τὸ σιτῶδες « les céréales »), il s'agit ici d'un type précis de blé, qui s'égrène spontanément à maturité, en libérant des grains dégagés des glumes. C'est ce que nous appelons un blé « nu », par opposition aux blés « vêtus » (engrain, amidonnier, certaines variétés de froment), dont le grain conserve ses enveloppes même après battage. Nous aurons à revenir sur cette distinction fondamentale dans le commentaire de VIII, 4, 1.

10. Comprendre « parmi les plantes qui ont des graines à tégument épais » (l. 14 τὰ ἐμφλοιοσπέρματα), le cumin étant la plus fructifère des plantes potagères (l. 8-9 πολυκαρπότατον δὲ τὸ κύμινον) tous types de graines confondus. — Le texte adopté depuis Schneider pour combler la lacune des mss. conformément à la logique du passage suit de près celui de l'Aldine mineure : μάλιστα ὤκιμον· πάντα γὰρ (ἅπαντα Schn. ; δὲ Bod.) ξηρανθέντα πολυκαρπότερα γίγνονται (γίνεται Schn.), et s'accorde avec la traduction de Gaza, elle-même proche de Pline, XIX, 120 : *maxime* [*que*] *ocimum, et ideo siccantur omnia ac sunt fecunda*. – Il semble que le séchage ait été empiriquement reconnu favorable à la maturation complète de graines sujettes à tomber trop tôt et par conséquent stériles (cf. n. 21 à VII, 1, 6).

11. Repris de I, 14, 2.

12. Cf. *C.P.* IV, 3, 5-7, où le phénomène est présenté (§5) comme suit, avant discussion (§6-7) : « Que les sujets les plus prompts à monter en tige soient ceux nés de semences juste à point, et partant les plus vigoureuses (la montée en tige est une sorte de venue à terme, si le fruit représente le terme), cela n'a rien d'anormal. Vient au second rang la montée en tige à partir de graines plus vieilles, qui sont le siège d'un dynamisme vital, si l'on peut dire, plus pur et plus puissant, alors que dans les semences récentes il est mitigé et tend pour l'essentiel à la nutrition, comme dans les autres parties de la plante (ce qui est bien nourri est en effet toujours plus tardif) ; si donc on admet que les premières plantes à monter en tige ne sont pas les sujets issus de semences juste à point, mais ceux nés de graines plus vieilles, il n'y a là rien d'anormal ».

13. Dire que les semences végétales ont, *elles aussi*, leur ἀκμή ren-

voie allusivement aux réflexions d'Aristote sur l'optimum de la fécondité animale (*G.A.* 725 b 19-22) : « Le sperme [litt. « la semence », σπέρμα, terme commun à la zoologie et à la botanique] ne se rencontre ni dans le tout jeune âge, ni dans la vieillesse, ni au cours des maladies : dans le cas d'un organisme souffrant, c'est par manque de force ; dans la vieillesse, parce que le corps ne réalise pas une coction suffisante ; pour les sujets jeunes, à cause de la croissance ».

14. Heinsius écrit σπειρομένων après τῶν (l. 3), ce qui ne suffit pas à combler la lacune des mss., mais correspond en partie à ce qui paraît être le sens de la phrase : la semence recueillie dans les meilleures conditions garantit pour les rejetons les qualités de la plante mère. Il n'y a rien de mieux à tirer des autres conjectures proposées ou adoptées : τοῖς ἀπὸ τοιούτων γενομένοις Scal., τῷ τῶν σπειρομένων Stack., τῶν] τοιούτων Schn.

15. La conjecture de Scaliger εἰς τὸ αὐτὸ ἀθρόως rétablit l'ordre des mots correct mais substitue inutilement à ἀθρόον (scil. σπέρμα) l'adverbe correspondant. – Sur le fond, on comparera (II, 6, 1) la multiplication du dattier par semis de noyaux liés ensemble, décrite avec l'explication suivante : « Si l'on met plusieurs noyaux dans le même poquet [εἰς τὸ αὐτό également], c'est que le semis individuel donne des produits chétifs ».

16. Schneider conserve le texte γίνονται μεγάλαι en ajoutant αἱ ῥίζαι. Mais il s'agit moins de racines que de pousses et le masculin μεγάλοι serait préférable, à supposer βλαστάνειν (l. 5) repris par un substantif implicite βλαστοί. La correction de Stackhouse, adoptée par Wimmer et par Hort, reste la solution la plus simple : μεγάλα, attribut neutre de sujets neutres (τὸ πράσον, τὸ σέλινον) ; γίνονται, au lieu de γίνεται attendu, parce que ces deux légumes très différents constituent une pluralité et non un ensemble homogène.

17. Simple variante de la plantation « au piquet » du figuier (II, 5, 4) et de la vigne (II, 5, 5), dont l'avantage est que « le piquet fraie un passage au sarment provigné, qui est faible ». L'application de cette technique au céleri vise de même à permettre (*C.P.* V, 6, 7, *in fine*) « que la racine remplisse tout l'espace » ménagé par le piquet et comblé, en attendant le plein développement du sujet adulte, avec de la terre meuble enrichie, qui fournit les meilleures conditions de croissance à la racine du jeune plant.

18. Wimmer tire ἀγγείῳ d'un passage parallèle dans *C.P.* V, 6, 7 : ἄλλα ... διεξομοιοῦται ... ἐν ᾧ τεθῇ ἀγγείῳ « d'autres plantes deviennent tout à fait semblables au récipient où elles ont été placées » (ἀγγείῳ est supprimé dans l'édition Einarson — Link [Loeb, 1990], on ne sait pourquoi, car le terme se trouve aussi dans *C.P.* V, 6, 4, à propos des concombres « qu'on place dans les récipients », οἱ ἐν τοῖς ἀγγείοις τιθέμενοι [scil. σίκυοι]). L'horticulture antique visait non seulement à sélectionner chez les Cucurbitacées les formes naturelles

les plus originales (notamment pour la gourde, dont Pline [XIX, 72], Columelle [X, 381-385], Palladius [IV, 9, 16] recommandent de prélever les graines de semence sur le col pour obtenir des fruits allongés, dans la panse pour les avoir renflés), mais aussi à faire de leurs fruits des objets de curiosité en les enfermant tout jeunes dans des récipients dont ils prenaient la forme (cf. Pline, XIX, 64, au sujet des concombres, et surtout XIX, 70 : « La gourde s'allonge (...) grâce à des étuis d'osier où on l'introduit après la floraison ; elle grossit en prenant la forme qu'on lui impose, généralement celle d'un serpent replié sur lui-même » [trad. J. André] ; Palladius, IV, 9, 7-9, pour des recettes permettant de modeler les concombres en leur donnant même une forme humaine ou animale ; également *Géop.* XII, 6-7). C'était là une pratique courante dont les agronomes ne sont pas seuls à parler ; dans le traité hippocratique *De la génération*, IX, 3, le développement du fœtus dans la matrice est comparé à celui du concombre placé dans un godet. A propos de notre passage, W.T. Thiselton-Dyer, *On Some Ancient Plant-Names* III, in *Journ. Phil.* 34, 1915, n° 21 σικύα, note (p. 298) que le jeune fruit de la gourde a une écorce malléable susceptible d'épouser les contours du récipient qui le contient, de sorte qu'on voit en Extrême-Orient des gourdes ornées d'inscriptions en haut relief imprimées par le moule sur leur écorce avant durcissement.

19. Raccourci d'expression assez abrupt : διαφορὰν λαμβάνει— ἔνια concerne évidemment les fruits, mais προθεραπευθέντα doit s'entendre des graines de semence ; d'où la précision apportée secondairement à ἔνια par le génitif partitif τῶν σπερμάτων.

20. Trempage dans du lait également, ou dans de l'eau, en VII, 1, 6, mais pour hâter la germination ; pour l'adoucissement du fruit, trempage dans du lait, additionné ou non de miel (*C.P.* II, 14, 3 ; III, 9, 4 ; Pline, XIX, 64 ; *Géop.* XII, 20, 3).

CHAPITRE 4.

1. L'ajout nécessaire dans la traduction ne l'est pas dans le texte, la formule οὔ φασιν (εἶναι) étant reprise à l'identique au §3 (p. 13, l. 16). Τούτων γὰρ οὔ φασιν εἶναι confirme, par référence implicite aux spécialistes consultés, le fait qu'énonce objectivement τῶν δὲ οὐκ ἔστιν (l. 19). Le cas de la rue montre l'utilité d'un tel rapprochement : en I, 10, 4, le type de feuille charnue « en largeur et non en épaisseur » a été illustré par l'exemple des bettes, des choux et « de ce qu'on appelle les rues » (τῶν πηγανίων καλουμένων) ; le pluriel, attendu pour les deux premières espèces (citées ici même parmi celles qui ont plusieurs variétés), laisse entendre que la rue cultivée, *Ruta graveolens* L., se présentait sous diverses formes, à feuilles plus ou moins larges (cf. n. 10 *ad loc.*) ; en raison de cette variabilité (la rue est dite en I, 9, 4 sujette à une dégénérescence), il n'était pas superflu de préciser que les jardiniers n'en distinguaient pas plusieurs variétés.

2. L'origine du radis cultivé, *Raphanus sativus* L., est incertaine, comme celle de nombreuses plantes très anciennement domestiquées. De Candolle écrivait en 1883 (p. 23) : « Il n'y a pas de doute que l'espèce est originaire des régions tempérées de l'ancien monde ; mais, comme elle s'est répandue dans les jardins, depuis les temps historiques les plus reculés, de la Chine et du Japon jusqu'en Europe, et qu'elle se sème fréquemment autour des cultures, il est difficile de préciser son point de départ ». Un siècle plus tard, l'opinion des spécialistes n'a guère changé, en l'absence de données archéobotaniques qui permettraient de mieux cerner le problème. Pour D. Zohary et M. Hopf (1988, p. 214), « il est très probable que le radis, la laitue, la bette, le poireau et plusieurs autres légumes sont entrés en culture par 'la porte de derrière' », comme mauvaises herbes que l'homme a involontairement améliorées et rendues consommables. L'expérience a démontré cette possibilité d'évolution pour le radis sauvage d'Europe et d'Asie tempérées, *Raphanus raphanistrum* L. : un jardinier du Muséum d'histoire naturelle de Paris « a eu l'idée de semer dans un terrain fort et dans un terrain léger du *Raphanistrum* à racine grêle, et dès la quatrième génération il a récolté des radis charnus, de forme et de couleur variées, comme ceux des jardins » (De Candolle, p. 26). Hormis la certitude que l'antiquité classique n'a pas connu le radis rose, rapporté d'Extrême-Orient en Europe à la fin du moyen âge et de culture courante en Angleterre à partir du XVIe siècle (Hoefer, p. 533), il n'y a rien à ajouter aux dires de Théophraste.

3. L'hapax ἀμωρέα d'Athénée, 56 f, a été rapproché des noms latins d'un radis sauvage dans Diosc. II, 112 : ἀγρία ῥαφανίς, ἣν Ῥωμαῖοι ἀρμοράκιον (vel ἀμαράκινον ; *emoracium* dans Dioscoride latin, II, 96) καλοῦσι..., et dans Pline, XIX, 82 :*unum siluestre...uocant Pontici armon... nostri armoraciam* : « Il existe une espèce sauvage que les gens du Pont nomment *armon* et les Latins *armoracia* ». En dépit d'une certaine ressemblance formelle, la parenté de ces termes est douteuse, d'autant plus même que rien ne rappelle ἀμωρέα dans la traduction que donne Pline (XIX, 75) de Théophraste :... *corinthium, cleonaeum, liothasium, boeotium et quod per se uiride dixerunt.* C'est *uiride* qui correspond au terme grec litigieux (cf. André, n. 3 *ad loc.* : « Il serait possible que Pline, à la lecture à haute voix, ait entendu ἄωραν (...) 'non mûr' et traduit par *uiride* »). Les botanistes modernes ont aggravé la confusion en donnant le nom d'*armoracia* au cranson ou raifort proprement dit (ne pas prendre le terme au sens de « radis noir » ; cf. n. 17 à I, 2, 7), *Cochlearia armoracia* L. (auj. *Armoracia rusticana* Reichb.), espèce russo-sibérienne étrangère au monde antique. De là une identification erronée dans l'*Index plantarum* de Wimmer 1866 : « Ῥ. ἀμωρέα, *Armoracia sativa* Bernh., le grand raifort », reprise (avec doute) dans l'*Index of plants* de l'éd. Hort : « ῥαφανὶς ἡ ἀμωρέα, horse-radish

(?) ». Notre conjecture ἀμαυρὰν se fonde d'une part sur la leçon de U : μοραν et d'autre part sur la glose d'Hésychius ἄπλυτοι ῥαφανίδες, rapportée, il est vrai, à des radis de Thasos (ἃς καὶ θασίας τινὲς ἔλεγον). La mention de ces radis « non lavés » est ainsi commentée par Schneider (III, 558) : « Ἄπλυτος dicta videtur a nigro colore corticis, quasi illota radix ». Quoique ἀμαυρός « n'exprime pas proprement une couleur » (*D.E.L.G.* s.v.), à la différence de g.m. μαυρός « noir », ce peut être comme ἄπλυτος le qualificatif d'un radis noirâtre — mais aussi bien grisâtre ou jaunâtre —, en tout cas de la couleur douteuse d'un objet qu'on ne réussit pas à rendre net (cf. exemples de ἀμαυρός « indistinct » en VI, 2, 5 et 8 ; VI, 7, 1). – Cléones, à laquelle la variété κλεωναία devait son nom, est une ville de Corinthie célèbre pour ses remparts depuis l'*Iliade* jusqu'à la basse époque. R. Baladié, *Le Péloponnèse de Strabon*, Paris, 1980, p. 265, en décrit les alentours comme « une zone de collines basses et riantes avec des oliviers et des vergers sur leurs pentes », donc propice à des cultures maraîchères assez peu exigeantes en eau. Pour situer cette ville, voir aussi G. Roux, *Pausanias en Corinthie*, Paris, 1958, fig. 50.

4. Ce serait, selon Pline, XIX, 77, une plante sauvage (*Est praeterea genus siluestre, cuius folia sunt erucae similia*), alors que Théophraste parle ici de variétés cultivées, sur lesquelles il n'est évidemment pas question de mettre un nom.

5. La rave (*Brassica rapa* L.) ne figure dans aucune des deux listes du §1, mais bien qu'elle appartienne à un genre botanique différent, elle est assez voisine du radis pour lui être associée, voire assimilée dans le langage courant. « Il est curieux, constate Bois (I, 42), que le nom de Rave soit donné à des variétés de Navets à racine courte, et qu'on l'applique, d'autre part, à des Radis à racine longue. » Sans doute serait-il vain de vouloir identifier des variétés actuelles dans le groupe confus des radis, raves et navets de l'antiquité. Néanmoins la remarque de Bois justifie le parti pris par Théophraste de consacrer à la rave un appendice à la notice du radis, et en soulignant l'étroite parenté de la rave et du navet (*B. napus* L.), elle éclaire cette phrase d'Athénée (369 b) : Θεόφραστος δὲ βουνιάδα μὲν οὐκ ὀνομάζει, ἄρρενα δὲ καλεῖ τινα γογγυλίδα, καὶ ἴσως αὕτη ἐστὶν ἡ βουνιάς « Théophraste ne nomme pas le navet, mais il appelle 'rave mâle' une sorte de rave qui est peut-être le navet ». Les plus anciennes occurrences de βουνιάς dans les textes conservés, chez Agatharchide et Nicandre (cf. L.S.J.), sont en effet largement postérieures à Théophraste, ce qui ne veut évidemment pas dire que le navet était inconnu jusque-là. Comme le pense Athénée, il est probable que Théophraste l'inclut dans les γογγυλίδες, auxquelles il applique la distinction traditionnelle entre la « femelle », courte, charnue et tendre (en accord avec l'étymologie de γογγυλίς, dérivé de γογγύλος « rond » ; cf. F. Skoda, *Le redoublement expressif*, Paris, 1982, p. 62) et le « mâle »,

de plus grande taille, mince et ferme (sur cette opposition fréquente chez Théophraste, voir en particulier G. Wöhrle, *Theophrasts Methode*, (*op. cit. supra*, Ch.1, n.1), p. 12, n. 24 ; p. 53-56 et 104-105 ; C. Gorm Tortzen, *Male and female in peripatetic botany*, in *Classica & Mediaevalia* 42, 1991, p. 81-110). La grande instabilité des divers types de navets et de raves, encore aggravée par l'impureté des semences, permettait de dire que « mâle » et « femelle » venaient ἐκ τοῦ αὐτοῦ σπέρματος, leurs caractères respectifs étant accentués par les conditions du semis.

6. Cf. Barral — Sagnier, IV, 457, s.v. repiquage : « Le repiquage est un moyen pratique de sélection. Lors de cette transplantation, on n'utilise que les plants les mieux venants et qui présentent toutes les garanties de vigueur. Pour cette raison, toutes les plantes devant servir de porte-graine sont toujours repiquées, même celles à racines pivotantes, telles que les radis, les navets, etc. »

7. L'arrêt de la photosynthèse consécutif à la disparition des parties vertes de la plante pendant l'hiver empêche la formation des substances âcres ou amères qui se développent en même temps que la chlorophylle, et favorise la concentration des glucides dans les organes de réserve que sont pour les raves, navets et radis leurs racines tubérisées.

8. Phrase embarrassante, surtout si τῆς ὁμοιώσεως est rapporté à τὰς διαφοράς. De Gaza à Wimmer (1866) la traduction *differentiae similitudinis* est constante ; Hort estime τῆς ὁμοιώσεως corrompu et en vient, on ne sait comment, à proposer : « It needs explanation that both plants should thus adapt themselves in special ways ». La « ressemblance » ou l'« assimilation » (deux sens possibles du terme) de la rave et du radis (καὶ αὐτὴ καὶ ῥαφανίς) va de soi en ce qui concerne les caractères énoncés les derniers (χειμαζομένη [l. 2] — ταχὺ [l. 5]), alors qu'elle est sujette à caution pour l'existence dans la rave de types différenciés comparables aux variétés du radis. Nous comprenons donc : « ceci (τοῦτο annonçant l'infinitive ἐν ἀμφοῖν εἶναι τὰς διαφοράς) demande compte (λόγου δεῖται) de l'assimilation (τῆς ὁμοιώσεως), à savoir que les différences existent dans les deux espèces ».

9. En dépit d'une ressemblance formelle qui a souvent égaré Pline (cf. en part. XIX, 80, avec la note de J. André), ῥάφανος « chou » est bien distingué par Théophraste de ῥαφανίς « radis ». Le risque de confusion était réel, puisque la substitution de κράμβη à ῥάφανος, qui s'ébauche à la fin du IVe siècle (voir n. 3 3/ à I, 3, 1), est accomplie au début de notre ère : Dioscoride décrit le chou potager sous le nom de κράμβη ἥμερος (II, 120), l'espèce sauvage sous celui de κράμβη ἀγρία (II, 121), sans que ῥάφανος apparaisse dans ces notices — ni dans les listes de synonymes qui leur sont annexées. Selon Athénée (369 f), « voici ce qu'écrit Théophraste : 'du chou (*raphanos*, c'est-à-

dire *krambè*) [Τῆς δὲ ῥαφάνου - λέγω δὲ τὴν κράμβην -], une variété est à feuilles frisées, l'autre est sauvage' ». Il se peut que la synonymie ait été indiquée oralement par le botaniste du Lycée et notée par un de ses élèves dans l'exemplaire qu'Athénée eut entre les mains : ne lit-on pas dans Aristote, *H.A.* 551 a 15-16, que des chenilles naissent ἐπὶ τῆς ῥαφάνου, ἣν καλοῦσί τινες κράμβην ? Reste à savoir ce que vaut la citation d'Athénée, libre dans sa forme et tronquée, puisqu'elle omet le chou à feuilles lisses (ἡ μέν ἐστιν οὐλόφυλλος, ἡ δὲ ἀγρία). C'est néanmoins sur elle que s'est appuyé Schneider pour remanier ainsi le texte de Théophraste : Τῆς δὲ ῥαφάνου ... ἡ μέν ἐστιν οὐλόφυλλος, ἡ δὲ λειόφυλλος, καὶ τρίτη ἡ ἀγρία, ἣ ... ἔχει ... Ὁμοίως δὲ ... Wimmer, suivi par Hort, respecte mieux la tradition directe, mais se débarrasse par une correction de la relative gênante : Τῆς δὲ ῥαφάνου ... οὐλοφύλλου τε καὶ λειοφύλλου καὶ τρίτης τῆς ἀγρίας, <ἡ ἀγρία>... ἔχει ... Ὁμοίως δὲ ... Le texte des mss. n'a besoin d'aucune correction ; il suffit de ne pas couper la phrase avant ὁμοίως δὲ et de voir dans ce δὲ la particule « confirmative » (= « oui », « dis-je », *vel sim.*), d'emploi fréquent lorsque après une parenthèse ou une anacoluthe le locuteur reprend la suite logique de l'énoncé.

10. « Le Chou est certainement l'une des plantes que l'homme primitif a utilisées pour sa nourriture, en cueillant des feuilles de la plante sauvage. La culture paraît très ancienne, probablement préhistorique » (Bois, I, 31). Quoique le débat taxinomique reste ouvert autour de *Brassica oleracea* L., de ses descendants et de ses hybrides probables avec les espèces affines (voir V.H. Heywood in *Flor. eur.* I, 336-337), *B. oleracea* est unanimement considéré comme l'ancêtre de notre légume. Signe de sa domestication et de sa diffusion précoces dans le bassin méditerranéen comme dans l'Europe tempérée, Théophraste en connaît deux races cultivées, alors que l'espèce n'est pas indigène en Grèce, mais seulement sur le littoral atlantique et les côtes méditerranéennes comprises entre le nord-est de l'Espagne et le nord de l'Italie ; « la plante peut avoir été domestiquée dans cette aire globale » (Zohary — Hopf, p. 170). La culture moderne privilégie des formes « améliorées » d'origine tératologique : choux pommés, dont les feuilles supérieures s'imbriquent étroitement sur la tige atrophiée, en se resserrant jusqu'à former une grosse tête ; chou-fleur, qui « traite sa hampe fleurie comme le chou pommé traite sa tige : par contraction des entre-nœuds et condensation aboutissant à une inflorescence monstrueuse de fleurs non fonctionnelles, inaptes à la reproduction sexuée et devenues tendres et comestibles » (Pelt, p. 99) ; chou de Bruxelles, obtenu à la fin du XVIIIe siècle par étêtage des souches mères déterminant l'apparition sur la tige de nouveaux bourgeons eux aussi transformés en petites « pommes ». L'antiquité n'a connu rien de tel, mais deux races à feuilles bien dégagées de la tige, avec des lobes soit d'un

contour rectiligne, soit à bords ondulés ou frisés (sans rapport avec le « chou frisé » actuel, qui est par excellence le chou de Milan, pommé et à feuilles cloquées, non antérieur au XVIIe siècle). Les « herbiers » de la Renaissance présentent côte à côte *Brassica laevis* et *Brassica crispa*, sous un aspect sans doute voisin de celui des choux antiques. Ainsi par exemple, au chapitre CXLVIII de Leonhart Fuchs, *Den nieuwen herbarius*, Bazel, 1543, conservé à l'Universiteitsbibliotheek de Leiden (document aimablement communiqué par M. van Raalte).

11. La plante sauvage est *Brassica cretica* Lam., endémique du sud-est de la Grèce et de la région égéenne, où elle croît dans les fentes de rocher. Ses rameaux fortement ligneux en font un sous-arbrisseau (cf. I, 3, 1) plutôt qu'une plante herbacée. La mention d'une feuille arrondie sera explicitée plus loin (VII, 6, 2 ; voir n. 6 *ad loc.*).

12. Selon V. Raulin, *Description physique de l'île de Crète*, Paris, 1869, p. 710, les jeunes feuilles de *B. cretica* sont consommées comme celles du chou potager (peut-être après ébullition prolongée pour diminuer l'âcreté). Les vertus médicinales du chou, toutes espèces et variétés confondues, étaient tenues en haute estime dans l'antiquité. « Il serait long d'énumérer les mérites du chou, déclare Pline (XX, 78), alors que le médecin Chrysippe lui a consacré un ouvrage particulier (...) et que Dieuchès et avant tous Pythagore, et Caton ne l'ont pas moins généreusement célébré. » Suit une longue liste d'indications thérapeutiques, parmi lesquelles cette opinion des médecins grecs (§84) que « le chou incomplètement cuit (...) relâche le ventre et, cuit deux fois, le resserre » (voir aussi n. 1 de André *ad loc.*). Cet usage figure encore, avec un essai d'explication, dans le *Dictionnaire universel des drogues simples* de N. Lemery, 3e éd., Paris, 1748, p. 124 : « Les choux lâchent le ventre par leur partie la plus subtile ou la plus saline, et ils le resserrent par leur partie terrestre ; ainsi le premier bouillon des choux est laxatif, et le dernier est astringent ». On constate simplement aujourd'hui la présence dans le chou de dérivés sulfurés dont l'action antimicrobienne peut être mise à profit dans les troubles intestinaux. – Cette mention d'un emploi médical s'ajoute à d'autres semblables dans les livres précédents : III, 18, 3 (sur le fruit du paliure) « Les médecins le cassent et l'utilisent contre la toux » ; IV, 2, 8 (sur l'acacia d'Égypte) « Sa fleur est (...) douée de propriétés médicinales qui font que les médecins la récoltent » ; IV, 16, 6 (au sujet de l'antagonisme de la vigne et du chou) « Androcyde alla jusqu'à exploiter la chose comme preuve en faveur du remède contre le vin qu'il tirait du chou et qui, à l'en croire, chassait l'ivresse ». De telles marques de l'intérêt constant de Théophraste pour l'aspect pharmacologique de sa recherche sont des éléments à verser au débat entre D.E. Eichholz, qui le nie (*Theophrastus. De lapidibus*, Oxford, 1965, p. 7 et n. 2 : « Theophrastus (...) excluded pharmacology from his treatise on plants ») et J. Scarborough, pour qui l'*Historia plantarum*,

indépendamment du livre IX, « attests to Theophrastus's great interest in medicinals, and plant medicinals in particular » (*Theophrastus on Herbals and Herbal Remedies*, in *Journal of the History of Biology* 11, 1978, p. 353-385 ; voir p. 354).

13. Rappel par le démonstratif de l'objet éloigné du fait énoncé plus haut (§3) : « à variété excellente, graine fine ; à variété médiocre, graine grosse ». La correction de Schneider ἐν ἐκείναις (scil. ῥαφάνοις), adoptée par Wimmer et par Hort, ne se justifie pas.

14. Traduit dans Pline, XIX, 132, que J. André (n. 1 *ad loc.*) commente en ces termes : « Nos bettes sont des espèces cultivées issues d'une même espèce sauvage (*Beta maritima* L.) (...), mais les Grecs avaient déjà obtenu deux variétés par la culture, qui sont *beta nigra*, la bette commune ou bette ordinaire (*Beta vulgaris* L.), et *beta candida* ou *alba*, la bette blanche ou poirée (*Beta Cicla* L.), à cardes blanches, que l'on reconnaîtra dans celle de Col., 10, 254, *folio uiridis, pede candida beta* ». Il est probable, mais non certain, que la distinction de Théophraste se fonde sur la même réalité.

15. Sur le scolyme, voir VI, 4, 7 et n. 23. – « Les botanistes s'accordent à considérer la laitue cultivée comme une modification de l'espèce sauvage appelée *Lactuca Scariola* » (De Candolle, p. 75). Comme celle-ci a une aire naturelle extrêmement étendue, des Canaries à l'Inde et de l'Abyssinie à la Sibérie (Id., p.76), différentes formes géographiques existent à l'état spontané ; en outre, une culture très ancienne a fait apparaître des variétés qui n'ont plus du tout l'aspect de leur ancêtre sauvage (Pelt, p. 110-111). Celle qui est ici comparée au scolyme avait au contraire des feuilles dures, presque épineuses – comme *L. scariola / serriola* – et profondément découpées. La mention de la tige laisse entendre que les laitues connues de Théophraste n'étaient pas « pommées » comme les nôtres, mais « montées », de sorte que les feuilles consommées étaient les caulinaires, disposées le long de la tige comme celles des choux à la même époque (cf. *supra*, n. 10).

16. Pline (XIX, 125) dit plus modestement « des portillons » (*ostiola*). L'élargissement et l'aplatissement de la tige est, à l'origine, le phénomène tératologique dit « fasciation », les tiges et les rameaux qui en sont affectés étant appelés « fascies ». Plusieurs végétaux sauvages, tels le genêt d'Espagne (*Spartium junceum* L.) et les frênes, y sont particulièrement sujets ; nous l'avons également observé en culture sur une inflorescence de chou. Comme les organes ainsi déformés ont un aspect insolite, parfois décoratif, on a fixé ce caractère dans certaines espèces ornementales, notamment la célosie à crête, « passevelours » ou « crête-de-coq », *Celosia cristata*, var. *fasciata* ; la fasciation transforme ses inflorescences « en éventails amples et charnus à marges ondulées ou crépues rendues hispides-veloutées par les innombrables fleurs serrées » (*Encyclopédie du monde végétal*, Paris,

Quillet, 1964, p. 1164 et 1165 [fig.]). Il n'est donc pas invraisemblable que les jardiniers grecs aient sélectionné une variété de laitue dont les fascies, une fois durcies par la dessiccation, tenaient lieu de planches pour la construction de portillons rustiques.

17. Cette variété « fortement laiteuse » fait penser à la μηκωνίς d'Épicharme (ap. Ath. 70 f) donnée pour un légume médiocre ; son nom dérivé de μήκων « pavot » rappelle que son suc partage, à un moindre degré, les propriétés sédatives de l'opium. Pline aussi mentionne (XIX, 126) « une laitue blanche, nommée *méconis* pour l'abondance de son lait soporifique », qui est la laitue vireuse, *Lactuca virosa* L. (cf. André, n. 4 *ad loc.*), encore cultivée pour la pharmacie. « Elle peut être consommée sans inconvénient, en dépit de sa réputation de vénénosité, nous en avons plusieurs fois fait l'expérience », affirme Ducomet (p. 37). L'usage alimentaire des rosettes de la laitue vireuse cuites en plat d'herbe était connu encore récemment dans les Cévennes (A. Renaux, *Le savoir en herbe*, Montpellier, 1998, p. 366). Inversement, Bellakhdar, *Pharmacopée marocaine*, p.198, rapporte un cas d'empoisonnement mortel par *L. virosa*, et des accidents dus à *L. virosa* et à *L. scariola* confondues avec des laiterons comestibles. Mais il se peut que ces plantes aient une toxicité variable suivant les régions – de même que la morelle (*Solanum nigrum* L.), réputée dangereuse chez nous et couramment consommée en Grèce (cf. *infra* , VII, 15, 4) – ou encore que leur toxicité s'atténue dans certaines conditions de culture. En tout cas, selon D. Kučan (art. cité [n. 15 à VII, 2, 6], p. 103), « dans les prélèvements effectués à Samos, il y avait de nombreux fruits (akènes) de laitue sauvage. L'étonnante fréquence de la laitue dans les contextes de fouilles, associée à beaucoup d'autres plantes cultivées, de la céramique et des déchets de bois datant du VIIe s., peut être considérée comme un indice de son utilisation à Samos. Comme d'autres espèces de *Lactuca*, le lait de la *Lactuca serriola* contient de la lactucérine et la lactopicrine amorphe en quantité non négligeable. Le lactucarium qu'on en tire a un effet narcotique et anesthésiant semblable à celui du pavot ». *L. virosa* et *L. scariola /serriola* en son état naturel ou semi-domestique ont donc des traits communs avec la dernière espèce de Théophraste, dont on ne peut rien dire de plus.

18. Au terme d'une vive controverse entre les partisans du céleri et ceux du persil, dont on trouvera le détail dans Andrews, *Celery and Parsley* ...(cf. n. 22 à VII, 1, 6), il est bien établi que σέλινον désigne le céleri potager, forme cultivée de l'ache des marais (ἑλειοσέλινον en VII, 6, 3), l'un et l'autre réunis sous le nom scientifique de *Apium graveolens* L. Une erreur tenace consiste à retarder d'un millénaire l'usage alimentaire du céleri. Ainsi selon Bois (I, 232-234), l'ache « ne paraît pas avoir été cultivée, comme plante potagère, avant le milieu du XVIe siècle. Tous les botanistes de la Renaissance la citent seulement pour ses usages en médecine (...). Les Italiens (...) cultivaient le

Céleri pour la table au XVIe siècle ; mais il était peu populaire chez eux à cette époque ». *Contra*, De Candolle, p. 71 ; avec des réserves, André, *L'alimentation*, p. 30 : le céleri « que les Romains avaient obtenu par la culture [réf. à Columelle, Pline, Palladius], assez tardivement, puisque Caton ne le mentionne pas, n'avait sans doute pas encore été très amélioré ». Cela rejoint précisément ce qui est dit dans notre texte : « tout ce qu'il y a de tel reste assez proche de l'espèce sauvage ». Il n'empêche que le céleri, décrit ici entre laitues et concombres, était destiné à la table, et non à l'officine. – Le céleri n'ayant pas d'autre tige que la hampe florale, καυλός désigne essentiellement le long pétiole fibreux de sa feuille (cf. I, 10, 7). Au cours des siècles, la culture a réussi à le rendre plus charnu, plus tendre et moins filandreux. Mais en se gardant de tout anachronisme, on doit admettre que le légume de l'antiquité était déjà un céleri « à côtes » et en l'occurrence traduire ainsi καυλός.

19. Cette mention d'un limbe foliaire divisé en de nombreux segments frisés, qui lui confèrent une épaisseur et une compacité remarquables, a souvent fait penser à une variété courante de persil. « Le PERSIL FRISÉ, déclare Bois (I, 235), est d'origine ancienne, car il semble bien qu'il s'agit de lui lorsque Théophraste, trois cents ans avant l'ère chrétienne, parle d'une variété d'*Ache à feuilles frisées.* » Le même auteur cite cependant parmi les variétés horticoles de céleri (I, 233) le « CÉLERI PLEIN BLANC FRISÉ, [dont] les feuilles sont ondulées crispées ». Quelle que fût l'efficacité, réelle ou prétendue, de la méthode préconisée (*H.P.* II, 4, 3 ;*C.P.* V, 6, 7), il est certain que les jardiniers grecs avaient obtenu une variété de céleri dont la frisure a été proverbiale, de l'antiquité à nos jours. N.-P. Bénaky, *Des termes qui désignent le violet dans l'antiquité*, in *Rev. Ét. Gr.* 28, 1915, p. 16-38, signale (p. 36) la comparaison d'une chevelure frisée à un céleri dans la littérature antique tardive ([Théocr.], XX, 23 ; Lucien, *Portraits*, 5 – exemples auxquels on peut ajouter *Anth. Pal.* V, 121 ; Lucien, *Amours*, 26), ainsi que dans l'expression moderne μαλλιὰ σὰν σέλινα « des cheveux comme des céleris » (sans confusion possible avec le persil, qui se dit en g.m. μαϊντανός ou μακεδονίσι).

20. Une certaine diversité chromatique se retrouve dans les variétés horticoles modernes : après avoir cité des céleris à côtes blanches, Bois ajoute (I, 233-234) : « Les pétioles ont une teinte violette assez accentuée dans le C. VIOLET DE TOURS ». D'autre part, nous avons observé sur l'ache des marais des pétioles d'un beau pourpre au cœur de la plante, entourés d'autres jaunâtres sur les faisceaux de fibres et teintés de pourpre dans leur intervalle.

21. Rappel de l'opposition (*supra*, §2-3) entre le radis, qui a plusieurs variétés, et la rave, dont des sujets « mâles » ou « femelles » sortent de la même semence. Athénée (58 f) n'apporte ici qu'un texte corrompu, mal corrigé par Desrousseaux (C.U.F.), la notion

d'« espèces fixées » (ἐμμενεῖς [conj. pour ἐν μέρει] ἰδέας) étant, semble-t-il, étrangère à la pensée antique ; la correction de μέρει en γένει est plus économique et donne un sens plus satisfaisant : « Quant aux citrouilles (τῶν κολοκυντῶν), dit Théophraste, il n'en existe pas de formes à l'intérieur de l'espèce (οὐκ εἶναι ἐν γένει ἰδέας [pour ce dernier terme, voir *H.P.* I, 12, 1 ; I, 14, 5 ; VI, 2, 7]), mais certaines sont meilleures… ».

22. Originaire de l'Inde (on l'a trouvé à l'état sauvage dans les vallées himalayennes), le concombre, *Cucumis sativus* L., a été domestiqué très tôt dans sa patrie, d'où il s'est propagé en Chine et au Proche-Orient (De Candolle, p. 210-212 ; Pelt, p. 133-135). Ses nombreuses mentions chez Théophraste et maintes précisions sur sa culture (trempage des graines [*H.P.* VII, 3, 5 ; *C.P.* II, 14, 3 ; III, 9, 4], culture dans des pots et récipients divers [*C.P.* V, 6, 4] ; apport d'eau [ici même et VII, 5, 2] ; empoussiérage des fruits [*H.P.* II, 7, 5 ; *C.P.* III, 16, 3-4] ; etc.) prouvent l'importance du concombre dans l'alimentation végétale des Grecs, autrefois comme aujourd'hui.

23. L'existence au IVe siècle *a.C.* de « fort nombreuses variétés d'oignon » s'explique par la grande ancienneté de sa culture. « Comme l'ail, l'oignon [*Allium cepa* L.] n'est pas un élément méditerranéen. Son plus lointain ancêtre n'est pas encore identifié d'une manière convaincante ; mais la plante cultivée présente d'étroites affinités morphologiques avec *A. oschaninii* B. Fedtsch., qui croît à l'état sauvage dans le nord de l'Iran, l'Afghanistan et les territoires adjacents qui font partie de l'Asie centrale soviétique » (Zohary — Hopf, p. 170). Sa domestication et sa diffusion hors de son aire naturelle se perdent dans la nuit des temps. On sait ce que dit Hérodote (II, 125) de la pyramide de Chéops (*c.* 2700 *a.C.*) : « il est noté sur la pyramide en caractères égyptiens ce qu'il en coûta pour fournir aux ouvriers (…) des oignons et de l'ail. » Si contestable que soit ce témoignage dans sa forme même, la présence de l'oignon en Égypte dès l'Ancien Empire est confirmée par l'archéologie : « des gravures murales représentant des oignons apparaissent (…) dans les pyramides d'Unas (*c.* 2420 *a.C.*) et de Pépi II (*c.* 2200 *a.C.*) » (Zohary — Hopf, p. 169). Sur l'histoire de l'oignon dans le monde antique, voir Pelt, p. 77-80.

24. Selon Wimmer 1842 (p. 241), la correction de γάρδια en σάρδια, d'après Pline, XIX, 101 (*Sarda*), remonte à J. Meursius, *Theophrastus s. Lectionum Theophrastearum Libellus*, Lugd. Bat., 1640, p. 98. – Au sujet des oignons de Cnide, Pline (*ibid.*) ajoute à Théophraste que leur odeur est la moins forte. – L'oignon de Samothrace avait une réputation égale à celle du thym de l'Hymette (cf.VI, 2, 3-4), si l'on en croit Eubule (fr. 18, 2-3 K.-A. ap. Poll. VI, 67 [cf. Ath. 28 d]), qui les cite l'un et l'autre dans une énumération de produits dont l'origine garantit l'excellence.

25. « L'oignon est une plante bisannuelle dont la tige très contractée donne naissance, en dessous, à des racines nombreuses (...) et, au-dessus, à des feuilles dont la base charnue, renflée et embrassante, forme le bulbe. En général, l'oignon forme son bulbe durant la première année de végétation, puis il en épuise les réserves la seconde année pour sa floraison et sa fructification ; ensuite, il périt entièrement, bulbe compris » (Pelt, p. 77). Tel est le cycle végétatif complet, qui peut être interrompu dès que le bulbe atteint la grosseur d'une noisette (celle de nos petits oignons au vinaigre) ou d'une noix, si l'on veut récolter un produit – condiment plutôt que légume – très tendre, d'une saveur fine et douce. Ces oignons étaient dits « de l'année » (σητάνια) parce qu'ils sont consommables, y compris les feuilles, quelques mois seulement après le semis. Nous ignorons si Théophraste avait en vue une variété particulière ainsi traitée comme plante annuelle, ou si ce type de culture se pratiquait sur diverses variétés.

26. Hormis l'échalote (cf. *infra*, n. 28), les oignons à bulbe normalement divisé (il ne s'agit pas ici des caïeux qui se forment souvent à la périphérie d'un vieux bulbe et peuvent être replantés ; cf. *infra*, §10) ne sont guère représentés actuellement que par l'« oignon patate », qui se rapproche de l'oignon « divisé » de Théophraste par sa morphologie et sa culture. Selon Bois (I, 503), « l'O. PATATE est une variété très particulière, à souche composée par un groupe de bulbes de forme irrégulière, réunis en masse arrondie.(...) L'O. Patate ne produit pas de graines ; on le multiplie au moyen des caïeux. Planté à la fin de l'hiver, un bulbe un peu gros permet de récolter, au mois de juin, des Oignons suffisamment développés qui, laissés en place jusqu'à maturité complète, donnent chacun 7 ou 8 bulbes de grosseur variable ».

27. Litt. « on le laisse au repos avec sa chevelure (μετὰ τῆς κόμης) », c'est-à-dire avec son bouquet de feuilles.

28. Il n'est pas douteux que cette variété tire son nom de la ville d'Ascalon en Judée, comme le dit Pline (XIX, 101) :...*Ascalonia, ab oppido Iudaeae nominata.* Strabon (XVI, 2, 29) confirme la réputation d'Ascalon à cet égard : « La campagne d'Ascalon produit des oignons de qualité, mais la ville est petite ». En dépit d'une étymologie bien assurée (voir ci-après), on refuse généralement l'identification de notre « échalote » avec l'oignon « d'Ascalon » des anciens (De Candolle, p. 55-56 ; Bois, I, 504 ; André, n. 2 à Pline, XIX, 101 [C.U.F.] ; id., *L'alimentation*, p. 20 ; id., *Noms de plantes*, s.v. *ascalonia* / *-lonium*. Opinion plus nuancée dans Pelt, p. 80, au sujet de l'échalote : « Sa présence dans l'Antiquité est incertaine »). L'argument sur lequel se fonde cette position est en effet, à première vue, décisif : l'oignon d'Ascalon ne venait que de graine, alors que l'échalote, aujourd'hui obtenue exclusivement par plantation de caïeux, fleurit rarement et, quand elle fleurit, donne des graines stériles. D'où la conclusion de J. André (*L'alimentation*, p. 20) : « L'oignon d'Ascalon en Judée, qui

ne peut se reproduire que de graine, n'est pas notre échalote, qui fut rapportée d'Orient à l'époque des Croisades et se propage par bulbe ; c'est vraisemblablement une race horticole d'oignon ». Reste à expliquer la permanence d'une dénomination sans ambiguïté linguistique, si on suppose un changement de référent. Il n'y a en effet aucune solution de continuité dans [τὸ] ἀσκαλώνιον [κρόμμυον] (Thphr.) – *ascalonia [cepa]* (de Pline à Isidore de Séville et au Capitulaire *de uillis* de Charlemagne) – *escaluigne* (*c.* 1140 ; cf. *T.L.F.*, s.v. échalot(t)e) – a. fr. *échalogne*, d'où dérive, par substitution de suffixe, le terme moderne. Du point de vue botanique, « le nom *Allium ascalonium* L. était fondé sur une espèce palestinienne plus tard nommée *A. hierochuntinum* Boiss., mais a été longtemps appliqué à des modifications de *A. cepa* appelées échalotes » (W.T. Stearn, in *Flor. eur.* V, 56). L'échalote, inconnue à l'état sauvage, est donc vraisemblablement une race horticole d'oignon, qui produisait à l'époque de Théophraste des caïeux mal développés et des graines fertiles, et qui s'est ultérieurement modifiée en culture, le grossissement des caïeux déterminant à la fois le choix par l'homme de la multiplication végétative et l'inaptitude de la plante à la reproduction sexuée. Cette transformation est dans une certaine mesure parallèle à celle de l'ail : depuis longtemps perpétuée par voie végétative, « la plante ne fleurit pour ainsi dire jamais dans nos régions » (Bois, I, 506) ; or Théophraste nous apprend ici même (§11) que certains de ses contemporains multipliaient l'ail de graine, avec autant ou plus de succès que par plantation de caïeux. On pense également à l'évolution du crocus à safran, *Crocus sativus* L., taxon stérile présumé issu de l'espèce sauvage normalement fertile, *C. cartwrightianus* Herbert (cf. n. 18 à VI, 6, 10). Cet ensemble de faits illustre l'une des observations générales de De Candolle (p. 371) sur les variations des plantes mises en culture : « l'abondance des graines est souvent inverse du développement des parties charnues de la plante ». Si tel est bien le processus qui explique la transformation de l'oignon d'Ascalon en échalote, nous ignorons quand et à la suite de quel nouveau mode de culture, ou sous l'influence de quel autre facteur, s'est produite l'inversion de l'importance relative du bulbe et de la graine, liée à leurs modifications respectives.

29. En ajoutant οὐ dans μόνα γὰρ σχιστά, Scaliger, loué par Schneider (III, 570) et suivi de même par tous les éditeurs postérieurs, altère gravement le sens : c'est bien parce que son bulbe se divise qu'on s'attend à ce que cet oignon l'utilise pour sa propagation, comme la variété σχιστόν ; le paradoxe tient au fait qu'il n'en est rien. — « Racine » est à prendre au sens courant du terme : tout organe souterrain servant à la nutrition de la plante, alors que le bulbe d'un oignon est en réalité une portion de tige déformée par l'accumulation des produits de réserve. Sur la notion de « racine » et la discussion qu'elle suscite, voir I, 6, 7-11.

30. Litt. « en eux-mêmes (i.e. indépendamment de rejetons qui les perpétueraient) ils sont inaptes à se développer et à grossir ». Αὐτά serait peut-être plus naturel que ἐν αὐτοῖς, mais cette expression (si le texte est sain) localise précisément dans le bulbe déjà divisé le manque de vitalité confirmé par la suite.

31. Sur Issos, sa situation géographique et l'excellence de ses productions agricoles, voir n. 15 à II, 2, 7.

32. Le sujet de φέρειν se tire de ἐν Ἰσσῷ. Autres exemples d'emploi de (ἐκ)φέρειν avec pour sujet le nom d'un secteur géographique quelconque, en II, 2, 7 ; IV, 1, 5 ; IV, 4, 9 ; etc.

33. Le lever de l'Arcture se place entre le 12 et le 15 septembre suivant les calendriers (cf. n. 29 à I, 9, 7). C'est souvent en Grèce une époque de fortes chaleurs et d'orages violents.

34. Τὸ δὲ γήτειον ... ἀκέφαλόν τι est en contradiction apparente avec ce qui a été dit en IV, 12, 3 du « bulbe » (cf. n. 7 *ad loc.*) observé à la base d'une tige de jonc : ἡ δὲ κεφαλὴ ὁμοία τῇ τῶν κρομμύων καὶ τῇ τῶν γητείων « le bulbe ressemble à celui des oignons et à celui des ciboulettes ». Après avoir traité en détail des oignons, Théophraste juge opportun de distinguer ce qu'il avait réuni, car la ciboulette (*Allium schoenoprasum* L. ; cf. n. 4 et 5 à VII, 2, 2) a bien un bulbe, mais petit et ovoïde allongé, au lieu d'être volumineux, sphérique ou discoïde comme celui des oignons ; d'où la traduction proposée : « la ciboulette est une espèce sans bulbe *arrondi* ».

35. Contre l'avis de De Candolle (p. 58) et de Bois (I, 498), il est certain que la ciboulette était une plante condimentaire de culture courante dans l'antiquité. Plutôt que ses bulbes, on utilisait, comme aujourd'hui, ses feuilles hachées menu pour l'assaisonnement. Le semis permet d'obtenir rapidement des feuilles abondantes ; nos jardiniers pratiquent aussi la division des touffes compactes, mais après quelques années, il faut revenir au semis. – Le poireau qui sert ici de terme de comparaison est une forme vivace du légume banal, appelée « poireau perpétuel » parce que ses feuilles, seules consommées, se renouvellent après avoir été coupées (Bois, I, 508) ; c'est le *porrum sectile / sectiuum / sectum* ou *porrum tonsile* des auteurs latins (André, *L'alimentation*, p. 27 et n. 162).

36. Les données archéologiques et linguistiques (caïeux trouvés en Égypte dans des tombes de la XVIIIe dynastie ; présence d'un nom de l'ail en akkadien et en sumérien, attestant sa culture en Mésopotamie dès le début du IIe millénaire *a.C.*) suggèrent que l'ail nous vient, comme l'oignon, d'Asie centrale et du Proche-Orient. Quoique son ancêtre sauvage n'ait pas été jusqu'ici identifié avec précision, les botanistes (W.T. Stearn, in *Flor. eur.* V, 63 ; Zohary — Hopf, p. 169) s'accordent à reconnaître que « la plante cultivée présente la plus étroite ressemblance morphologique avec *Allium longicuspis* Regel, un ail sauvage dont la distribution comprend l'Asie centrale soviétique, le

nord de l'Iran et la bordure sud-est de la Turquie » (Zohary — Hopf, *ibid.*). Comme pour l'oignon encore, l'ancienneté de son entrée en culture explique l'existence dès l'antiquité de plusieurs variétés. – Dans un chapitre traitant précisément des variétés de plantes potagères, il est naturel de lire que l'ail se plante plus ou moins tôt, litt. « faisant l'objet d'une distinction *par variétés* (κατὰ γένη) ». On ne peut retenir, comme l'ont fait tous les éditeurs à partir de Schneider, la conjecture de Scaliger κατὰ γέλγεις « divisé en gousses », qui fait intervenir un élément étranger au critère déterminant l'époque de plantation. – Le solstice visé ici est le solstice d'hiver (du 24 au 27 décembre selon les calendriers ; voir l'éd. de Géminos par G. Aujac [C.U.F.], p. 104), comme en IV, 14, 11, où χειμερινός précise la même expression : μικρὸν πρὸ τροπῶν ἢ μετὰ τροπὰς χειμερινάς. Sous nos climats plus rigoureux, les époques de plantation se placent aussi de part et d'autre du solstice, mais à une certaine distance : en octobre-novembre et février-début mars (Barral — Sagnier, I, 137).

36. La leçon ἑψοῦσιν de tous les mss. (hormis le *Monacensis* qui donne ἑψῶσιν, de ἑψάω attesté tardivement) est un ionisme, authentifié par de nombreuses occurrences de ἑψέω (formes non contractes) dans le Corpus hippocratique et chez Hérodote (cf. L.S.J. s.v. ἕψω).

37. Le μυττωτός est une préparation à base d'ail, thérapeutique ou culinaire, de composition très variable. La traduction du terme par « aïoli » (par ex. Van Daele [C.U.F.] pour Arist., *Cav.* 771 ἐν μυττωτῷ μετὰ τυροῦ « dans un aïoli avec du fromage » ; André, *L'alimentation*, p. 20, au sujet de l'ail de Chypre « dont on préparait un aïoli en le pilant dans l'huile et le vinaigre ») a l'inconvénient d'évoquer pour nous la mayonnaise à l'ail que les Provençaux appellent ainsi, alors que le jaune d'œuf émulsionné dans l'huile ne figure jamais parmi les ingrédients du μυττωτός. Nous préférons « aillée », attesté dès le XIIIe siècle avec le sens large de « sauce à base d'ail pilé » (*T.L.F.* s.v.). En effet, dans les recettes les plus simples, on n'ajoute à l'ail pilé que des olives noires (Diosc. II, 152, pour un μυττωτός diurétique, remède à l'hydropisie) ou de l'huile et du vinaigre (Pline, XIX, 112) ; mais les gourmets enrichissaient le μυττωτός, ainsi que le *moretum* que l'on croit pouvoir lui assimiler, de fromage, d'amandes, de miel et de fines herbes (réf. dans L.S.J. ; voir aussi [Virgile], *Moretum*, 87-118). La tradition antique s'est maintenue dans la σκορδαλιά qui, selon Von Heldreich, *Die Nutzpflanzen*, p. 83, « se compose d'ail pilé et travaillé avec du pain trempé, des amandes ou des pignons et de l'huile d'olive, jusqu'à obtention d'une purée claire ». – Pline (*ibid.*) rend θαυμαστὸν — ἐκπνευματούμενον par *mirum quantum increscit spuma* : c'est une sorte d'écume que produit l'ail broyé « en se transformant en vapeur », autrement dit « en produisant de la mousse », « en moussant ».

38. Dioscoride (II, 152) affirme qu'en Égypte l'ail cultivé dans les jardins (ἥμερον καὶ κηπευτόν) « produit un bulbe non divisé et blanc » (μονοκέφαλον [pour le sens de μονο- « d'une seule pièce », « formant un tout », cf. n. 25 à VII, 1, 8] καὶ λευκόν). Il semble donc bien que l'indivision de la « tête » ait été un caractère constant dans certaines variétés. D'autres témoignages invitent à y voir plutôt une anomalie. Ainsi D. Meeks, *Migration de plantes, migration de mots dans l'Égypte ancienne*, in *Des hommes et des plantes*, éd. par M.-C. Amouretti et G. Comet, Aix-en-Provence, 1993, p. 71-92, commente en ces termes (p. 91) les dires de Dioscoride : « Les textes magiques gréco-égyptiens préconisent l'usage de cet ail à bulbe unique pour certaines opérations. La botanique confirme le fait : des spécimens à bulbe unique apparaissent occasionnellement lors des récoltes aujourd'hui encore. Ils sont isolés du lot et vendus à certaines officines pour les vertus particulières qu'on leur prête ».

39. L'aptitude de l'ail à fleurir et à produire des graines fertiles conditionne naturellement sa reproduction sexuée. L'horticulture moderne ayant sélectionné les variétés à gros caïeux, au détriment des parties aériennes de la plante (cf. *supra*, n. 28), « l'ail ne fleurit pratiquement jamais, tout au moins sous le climat français » (Pelt [1993], p. 74). Mais dans un passé encore assez récent, le semis de graines, quoique peu pratiqué, n'était pas inconnu et donnait lieu à des observations qui rejoignent celles de Théophraste : « Toutes [les] variétés sont reproduites par séparation des caïeux dans la culture ordinaire ; la reproduction par graine est, en effet, trop lente, car elle exige deux années » (Barral — Sagnier, I [1896], 137).

40. Sur cette acception de ῥίζα, voir *supra*, n. 29.

41. La leçon des mss. peut être conservée, si l'on fait de ἀναιρουμένων une forme moyenne : litt. (les cultivateurs) « ne les arrachant pas pour leur usage (= ne les récoltant pas), mais les laissant <en terre> » ; cf. Arist., *H.A.* 602 b 9 τὰ δίκτυα ... ἀναιροῦνται οἱ ἁλιεῖς « les pêcheurs relèvent leurs filets ».

42. Plusieurs sens sont attestés pour φῦσιγξ (dérivé de φῦσα, -ης « soufflet, vessie » ; cf. *D.E.L.G.* s.v.), dont le plus conforme à l'étymologie se trouve dans Suidas, s.v. φύσιγγες, et en termes semblables dans une scholie à Aristophane, *Ach.* 526 πεφυσιγγωμένοι : φῦσιγξ λέγεται τὸ ἐκτὸς λέπισμα τῶν σκορόδων « on appelle *physinx* l'enveloppe externe des caïeux d'ail » ; de même encore dans le Lexique de Néophytos (p. 297 Delatte) : σκορόδου φύσιγγα τὰ λέμματα τοῦ σκόρδου. Si Théophraste l'entend ainsi, ἐπὶ τῆς φύσιγγος suggère que des caïeux supplémentaires naissent hors de la tunique membraneuse qui renferme la « tête » d'ail. Ce phénomène semble étranger à la plante cultivée, du moins dans son état actuel ; mais il a pu être observé sur des espèces sauvages, *Allium sphaerocephalon* L. et *A. arvense* Guss., qui produisent de petits caïeux attachés au bulbe par un

long pédicule, d'ordinaire accolés au bas de la tige sous sa tunique externe (*Flor. eur.* V, 66 ; *Consp. flor. gr.* III, 246). D'autre part, l'idée de vésicule globuleuse, liée à φῦσα et à lat. *pustula*, est déjà bien estompée dans la seconde acception de φῦσιγξ « tige fistuleuse », qui s'impose dans le traité hippocratique *Des fistules*, III, 1 (fin du Ve ou début du IVe siècle). Avant de traiter une fistule anale, le praticien devra mesurer sa profondeur en y introduisant « une tige d'ail fraîche » (σκορόδου φύσιγγα νεαρήν) qu'il utilisera ensuite pour opérer « en faisant passer un fil… par la tige » (ῥάμμα διεὶς … διὰ τῆς φύσιγγος), ce qui suppose évidemment que celle-ci est creuse. D'où la possibilité de comprendre dans notre texte que les σκόροδα formés ἐπὶ τῆς φύσιγγος « sur la tige fistuleuse » sont les bulbilles aériennes de l'ail, dont l'existence est bien connue. Après avoir noté que de nos jours et sous nos climats « l'ail ne fleurit pratiquement pas » (cf. *supra*, n. 39), J.-M. Pelt poursuit : « Curieusement, ces fleurs sont souvent remplacées par de minuscules bulbilles (…) aptes à donner naissance (…) à de nouveaux pieds d'ail ». C'est probablement à ces bulbilles que se rapporte la seconde partie de la glose d'Hésychius : φύσιγγες· εἶδος σκορόδου. Ἄλλοι δὲ σκορόδων κεφαλίδας « espèce d'ail, ou encore petites têtes d'ail ». Si une espèce d'ail a été nommée φῦσιγξ à cause de sa richesse en bulbilles, ce peut être la rocambole, *Allium scorodoprasum* L., indigène et cultivée en Grèce comme dans la plus grande partie de l'Europe (*Flor. eur.* V, 65), à ombelles bulbillifères et caïeux utilisés pour l'assaisonnement comme l'ail ordinaire (Bonnier, n° 2615 ; André, n.1 à Pline, XIX, 112). De même des espèces sauvages telles que l'ail des vignes (*Allium vineale* L.) peuvent transformer leurs fleurs en bulbilles comestibles qui s'agglomèrent parfois en une tête globuleuse serrée. Ainsi s'expliqueraient d'une part la mention dans Dioclès de Carystos, fr. 196 van der Eijk (= 120 Wellmann) ap. Ath. 68 e, de φύσιγγες à la suite de σκόροδον « … ail ordinaire, ail à bulbilles [litt. 'bulbilles d'ail' ; cf. 'clove-garlic' trad. van der Eijk]… », et d'autre part dans Arist., *Ach.* 526, l'image des Mégariens excités comme des coqs πεφυσιγγωμένοι (cf. J. Taillardat, *Les images d'Aristophane*, Paris, 1962, p. 209-210, n° 378) : pour nourrir d'ail les coqs de combat, il était certainement plus facile de leur donner à picorer des bulbilles que de leur faire absorber, de quelque manière que ce fût, des gousses d'ail. – La leçon de tous les mss. τὰ κρόμμυα a été inutilement corrigée par Schneider en τὸ κρόμμυον κρόμμυα, la coordination insistante καὶ … καὶ suffisant à marquer l'identité du processus, qui est rapporté aux oignons sans distinction spécifique. Le *Dictionnaire d'agriculture* de Barral et Sagnier se borne à signaler (I, 940) parmi les plantes cultivées à bulbilles, outre l'ail commun et la rocambole, « une variété assez peu répandue d'oignon », que nous n'avons pas réussi à identifier. On peut penser également à la ciboule, *Allium fistulosum* L., d'origine asia-

tique, dont on trouve encore chez certains horticulteurs une variété à bulbilles aériennes utilisables comme de petits oignons.

43. La leçon de U γενέσεων a été influencée par les premiers mots du §12 : Τῆς δὲ ῥίζης ἡ γένεσις ... Mais le type de conclusion que nous avons ici ne se rencontre qu'à la fin d'un développement de quelque étendue (cf. par ex. en IV, 11, 13, la dernière phrase d'un long chapitre sur les roseaux : Ἀλλὰ περὶ μὲν καλάμων ἱκανῶς εἰρήσθω « Mais admettons que la question des roseaux a été suffisamment traitée »). Le sujet du présent chapitre étant les variétés des plantes potagères, la correction de l'Aldine περὶ ... τῶν γενῶν est préférable.

CHAPITRE 5.

1. Les prescriptions culturales consignées ici, plusieurs fois divergentes, émanent soit des « jardiniers expérimentés » mentionnés à la fin du §2, soit des agronomes (peut-être Androtion, en tout cas Chartodras) dont l'appréciation sur les différentes sortes de fumier utilisées en arboriculture a été exposée plus haut (II, 7, 4). – Dans ζητοῦσι ... τὴν κόπρον ... συναναμιχθεῖσαν, le participe non enclavé a une fonction quasi verbale ; d'où la traduction proposée : « on (= le théoricien, plutôt que l'utilisateur) demande que le fumier ait été bien mélangé... »

2. L'engrais obtenu par dilution (χύλωσις « action de transformer en liquide ») des déjections humaines est utilisé depuis la plus haute antiquité, soit comme ici et dans Columelle, X, 81-85, concurremment avec d'autres fertilisants organiques, soit presque exclusivement, comme dans l'agriculture chinoise traditionnelle. Riche en azote, en potasse et en ammoniaque, l'« engrais flamand », ainsi nommé parce que son usage dans les Flandres remonte à plusieurs siècles, a toujours été recommandé par les agronomes pour une action rapide. Théophraste justifie le choix de cet engrais liquide en horticulture (*C.P.* III, 9, 2) par le fait que les légumes, très aqueux par nature, profitent bien d'un fumier fort, largement étendu d'eau, qui à la fois les nourrit et les hydrate.

3. Les légumes d'hiver, semés ou plantés en plein été (cf. VII, 1, 2 « la culture d'hiver commence après le solstice d'été ») sont naturellement « plus avides d'eau que ceux d'été », mis en terre en Gamélion / janvier (*ibid.*). – Les éditeurs depuis Heinsius corrigent d'après Gaza (*plurimo alimento*) πλεῖστα en πλείστης, sans nécessité si πλεῖστα est un neutre adverbial modifiant δεόμενα.

4. D'après Gaza également (*imber incessit*), les plus anciens éditeurs ont ajouté au texte un nom de la pluie : ὑετὸς ἐγγένηται (Heinsius, Stackhouse), ὕδωρ (préféré par Scaliger) ἐγγένηται (Schneider, qui propose ἐπιγένηται dans son commentaire). Mais comme l'indique Wimmer dès 1842 (p. 244, note *ad loc.*), ὕδωρ se sous-entend aisément dans une phrase commençant par φίλυδρα.

5. Question développée dans *C.P.* II, 5, 3, où il est dit notamment que « les eaux chargées en sel sont bonnes pour certaines plantes potagères, comme le chou, la bette, la rue et la roquette ». Si ces eaux apportent des éléments nutritifs aux végétaux (*ibid.* : τρέφει μέν), quoiqu'elles nuisent à leur croissance et les brûlent (ἀναυξῆ ... ποιεῖ καὶ ἐπικάει), c'est que divers composés du potassium fertilisants y sont associés au chlorure de sodium par lui-même nocif (cf. n. 3 à *H.P.* II, 6, 2). – Δυσμανής est un hapax de sens clair : il s'agit d'eaux chargées de particules minérales ou organiques, litt. « difficiles à raréfier », donc d'eaux « mal décantées ». Ch. de Lamberterie, *Les adjectifs grecs en -υς*, Louvain, 1990, a bien établi (p. 187-190) que la glose d'Hésychius μάνυ · μικρόν. 'Αθαμᾶνες permet de remonter, à travers un dialecte épirote, jusqu'à un ancien *μανύς, thématisé en *μανϝ-ός > μανός. On peut donc considérer δυσμανής comme le survivant d'un couple antonymique *μανύς / δυσμανής « clair / épais » (en parlant d'un liquide), exactement parallèle à ἡδύς / ἀηδής « agréable / désagréable » (autres exemples du même type dans Lamberterie, *ibid.*, p. 392).

6. Cf. IV, 14, 5, au sujet de la « gale » (ψώρα) qui est en réalité une invasion de cochenilles au stade larvaire : « La 'gale' se manifeste surtout quand les précipitations suivant le lever des Pléiades ne sont pas abondantes ; si elles le sont, la pluie battante fait disparaître la 'gale' » ; autrement dit, les parasites sont détruits avant leur métamorphose en insecte parfait, capable de se reproduire. La remarque doit être valable également pour les nombreuses espèces de pucerons qui s'attaquent aux plantes des jardins.

7. Singularité confirmée de nos jours, dans M. Stuart, *Encyclopédie des Herbes*, Paris, 1981, p. 128 : « Le basilic préfère être arrosé à mi-journée, et non pas le soir comme la plupart des autres plantes ».

8. Le texte a paru suspect car on sait qu'un apport d'engrais sans arrosage risque de causer des brûlures ; d'où la correction par Wimmer de μὴ ἔχῃ κόπρον en μετέχῃ κόπρον et la suppression de μὴ dans l'édition Hort. Mais la fin de la phrase explique qu'un apport d'eau très copieux convient à une plante « affamée », ce qui revient à dire qu'il pallie dans une certaine mesure l'absence de fumier. En effet, la terre détrempée libère des substances fertilisantes d'origine diverse qui assurent au moins la survie de la plante.

9. Litt. « on dit que les légumes *ont faim* ». L'image nous semble audacieuse, alors que nous disons couramment qu'une plante « a soif ». Sans pouvoir décider si le choix de πεινῆν était pour Théophraste hardi ou banal, rappelons les antipathies qu'il prête à certaines plantes (*H.P.* IV, 16, 6) comme à des êtres capables de perceptions et de sensations.

10. Cf. VII, 4, 3 et n. 6 *ad loc.* Si Théophraste revient sur ce point, c'est que le repiquage contribue beaucoup à la qualité des semences.

Aussi est-il encore pratiqué dans la grande culture, malgré son coût, pour les porte-graine de radis, navets et raves ; cf. Damseaux, p. 285 : « La graine de navet dégénère facilement. Si on la tire de racines laissées en place, la chair de la rave devient fibreuse et moins sucrée, sa racine se rétrécit (...). Si, au contraire, on demande constamment la graine à de grosses racines de transplantation, elle conserve les caractères de la variété ».

11. Tous nos mss. ont τὰ μὲν ἄλλα « d'une part, les légumes en général », ce qui fait attendre dans la suite l'exception à la règle ; cf. par ex. VII, 3, 1 ἀνθεῖ δὲ τῶν μὲν ἄλλων ἕκαστον ἀθρόον, τὸ δὲ ὤκιμον κατὰ μέρος ... « alors que sur les autres plantes chaque inflorescence s'épanouit toute à la fois, chez le basilic s'ouvrent tour à tour... » ; VII, 5, 1 φίλυδρα δὲ πάντα τὰ ἄλλα λάχανα καὶ φιλόκοπρα – πλὴν πηγάνου · τοῦτο γὰρ ... « Tous les légumes en général aiment l'eau et le fumier (sauf la rue, qui, elle,...) ». L'ajout de τὰ δὲ devant γλίσχρως, adopté par Wimmer et par Hort sur proposition de Schneider, n'est pas satisfaisant car le cas particulier reste dans le vague : « d'autres [lesquels ?] le supportent avec peine ». Comme la reprise après transplantation est difficile même pour les espèces les plus tolérantes (les jardiniers réservent toujours quelques plants pour remplacer ceux qui ne survivront pas au repiquage), cet aléa serait opportunément souligné par la place de γλίσχρως, l'opposition portant alors sur « la plupart » (τὰ μὲν πολλὰ, que nous écrivons au lieu de τὰ μὲν ἄλλα) et « absolument tous » (ἅπαντα δὲ ...).

12. Les parasites des radis et autres Crucifères potagères (choux, raves, navets) appelés ψύλλαι « puces » sont des altises de l'espèce *Altica oleracea*, connues des horticulteurs sous les noms vulgaires de « puces de terre » ou « puces de jardin ». C'est un insecte très petit (1,5 mm de longueur), mais extrêmement prolifique et vorace, qui s'attaque à la plante entière, en particulier aux jeunes feuilles et aux pousses tendres. – Les choux ont des ennemis nombreux, dont les ravages s'exercent sur tous leurs organes. Outre une altise spécifique (*Altica brassicae*) que les anciens ne distinguaient probablement pas de la précédente et que les cultivateurs continuent à appeler « puce du chou » à cause de ses grands sauts, ce sont notamment les chenilles (κάμπαι) de la piéride du chou (*Pieris brassicae*) et de la noctuelle du chou (*Barathra brassicae* [= *Hadina brassicae*]), qui dévorent les feuilles, alors que les vers (σκώληκες) dits « vers gris », en fait les larves de la noctuelle des moissons (*Euxoa segetum* [= *Agrotis segetum*]), rongent la base des tiges et les racines des jeunes plants (cf. Barral — Sagnier, I, 316, s.v. altise ; II, 280, s.v. chou ; III, 921, s.v. noctuéliens ; *Encyclopédie du monde animal*, Paris, Quillet, 1964, III, 220 [altises] et 302 [noctuelles]. On ne sait pourquoi Beavis, *Insects*, p. 153, classe parmi les « insectes non identifiables ou fabuleux » la ψύλλα de Théophraste devenue notre « puce » de jardin par l'inter-

médiaire du *pulex* de Pline, XIX, 177 [*pulices* Mayhoff : *culices* codd.]). – Une communication de J.-B. Gèze à l'Académie des Inscriptions et Belles-Lettres (*C.R.A.I.*, 1931, p. 47-49), centrée sur les πρασοκουρίδες de notre texte, s'intitule : « La Courtilière existait-elle dans la Grèce antique ? » L'auteur répond par l'affirmative, avec de bons arguments, de sorte que l'identité du « coupe-poireau » de Théophraste a été dès lors établie. On a cependant observé avec raison (*ibid.*, p. 49-50) que le terme grec n'est pas univoque. Contre l'opinion de Gèze, les πρασοκουρίδες du poète comique Strattis (fr. 71 K.–A. [= 66 Kock], ap. Ath. 69 a) ne font pas remonter au Ve siècle la documentation sur la courtilière en Grèce, car ces insectes qui parcourent les jardins « au pas familier de [leurs] cinquante pattes » sont évidemment des chenilles. Selon J. André, *Notes sur une édition récente d'Athénée*, in *Rev. Phil.* 34, 1960, p. 51-57, qui rectifie (p. 55-56) la traduction fantaisiste du fragment de Strattis par Desrousseaux (C.U.F., 1956), « Aristote, *H.A.* 551 b 20, précise, d'autre part, que les πρασοκουρίδες ont des ailes. C'est dès lors très certainement la teigne du poireau (*Acrolepia Assectella* Zell.), petit lépidoptère qui passe par les phases successives de chenille, chrysalide et papillon, et dont la chenille cause parfois des ravages considérables dans les cultures de poireaux ». Dans son édition d'Aristote, *H.A.* (t. II, C.U.F., 1968), P. Louis traduit également αἱ πρασοκουρίδες (551 b 20) « les teignes du poireau ». C'est encore à cet insecte que semble se rapporter l'indication sommaire d'Élien (*N.A.* 39) ἐν δὲ τοῖς πράσοις ἡ καλουμένη πρασοκουρίς, si l'on comprend « à l'intérieur des poireaux ». Il est dit en effet de la teigne (Barral — Sagnier, IV, 869, s.v. tinéiniens) : « sa chenille blanchâtre, parfois verdâtre, creuse des galeries dans les feuilles de l'ail, du poireau et d'autres Liliacées et elle arrive à pénétrer dans les tuniques du bulbe ». Les lexicographes en avaient remarqué la couleur verte (Hésychius, s.v. πρασοκουρίς· ζῷιον χλωρόν, κεῖρον τὰ ἐν τοῖς κήποις λάχανα ; Photius s.v. πρασοκουρεῖς · χλωρόν) qui ne correspond à rien chez la courtilière, d'un brun de rouille. Ainsi donc les plus anciennes et les plus nombreuses occurrences de ce zoonyme ne concernent pas la courtilière qui, elle, se reconnaît avec certitude chez Théophraste, en l'absence même d'une description morphologique (voir sur ce point Barral — Sagnier, II, 429-430 et fig. 310 ; Beavis, *Insects*, p. 243-244, est contraint à un aveu de carence pour avoir voulu réduire à l'unité les πρασοκουρίδες–chenilles de Strattis et les πρασοκουρίδες–courtilières de Théophraste). On a en effet de tout temps remarqué que la courtilière ou taupe-grillon (*Gryllotalpa vulgaris*) s'attaque aux parties souterraines de n'importe quelle plante, avec toutefois une prédilection pour les poireaux et les oignons ; d'où ses noms provençaux et languedociens : *copo-pòrri*, *taio-pòrri* (A. Thomas ap. Gèze, art. cit., p. 50), correspondants exacts de πρασοκουρίς ; *coupo-cèbo*, *taio-*

cèbo (Gèze, p. 48, d'après F. Mistral, *Trésor du Félibrige* ; première occurrence dans Olivier de Serres, *Théâtre d'agriculture*, VI, 7 [p. 768] : « Le plus dangereux ennemi qu'ayent les jardins est la courtillière, laquelle ronge entre deux terres les racines des herbes (…), les dégastant toutes sans en espargner aucune. Elle est ainsi appellée à Paris, en Languedoc (…) *taille-sebe* (*tâlio-cêbo*), de l'oignon qu'on y nomme *sebe* (*cêbo*), que ceste meschante beste aime par dessus toute autre viande, cruellement la traictant »).

13. Quand du fourrage est entassé encore vert, il fermente et s'échauffe à tel point que la meule peut s'enflammer à l'intérieur et même se consumer entièrement. La courtilière aimant la chaleur (cf. note suivante), il est naturel qu'elle recherche ce foin en voie de décomposition, au risque d'être asphyxiée par le dégagement du gaz carbonique.

14. La conjecture ἐνδῦσα pour ἐν αἷς est nécessaire à la syntaxe et moins audacieuse qu'il ne paraît, si l'on suppose une double mélecture d'onciale : Δ / A (banale) et Y / I, celle-ci favorisée, en dictée intérieure, par l'iotacisme. Quant au changement de genre entre θηρίον et ἐνδῦσα (s.e. ἡ πρασοκουρίς), jugé « étrange » par Hort (II, 96, n. 2), on se rappellera que souvent « un participe de genre animé se rapporte à un nom qui n'est inanimé que grammaticalement » (Humbert, *Synt. gr.*, §125, avec l'exemple de Thuc. IV, 15 : ἔδοξε τὰ τέλη, καταβάντας ἐς τὸ στρατόπεδον … « on décida que les autorités, allant voir ce qui se passait à l'armée… »). – Entre l'époque de Théophraste et un passé récent où, selon Gèze (p. 48), c'était « le procédé encore en usage (…) pour prendre les Courtilières », leur capture dans du fumier est bien attestée, d'une part dans les *Géoponiques*, XII, 9, où Diophane conseille d'attirer ces insectes en enterrant superficiellement un ventre de mouton non vidé, « car c'est un animal qui aime le fumier » (φιλόκοπρον γὰρ ὂν τὸ ζῷον…) ; d'autre part, chez Olivier de Serres (*loc. cit.*) : « pour en desengeancer le jardin (…), il ne faut que creuser, au commencement de l'hyver, plusieurs fossettes en divers endroits du jardin, et les remplir de fumier nouveau, où ces bestes se retireront recercheans leur chaleur (…) : à l'approche du printemps les irés prendre ». Le procédé était sans doute moins radical que ne le laissent entendre ces auteurs, car bien d'autres ont été mis en œuvre avant la découverte des pesticides chimiques : mélange de pétrole avec le fumier, trempage des semences dans une solution arsenicale, arrosage des plantes attaquées avec une infusion de tubercules de cyclamen ou de bois de quassia, etc. (cf. Gennadios, p. 536-537, s.v. κρόμμυον, κρομμυδοφάγος « mange-oignon » étant le nom vulgaire de la courtilière en grec moderne).

15. Il est intéressant de noter que les jardiniers de l'antiquité appliquaient déjà le principe de la lutte biologique : en associant à une espèce attractive pour tel ou tel parasite une autre espèce répulsive, on

protège la première. Ainsi l'ail (antiseptique puissant) et la ciboulette défendent les rosiers contre les pucerons et les rouilles, les laitues et les pois contre les mouches noires (Stuart [cf. *supra*, n.7], p.103). Plutôt que des pesticides dangereux, les catalogues horticoles actuels recommandent un semis d'œillet d'Inde (genre *Tagetes*, d'origine américaine) pour éloigner la mouche de la carotte.

16. Le « blanc » qui recouvre les feuilles de nombreuses plantes, en couche plus ou moins épaisse, lisse ou irrégulière, provient de champignons microscopiques non identifiables sans renseignements plus précis.

17. Pour σίκυον corrigé en σίκυος par les éditeurs depuis Schneider, voir n. 20 à VII, 1, 6.

18. Sur cette distinction, voir VII, 1, 2.

19. Bien que ἀναγκαῖον εἶναι ne figure pas dans la liste traditionnelle des verbes ou locutions verbales à l'infinitif absolu, on peut le rapprocher de tours tels que ἑκὼν εἶναι « volontairement », dans lesquels « εἶναι signifie, après l'adjectif, *pour ce qui est d'être (ainsi)*, et amène un renforcement expressif du tour considéré » (Humbert, *Synt. gr.*, § 213).

20. Comme dans *C.P.* IV, 9, 6, μώλυσις correspond à « ramollissement » au sens de perte de l'intégralité de ses facultés, c'est-à-dire pour des graines condimentaires (coriandre, moutarde, etc.) affadissement de la saveur et affaiblissement des propriétés pharmacodynamiques.

21. A l'inverse de Wimmer qui, suivant la proposition de Schneider dans son commentaire, corrige σικυῶνι en σικύῳ, Hort conserve la leçon des mss. et traduit ἐν τῷ σικυῶνι « in the gourd tribe », avec cette note : « perhaps here a general term for cucumbers, gourds, etc. » En fait σικυών, entrant dans la catégorie des toponymes en -εών / -ών dérivés de noms de plantes (ἀμπελεών/ -ών « vignoble », δαφνών « bois de lauriers », ἐλαιών « oliveraie », etc.), pourrait désigner une « plantation de concombres », mais on ne connaît pas d'exemple d'une acception taxinomique telle que « le groupe des concombres », « les cucurbitacées ». Quand Théophraste veut exprimer la notion de végétaux apparentés à une espèce-type, il a recours à des adjectifs en -ώδης marquant la ressemblance : τὸ ναρθηκῶδες (VI, 2, 7) « les férulacées », τὸ ἀκανῶδες (VI, 4, 3) « les carduacées », etc. Pour obtenir le sens que Hort prête à σικυών, il lui eût suffi de substantiver l'adjectif σικυῶδες dont il use en VII, 13, 1 pour qualifier une feuille qui « fait penser à celle du concombre ».

22. Omis dans la collation initiale de U, qui seul l'a conservé, le membre de phrase φθείρεται — γὰρ ne figure ni dans l'*Auctarium* de Schneider (1821), ni dans les éditions postérieures, toutes tributaires de Schneider.

CHAPITRE 6.

1. Annonce des chapitres 6 et 7 qui traitent respectivement des espèces sauvages homonymes des plantes potagères, et des « herbes des champs » (τὰ ἀρουραῖα) comparables à nos « adventices » en ce sens qu'elles poussent spontanément sur les terres de culture, mais différentes dès lors qu'elles sont assimilées à des « légumes » (VII, 7, 1) par opposition à d'autres herbacées non comestibles ; d'où la traduction proposée pour désigner ce qu'on appelle aussi « plantes du ramassage » en usant d'un critère utilitaire et non écologique.

2. De la formule initiale περὶ ... τῶν ἀγρίων καὶ τῶν καλουμένων ἀρουραίων, le premier terme est aussitôt repris par τὰ *μὲν*, dont le corrélatif se trouve au début du chapitre suivant dans τὰ *δὲ* ἀρουραίων λεγομένων, qui répond à τῶν καλουμένων ἀρουραίων. La catégorie de végétaux visée par τὰ μὲν est aussi clairement définie par rapport à ce qui précède que par rapport à ce qui suit : τοῖς εἰρημένοις renvoie au développement (VII, 4, 4-6) sur les légumes auxquels leurs homonymes sauvages vont être ici comparés ; la correction τοῖς ἡμέροις, adoptée depuis Schneider, ne se justifie pas.

3. Caractère général des plantes sauvages déjà signalé plusieurs fois (I, 4, 1 ; III, 2, 3 ; VI, 1, 1), avec une exception, peut-être plus apparente que réelle, en VI, 2, 5 (cf. n. 10 *ad loc.*).

4. Il s'agit soit d'espèces différentes, sauvage et domestique, comme pour la sarriette *Satureja* (/-*eia*) *thymbra* L., d'une âcreté proverbiale (cf. n. 2 à I, 12, 1) et *S. hortensis* L., une de nos meilleures plantes condimentaires (cf. n. 12 à VII, 1, 2) ; soit de la même espèce, cueillie dans la nature et semée dans les jardins, par exemple *Origanum onites* L., l'origan « blanc » fructifère de VI, 2, 3 (cf. n. 4 *ad loc.*). Sur l'association du chou et de la rue, voir n. 3 à I, 3, 1 et n. 8 à VI, 1, 2.

5. Bois (I, 432-433) range la patience parmi les *Rumex* à feuilles non acides, à côté de l'épinard, de culture plus récente. Sachant que les anciens détestaient la fadeur, on s'explique la préférence donnée à ses congénères sauvages (pour leur identité, voir n. 18 à VII, 2, 7), dont la patience violon (*Rumex pulcher* L.), très populaire et fort appréciée dans nos régions méridionales.

6. Déjà en VII, 4, 4 la feuille du chou sauvage a été qualifiée de περιφερές. La précision donnée ici correspond à un caractère spécifique de *Brassica cretica* Lam. : les feuilles caulinaires, lisses et charnues, ont à la base des oreillettes arrondies (*Consp. flor. gr.* I, 337). – La variante ἄγωνος de ἀγώνιος (cf. III, 15, 4 ἀγωνιώτερον), donnée comme un hapax dans L.S.J., doit être conservée, vu l'existence des doublets πολύγωνος / πολυγώνιος, γωνοειδής / γωνιώδης chez Théophraste même.

7. Sur la rave, ses variétés et les confusions possibles avec diverses formes de navets, voir n. 5 à VII, 4, 3.

8. Ce qui est dit ici de la laitue sauvage (déjà mentionnée en VII, 4, 5 ; voir n. 17 *ad loc.*) et aux §3-4 du trio maceron, ache des marais et persil, montre comment Théophraste a intégré dans la classification botanique la notice-type de l'« herbier » alexandrin, dont la *Matière médicale* de Dioscoride reproduit le plan immuable. L'idée directrice du chapitre (différences entre les végétaux sauvages et leurs homologues cultivés) s'exprime clairement dans la phrase liminaire : « chez la laitue, la feuille est plus courte qu'en culture » ; « le maceron, l'ache des marais et le persil se différencient à la fois entre eux et par rapport au céleri cultivé ». Puis vient le diptyque botanico-pharmacologique répondant à la double série de questions qui se posent à l'herboriste et au médecin : 1) comment reconnaître la plante, où la trouver, quand la récolter ; 2) dans quels cas et comment l'utiliser. Ainsi la description morphologique de la laitue et du maceron est suivie d'une indication d'habitat : la première « pousse dans les champs », le second « partout indifféremment » ; il s'y ajoute pour la laitue une précision chronologique : « on en recueille le suc à l'époque de la moisson ». En dernier lieu sont mentionnés les usages médicaux, rapportés indirectement ([l. 3] *φασι* καθαίρειν, [l. 14-15] χρήσιμα δὲ ἄμφω *φασὶ*) car Théophraste prend soin, ici comme tout au long du livre IX, de se distinguer des praticiens, quoiqu'il leur emprunte un vocabulaire technique précis. Par exemple, le suc de laitue « guérit les yeux du néphélion (litt. 'du brouillard', légère opacité de la cornée) et fait disparaître les leucomes » (litt. 'les <taches> d'un blanc brillant', à savoir les taies épaisses et opaques). L'excipient est aussi noté : « lait de femme » pour la laitue, « vin blanc doux » pour le maceron, « vin sec » pour le persil. Non seulement ces notices confirment l'intérêt de Théophraste (signalé plus haut, n. 12 à VII, 4, 4) pour les applications médicales de la botanique, mais la comparaison de la méthode utilisée ici et au livre IX sera un élément de la discussion sur l'authenticité de ce dernier livre et sa place dans l'œuvre de Théophraste.

9. Des trois Ombellifères rapprochées du céleri par leur nom composé de σέλινον, seule l'ache des marais lui est étroitement apparentée puisqu'elle en est l'ancêtre sauvage (cf. n. 22 à VII, 1, 6 ; n. 18 à VII, 4, 6) ; rien d'étonnant à ce qu'elle lui ressemble pour « l'odeur, le goût et le port ». Son habitat est correctement défini : terrains humides ou marécageux, souvent près de la mer (on pense à la situation géographique de Sélinonte, qui avait la feuille d'ache pour symbole monétaire). – Malgré la proximité dans le texte de ἐλειοσέλινον et de ἐν τοῖς ἕλεσι, le nom de l'ache a une initiale non aspirée dans tous nos mss., sauf le *Parisinus*, et c'est la forme retenue par les éditeurs, de l'Aldine jusqu'à Hort ; l'absence d'aspiration également en B 776 ἐλεόθρεπτον … σέλινον « l'ache nourrie dans les marais » incite en effet à ne pas corriger.

10. Le premier élément augmentatif du composé ἱπποσέλινον (traduit littéralement dans un nom vulgaire français du maceron : « gros persil *de cheval* » [Bonnier, n° 1250]) évoque la robustesse de la plante : forte tige atteignant 1, 20 m de hauteur, feuilles composées de folioles plus grandes et plus épaisses que celles de nos céleris potagers, inflorescence volumineuse donnant de nombreux fruits noirs. Le nom scientifique du maceron, *Smyrnium olusatrum* L., résume ses principaux aspects : on a consommé comme légume (*olus*) au moins jusqu'au XVIIe siècle (De Candolle, p. 72-73) les jeunes pousses, les feuilles et la racine noire (*atrum*) ; les anciens avaient été très frappés par son odeur et son goût de myrrhe (σμύρνα / μύρρα, d'où *Smyrnium*). Malgré de nombreuses recherches en Grèce, où la plante est très commune, et dans le Midi de la France, nous n'avons jamais pu observer ses « larmes », mais l'insistance de Théophraste sur ce point (cf. II, 2, 1 ; IX, 1, 4 et 5) ne laisse pas de doute sur leur réalité. L'assimilation naïve du suc de maceron à la véritable myrrhe est décrite avec plus de détails en IX, 1, 4. – A la différence de Hort qui traduit χρήσιμα δὲ ἄμφω « both kinds » (l'ache et le maceron) et plus loin φύεται δὲ ὁμοίως πανταχοῦ « both kinds grow equally everywhere », nous rapportons ce dernier membre de phrase au seul maceron, qui s'accommode en effet de biotopes très divers alors que l'ache est liée au milieu humide, et nous entendons par ἄμφω les deux parties du maceron décrites précédemment : τὴν ῥίζαν ... ὁ καρπός, racine et fruit auxquels Dioscoride (III, 67) attribue les mêmes vertus diurétiques : ὁ καρπὸς ... στραγγουρίαις βοηθεῖ · καὶ ἡ ῥίζα δὲ τὰ αὐτὰ ποιεῖ. Ces propriétés expliquent assez l'usage du maceron en cas de lithiase (τοῖς λιθιῶσι), mais nous n'avons trouvé aucune mention d'un emploi contre les vertiges, qui justifierait la variante (πρὸς) τοὺς ἰλιγγιῶντας du *Monacensis*.

11. Quoique décrit brièvement, l' ὀρεοσέλινον présente les principaux caractères du persil, *Petroselinum crispum* (Miller) A.W. Hill (*P. sativum* Hoffm.) : feuille pareille à celle de la ciguë (d'où la confusion responsable de nombreux empoisonnements), racine grêle, fruit comparable à celui de l'aneth (ou du cumin, dans Diosc. III, 65) ; en outre, le persil est un excellent emménagogue (Wylock, *Aromates*, p. 130, n. 125 ; J. Valnet, *Aromathérapie*, 10e éd., Paris, 1984, p. 44 ; Schauenberg — Paris, *op. cit.* [n. 1 à VII, 3, 1], p. 64 ; etc.). La seule difficulté vient de ce que Dioscoride décrit successivement l'ὀρεοσέλινον (III, 65) et le πετροσέλινον (III, 66) auquel nous devons notre mot « persil ». Il dit seulement que le πετροσέλινον « pousse en Macédoine [ce qui rappelle μακεδονίσι, un des noms modernes du persil] dans des lieux escarpés », avant d'énumérer des propriétés qui appartiennent toutes au persil : la graine est aromatique, diurétique, emménagogue, carminative, etc. Plutôt que de chercher à distinguer des plantes aussi semblables, on partagera l'opinion de A.C. Andrews,

Celery and Parsley (cf. n. 22 à VII, 1, 6), p. 96 : « Le fait que Théophraste emploie le terme de ὀρεοσέλινον et ne fait pas allusion au πετροσέλινον laisse supposer qu'à son époque le premier était la dénomination usuelle du persil, plus tard supplantée par πετροσέλινον, et que Dioscoride commet une erreur quand il croit que ces noms s'appliquaient à deux plantes différentes ». – Il n'y a rien à tirer de la scholie à Nicandre, *Thér.* 596 : Θεόφραστος δὲ λέγει τὸ ἱπποσέλινον, ὃ καὶ ἐν τοῖς πετρώδεσι τόποις γίνεσθαί φησι, qui ne correspond pas au texte actuel et attribue au maceron l'habitat du persil (cf. Diosc. III, 65 s.v. ὀρεοσέλινον : φύεται δὲ ἐν πέτραις καὶ ὀρεινοῖς τόποις).

12. Le concombre sauvage ou momordique a été mentionné en IV, 5, 1 sous le nom d'ἐλατήριον, transféré de la drogue purgative que nous appelons également l'élatérium à la plante qui la produit. Celle-ci ressemble pour l'aspect général au concombre des jardins, mais son fruit, au lieu d'être charnu et comestible, renferme un suc âcre, très irritant, violemment expulsé avec les graines mûres – ce que rappelle son nom scientifique *Ecballium elaterium*.

13. Pour la clarté de la traduction, il est nécessaire d'expliciter le double sens de ἰωνιά : « plant de violette » (*Viola odorata*) ou « de violier » (*Matthiola incana*), garanti par ce qui est dit en VI, 6, 7 : « La violette se différencie du violier (τὸ δὲ ἴον τὸ μέλαν τοῦ λευκοῦ διαφέρει) par maints aspects et notamment par celui de la plante même (κατ' αὐτὴν τὴν ἰωνιὰν), à larges feuilles, plantées en terre et charnues... ». Il faut bien voir que la comparaison καθάπερ — ἡ ἰωνιά porte seulement sur ἐκ τῆς προσόψεως ἔχει τὴν ὁμοιότητα : de même que σίκυος, ἰωνιά est un phytonyme ambivalent, qui s'explique par une ressemblance lointaine (parfum et couleur des fleurs) entre les plantes homonymes. Par-dessus cette sorte de parenthèse explicative, le parallélisme entre les deux concombres se poursuit, avec une précision exacte : « leurs feuilles sont presque semblables ».

CHAPITRE 7.

1. Sous-entendre τὰς διαφορὰς (cf. *discrimina* Gaza) à partir des derniers mots du chapitre précédent.

2. Les plantes de cette liste sont consommées encore de nos jours, à l'exception du séneçon, *Senecio vulgaris* L., d'ordinaire réservé à la nourriture des lapins dans les élevages familiaux et réputé dangereux pour l'homme à cause de ses alcaloïdes hépatotoxiques (Schauenberg — Paris, *op. cit.* [n. 1 à VII, 3, 1], p. 51 ; Couplan, p. 393). On sait toutefois que les habitudes alimentaires développent l'immunité et des goûts parfois surprenants : un exemple actuel en est donné par les jeunes pousses du tamier (*Tamus communis* L.), amères sinon toxiques, et cependant très recherchées dans nos départements du sud-ouest (Couplan, p. 205-206). – La chicorée, *Cichorium intybus* L., est

l'ancêtre de nombreuses variétés horticoles (Bois, I, 286-287 ; De Candolle, p. 77 ; etc.) ; ses jeunes feuilles tendres, d'une amertume peu prononcée qui s'accentue avec l'âge, font de cette plante très commune « l'un des légumes sauvages les plus appréciés en Italie et en Grèce » (Couplan, p. 162). – Le pissenlit (*Taraxacum officinale* Weber, espèce collective ou agrégat de taxons plus ou moins clairement définis) peut être considéré comme le type de la plante sauvage à salade. Cependant Théophraste le dit plus loin (VII, 11, 4) « immangeable et amer », ce qui est vrai de la plante âgée. Son nom grec ἀπάπη (transmis correctement dans U en VII, 8, 3 et VII, 11, 3 ; ailleurs ἀπάτη ou ἀφάκη, et de même *ap(h)ace* dans Pline, XXI, 99 ; 100 ; 105 ; etc.) semble apparenté à πάππος « aigrette », le fruit du pissenlit, connu de tout le monde, étant composé d'akènes à pappus développé qui se détachent du réceptacle au moindre souffle. – Χόνδρυλλα et ses variantes χονδρίλη (Hsch.), χονδρίλη /-ίλλη (Diosc.) dérivent de χόνδρος « gruau », « grumeau » (cf. Chantraine, *D.E.L.G.*). Ainsi l'entend Dioscoride, qui explique (II, 133) : « autour de sa petite pousse on trouve de la gomme semblable au mastic, en masses de la grosseur d'une fève ». La plante correspondante est la chondrille à tige de jonc, *Chondrilla juncea* L., très commune en Grèce au bord des chemins, dans les friches sablonneuses, de même qu'en France méridionale, où elle est fort appréciée : « Les feuilles radicales à saveur douce et le collet ferme et craquant sont des plus agréables » (Harant – Jarry, *op. cit.* [n. 18 à VII, 2, 7], p. 65). Sur l'amertume de la racine, voir VII, 11, 4. – Du fait que ὑποχοιρίς a donné le nom du genre *Hypochoeris* L., on a voulu identifier la plante de Théophraste avec notre « porcelle » ou « salade de porc », *Hypochoeris radicata* L. (Hort, *Index of plants* ; L.S.J. ; Carnoy, *Dict. étym. noms grecs de plantes* ; André, *Noms de plantes*), plus rarement avec des espèces du genre *Hyoseris* L. litt. « chicorée de porc » (*H. radiata* L. pour Sprengel, *H. lucida* L. pour Fraas, in *Index plantarum* éd. Wimmer 1866). Ces plantes sont mangeables après cuisson, mais les poils raides, semblables à des soies de porc, qui couvrent les feuilles de la porcelle interdisent d'y reconnaître l'ὑποχοιρίς, « plus lisse » (λειοτέρα), c'est-à-dire « plus glabre » que les autres chicoracées. En outre l'étymologie fait obstacle à l'identification proposée : la ressemblance de feuilles rudes avec la peau d'un goret (χοῖρος) rendrait compte de -χοιρίς, mais non du préfixe ὑπο- (la traduction de Bonnier, genre n° 446 *Hypochoeris*, ὑπο- « pour », d'où « salade pour les porcs », est évidemment inacceptable). Il faut penser à l'ambiguïté, constante chez Aristophane, de χοῖρος « porcelet » et « sexe de la femme », car il est une chicoracée, *Reichardia picroides* (L.) Roth (*Picridium vulgare* Desf.), remarquable par la persistance, audessus des jeunes feuilles, des tiges florales de l'année précédente, dont chacune se termine en un réceptacle concave et arrondi, resserré

au fond de la cavité de manière à ne laisser subsister qu'une fente linéaire. Il était donc naturel d'appeler la picridie ὑποχοιρὶς (scil. πόα) « (l'herbe) qui est à la base du χοῖρος », ce terme étant pris dans son sens anatomique familier, attesté aussi en latin pour *porcus* (cf. Varron, *R.R.* II, 4, 10 : *nutrices naturam qua feminae sunt, in uirginibus appellant porcum et graece χοῖρον* ..., cité dans J. André, *Recherches étymologiques sur certains noms de plantes latins*, in *Latomus* 15, 1956, p. 298-301, pour expliquer le nom *porcillaca* du pourpier, dont le fruit suggère aussi un tel rapprochement). La picridie « à feuilles radicales d'un vert glauque, de texture ferme, à saveur douce, est très estimée et fréquemment vendue » (Harant — Jarry, II, 65). C'est en Grèce comme chez nous une des meilleures salades sauvages (Von Heldreich, *Die Nutzpflanzen*, p. 78). Pour d'autres détails, voir n. 13 à VII, 11, 4.

3. L'identification de la καυκαλίς est facilitée par la survivance du terme dans le g.m. καυκαλήθρα / -ίδρα, pour désigner le tordyle, *Tordylium apulum* L. (*Condylocarpus apulus* Hoffm.), une Ombellifère si abondante en Méditerranée orientale qu'elle forme souvent le fond de la végétation herbacée. La consommation de la jeune plante est bien attestée (Von Heldreich, *Die Nutzpflanzen*, p. 40 ; V. Raulin, *op. cit.* [n. 12 à VII, 4, 4], p. 764 ; Ducomet, p. 36). – L' ἔνθρυσκον /-ος est le cerfeuil (*Anthriscus cerefolium* (L.) Hoffm.) à l'état sauvage, aujourd'hui naturalisé dans de nombreux pays où la plante a été introduite par la culture, mais probablement indigène dans le centre et le sud de l'Europe orientale (*Flor. eur.* II, 326 ; *Consp. flor. gr.* I, 664) ; son introduction dans les potagers semble dater de l'époque romaine (De Candolle, p. 71-72 ; Bois, I, 244-245). – La menthe ici nommée sans autre précision est indéterminable au niveau spécifique. La plante condimentaire utilisée partout en Grèce de nos jours est *Mentha spicata* L., dont l'origine reste indéterminée (*Flor. eur.* III, 186), mais des espèces réellement sauvages comme *M. aquatica* L., *M. arvensis* L., *M. suaveolens* Ehrh. ont dû jouer aussi un certain rôle dans l'alimentation des anciens.

4. Le scandix recherché traditionnellement en Grèce comme salade printanière aromatique est par excellence *Scandix grandiflora* L., qui croît « dans les champs et les vignes de l'Attique et du Péloponnèse » et dont « les jeunes plantes fournissent une salade très appréciée, surtout en Arcadie » (Von Heldreich, *Die Nutzpflanzen*, p. 40). Mais on consomme aussi *S. pecten-veneris* L. et *S. australis* L. (Id., p. 80-81), qui doivent correspondre aux espèces σκανδικώδη de notre texte. Le scandix est entré dans la littérature grecque non technique avec les railleries d'Aristophane sur les origines modestes d'Euripide dont la mère aurait été « marchande de scandix » (cf. Pline, XXII, 80 ; Hsch. s.v. σκάνδιξ).Voir l'article *Quelques légumes de disette chez Aristophane et Plutarque*, dans nos *Études*, p. 113-125.

5. La grosse infrutescence aigrettée des salsifis sauvages a de tout temps frappé l'imagination par la ressemblance des pappus avec des cheveux ou des poils de barbe. Aussi le nom vulgaire français « barbe-de-bouc » (avec ses variantes dialectales longuement énumérées dans la *Flore populaire* d'E. Rolland, Paris, s. d. [réimpr. 1967], VII, 201-203) correspond-il exactement au grec τραγοπώγων, simplement translittéré dans la dénomination scientifique : genre *Tragopogon* L. Les anciens ne faisaient probablement pas la distinction actuelle entre « salsifis blanc » (les *Tragopogon*, à racine bistre ou grisâtre, en particulier *T. porrifolius* L., ancêtre du légume cultivé) et « salsifis noir » (genre *Scorzonera* L., caractérisé par la racine brun noirâtre et les akènes dépourvus du long bec grêle présent chez tous les *Tragopogon*), leurs racines et leurs feuilles tendres ayant les mêmes excellentes qualités alimentaires. La mention de longues feuilles très étroites, comme celles du crocus à safran, fait penser à *Scorzonera crocifolia* Sibth. & Sm., espèce endémique de la Grèce et de la région égéenne, très commune aux environs d'Athènes : Hymette, Parnès, Laurion, Égine, Salamine, etc. (*Consp. flor. gr.* II, 196). Mais on peut retenir aussi, avec De Candolle (p. 35), *Tragopogon crocifolius* L. (subsp. *samaritani*, est-il précisé dans *Flor. eur.* IV, 323 [= *T. samaritanii* Heldr. & Sart.]), plus rare et plus montagnard (*Consp. flor. gr.* II, 193-194) ; enfin et surtout, quoique ses feuilles soient un peu plus larges, *T. porrifolius* , le plus spectaculaire du groupe par « sa grande aigrette chenue » et sa forte racine ; on le rencontre dans la ville même d'Athènes (Acropole, Mouseion), et à peu près partout en Grèce (*Consp. flor. gr.* II, 193). – Comme le remarque Wimmer (1842, *in notis*), la correction de ὅ (l. 15) en ὅς ne s'impose pas, si on entend « espèce qui... ».

6. C'est-à-dire des plantes herbacées sauvages qui poussent dans les champs.

7. Un long développement sur la mauve et ses vertus dans Athénée, 58 d-f, montre que c'était une plante alimentaire usuelle. Hésiode (*Trav.* 41) fait de la mauve et de l'asphodèle le symbole d'une nourriture frugale mais saine, et Plutarque (*Mor.* 158 a = *Banquet des sept sages*, 14) rappelle qu'à Délos « on présentait au sanctuaire, comme souvenirs et comme spécimens de la nourriture primitive (...) la mauve et la tige d'asphodèle ». Seuls les Pythagoriciens devaient s'abstenir d'en manger (Élien, *Hist. Variée*, IV, 17 ; Jamblique, *Protr.* 21) et si, à l'état de nature, elle était peu appréciée (Arist., *Ploutos*, 543), bien préparée, elle pouvait constituer un mets plus qu'acceptable : Cicéron raconte avec humour (*Fam.* 7, 26, 2) comment il éprouva les propriétés laxatives de ce légume dont il s'était trop copieusement servi lors d'un festin augural. – Sur τευτλίς = *Beta vulgaris* subsp. *maritima*, voir n. 7 à VII, 1, 2 et n. 15 à VII, 2, 6. – Pour l'identification de la patience sauvage et sa consommation, voir n. 17 à VII, 2, 7. – Les jeunes pousses et les feuilles d'ortie se mangeaient cuites, à la manière

de nos épinards (cf. Ath. 61 c ; Pline, XXI, 93 ; etc.). Cet usage a perduré localement (Ducomet, p. 30), avant que la mode actuelle du « retour aux sources » mette dans le commerce de la soupe à l'ortie en conserve ! Il s'agit de la grande ortie, *Urtica dioica* L., répandue dans toute l'Europe, mais en Grèce où elle est plutôt montagnarde, on a utilisé aussi *U. urens* L., *U. membranacea* Poir., et surtout l'espèce la plus commune (selon Gennadios, p. 486, s.v. κνίδη), *U. pilulifera* L., qui envahit notamment les pentes de l'Acropole d'Athènes. – Nous avons exposé dans l'article *Quelques légumes de disette* (cf. *supra*, n. 4), p.116-118, les arguments favorables à l'identification de τὸ παρθένιον, dans notre texte et ailleurs (en part. Diosc. IV, 85 ; Plut., *Sylla*, 13, 3 ; Pline, XXII, 43-44), avec une pariétaire, *Parietaria diffusa* Mert. & Koch (= *P. judaica* L.). A la différence de la camomille appelée aussi παρθένιον, exclusivement médicinale, la pariétaire est comestible, comme l'indique son nom vulgaire français « épinard de muraille » : « la plante entière est tendre, y compris la tige. Crue, on peut la couper assez finement (sinon ses feuilles rugueuses seraient désagréables) et la mélanger à d'autres plantes pour faire des salades. C'est aussi un bon légume cuit, au goût peu prononcé, que l'on peut préparer de diverses façons » (Couplan, p. 29).

8. La comestibilité de la morelle noire (*Solanum nigrum* L.), mauvaise herbe banale des jardins et des lieux incultes, dépend évidemment de son innocuité, sur laquelle les avis sont très partagés. On lit par exemple dans A.-M. Debelmas et P. Delaveau, *Guide des plantes dangereuses* , Paris, 1978, p. 133 : « Tous les organes de la plante sont dangereux, mais les fruits sont les plus fréquemment responsables d'intoxication, surtout avant leur complète maturité ». Selon Schauenberg – Paris (*op. cit.* [n. 1 à VII, 3, 1], p. 52), « la morelle noire est toxique. Les parties vertes de la plante contiennent un alcaloïde : la solanine. Les fruits en sont exempts ». Enfin Von Heldreich, *Die Nutzpflanzen*, p. 79, confirme les dires de Théophraste : « Non seulement la plante est consommée comme légume, mais même les baies, rouges ou noires, se mangent crues comme friandise ». L'hypothèse d'une toxicité variable, émise dans Paris — Moyse (*op. cit.* [n. 1 à VII, 3, 1], p. 192), ne semble pas avoir été vérifiée. En tout cas, vu l'usage moderne de la plante en Grèce, on admettra que dans notre passage εὐκήπευτον est un qualificatif réellement laudatif, et non appliqué par antiphrase (comme εὐώνυμον en III, 18, 13) à une espèce dangereuse. – Le texte transmis sans variante ni indication de lacune donne πρότερον là où la syntaxe et le sens demandent un verbe d'opinion ou de déclaration. Pour ne citer que les deux derniers éditeurs, Wimmer substitue ὠνόμασαν à πρότερον, Hort marque une lacune après πρότερον et introduit dans sa traduction le verbe manquant : « some in former times considered it... » La correction de πρότερον en προσεῖπον est plus satisfaisante du point de vue philologique et s'ap-

puie sur d'autres occurrences de προσαγορεύειν avec un qualificatif inattendu qui appelle des éclaircissements : III, 1, 3 « aussi le poète n'a-t-il pas tort de l'appeler [le saule] 'destructeur de ses fruits' » (προσαγορεύειν ... ὠλεσίκαρπον) ; III, 18, 13 « l'arbre qualifié de sinistre (litt. 'au nom favorable')... » (τὸ δ' εὐώνυμον προσαγορευόμενον δένδρον).

9. Le proverbe en question a été conservé par une scholie à Arist., *Guêpes*, v. 239, et par Suidas, s.v. κόρχορος : καὶ κόρχορος ἐν λαχάνοις « même le mouron parmi les légumes » se disait du mouron des champs (*Anagallis arvensis* L.), à fleurs bleues ou rouge brique (bien décrit dans Diosc. II, 178, s.v. ἀναγαλλίς, avec cette précision des mss. RV : ἀ. ἡ κυανῆ · οἱ δὲ κόρχορον), considéré comme « un légume sauvage peu apprécié » (schol. Arist. ; Suid.). Le proverbe s'appliquait métaphoriquement à « des gens obscurs et sans mérite qui prétendent à des honneurs trop grands pour eux » (Suid.). Le mouron est immangeable cru, à cause de son amertume intense et de sa toxicité, mais il se peut que les saponosides qu'il renferme soient détruites par la chaleur. Le témoignage de Théophraste rejoint en tout cas celui d'Aristophane, *Guêpes*, 236-239, qui présente de jeunes soldats affamés en quête de bois pour faire cuire du mouron (voir notre commentaire dans *Quelques légumes de disette* [cf. *supra*, n. 4], p.113-116). En outre, il est exact que le mouron « a la feuille du basilic » (voir *ibid.*, fig.1, p. 114).

10. Les herbacées annuelles sont des plantes à cycle végétatif court, accompli dans sa totalité – de la graine à la graine – en l'espace de quelques mois. Les espèces « à tige annuelle » correspondent aux géophytes dans la classification de C. Raunkiaer, *Plant Life Forms*, Oxford, 1937. Ce sont des végétaux formant chaque année sur leurs racines des bourgeons dormants qui donnent naissance aux nouveaux organes aériens, après la phase de vie ralentie liée soit au froid hivernal, soit à la sécheresse estivale. Ce dernier facteur, prépondérant dans les régions méridionales, contribue largement à la richesse de la flore grecque en géophytes. M. Negbi, *Theophrastus on geophytes*, in *Botanical Journal of the Linnean Society* 100, 1989, p. 15-43, étudie dans le texte de Théophraste, à la lumière des connaissances scientifiques modernes, plusieurs groupes de plantes correspondant à cette forme biologique : géophytes à cormes de remplacement, tels que le crocus à safran, *Crocus sativus* L. (cf. *supra*, VI, 6, 10 et n. 18) et le glaïeul des moissons, *Gladiolus italicus* Miller (dont le mode de propagation est décrit en VII, 12, 3) ; géophytes à tige tubérisée (anémones et cyclamen) ; géophytes à bulbe, très nombreux en Grèce, dont la scille maritime (*Urginea maritima* Baker) et le narcisse tardif (*Narcissus serotinus* L.) fournissent des exemples typiques (cf. VII, 13, 5) ; géophytes à tubercules, comme l'asphodèle (cf. VII, 9, 4) ; géophytes à rhizome, comme l'iris et divers *Cyperus* : souchet domestique (IV, 8, 12), papyrus (IV, 8, 4), etc.

11. Théophraste admet le principe de la génération spontanée par prudence scientifique plutôt que par conviction : il n'en propose aucun exemple et se borne à une simple mention, s'étant déjà expliqué sur ce problème (III, 1, 4-6 ; voir les n. 6, 7 et 13 *ad loc.*).

12. Τούτων (l. 12), dont la fonction anaphorique est soulignée par δή, renvoie à la première liste de « légumes » du §1, où figure le pissenlit, repris ici comme exemple de plante entrant en végétation après l'équinoxe d'automne (= 26 septembre, d'après Euctémon et Callippe ap. Géminos, XVIII, 19, éd. Aujac, p. 100-101). Sous le climat méditerranéen, il n'est pas rare de trouver le pissenlit fleuri en plein hiver. – « Œil-de-chien », équivalent exact de κύνωψ, est le nom vulgaire français (cf. *Larousse du XX*[e] *siècle* ; Bonnier, n° 2288) d'un plantain, *Plantago afra* L. (= *P. psyllium* L. 1762, non L. 1753). La plante doit ce nom à son fruit, une capsule à déhiscence transversale, qui, une fois ôté le tube de la corolle, se présente comme une cupule hémisphérique renfermant deux graines accolées par leur face interne, d'un marron brillant. *P. afra* est une espèce commune « dans toute la Grèce » (*Consp. flor. gr.* III, 27), où sa floraison débute en février ; nous l'avons trouvé en de nombreux points du Péloponnèse (Tirynthe, Laconie, Magne, etc.) complètement desséché au mois de mai. – Bien attesté comme nom d'un insecte vésicant, dangereux pour le bétail s'il est absorbé avec le fourrage (Beavis, *Insects*, p. 173-174, propose deux espèces du genre *Meloe* pourvues des caractères décrits par les anciens), βούπρηστις désigne une plante seulement dans notre texte, dans le *Lexique hippocratique* de Galien (XIX, 89 K.), où il s'agit d'« une sorte de légume sauvage » mentionné par Dioclès, et dans des gloses dont la plus intéressante est celle de l'*Etymologicon Magnum*, 209, 17-22 Gaisford : « *Bouprestis* : c'est une sorte de légume sauvage qui ressemble à la moutarde et à la ravenelle. On dit qu'il est appelé *bouprestis* parce que si l'on y goûte, on ressent une forte brûlure, c'est-à-dire une enflure ; les anciens, en effet, appliquaient le terme de *bous* à ce qui a de grandes dimensions ; ainsi disaient-ils *boupais*, le gros garçon ». On peut donc rendre βούπρηστις par « la grosse brûlante » et rechercher la plante en question parmi les Crucifères spontanées en Grèce dont les jeunes pousses étaient appréciées pour leur saveur piquante, qui relevait le goût des salades et autres plats d'herbes fades. Le problème de son identification a été traité dans l' article *Βούπρηστις, nom d'animal et nom de plante* de nos *Études*, p. 325-332. Après examen des diverses possibilités, nous avons retenu deux plantes sauvages dont le nom scientifique a été tiré de celui de la roquette, *Eruca*, précisément parce qu'elles en ont la saveur fortement piquante. La première est le cresson d'Orient, *Erucaria hispanica* (L.) Druce, g.m. κάρδαμο, καρδαμίδα, καρδαμοῦδα. Selon J. Pitton de Tournefort, *Relation d'un voyage du Levant*, Lyon, 1717, I, 305-306, qui observa cette espèce dans l'île de Sikinos, « toute la plante est d'un

goût âcre et piquant ». Ce caractère n'est pas constant, puisque des échantillons récoltés à notre intention entre Athènes et Corinthe ont paru au collecteur « d'un goût extraordinairement insipide pour une plante sauvage » (P. Broussalis, *in litteris*). On pensera plutôt à la « fausse roquette », *Bunias erucago* L., caractérisée par une forte saveur de roquette ou de cresson et considérée en Grèce, où elle est commune (*Consp. flor. gr.* I, 119), comme une bonne plante alimentaire (Von Heldreich, *Die Nutzpflanzen*, p. 80). C'est une espèce bisannuelle dont la floraison débute en février (*Consp. flor. gr.*, *ibid.*) ; il est donc vraisemblable qu'elle commence à pousser après l'équinoxe d'automne, comme il est dit de la βούπρηστις. – Le coucher des Pléiades correspond, selon les calendriers transmis par Géminos (cf. *supra*), au 9, 10 ou 13 novembre.

13. L'observation directe ne permet pas de faire de l'hapax ἀφία un des noms de la ficaire, *Ranunculus ficaria* L., en dépit d'un large consensus (Hort, *Index of plants* ; L.S.J. ; Gennadios [avec doute], p. 878, s.v. συκόρριζα ; Chantraine, *D.E.L.G.* ; etc.) sur cette équivalence, soutenue avec enthousiasme par W.T. Thiselton-Dyer, *On some ancient plant-names*, in *Journ. Phil.* 33, 1914, p. 206-207 : « La véritable identification est sans aucun doute celle qu'a brillamment proposée Kurt Sprengel (*Hist. rei herb.* 1, 95) déjà en 1807 (...). C'est *Ranunculus Ficaria*, notre 'chélidoine mineure' (...) abondante partout en Grèce où elle fleurit en février ». Il est vrai que la ficaire fleurit très tôt, mais ses feuilles apparaissent les premières et sont complètement développées lors de la floraison. Il faut revenir au commentaire de Bodaeus (1644) pour qui la plante dont la fleur apparaît dès l'entrée en végétation ne peut être que le tussilage. *Tussilago farfara* L. fournit en effet un exemple remarquable du phénomène d'hystéranthie : « C'est une des premières plantes qui fleurisse à la fin de l'hiver (...). On ne voit d'abord que les tiges fleuries (...) et ce n'est qu'*après* la floraison que se développent les grandes feuilles » (Bonnier, n° 1379). Le tussilage est très commun en Grèce sur les talus argileux et surtout marneux retenant l'eau de pluie ou des suintements ; nous l'avons vu en fleur sur le Pélion au bord des plaques de neige. – D'autre part, le *D.E.L.G.* indique s.v. ἀφία : « Étymologie inconnue. Théophraste semble justifier le mot en rapprochant ἀφιέναι (τὸ ἄνθος). Douteux ». Si la séquence ἀφίησι ... ἡ ἀφία n'est pas fortuite, elle ne reflète sans doute qu'une étymologie populaire. Une piste plus intéressante a été ouverte par V. Bertoldi, *Spigolature da Teofrasto*, in *Rivista di filologia e di istruzione classica* 63 (N.S. 13), 1935, p. 61-66, l'essentiel de ces « glanes dans Théophraste » concernant précisément ἀφία. Le terme est considéré comme l'élément à labiale aspirée d'un couple ἀφία / *ἀπία, parallèle à ῥάφανος / ῥάπυς (lat. *rapum*), *κυφάρισσος (supposé par plusieurs épiclèses dans les inscriptions ; cf. L.S.J. s.v. Κυφαρισσία) / κυπάρισσος, sans compter les doublets du type

ἀσπάραγος / ἀσφάραγος. Bertoldi rattache avec vraisemblance *ἀπία à un groupe i.-e. des noms de l'eau : skr. *ap* « eau » ; lat. *aqua* « eau », *amnis* « cours d'eau » (cf. Ernout — Meillet, *D.E.L.L.* s.v.) ; hydronymes grecs : Ἀπιδανός, fl. de Thessalie, Ἄψος, fl. d'Illyrie, etc. Ἀφία serait un mot d'origine thraco-illyrienne pour désigner une plante des lieux humides, la ficaire selon Bertoldi, mais aussi bien le tussilage. Ajoutons que celui-ci est décrit dans Dioscoride, III, 112, sous le nom de βήχιον, dont les synonymes donnés par les mss. RV comprennent un terme à rapprocher peut-être de ἀφία : Βέσσοι [les Besses : peuple habitant la région comprise entre le Rhodope et la Maritza] ἀσᾶ. Pendant son séjour à Stagire, Théophraste a nécessairement appris des vocables propres à la Grèce du Nord.

14. La floraison précoce des anémones a été signalée en VI, 8, 1. Toutes espèces confondues, elles s'opposent au tussilage par le fait que leurs feuilles apparaissent avant la tige florale.

15. La chicorée fleurit en Grèce de mai à septembre (*Consp. flor. gr.* II, 178), mais on ne peut rien dire des « chicoracées », faute de délimitation précise de ce groupe. Quant aux « plantes épineuses légumières », elles comprennent peut-être le silybe de Marie (λευκάκανθα en VI, 4, 3), des *Onopordon* (ὀνόπυξος, *ibid.* ; voir n. 11 *ad loc.*) et assurément le scolyme, dont la consommation est mentionnée en VI, 4, 7 ; leur floraison s'étend sur les mois de mai à juillet, celle du scolyme étant particulièrement tardive (cf. VI, 4, 7 : « elle a lieu aux environs du solstice ») et durable (VI, 4, 4).

16. Cf. VII, 3, 1.

17. La « plante qui vit sur les rochers » (ἐπίπετρον, cf. Pline, XXI, 89 :*Epipetron uocant quae numquam floret*) est, de l'avis général, un végétal à feuilles succulentes adapté à un milieu extrêmement aride. On a proposé divers *Sedum* (Fraas ap. Wim. 1866 ; Hort, *Index of plants* ; L.S.J.), qui ne conviennent pas car leur floraison n'a rien de singulier. L'identification est facilitée par les précisions que donne Aristote, *P.A.* 681 a 20-25 : « Il existe (...) certaines espèces (...) qui vivent et croissent (...) même une fois arrachées, ainsi cette plante du Parnasse que certains appellent *épipétron* (οἷον καὶ τὸ ἐκ τοῦ Παρνασσοῦ καλούμενον ὑπό τινων ἐπίπετρον) : elle vit longtemps suspendue au haut d'un piquet ». « Sans doute s'agit-il d'une joubarbe », remarque judicieusement P. Louis (C.U.F., 1957). La mention du Parnasse fait penser en effet à une plante de haute montagne, que l'on peut imaginer proposée comme objet de curiosité par les « marchands du temple » aux étrangers en pèlerinage à Delphes. Halácsy, *Consp. flor. gr.* I, 580, signale au Parnasse précisément, dans les rochers de la zone alpine, une joubarbe propre à la Grèce et à l'Albanie, *Sempervivum reginae amaliae* Heldr. & Guicc. Celle-ci est monocarpique, comme toutes ses congénères : la plante meurt après floraison, non sans avoir émis des stolons qui produisent de nouvelles rosettes de feuilles

grasses, en forme d'artichaut. Ce sont ces rosettes, semblables à celles de notre joubarbe des toits, que l'on montrait prospères sur un piquet, et non les plantes mourantes, épuisées par leur floraison. D'où l'idée fausse, mais parfaitement justifiée, que la joubarbe ne fleurit jamais.

18. Le crocus « odorant » correspond à κρόκος ὁ ἥμερος de VI, 8, 3, cultivé pour la production du safran. C'est toutefois au doux parfum de la fleur fraîche (cf. n. 19 *ad loc.*), et non à l'odeur épicée de ses stigmates desséchés, qu'il est fait ici allusion. Quand Moschos évoque (II, 68) « les touffes embaumées du safran blond » (ξανθοῖο κρόκου θυόεσσαν ἔθειραν), il intègre un fait réel dans un paysage botanique de convention. – Le crocus « à fleur blanche » a été présenté en VI, 8, 3 comme « celui des montagnes qui est inodore » (ὁ ὀρεινὸς ἄοσμος), à savoir *C. cancellatus* Herbert (cf. n. 19 *ad loc.*). Il est exact que ces deux espèces fleurissent une seule fois, vers le mois de novembre. – Le « safran épineux », équivalent de notre « safran bâtard », n'a rien de commun, du point de vue botanique, avec le genre *Crocus* : c'est le carthame tinctorial, maintes fois cité sous le nom de κνῆκος (I, 11, 3 ; I, 13, 3 ; VI, 4, 3-6 ; etc.). Ses fleurons jaune orangé, inodores, prennent en séchant la couleur du safran (cf. Diosc. IV, 188 : κνῆκος ... ἔχει ... ἄνθος κρόκῳ ὅμοιον) et possèdent des propriétés tinctoriales analogues, quoique moins appréciées. La floraison du carthame est uniquement estivale, mais elle ne serait probablement pas mentionnée si le crocus à safran n'avait pas rendu présentes à l'esprit de l'auteur les plantes homonymes.

CHAPITRE 8.

1. Le port de la mauve (*Malva sylvestris* L.) varie suivant son environnement : dans l'herbe haute, sa tige atteint 1, 50 m ; le long des chemins, au voisinage des habitations, c'est une plante étalée sur le sol, comme le sont toujours les deux espèces citées avec elle : le scandix et le concombre sauvage. Il se peut que l'auteur ait pensé aussi à la petite mauve (*M. neglecta* Wallr. = *M. rotundifolia* auct. non L.), plus basse (60 cm au maximum) et généralement prostrée, plus appréciée que la précédente du point de vue alimentaire (Ducomet, p. 24).

2. Sur les plantes appelées « héliotrope », voir n. 1 à VII, 3, 1. S'il s'agit ici de *Cynanchum acutum* L., cette espèce à longues tiges traînantes est en effet un exemple remarquable de végétal ἐπιγειόκαυλον.

3. L'addition de ὁ à τρίβολος n'est pas nécessaire, vu que Théophraste fait souvent l'économie de l'article attendu (par ex. l. 9 σίκυος ἄγριος ; p. 26, l. 7 ἄνθεμον ἀφυλλανθὲς [≠ p. 26, l. 9 ἄνθεμον τὸ φυλλῶδες]) et qu'il ne faut pas chercher une symétrie par rapport à καὶ ἡ κάππαρις où l'article évite une séquence cacophonique, ni déduire la présence ancienne de ὁ du -ν éphelcystique (οὖσιν) dans U (≠ οὖσι M P Ald.) qui en abuse. – Comme nous ignorons si l'auteur

vise ici les deux espèces rampantes à fruit épineux réunies en VI, 5, 3 sous le nom de τρίβολος, ou seulement la mieux connue, notre « croix de Malte » (cf. III, 1, 6 et n. 11), la translittération du mot grec est seule possible.

4. Il semble que ἐκείνων renvoie à l'étude antérieure (VI, 4 et 5) des plantes épineuses, qui fournit effectivement des exemples d'opposition nette entre tige dressée et tige couchée dans des espèces voisines : ainsi (VI, 4, 5-6) des deux proches parentes sauvages du carthame domestique, la première (*Carthamus lanatus* L.) possède une haute tige droite, « ce qui explique qu'au temps jadis les femmes l'utilisaient parfois pour leurs fuseaux », la seconde (*Cnicus benedictus* L.) « est une plante à tiges rampantes, car la mollesse de ses feuilles la fait pencher vers les sillons ».

5. Les exemples donnés à la suite montrent que περιαλλόκαυλα s'applique aux plantes qui s'attachent à d'autres par quelque moyen que ce soit : simple enroulement, crochets, crampons ou vrilles. Dans le même ordre d'idées, on notera l'ambivalence de ἑλξίνη (litt. « l'herbe accrochante ») dans Dioscoride : c'est en IV, 39 le liseron des champs, qui grimpe autour de n'importe quel support, et en IV, 85 la pariétaire, dont les feuilles poilues se collent aux vêtements, au pelage des animaux, etc.

6. L'hapax ἐπετίνη ne se prête qu'à des interprétations conjecturales, dont certaines doivent être écartées parce qu'elles sont en contradiction avec la réalité botanique. La plus ancienne repose sur la traduction *abiuga* par Gaza d'un hypothétique *πιτυῖνη tiré de πιτίνη (leçon de P) et adopté dans le texte d'Heinsius. Ce nom serait, comme l'adjectif usuel πιτύϊνος, un dérivé de πίτυς « pin », ce qui a suggéré l'identification de la plante avec une bugle d'odeur résineuse, l'ivette musquée (*Ajuga iva* ; cf. II, 1, 3 et n. 6), ou mieux, la bugle petit pin (*A. chamaepitys* ; voir *ibid.*). Cette interprétation, proposée sous toute réserve dans Hort, *Index of plants*, et dans L.S.J. (les traductions de Wimmer [1866] et de Hort donnent simplement *epetine*), n'est pas recevable, car il s'agit de petites plantes à tiges étalées sur le sol, tout au plus capables de se redresser un peu devant un obstacle. On se heurterait à la même difficulté si l'on voulait voir en ἐπετίνη une altération de ἐλατίνη, nom de la linaire bâtarde (*Kickxia spuria* (L.) Dumort.) dans Diosc. IV, 40. L' analyse suivante se fonde sur le fait qu'aucune des plantes citées avec ἐπετίνη n'est volubile à la manière du liseron, qui est pourtant le type même des « plantes à tige fine, souple et longue, (...) la plupart du temps entrelacées à d'autres » : le gratteron (*Galium aparine* L.) s'agrippe au moyen de poils crochus, le lierre adhère à tout support par ses crampons et la salsepareille par ses vrilles (cf. III, 18, 9 et 11). Or dans *C.P.* II, 18, 2, précisément le liseron figure, sous le nom de ἰασιώνη (cf. *H.P.* I, 13, 2), avec le lierre et la salsepareille, parmi les végétaux περιαλλόκαυλα. D'où l'idée que

ἐπετίνη désigne une espèce distincte mais voisine du liseron au moins pour le port. Telle est la vrillée (*Polygonum convolvulus* L., devenu *Bilderdykia convolvulus* (L.) Dumort., et plus récemment *Fallopia convolvulus* (L.) A. Löve), en français « renouée liseron », « faux liseron », « liseron noir des champs ». Elle est commune en Grèce, ainsi que partout ailleurs en Europe (*Flor. eur.* I, 81), dans les champs cultivés et les friches. Bonnier (n° 2406) la présente comme « une plante annuelle (...) dont les tiges minces (...) restent couchées sur le sol ou s'enroulent autour des plantes cultivées ». Outre la correspondance parfaite avec la définition de Théophraste, on remarquera l'adjectif « annuelle » qui suggère pour ἐπετίνη une étymologie plausible. Par opposition aux liserons les plus communs en Grèce, réunis sous le nom de ἰασιώνη (cf. n. 4 à I, 13, 2), qui sont tous vivaces, la vrillée a pu apparaître comme « l'herbe de chaque année ». Son nom grec serait alors soit le féminin substantivé de l'adjectif ἐπετινός (synonyme tardif de ἐπέτειος « annuel »), avec l'accent récessif caractéristique d'une telle formation (cf. λεύκη « peuplier blanc » en face de λευκός « blanc » ; etc.), soit plutôt un substantif composé du radical des ces adjectifs et de la finale -ίνη fréquente dans les phytonymes (cf. ἀλσίνη, ἀπαρίνη, ἑλξίνη, ἰξίνη, etc.).

7. Texte et sens incertains (cf. Wim. 1842 *in notis* : « ultima verba non satis intelligo »). Nous comprenons : « et il appartient de celles-ci (τούτων génitif partitif) aux plantes domestiques », l'ellipse d'un sujet indéfini (τινά ou ἔνια) étant favorisée par la fréquence de l'emploi impersonnel de ὑπάρχει.

8. L'accord est quasi général sur l'équivalence κορωνόπους = *Plantago coronopus* L. Cette espèce se distingue de ses congénères par sa rosette basale de feuilles profondément découpées, qui justifient ses noms vulgaires « pied-de-corneille », « pied-de-corbeau », ou encore « corne de cerf ». Abondante en Grèce au bord des chemins et près de la mer, la plante était consommée cuite comme légume (Diosc. II, 130) ; elle a même été cultivée « pour ses feuilles employées comme fournitures de salades » (Bois, I, 392). – Hort, *Index of plants*, identifie la « marguerite à fleur sans ligules » et feuilles sur le sol avec *Matricaria chamomilla* (var. *eradiata*, précise L.S.J.), ce qui est inacceptable car cette espèce, avec ou sans ligules (var. *eradiata* observée seulement à Corfou ; cf. *Consp. flor. gr.* II, 66), a de nombreuses feuilles sur ses tiges dressées (voir Bonnier, pl. 295, n° 1461). La flore grecque comprend une « marguerite » dont l'inflorescence compacte et globuleuse comme une petite pomme, se compose uniquement de fleurons tubuleux ; c'est *Anthemis rigida* (Sibth. & Sm.) Boiss. & Heldr. (= *A. cretica* Nyman), qui peuple les sables maritimes et autres lieux arides de la région égéenne (*Flor. eur.* IV, 154 ; *Consp. flor. gr.* II, 59). Sa fréquence et son originalité ont dû attirer l'attention des observateurs antiques. Elle a surtout des feuilles basales et quelques

caulinaires, mais comme ses tiges sont couchées, elle peut être incluse dans les végétaux ἐπιγειόφυλλα. – Même remarque pour ἄγχουσα, l'orcanète des teinturiers, *Alkanna tinctoria* (L.) Tausch : non seulement elle a toute l'année – car elle est vivace ou pérennante – des touffes serrées de feuilles basales, mais les feuilles espacées des tiges florales couchées se trouvent, elles aussi, sur le sol. – La présence du terme général πόα « herbe » parmi des phytonymes spécifiques a de quoi surprendre. Si Gaza traduit *herba* et Hort *grass* apparemment sans embarras, Stackhouse met le mot entre parenthèses et Wimmer (1866) se borne à le translittérer : *poa*. Il s'agit probablement d'une glose marginale passée dans le texte : un lecteur, découvrant que ἄγχουσα désignait, outre le fard rouge bien connu (cf. Xén., *Éc.* X, 2, où Ischomaque dit de sa femme ἰδών ποτε αὐτήν ... ἐντετριμμένην ... πολλῇ ... ἐγχούσῃ ... « je l'ai vue un jour toute fardée d'orcanète... »), également une plante, a pu signaler ce sens moins banal par une note : πόα « herbe », « plante herbacée ». – Sur l'anémone des fleuristes, *Anemone coronaria* L., qui correspond, avec *A. pavonina* Lam., à l'anémone « des prairies » en VI, 8, 1 (cf. n. 8 *ad loc.*), les feuilles formées les premières sont toutes radicales ; apparaissent ensuite les tiges florales qui portent un verticille de petites feuilles sessiles et indivises. Les caulinaires sont beaucoup plus développées, pétiolées et divisées, chez l'anémone « de montagne », *A. blanda* Schott & Kotschy (cf. VI, 8, 1 et n. 5). Il s'agit donc ici du premier type, dans lequel les feuilles « sur le sol » constituent la quasi-totalité du feuillage. – Selon Strömberg, *Wortstudien*, p. 30-31, l'hapax ἀπαργία correspond à une plante indéterminable sans autre renseignement que son appartenance aux végétaux ἐπιγειόφυλλα. Il faut en effet écarter le rapport établi arbitrairement par Hort et L.S.J. avec *Crepis columnae*, une espèce des prairies de la zone alpine (*Consp. flor. gr.* II, 222-223) que Théophraste ne connaissait certainement pas. Strömberg limite donc son étude au radical -αργ-, qu'il rapproche à la fois de l'adjectif ἀργός « blanc brillant » et des phytonymes ἄργεμον, ἀργεμώνη, ἀργεμώνιον, etc. ; la plante appelée ἀπαργία devrait son nom à sa couleur. Chantraine (*D.E.L.G.* s.v.) reproduit cette conclusion avec doute (« Rien de clair ») et ajoute « Pourrait être aussi 'plante qui efface les taches blanches sur les yeux' (?) ». On dispose d'arguments solides pour étayer cette dernière hypothèse. Dioscoride décrit (II, 177) l'ἀργεμώνη comme une plante qui « élimine les leucomes » (καθαίρει ... ἄργεμα). Même usage ophtalmologique de l'anémone (Diosc. II, 176) « appelée aussi *argémonion* » (ἀνεμώνη, οἱ δὲ ἀργεμώνιον) : « La racine, par voie topique, guérit les inflammations oculaires et nettoie les éraflures dans les yeux ». D'autre part, si on considère l'ensemble préfixe + radical, ἀπαργία présente la même formation que ἀπόκυνον, autre phytonyme que Strömberg étudie (*ibid.*, p. 26-27), sans faire ce rapprochement : l'ἀπόκυνον (*Cynanchum acu-*

tum L. et espèces voisines ; cf. n. 1 à VII, 3, 1) permet de se débarrasser des chiens dangereux (Galien, XI, 835 K. : τοὺς κύνας ἀναιρεῖ), l'ἀπαργία fait disparaître les taches blanches de la cornée. Pour découvrir l'identité de cette plante, il faut penser aux espèces couramment utilisées en ophtalmologie antique. L'une d'elles est la glaucienne / glaucière, ou chélidoine glauque (*Glaucium flavum* Crantz, à fleurs jaunes, et *G. corniculatum* (L.) Rudolph, à fleurs rouge orangé) décrite plus loin (IX, 12, 3) sous le nom de μήκων ἡ κερατῖτις, « pavot cornu » (par référence à la forme du fruit). Il est dit *ibid.* que sa feuille a le pouvoir « de guérir les moutons des leucomes » (ἄργεμα προβάτοις ἀφαιρεῖν). Même indication dans Diosc. IV, 65, s.v. μήκων κερατῖτις : les feuilles « éliminent les leucomes et les néphélions du bétail » (τὰ ἐπὶ κτηνῶν ἄργεμα καὶ νεφέλια ἀποκαθαιρεῖ). Néanmoins aucun nom de la plante ne rappelle cette propriété. En outre, ce n'est pas une espèce ἐπιγειόφυλλον, ses tiges florales étant bien garnies de feuilles (voir Bonnier, pl. 25, n° 112 et 112 b). On écartera pour les mêmes raisons la grande chélidoine, *Chelidonium majus* L. (Bonnier, pl. 26, n° 113), dont Pline (VIII, 98) explique le nom grec, dérivé de χελιδών « hirondelle », de la manière suivante : « L'hirondelle nous a montré le pouvoir salutaire pour la vue de la chélidoine, en traitant avec cette plante l'inflammation des yeux de ses petits ». C'est le χελιδόνιον que nous rencontrerons dans *H.P.* VII, 15, 1. Mais on connaissait aussi une « petite chélidoine », qui est notre ficaire, *Ranunculus ficaria* L., décrite avec précision dans Diosc. II, 181 (χελιδόνιον τὸ μικρόν). Son emploi ophtalmologique se déduit d'un ensemble d'indices concordants : 1) le rapprochement dans Diosc. II, 180-181, des notices χελιδόνιον μέγα et χ. τὸ μικρόν donne à penser que « les médecins anciens devaient sans doute confondre sous le vocable unique de χελιδόνιον (...) un produit ou la source d'un ou plusieurs produits utilisés notamment en ophtalmologie » (M.-H. Marganne, *in litteris*) ; 2) Pline (XXV, 89-90) dit des deux chélidoines : « on exprime le suc quand elles sont en fleur (...). C'est un remède unique contre les taies oculaires » ; selon Dioscoride (II, 181), « la petite chélidoine (...) a des propriétés âcres, assez voisines de celles de l'anémone » (δύναμιν ... παραπλησίαν ἀνεμώνῃ) dont nous avons vu la justification du nom ἀργεμώνιον ; 3) E. Rolland, *op. cit.* [*supra*, n. 5 à VII, 7, 1], I, 61-66, cite des noms vernaculaires français et dialectaux de la ficaire qui s'expliquent par son aptitude à éclaircir la vue : « petite éclaire », « éclairette », « clairotte », « clarégeassa », « sklérik » en breton. Son usage a dû toutefois être limité par le danger qu'il présentait : Galien (XII, 156 K.) réunit les deux χελιδόνιον en précisant que « la petite chélidoine est plus caustique que la grande ». Du point de vue botanique, la ficaire (*Ficaria ranunculoides* dans Bonnier, pl. 15, n° 70) mérite pleinement le qualificatif ἐπιγειόφυλλος appliqué à l'ἀπαργία : ses feuilles naissent de la souche ou de

la base des tiges florales. – La « langue d'agneau » est le grand plantain (*Plantago major* L.), bien connu comme mauvaise herbe des jardins, qui ne possède que des feuilles radicales.

9. Cet emploi isolé de κρηπίς comme phytonyme n'est pas signalé dans le *D.E.L.G.* qui donne seulement les deux sens usuels du terme : 1) « botte » ; 2) « soubassement », « bordure ». L'identification de la plante ainsi nommée avec *Picris echioides* L. (*Helminthia echioides* (L.) Gaertn.), proposée par Hort et L.S.J., se fonderait selon André (n. 1 à Pline, XXI, 99 : *caule foliato est crepis*) sur une correction ancienne de κρηπίς en πικρίς ; selon Carnoy, *Dict. étym. noms grecs de plantes*, sur le fait que « les curieux capitules » de *P. echioides* « faisaient penser à une botte (κρηπίς) (?) ». Ni l'observation directe, ni la figure 1660, pl. 344, de Bonnier ne nous ont permis de constater pareille ressemblance. Au contraire, le second sens de κρηπίς suggère une interprétation compatible avec les données lexicales et botaniques. Si l'on fait de κρηπίς « la plante qui a une bordure », on pense au mélinet, *Cerinthe major* L., très remarquable par ses fleurs tubuleuses violettes à la base et bordées d'une bande jaune. Théophraste a dû le connaître, vu sa fréquence en Méditerranée orientale et aux environs immédiats d'Athènes (*Consp. flor. gr.* II, 318). La tige du mélinet disparaît sous les feuilles embrassantes très serrées l'une à la suite de l'autre (voir Bonnier, pl. 414, n° 1953), ce qui rendrait judicieux le choix de cette plante comme type des végétaux ἐπικαυλόφυλλα. – On ne peut pas savoir avec certitude ce que représentait pour Théophraste ἄνθεμον τὸ φυλλῶδες, tant il y a d'espèces d'*Anthemis*, *Chrysanthemum*, *Leucanthemum*, etc. dont la fleur est une « marguerite » à fleurons tubuleux jaunes entourés de fleurons ligulés blancs (cf. *infra*, VII, 14, 2) ou jaunes. L'identification avec *Anthemis chia* L., traditionnelle depuis Fraas (*Synopsis*, p. 214-215), semble fondée sur la seule abondance de cette petite plante dans le bassin oriental de la Méditerranée : ses feuilles caulinaires n'ont pas une densité exceptionnelle et même sa tige est nue sur plusieurs centimètres au-dessous de la fleur. Il serait plus opportun de penser à *Chrysanthemum coronarium* L., « chrysanthème / marguerite à couronne » (on en tresse encore des couronnes en Crète pour le 1er mai), « marguerite jaune » (Bonnier, n° 1458 et pl. 295), dont les tiges sont couvertes de feuilles jusqu'à l'inflorescence. C'est sans doute l'espèce la plus spectaculaire de la flore grecque : « Au printemps, en Méditerranée orientale, cette plante se développe en telle abondance que les champs en jachère et les terrains vagues forment parfois des nappes brillantes jaunes » (O. Polunin — A. Huxley, *Fleurs du bassin méditerranéen*, Paris, 1967, p. 240). – De même que ἄνθεμον (VII, 14, 2), et encore plus largement, λωτός est une dénomination collective de végétaux à première vue très différents (VII, 15, 3). Il ne peut s'agir ici du trèfle fraise (*Trifolium fragiferum* L.), que retiennent Hort, L.S.J. et André (n. 1 à Pline, XXI, 99), car cette plante

à tige couchée s'enracinant aux nœuds trouverait sa place naturelle parmi les végétaux ἐπιγειόφυλλα. C'est probablement un mélilot à tige dressée, en particulier *Melilotus italicus* [*italica* dans la plupart des flores, on ne sait pourquoi...] (L.) Lam., très feuillu (voir Bonnier, pl. 132, n° 699,), commun en Attique (*Consp. flor. gr.* I, 370-371), médicinal et odoriférant (cf. μελίλωτος en VII, 15, 3 ; λωτός en IX, 7, 3). – Λευκόϊον correspond ici, comme en III, 18, 13, au violier jaune ou giroflée des murailles (*Cheiranthus cheiri* L.), dont les tiges sont très feuillues ; on écartera l'autre espèce de λευκόϊον, notre cocardeau (*Matthiola incana* (L.) R. Br.), qui présente à l'état sauvage des feuilles radicales bien plus développées que les caulinaires peu nombreuses.

10. Wimmer (1842, *in notis*) suppose le texte altéré et suggère, sans l'adopter même dans ses éditions ultérieures, la correction de τι en φύλλον. En fait, après plusieurs adjectifs composés de φύλλον, l'ellipse du substantif ne nuit pas à la clarté du sens. – La chicorée (*Cichorium intybus* L.) « combine les deux dispositions » en ce sens qu'elle possède à la fois une rosette basale de feuilles profondément découpées et des caulinaires petites, semi-embrassantes, à la naissance des rameaux et des fleurs axillaires sessiles (voir Bonnier, pl. 338, n° 1635 et 1635 bis).

11. Nouvelle ellipse du substantif, à tirer de φυλλακάνθων sous la forme de φύλλοις pour former avec ἀκανθώδεσι un compl. de manière : litt. « sauf avec des feuilles complètement épineuses ».

CHAPITRE 9.

1. C'est le cas de « la plante appelée en Égypte *ouïngon* » (I, 6, 11), à savoir la colocase, observée par les Grecs en Égypte, où elle ne fleurit pas (cf. n. 25 *ad loc.*).

2. On peut penser au crocus à safran, taxon stérile dont il est dit très justement en VI, 6, 8 : « il se multiplie par plant de racine » (cf. n. 18 *ad loc.*). Cette plante est dépourvue de tige, mais le long tube de la fleur en tient lieu dans une certaine mesure.

3. Sur la floraison contestée d'arbres fructifères, voir III, 3, 7-8. La réserve formulée ici en l'absence de tout exemple relève de la simple prudence scientifique.

4. Classification à deux niveaux dont le premier correspond à la distinction (déjà faite en I, 10, 8) entre feuilles pétiolées (τὰ μὲν ἀπὸ μίσχου προσπέφυκε « les unes se trouvent attachées à un pétiole ») et feuilles sessiles (τὰ δ' αὐτὰ « les autres par elles-mêmes »), ces dernières d'aspect différent selon que le limbe s'attache simplement à la tige par sa base effilée (αὐτὰ μὲν ὥς ἁπλῶς « par elles-mêmes d'une part tout simplement ») ou qu'il embrasse la tige « par une sorte d'attache caulinaire » (τὰ δὲ καυλικῇ τινι προσφύσει), sous forme d'oreillettes plus ou moins développées. Le premier de ces deux types

pourrait être illustré par la garance (*Rubia* L. spp.), dont la feuille est comparée en IX, 13, 6 à celle d'un ciste (*Cistus monspeliensis* L.) : les feuilles tiennent à la tige par la base de leur limbe, large d'environ 1,5 mm. Pour le second type, l'exemple qui s'impose est celui du laiteron (*Sonchus* L. spp.), caractérisé en IV, 6, 10 par « l'aboutissement de la tige centrale en plein limbe », c'est-à-dire par la position de la tige entre le limbe proprement dit et les oreillettes (cf. n. 23 *ad loc.*).

5. Expression un peu maladroite d'un fait décrit au sujet du noisetier en III, 6, 2, avec le même verbe : αὐτὸ προωθεῖται τὸ ὑπάρχον « c'est la partie <du rameau> déjà existante qui se pousse en avant » ; pour une explication plus détaillée, voir n. 7 *ad loc.*

6. Résumé de I, 13, 1 où il est précisé qu'aucun arbre n'a une fleur éclatante (οὐδενὸς [scil. τὸ ἄνθος] ἀνθῶδες), hormis quelques espèces domestiques ou sauvages, tels le grenadier et le sapin. Vu l'équivalence de ἀνθώδης et de ἀνθικός en VI, 6, 11 (… καὶ τοῦτο ἀνθῶδες. Τὰ μὲν οὖν ἀνθικὰ… [La filipendule] « se rattache aux plantes à fleurs. Pour se faire une idée de celles-ci… »), il est possible de prendre ἀνθικός, de même que ἀνθώδης, au sens d' « éclatant », « d'une teinte chaude », comme le fait Gaza : « colore *ardentiori* ». Avec sa « fleur safranée » (I, 13, 1 κρόκινον … ἄνθος) le sapin serait l'exception qui confirmerait le mieux la règle formulée ici de manière catégorique : κεχρωσμένον δὲ ἀνθικῷ <οὐδέν>.

7. Le texte transmis (καὶ ἐνίων) est incompatible avec le sens de la phrase suivante : ce sont les arbres en général, et non quelques-uns d'entre eux, qui font une floraison massive. Wimmer écarte donc ἐνίων (doublet par anticipation de ἔνια ?), mais respecte – avec raison, semble-t-il – une hardiesse d'expression dans le style des notes de cours, les qualificatifs εὔοσμοι καὶ ἄοσμοι étant rapportés à χροιαί.

8. Cf. VII, 3, 1.

9. Cf. également VII, 3, 1, avec la n. 1 sur les problèmes d'identification de l'« héliotrope ».

10. Un long chapitre de morphologie générale (I, 6) a présenté différents types de racines, bien plus nombreux chez les plantes herbacées que chez les arbres. A ces observations partiellement reprises ici s'ajoute un nouvel aspect de la question : celui de la comestibilité et des propriétés, médicinales ou toxiques, de certaines racines. La pensée de Théophraste suit donc bien son fil directeur, avec un élargissement de la recherche conforme au principe méthodologique posé en I, 5, 1 : « il faut tâcher d'indiquer les différences relatives à une partie (…) d'abord de manière globale et collective, puis en détail, pour finir par une sorte de révision approfondie ».

11. Le nom de la garance, plante à racine rouge tinctoriale (cf. déjà Hdt. IV, 189), a été formé sur la base de ἐρευθέω « être rouge », à l'aide du suffixe d'adjectif -δανός (Chantraine, *Formation des noms*, p. 362). Pour l'accent premier, nos mss. tantôt donnent tous l'oxyton

(ἐρευθεδανὸν dans une liste en VI, 1, 4), tantôt se partagent entre oxyton et proparoxyton (ici même, -εδανοῦ U en face de -εδάνου U^{rec} P Ald., -εδανον [*sic*] M). Quoique les dictionnaires de Bailly, L.S.J. et le *D.E.L.G.* proposent ἐρευθέδανον, il semble préférable de conserver l'oxyton de U, qui a des chances d'être l'accentuation ancienne. Même problème pour πευκεδανόν / -έδανον en IX, 14, 1 et IX, 15, 5, le phytonyme coexistant cette fois avec l'adjectif correspondant πευκεδανός « piquant », « amer ». L'accent récessif marquerait une véritable substantivation (cf. λεύκη « peuplier blanc » en face de λευκός « blanc »), alors que le neutre suggère plutôt l'ellipse de φυτόν auprès de l'adjectif oxyton : ἐρευθεδανόν « la (plante) rouge », πευκεδανόν « la (plante) amère ».

12. En face de très nombreux renvois internes du type banal ὥσπερ / καθάπερ εἴπομεν / ἐλέχθη / εἴρηται, on ne relève dans l'ensemble du traité que deux occurrences de ἐν ἄλλοις « ailleurs », c'est-à-dire « dans un autre ouvrage » et non « dans un autre passage (de celui-ci) ». La première se trouve en IV, 4, 14, au sujet des plantes à parfum d'Arabie, de Syrie et de l'Inde « dont nous avons parlé ailleurs plus longuement » (περὶ ὧν ἐν ἄλλοις εἴρηται διὰ πλειόνων). Déjà H. Bretzl, *Botanische Forschungen des Alexanderzuges*, Leipzig, 1903, p. 327, n. 94, reconnaissait dans ce ἐν ἄλλοις une référence à « l'écrit antérieur et indépendant (...) qui constitue aujourd'hui le livre IX, 1-7 ». Quant au second ἐν ἄλλοις, ce serait, selon O. Regenbogen, « Theophrast-Studien I : Zur Analyse der *Historia Plantarum* », in *Hermes* 69, 1934, p. 78, un renvoi à la brève mention de racines médicinales en I, 7, 2 : αἱ δὲ καὶ φαρμακώδεις. Sous le titre « Problèmes de composition et de classification dans l'*Historia plantarum* de Théophraste », in *Theophrastus. Reappraising the Sources*, J.M. van Ophuijsen and M. van Raalte ed., New Brunswick (USA) — London, 1998, p. 191-201 (article repris dans nos *Études*, p. 45-53, avec une *Note additionnelle*, p. 54), nous avons montré que ἐν ἄλλοις en VII, 9, 3 a le même sens qu'en IV, 4, 14 et fait référence à la seconde partie de l'actuel livre IX (ch. 8-20), qui a trait à la plante médicinale tout entière, mais particulièrement à ses racines (cf. IX, 8, 1 ; IX, 13, 1 ; etc.). C'est un point important, sur lequel on trouvera d'autres précisions dans la Notice du livre IX (tome V de la présente édition).

13. L'adhérence de l'écorce à la chair est une remarque fine, issue d'une observation méthodique. Car la ressemblance la plus frappante entre une rave et un tubercule de cyclamen réside dans leur forme de sphère aplatie (cf. Diosc. II, 164 : le cyclamen a « une racine noire, assez proche d'une rave, un peu plate ») ; par ailleurs, leur écorce a un aspect bien différent : claire, mince et lisse chez la rave, elle est brune, épaisse et divisée en plaques par des craquelures chez le cyclamen, appelé pour cette raison χελώνιον « carapace de tortue » (leçon des mss. dans Diosc. II, 164 RV, où χελ<ιδ>όνιον est une correction

inopportune de Wellmann ; *chelonion* Ps.-Apul. 17, 15 ; etc.) ; voir dans H. Baumann, *Le Bouquet d'Athéna,* Paris, 1984, p. 17, la figure 9 qui montre côte à côte une petite tortue grecque et des tubercules écailleux de cyclamen.

14. Traduction explicitée de ἀλλὰ marquant le retour à la réalité positive après l'énoncé négatif que constitue ἄβρωτοι.

15. Texte difficile, soumis sans profit à des corrections drastiques (e.g. celle de Wimmer, adoptée par Hort : τῷ βρωτοὺς εἶναι καὶ ἐγχύλους ἐνίοις), quoiqu'il puisse être conservé vu le relâchement du style déjà signalé (n. 7). Nous comprenons : « Et pour les fruits (Καὶ ἐπὶ τῶν καρπῶν) le fait d'être des choses mangeables (τὸ βρωτὰ εἶναι) [→ la comestibilité] est semblable (ὁμοίως <ἔχει>) [→ <fait> pareillement <office de critère>] et de même le fait que des tiges le sont (καὶ <τὸ βρωτὰ> καυλοὺς εἶναι) [→ ainsi que celle des tiges]... » La construction de la phrase suivante suppose une nouvelle ellipse (de διαφοραί ou de toute autre expression de l'idée de critère) : « et parmi ceux-ci mêmes (καὶ ἐν αὐτοῖς τούτοις) <on distingue> selon les sucs (κατὰ τοὺς χυλούς), par exemple par l'acidité (οἷον ὀξύτητι)... ».

CHAPITRE 10.

1. La floraison tardive du scolyme a été mentionnée deux fois (VI, 4, 4 et 7) et le sera encore en VII, 15, 1 – preuve de son caractère exceptionnel sous un climat chaud et sec qui impose un ralentissement de la végétation pendant la période estivale. On pense aux v. 582-584 des *Travaux* d'Hésiode : Ἦμος δὲ σκόλυμός τ' ἀνθεῖ ... θέρεος καματώδεος ὥρῃ... « Quand fleurit le scolyme...à la saison de l'été accablant... ». – Le concombre sauvage ou momordique est en Grèce une plante envahissante, qui colonise les terrains incultes jusque dans Athènes (sur l'Acropole, au Céramique). Théophraste l'appelle tantôt ἐλατήριον (IV, 5, 1), par extension à la plante du nom de son suc purgatif (cf. IX, 9, 4-5, etc.), tantôt (ὁ) σίκυος ὁ ἄγριος (VII, 6, 4 ; IX, 9, 4 ; IX, 15, 6) ou σίκυος ἄγριος (VII, 8, 1). On remarquera ici (à supposer le texte correctement transmis) l'irrégularité syntaxique de ὁ σίκυος ἄγριος, qui s'ajoute aux négligences d'expression observées dans le chapitre 9 (cf. n. 7 et 15).

2. Cf. VI, 2, 6 : « L'inule se divise en 'mâle' [*Inula viscosa*] et 'femelle' [*I. graveolens*] (...). Le tout pousse tard et fleurit tard, vers le lever de l'Arcture et même au-delà » (voir n. 12 et 13 *ad loc.*). – La floraison du câprier est beaucoup plus précoce : nous avons récolté des câpres (jeunes boutons floraux) bonnes à confire, sur le chemin du Ménélaion de Sparte, le 23 mai 1985; mais elle se prolonge jusqu'en plein été. L'indication à laquelle il est fait référence (VI, 5, 2) est d'ailleurs assez vague : « Il forme ses bourgeons et ses fleurs en été ».

3. Le pissenlit a été cité (VII, 7, 3) parmi les plantes qui entrent en végétation « à l'époque des premières pluies, après l'équinoxe ». C'est aussi en octobre-novembre que fleurissent les espèces réunies sous le nom de κρόκος : *Crocus sativus*, *C. cartwrightianus* et *C. cancellatus* ; voir n. 19 à VI, 8, 3 : « en automne fleurit (...) le crocus, celui des montagnes qui est inodore et le safran cultivé : ils s'épanouissent dès les premières pluies ». La douceur habituelle de l'hiver grec fait qu'il n'y a pas de discontinuité entre les dernières fleurs de l'automne et les premières du printemps, dont l'anémone, particulièrement précoce « dans sa variété dite 'de montagne' » (VI, 8, 1), *Anemone blanda*, suivie de près par « l'anémone dite 'des prairies' » (*ibid.*), *A. coronaria* et *A. pavonina* (cf. n. 5 et 8 *ad loc.*). Quant au séneçon, sa floraison hivernale se déduit de son nom ἠριγέρων « vieillard au printemps » « dû, précise Dioscoride (IV, 56), au fait que les fleurs deviennent au printemps chenues comme une chevelure », car « elles se fanent en donnant ce qu'on appelle des pappus ».

4. L'absence de « plantes d'été » entre celles « de printemps » et celles « d'automne » s'explique par le repos estival de nombreuses espèces : les bulbeuses à floraison printanière (muscaris, tulipes, fritillaires, etc.) ont perdu leurs parties aériennes, d'autres qui s'épanouiront en automne (scille maritime, vendangeuse, colchiques et crocus) ne sont pas encore entrées en végétation ; des sous-arbrisseaux mêmes (pimprenelle épineuse, euphorbe en arbre, euphorbe buisson d'épines) ont leurs rameaux dénudés, en état de mort apparente. Sur ces faits et leur interprétation mythologique, voir l'article « *Hyakinthos*, fleur mythique et plantes réelles », dans nos *Études*, p. 395-409, en part. 408-409.

5. Τῶν κατὰ μέρος ἀνθέων a embarrassé sans raison les éditeurs : Schneider substitue ἀνθούντων à ἀνθέων, Wimmer (suivi par Hort) corrige l'ensemble en διὰ τὸ κατὰ μέρος ἀνθεῖν. Selon l'*Etymologicon Magnum*, 108, 54-56 Gaisford, s.v. ἀνθ' ὧν, l'attique préfère ἀνθέων à ἀνθῶν pour éviter les confusions avec ἀνθ' ὧν et ἀνθῶν, participe présent de ἀνθεῖν. La suite confirme que « les fleurs par parties » sont celles dont l'épanouissement s'étale dans le temps.

6. Cette liste associe des plantes morphologiquement différentes dont le trait commun est la longue succession des fleurs. Dans le cas des Composées (Astéracées), l'ensemble des fleurons tubuleux et des ligules est considéré comme une seule fleur, isolée sur sa tige (pissenlit) ou réunie à d'autres en groupes sessiles (chicorée) ; sitôt une fleur fanée, une autre s'épanouit. Un phénomène semblable peut se produire sur la même inflorescence. Ainsi le plantain « langue d'agneau » (cf. n. 8 à VII, 8, 3) a un épi cylindrique de fleurs minuscules dont on peut suivre l'épanouissement progressif grâce à l'apparition des étamines saillantes. Mais le meilleur exemple est celui de la vipérine, *Echium vulgare* L., et surtout, pour la Grèce, *E. italicum* L. et *E. plantagineum*

L. Les fleurs y sont disposées sur deux rangs convergents, ce qui donne à l'inflorescence retombante le contour d'une lèvre d'âne (ὀνοχειλές) ou d'une tête de vipère (ἔχιον). Quand les fleurs de la base sont fanées, celles de l'extrémité se trouvent encore en bouton.

7. Le parallélisme antithétique des deux subordonnées par ποῖα rappelle celui de I, 14, 3 : καὶ *πρωϊβλαστῆ* δὲ καὶ πρωΐκαρπα, τὰ δὲ *ὀψιβλαστῆ* καὶ ὀψίκαρπα, et légitime la correction de l'hapax πρωϊβλαστάνει en πρωϊβλαστῆ.

8. Le texte intégral de la conditionnelle restrictive πλὴν εἰ — ζῇ, découvert par Schneider dans les collations de U, lui inspire cette réflexion désabusée (V [1821], 53) : « Supplementi insignis postrema verba vitiosa alii extricabunt ». Le problème est clair : comment fixer le début de l'année naturelle dans un pays où le repos estival de la végétation est au moins aussi marqué que son sommeil hivernal ? Théophraste avait abordé incidemment la question au sujet du safran (VI, 6, 10) : « c'est une plante qui fleurit très tard et pousse tard, ou bien qui fleurit tôt, selon l'idée que l'on se fait de la saison ». Il la reprend ici en suggérant d'admettre comme point de départ le début de l'année civile. C'est ce que nous faisons aujourd'hui, le calendrier grégorien fixant le nouvel an peu après le solstice d'hiver. A Athènes où l'année officielle commençait avec l'entrée en charge des archontes à l'époque du solstice d'été, une telle solution était pareillement acceptable, vu le décalage de la morte-saison. Mais comme chaque cité avait son propre calendrier, il s'ensuivait nécessairement des variations importantes. Dans cette perspective (méconnue par Wimmer dont la correction τινα ὥρας τινὸς ἀρχῇ n'explique rien) le texte transmis prend tout son sens : « ...sauf si on se représentait (ὑποθοῖτο, optatif thématique de τίθημι, attesté pour un autre de ses composés dans Xén., *Anab.* I, 9, 7 : εἴ τῳ συνθοῖτο « s'il passait un accord avec qqn ») le commencement de l'année [naturelle] (τοῦ ἔτους τὴν ἀρχὴν) comme un <commencement> (τινα) correspondant à celui (πρὸς τῇ) [de l'année civile] de là où l'on vit (ἵνα ζῇ) ». La seule difficulté réside dans la dureté apparente de la construction πρὸς τῇ ἵνα ζῇ. En fait, ἵνα adverbe relatif de lieu se rencontre chez les prosateurs attiques (Platon, Lysias ; cf. L.S.J.) et l'article sert couramment d'antécédent à un pronom ou adverbe relatif quand il s'agit d'intégrer l'ensemble de la relative dans une notion unique (voir les exemples de L.S.J. s.v. ὁ, ἡ, τό B 6) ; ainsi Arist., *Métaphysique*, 987 a 8 : ταύτην τε τὴν αἰτίαν καὶ τὴν ὅθεν ἡ κίνησις « à la fois cette cause et celle d'où provient le mouvement ». L'expression de Théophraste est à peine plus hardie.

9. Après τούτων sous-entendre οὐ φαίνεται ῥᾴδιον ... ὁρίσαι (l. 18-19) ou une idée voisine ; cf. Gaza : *nec... recenseri queunt.*

10. Hort donne de la phrase Ὅσα — ἡ τελείωσις la traduction suivante : « But in the case of any seeds which are still immature and

unripe and so are overtaken by winter, the period of first growth, the flowering of the new plant, and the period of maturity are proportionally later ». Rien n'autorise à comprendre que les sujets dont les graines ne sont pas mûres en temps normal sont surpris *par l'hiver* et qu'il en résulte *un retard* dans la croissance de *la nouvelle* plante. C'est la simultanéité de différents stades végétatifs, donc leur « chevauchement » (cf. *supra*, §3 τὴν περικατάληψιν τὴν ὑπ' ἀλλήλων), qui est envisagé ici (ὅσα ... περικαταλαμβάνεται) comme en IV, 2, 5 où il est dit du *perséa* : « Il porte des fruits en abondance et en toute saison, car la nouvelle génération s'ajoute sans discontinuer à celle de l'année précédente » (περικαταλαμβάνει γὰρ ὁ νέος ἀεὶ τὸν ἕνον). L'automne étant en général l'époque de la maturité et de la dispersion des graines, des plantules d'une nouvelle génération peuvent coexister alors avec des sujets adultes retardataires qui atteindront néanmoins la maturité au terme du processus normal. Théophraste écarte avec raison l'idée simpliste d'une succession de cycles de la graine à la graine bouclés sans faute au même moment.

11. Le complément implicite des comparatifs πλείους ἢ οὐκ ἐλάττους est ἢ ἐν τοῖς δένδροις, l'arbre étant considéré dès le début du traité (I, 1, 11) comme ce qui existe de plus achevé dans le règne végétal et qui doit servir par conséquent de « terme de comparaison pour les autres végétaux ». La mention d'herbacées à feuilles persistantes est destinée à prévenir l'idée que la différence entre espèces sempervirentes et espèces caducifoliées appartient en propre aux végétaux ligneux. – En traduisant ἐν τούτοις « dans cette catégorie », nous rendons par anticipation la nuance qualitative qui s'attache à τῶν τοιούτων.

12. Alors que la persistance des feuilles ne fait pas de doute en ce qui concerne la germandrée grise (*Teucrium polium* L.) et l'adiante (*Adiantum capillus-veneris* L.), c'est ce à quoi achoppe l'identification de cet ἡλιοτρόπιον avec des espèces, toutes annuelles, du genre *Heliotropium* ; la scammonée de Montpellier (*Cynanchum acutum* L.) conviendrait mieux, sous réserve qu'elle conserve des feuilles en hiver sous le climat de la Grèce. Pour plus de détails, voir n. 1 à VII, 3, 1.

CHAPITRE 11.

1. L'expression ἀφωρισμένων οὖν τούτων περὶ τὰς διαφορὰς rapproche deux mots-clés du langage méthodologique, la classification des éléments naturels supposant la définition (ἀφορισμός) de leurs différences (αἱ διαφοραί). Ces termes sont apparus dès le début du traité (I, 1, 1) pour indiquer que le but en est d'exposer « les différences entre les plantes » (τῶν φυτῶν τὰς διαφορὰς), une fois « délimitées » (ἀφώρισται) les parties des végétaux dans lesquelles elles se manifestent. La « définition » (ἀφορισμός) appartient à la fois à la philosophie et à la science grecques, chaque discipline l'utilisant à ses

fins propres : « Bien loin de l'obscurité recherchée des aphorismes héraclitéens, l'aphorisme hippocratique énonce, dans une langue simple et claire, des faits d'expérience issus d'une longue pratique médicale » (J. Jouanna — C. Magdelaine, *Hippocrate. L'Art de la médecine*, Paris, 1999, p. 210). Le fragment 10 K.-A. du poète comique Épicratès (ap. Ath. 59 d-f) raille Platon et ses disciples « en train d'appliquer des définitions à la nature » (v. 13 περὶ ... φύσεως ἀφοριζόμενοι) : « ils voulaient déterminer à quel genre appartient la citrouille » (v. 16-17 τὴν κολοκύντην | ἐξήταζον τίνος ἐστὶ γένους). En dépit de ces moqueries, la « définition » des notions (cf. *supra*, VII, 10, 5, celle du début de l'année naturelle) reste pour Théophraste une composante nécessaire de la démarche scientifique. – Tout en renvoyant aux chapitres 8-10, τούτων annonce, dans la phrase même, la précision apportée à περὶ τὰς διαφορὰς par les interrogatives indirectes ἐν οἷς γίνονται καὶ πῶς ; d'où cette traduction littérale : « cela se trouvant donc défini quant aux différences, (à savoir) dans quoi et comment elles se manifestent ». Ainsi comprenait Gaza : « His ergo de differentiis, quibus in rebus, quoque modo fiant, determinatis, nunc... oportet ». Wimmer rattache (à tort, selon nous) περὶ — πῶς à ἱστορίας et traduit (1866) : « His igitur expositis, stirpium singularum historia explicanda est ac proponendae differentiae earum, quibus quidem sunt et quomodo habeant ».

2. Rien ne permet d'évaluer l'étendue de la lacune commune à toute la tradition. La suite concerne en tout cas des groupements (ὅσα quantitatif) secondaires fondés sur un caractère commun (telle l'inflorescence spiciforme des plantes σταχυώδη) qui n'implique pas (μὴ) une identité ou une similitude de nature (quoique σταχυώδη, les Graminées et les Plantaginacées appartiennent en effet à des ensembles différents).

3. L'association de deux Ombellifères, le scandix comestible (cf. n. 4 à VII, 7, 1) et la « mort aux rats » vénéneuse (probablement un *Oenanthe* ; cf. n. 20 à VI, 2, 9) a un précédent en VI, 2, 9 dans les exemples de végétaux ἐννευρόκαυλα : « le fenouil, la 'mort aux rats' et leurs semblables » (μάραθον μυοφόνον τὰ ὅμοια τούτοις). L'expression est ici un peu plus hardie, vu la difficulté de former sur le composé rare μυοφόνον un adjectif en -ώδης parallèle à σκανδικώδης, κιχοριώδης, etc. ; mais on entend bien par τὰ μυοφόνα (litt. « les 'mort aux rats' ») la plante de ce nom et les espèces voisines.

4. L'hapax ἀχύνωψ, « tiré par déformation de κύνωψ » (*D.E.L.G.* s.v.) doit être conservé (Schneider et Hort écrivent κύνωψ) à titre de variante notée intentionnellement, comme en III, 10, 3 au sujet du charme « *ostrys*, que certains appellent *ostrya* ». L'effacement du sens étymologique de κύνωψ « œil-de-chien », que suppose l'altération de la forme, a permis d'étendre ce nom du *Plantago afra* L.(cf. n. 12 à

VII, 7, 3) à des espèces dont la graine ne présente pas la même ressemblance avec un œil de chien. On ne sait pas au juste à quoi correspondent les « assez nombreuses formes » d'*achynops* : *P. squarrosa* Murray et *P. arenaria* Waldst. & Kit. sont trop proches de *P. afra* pour en avoir été anciennement distingués ; *P. lanceolata* L., notre « herbe à cinq côtes », a été souvent proposé, mais « rien n'est moins sûr » (J. André, n. 4 à Pline, XXI, 89), en particulier parce que ses feuilles, quoique moins larges, rappellent celles de la « langue d'agneau », *P. major* L., plutôt que celles de *P. afra*, presque filiformes (cf. le lemme ἀρνόγλωσσον τὸ πεντάνευρον « langue d'agneau : l'herbe à cinq nervures » dans les glossaires des *Parisini* 2224, 2494 et 2208, ainsi que dans le Lexique de Nicolas Hiéropais, in A. Delatte, *Anecdota atheniensia et alia*, t. II, Liège, 1939, p. 362, 367, 394, 418). Dioscoride (II, 126) distingue bien dans sa description « le grand » plantain (*P. major*) et « le petit » (*P. lanceolata*), mais il les réunit sous les vocables d'ἀρνόγλωσσον et de ἑπτάπλευρον (« herbe à sept côtes », un de nos noms vulgaires de *P. major*), ce qui achève de rendre inextricables les dénominations grecques des plantains.

5. La « queue-de-renard » est le polypogon de Montpellier, *Polypogon monspeliensis* (L.) Desf. (*Alopecurus monspeliensis* L.), une Graminée des sables maritimes, assez répandue en Grèce pour avoir retenu l'attention des anciens par sa longue inflorescence soyeuse (voir Bonnier, pl. 660, n° 3078). – L'association de ἀλωπέκουρος et de στελέφουρος donne à penser que Théophraste y voyait deux composés de οὐρά « queue ». Mais la formation de στελέφουρος pose problème : le *D.E.L.G.* lui réserve une entrée, sans explication du mot ; pour Carnoy, *Dict. étym. noms grecs de plantes*, s.v., « ce composé est inanalysable mais renferme, semble-t-il, le terme οὖρον 'urine'. Or, le plantain était supposé agir sur les voies urinaires (??). Serait-ce une contamination entre στελεφόρος 'qui porte une tige' et οὖρον 'urine' ? » ; selon André, *Noms de plantes*, s.v., il s'agit d'un « composé dont le premier terme est inconnu et dont le second est οὐρά 'queue' ». Les variations du ton dans les leçons de nos mss., στελεφοῦρος (l. 23-24) / στελέφουρος (p. 31, l. 5), suggèrent que l'accent sur la pénultième peut être hérité d'un composé en -φόρος, auquel cas στελεφοῦρος résulterait de la contamination par οὐρά d'un hypothétique *στελεφόρος « porte-rouleau » (στελεός) – allusion à l'infrutescence cylindrique du grand plantain. Si toutefois l'influence des composés en -φόρος est secondaire, il faut partir, avec André, de στελέφ-ουρος. Comme premier terme, Fraas, *Synopsis* (cf. n. 9 à VII, 8, 3), p. 303, propose « στέλεφος für στέλεχος ». Ce serait un nouvel exemple de l'alternance suffixale -φος / -χος reconnue dans le nom du « merle » : κόσσυφος / κόψιχος (Chantraine, *Formation des noms*, p. 403). *Στέλεφος étant ainsi compris comme un doublet de στέλεχος « tige épaisse », « tronc (d'arbre) », στελέφουρος signifierait

quelque chose comme « la grosse queue cylindrique » – à rapprocher de « rat's tail », un des noms vulgaires anglais de *Plantago major* L., selon Bonnier, n° 2290. L'équivalence στελέφουρος = *P. major* est confirmée par les synonymes ἀρνόγλωσσον (cf. *supra*, n. 4) et ὄρτυξ « caille », d'où « herbe aux cailles », les graines du grand plantain servant à nourrir les oiseaux de volière. On écartera donc l'identification de στελέφουρος avec une Graminée, *Elymus crinitus* Schreb. (Fraas, *Synopsis*, p. 303 ; Orth, art. *Gramineen* in *R.E.* VII 2 [1912], c. 1699) et avec *Plantago lagopus* L. (Fraas, *ibid.*, p. 219 ; Carnoy, *loc. cit. supra* ; Hort, *Index of plants* ; L.S.J. ; André, *Noms de plantes*), petite espèce à courts épis soyeux renfermant des graines trop fines (*c.* 1- 1, 5 mm) pour être utilisées.

6. Unique occurrence de θρυαλλίς chez Théophraste, éclairée par la notice φλόμος de Dioscoride (IV, 103) qui décrit « un *phlomis* appelé *lychnitis*, parfois aussi *thryallis*, pourvu de trois ou quatre feuilles, ou même davantage, épaisses, poilues, grasses, utilisées comme mèches de lampe ». Il ne s'agit pas d'un plantain (*Plantago albicans* L. pour Sprengel [avec doute] ap. Wim. 1866 ; *P. crassifolia* dans l'*Index of plants* de Hort et dans L.S.J.), mais d'une molène (genre *Verbascum* L., nom scientifique à rapprocher de Ps.-Diosc., *ibid.* : φλόμος· ... Ῥωμαῖοι βερβάσκλουμ), comme l'a bien montré J. André, *Recherches étymologiques sur certains noms de plantes latins*, in *Latomus* 15, 1956, p. 294, n. 5. Théophraste a en vue les molènes à grappe florale spiciforme, longue et compacte, tel notre bouillon-blanc (*V. thapsus* L.), absent de Grèce. Vu le grand nombre de molènes que compte la flore grecque, il est exclu de proposer pour θρυαλλίς une identification au niveau spécifique ; disons simplement que c'est une molène du type de *V. phlomoides* L. ou de *V. densiflorum* Bertol. (cf. *Flor. eur.* III, 210 ; *Consp. flor. gr.* II, 374-376 ; Bonnier, pl. 435 et 436, n° 2032).

7. Pline, XXI, 101, suit de près Théophraste en le simplifiant : *Proxima ei est et stelephuros, nisi quod illa particulatim floret.* André (C.U.F., 1969) traduit « Le *stéléphuros* en est très voisin, sauf que le premier fleurit morceau après morceau », avec cette remarque : « Le texte de Pline est obscurci par le jeu des pronoms *ea* et *illa* ». Cela est aussi vrai de l'original grec dont *ei* rend τούτῳ et *illa* ἐκεῖνος. Ce dernier représente nécessairement στελέφουρος / ἀρνόγλωσσον, le plantain langue d'agneau classé en VII, 10, 3 parmi les herbacées à floraison échelonnée ; c'est cette référence à un contexte non immédiat qui justifie le choix du démonstratif de l'objet éloigné. Que la queue-de-renard fleurisse massivement, comme le blé, n'a rien de surprenant pour des plantes de la même famille (Graminées — Poacées).

8. Cet aspect duveteux est dû chez les plantains au grand développement des filets staminaux et à la présence de poils sur certaines pièces florales d'espèces telles que *Plantago lagopus*. Les inflores-

cences de Graminées, hérissées de glumes et glumelles pointues, parfois d'arêtes, souvent velues, soutiennent tant bien que mal la comparaison.

9. Il semble naturel que la phrase παρόμοιον (l. 8) — πλατυφυλλότερον concerne la queue-de-renard en raison de sa parenté avec le blé, mais ses feuilles, qui atteignent 8 mm de largeur, ne sont apparemment ni plus larges, ni plus planes que celles du blé (et d'ailleurs, de quel blé ?). La comparaison plus audacieuse d'un plantain avec un blé ne serait pas absurde dans le cas de *Plantago lanceolata*, dont nous avons vu plus haut (n. 4) l'homonymie partielle avec *P. major* dans Diosc. II, 126 : ses feuilles longues et relativement étroites (30 x 3, 5 cm au maximum, selon *Flor. eur.* IV, 42) sont en effet plus larges que celles d'un blé, dont elles se rapprochent surtout par le parallélisme de leurs nervures saillantes (voir Bonnier, pl. 501, n° 2299). Il faut donc se résoudre à l'incertitude et laisser la traduction dans le vague, comme l'ont fait nos prédécesseurs, de Gaza à Wimmer (Hort propose un pluriel qui n'est pas dans le texte : « the plants in their general appearance resemble wheat, but have broader leaves »).

10. Cf. VII, 7, 3 et n. 12.

11. On pourrait s'attendre à ce qu'il ne s'y forme plus de bourgeons floraux après l'époque où la poussée de sève est la plus forte.

12. Aux sens de λοβός déjà signalés (n. 7 à VII, 3, 2) s'ajoute ici celui de « capitule » d'une Composée. Ce n'est pas la structure de cet organe qui retient l'attention de l'auteur, mais sa place, effectivement remarquable, à l'extrémité de chaque ramification de la tige (abstraction faite des capitules axillaires).

13. Citée en VII, 7, 1 (cf. n. 2 *ad loc.*) parmi les légumes sauvages, la picridie, *Reichardia picroides*, porte mal son nom français et son qualificatif spécifique, qui la feraient croire piquante du moins au goût, alors qu'elle est glabre et douce dans toutes ses parties. L'observation directe confirme que la racine serait parfaitement consommable, bien que d'ordinaire on n'en récolte que les feuilles : c'est un pivot en forme de carotte, dont l'axe ligneux est entouré d'une chair blanche tendre et, à l'inverse de la chondrille, dépourvue de latex amer. Le qualificatif de « domestique » convient à la picridie encore mieux que ne le pensait Théophraste, puisqu'elle était naguère cultivée, surtout en Italie (Barral — Sagnier, IV, 172 ; Ducomet, p. 37).

14. Le qualificatif d'« immangeable » s'applique difficilement à une plante donnée plus haut (VII, 7, 1) comme un légume. Il est vrai que le pissenlit prend en vieillissant une amertume détestable, mais le contexte suggère qu'à tout âge il a, comme la chondrille et à l'inverse de la picridie, une racine impropre à la consommation.

15. L'identification de πικρίς avec *Helminthia echioides* L. (auj. *Picris echioides* L.) au moins depuis C. Sprengel, *Historia rei herbariae*, Amsteldami, 1807, t. I, p. 100, ou avec *Urospermum picroides*

(L.) Scop. dans l'*Index of plants* de Hort, ne repose sur rien de précis. Dioscoride (II, 132) ne nous renseigne pas mieux en disant que la laitue sauvage (σέρις ἀγρία) « est appelée *picris* ou chicorée » (πικρὶς ἢ κιχόριον καλεῖται). La seule indication utile vient de Pline, XXII, 66 : *Picris ab insigni amaritudine cognominatur* (...), *folio rotundo. Tollit eximie uerrucas.* « La *picris* doit son nom à son amertume extrême ; elle a une feuille ronde. Elle est excellente pour enlever les verrues ». Ce dernier détail fait penser à *Zacintha verrucosa* Gaertner (devenu *Crepis zacintha* (L.) Babcock) dont « la plante entière et les fruits sont employés contre les verrues et les dermatoses » (Bonnier, n° 1695, avec des noms vernaculaires dus à cet usage : all. *Echter-Warzenlattich*, *Warzige-Cichorien* ; it. *Radicchio-verrucoso*, *Cicoria-verrucaria* ; angl. *Warted-nipplewort*). La plante est commune partout en Grèce, principalement en Attique (*Consp. flor. gr.* II, 213-214). Elle a des feuilles de forme variable, soit profondément divisées en lobes arrondis (voir Bonnier, pl. 355), soit entières. Reste à savoir si cette espèce annuelle, dont la floraison normale a lieu de mai à juillet, refleurit longuement hors saison, comme la πικρίς de notre texte. Le fait qu'elle possède une « racine principale développée » (Bonnier, *loc. cit.*) serait favorable à l'hypothèse d'un cycle végétatif assez long, mais comme les flores ne s'accordent pas toujours sur la longévité des chicoracées (ainsi un autre *Crepis*, *C. dioscoridis* L., est dit annuel dans *Consp. flor. gr.* II, 230, annuel ou bisannuel dans *Flor. eur.* IV, 355), on ne peut rien affirmer.

CHAPITRE 12.

1. Γένος désigne ici un ensemble de végétaux apparentés par leurs similitudes formelles, en l'occurrence par la possession de tubercules ou de tiges souterraines tubérisées, que Théophraste réunit dans le concept de « racines » particulièrement volumineuses.

2. Cf. I, 6, 7.

3. Les bulbes du muscari à toupet, *Muscari comosum* (L.) Miller, ont été de tout temps consommés en Grèce (cf. n. 6 à VI, 8, 1), malgré leur amertume. Théocrite (*Idylles*, XIV, 17) les met au menu d'un festin campagnard, mais le poète comique Philémon, à peu près contemporain de Théophraste, les tient en piètre estime : il faut, dit-il (fr. 113 K.-A., ap. Ath. 64 e), toutes sortes d'assaisonnements pour faire du βολβός un mets acceptable, car « seul, il ne vaut pas grand-chose, il est amer ». Même désaccord sur sa valeur diététique : au Ier siècle *a.C.* Héraclide de Tarente (ap. Ath., *ibid.*) conseille d'en réduire la consommation ; quelques décennies plus tard, Dioscoride loue le βολβὸς ἐδώδιμος (II, 170) comme un légume très sain, facile à digérer, nourrissant et générateur d'embonpoint, dans toutes ses variétés (πάντες ... πολύτροφοι καὶ σαρκοποιητικοί). A. Pailleux et D. Bois, *Les plantes alimentaires spontanées en Grèce*, in *Rev. sciences naturelles*

appliquées 37, 1890, p. 1087-1096, rapportent (p. 1089-1090) des renseignements reçus de Th. von Heldreich sur « ce singulier aliment » : les bulbes récoltés au début du printemps sont nettoyés, trempés dans l'eau quelques heures, longuement cuits dans plusieurs eaux et consommés en salade ou confits au vinaigre. Voir aussi H. Baumann, *op. cit.* [n. 13 à VII, 9, 4], p. 134 et 137, fig. 263 et 264. – Par τὰ ὅμοια τούτοις il faut entendre les autres espèces du genre, notamment *M. neglectum* Guss., si commun dans les pays méditerranéens, « les Grecs faisant usage indifféremment de toutes les variétés du Muscari » (Pailleux — Bois, *ibid.*), comme cela se fait encore de nos jours en Turquie et en Algérie ; et en outre, des plantes bulbeuses appartenant à des genres différents (cf. VII, 13, 8 : τῶν ... βολβῶν ὅτι πλείω γένη φανερόν), probablement des tulipes sauvages, dont la flore grecque comprend plusieurs espèces remarquables.

4. Les tubercules d'*Asphodelus aestivus* Brot. (*A. microcarpus* Viv.), abondant sur les sols rocailleux ou sablonneux de toute la Grèce (*Consp. flor. gr.* III, 214-215), et des espèces voisines renferment un principe âcre (Diosc. II, 169 : ῥίζαι δὲ ὕπεισιν ... δριμεῖαι τὴν γεῦσιν) qui disparaît à la dessiccation ; on peut alors les réduire en farine panifiable (Barral — Sagnier, I, 622). L'ébullition dans plusieurs eaux était cependant, comme pour les muscaris, le moyen usuel de les rendre comestibles. Convenablement préparés, tubercules, jeunes tiges et graines faisaient de l'asphodèle une bonne plante alimentaire, comme il est dit plus loin (VII, 13, 3), avec une allusion à Hésiode, *Trav.* 41, raillant la sottise des rois qui ne savent pas « quelle richesse il y a dans la mauve et dans l'asphodèle » (cf. n. 7 à VII, 7, 2). Quelque neuf cents ans après Hésiode, Galien (VI, 652 K.) commente ce vers avec une appréciation tout à fait différente : « Hésiode a bien l'air de vanter l'asphodèle. (...) Quant à moi, j'ai connu des paysans qui, pressés par la famine, ont tout juste réussi à la rendre mangeable en la faisant bouillir plusieurs fois et en la faisant tremper à plusieurs reprises dans de l'eau adoucie » (traduction de D. Gourevitch, *L'alimentation végétale de famine dans l'empire romain au IIème siècle de notre ère : un témoignage de Galien*, in *Acta Fac. med. Flum.* [Yougoslavie] 16, 1991, p. 59-63).

5. Selon Plutarque, *Mor.* 157 e-f (*Banquet des sept sages*, 14), c'est précisément d'Hésiode qu'Épiménide aurait appris la valeur alimentaire, et probablement symbolique, de la mauve et de l'asphodèle (cf. M.-C. Leclerc, *Épiménide sans paradoxe*, in *Kernos* 5, 1992, p. 221-233). Quoi qu'il en soit de ce personnage à demi légendaire, on lui attribuait l'invention de « drogues contre la faim et la soif » (Plut., *ibid.*) dont la recette détaillée a été conservée dans la *Syntaxe mécanique* de Philon de Byzance. Sous le titre *Le remède d'Épiménide : un aliment pour le temple, la guerre ou la disette ?* in *EYKPATA. Mélanges Vatin*, Aix-en-Provence, 1994, p. 61-71, M.-C. Amouretti a

éclairé tous les aspects de la question et donné en annexe le texte de Philon, V, 31-40, avec la traduction suivante, due à Y. Garlan : « 31. Il est également utile de mettre en réserve des scilles et des muscaris à toupet (σκίλλας καὶ βολβοὺς) dans les maisons, et d'en cultiver dans la ville et tout autour de la muraille, afin de confectionner le remède d'Épiménide (κατασκευαζομένου τοῦ Ἐπιμενιδείου φαρμάκου), grâce auquel nous épargnerons toute souffrance à nos concitoyens en cas de disette. 32. La composition du dit remède est la suivante : on fait bouillir de la scille, on la rince à l'eau, on la fait sécher, on la hache le plus fin possible, puis on la mélange avec un cinquième de sésame, et environ un quinzième de pavot ; le tout est broyé ensemble, pétri avec le meilleur miel, et divisé en boulettes de la taille des plus grosses olives : 33. en prenant une de ces boulettes dans la deuxième heure, et une autre vers la dixième, on ne saurait souffrir beaucoup de la faim ». Suit une autre préparation plus compliquée, pour laquelle il faut (§36) « éplucher les scilles en rejetant les racines et les feuilles, les couper en petits morceaux que l'on met dans un bol à mélanger où on les broie pour en faire une pâte très homogène » à laquelle on ajoute de la poudre d'amande et de sésame torréfié, de l'huile et du miel ; après cuisson, le mélange solidifié est divisé en petites bouchées qui rassasient et ne donnent pas soif. Comme l'a bien vu M.-C. Amouretti (p. 62-63), la σκίλλα en question ne peut pas être la scille maritime, *Urginea maritima* (L.) Baker, vénéneuse et d'une telle causticité que même à dose thérapeutique Dioscoride ne l'emploie que grillée (II, 171). Théophraste, du reste, prend soin de préciser que la scille « d'Épiménide » a « les feuilles plus étroites et plus lisses que toutes les autres » (l'expression « toutes les autres » étant éclairée par Pline, XIX, 93 : « Il y a deux sortes de scille médicinale : la scille 'mâle', à tuniques claires, et la 'femelle', à tuniques foncées »). Depuis Fraas (*Synopsis*, p. 289) l'identification de la scille « épiménidienne » comestible avec l'aspergette, *Ornithogalum pyrenaicum* L., est devenue traditionnelle (cf. *Index plantarum* ap. Wim. 1866 ; Hort, *Index of plants* ; L.S.J. ; Steier, art. Σκίλλα, in *R.E.* III A 1 [1927], c. 522). Toutefois, selon André, *Noms de plantes*, s.v. *scilla*, « les données sont insuffisantes pour assurer cette identification ». Celle-ci est même exclue par le fait que l'existence d'*O. pyrenaicum* en Grèce est douteuse (*Flor. eur.* V, 36-37), certaines de ses localisations concernant en réalité *O. narbonense* L. (*Consp. flor. gr.* III, 231). L'ornithogale de Narbonne mérite au contraire d'être retenue. Fréquente en Grèce et à proximité même d'Athènes, elle porte en grec moderne le nom d'ἀγριοσκύλλα (Von Heldreich, *Λεξικό*, p. 97), justifié par sa ressemblance de taille et d'aspect avec *U. maritima* : nous en avons trouvé un exemplaire de 95 cm de haut, à feuilles longues de 45-60 cm et grappe de 47 fleurs rappelant bien, quoique plus lâche, une inflorescence de scille maritime. Ses bulbes et ses jeunes tiges sont comes-

tibles comme ceux de l'aspergette (Ducomet, p. 55 ; Bois, I, 512). – Les traits communs au muscari, à l'asphodèle et à la scille « épiménidienne » ont causé des confusions dont témoigne le commentaire d'Eustathe (1220, 61) à Φ 14 : « selon Théophraste, la racine d'asphodèle est qualifiée d''épiménidienne' » (ἀσφοδέλου τὴν ῥίζαν Θεόφραστος καλεῖσθαί φησιν Ἐπιμενίδιον).

6. Exemple de « conjonction – réduction », la coordination avec στενοφυλλοτέρα permettant de donner à λειοτέρα le sens de λειοφυλλοτέρα ; à rapprocher des faits de dépréverbation signalés n. 7 à IV, 2, 5.

7. La consommation de l'arum et sa culture comme plante alimentaire sont confirmés par de nombreux témoignages, de l'antiquité à nos jours. Pour jalonner cette longue histoire, citons Dioscoride, II, 167 (la racine se mange cuite ; les feuilles sont conservées dans la saumure et, simplement séchées, se mangent bouillies) ; Ibn al-'Awwân, *Le livre de l'agriculture* (fin du XIIe siècle), ch. 28, art. 13 « Culture de l'arum » (« on fait cuire la racine, qu'on mange avec diverses sortes d'assaisonnements et d'épices (...) ; dans ce cas, c'est un bon aliment. On mange aussi les feuilles assaisonnées au vinaigre ») ; Bois, I (1927), 529 (culture de l'arum à Guernesey, dans la 2e moitié du XIXe siècle, pour la production de fécule) ; B. Rosenberg, *Recettes pour les temps de disette : les plantes de secours au Maroc*, in *Le Monde végétal (XIIe — XVIIe siècles*, A.-J. Grieco *et al.* éd., PUV Saint-Denis, 1993, p. 31-58 (p. 48-51, sur la consommation massive de l'arum au Maroc encore durant la disette de 1947 et les accidents dus à sa mauvaise préparation). L'arum en question est l'espèce méditerranéenne par excellence, *Arum italicum* Miller, bien plus commune en Grèce que le « gouet » ou « pied-de-veau », *A. maculatum* L., de l'Europe tempérée (*Consp. flor. gr.* III, 292-293) et pareillement toxique à l'état frais. Feuilles et tubercules renferment des substances âcres très irritantes et de minuscules raphides d'oxalate de calcium, susceptibles de causer un œdème de la gorge suivi de la mort par asphyxie (Couplan, p. 394-396). L'ébullition dans du vinaigre a pour but de dissoudre ces cristaux pointus, dangereux par leur action mécanique ; si le calcium ainsi libéré subsiste au moins en partie dans la racine cuite, on comprend que sa consommation aide à consolider les fractures. L'autre moyen d'éliminer les raphides est le broyage de la racine débarrassée de ses principes toxiques par un séchage prolongé ; selon Ibn al-'Awwân (*ibid.*), « on ne doit faire usage de cette racine, comme aliment, qu'étant moulue, car la mouture lui enlève son âcreté qui ne disparaît que quand elle a passé sous le pilon ou la meule ». La farine ainsi obtenue peut servir à faire du pain. – Le retournement du tubercule (cf. déjà I, 6, 10) s'apparente, quant au but visé, à l'effeuillage de certaines variétés d'oignon (VII, 4, 7) pratiqué « pour que la puissance vitale se concentre dans la partie souterraine ».

8. Polunin — Huxley, *op. cit.* (n. 9 à VII, 8, 3), p. 265, donnent de la serpentaire, *Dracunculus vulgaris* Schott (*Arum dracunculus* L.), cette description peu engageante : « Plante à aspect sinistre très remarquable avec des tiges épaisses bariolées, couvertes de pustules noir sombre, une énorme 'fleur' terminale pourpre livide et des feuilles épaisses profondément découpées ». Si l'on ajoute la forte odeur de charogne qu'exhale l'inflorescence épanouie, on comprend que la serpentaire n'ait pas bénéficié d'un préjugé favorable. Sa fréquence en Grèce (nous l'avons vue un peu partout en Attique, du nord au sud de l'Eubée, en Phocide dans la vallée du Pleistos, en Thessalie aux environs de Kalambaka et dans la péninsule de Magnésie, etc.) et la grosseur de son tubercule riche en amidon encourageaient néanmoins des tentatives d'exploitation. Au jugement négatif de Théophraste, qui ne connaît à cette racine qu'un usage contre la toux (IX, 20, 3), s'oppose étrangement l'estime que lui porte Dioscoride (II, 166), du point de vue alimentaire autant que médical : « La racine est un légume consommé même par les bien-portants ; elle se mange indifféremment cuite ou crue. Les habitants des îles (...) qu'on appelle les Baléares mélangent la racine cuite à beaucoup de miel et la servent dans leurs banquets à la place de gâteaux. Il faut mettre en réserve la racine après l'avoir déterrée à l'époque de la moisson, lavée, coupée en morceaux qui sont enfilés sur un lien et séchés à l'ombre ». Il s'agit ici de *Dracunculus muscivorus* (L. fil.) Parl., espèce endémique des îles de la Méditerranée occidentale (Baléares, Corse, Sardaigne) caractérisée par la pilosité de la spathe et par les filaments hérissés dont est couvert le spadice. Encore plus étrange et aussi malodorante que la serpentaire commune, elle semblerait de nature à décourager la gourmandise.

9. La prose classique a conservé dans le phytonyme φάσγανον / φασγάνιον (Diosc. IV, 20) le vieux nom du « glaive » φάσγανον (myc. *pa-ka-na*) usuel en poésie. C.J. Ruijgh, *L'élément achéen dans la langue épique*, Assen, 1957, p. 89-90, le considère chez Théophraste comme un emprunt à l'arcadien. Le rapport entre le terme militaire et son acception botanique a du moins toujours été clair, en raison de la ressemblance effective d'une feuille de « glaïeul » (de *gladiolus*, diminutif de *gladius* « épée ») avec un « glaive » (cf. Diosc., *ibid.* : ξιφίον · οἱ δὲ φασγάνιον ... διὰ τὸ τοῦ φύλλου σχῆμα). La plante correspondante est pour la Grèce *Gladiolus italicus* Miller (cf. n. 8 à VI, 8, 1). Sur son usage alimentaire, nous n'avons pas d'autres renseignements que ceux de Théophraste. Ducomet signale seulement (p. 56) qu'on pourrait extraire par lavage la fécule du bulbe de divers glaïeuls sauvages. – Les ἀποφύσεις, litt. « organes développés à partir d'un autre » (ramifications de la tige en VI, 4, 4 ; rejetons formés sur la tige souterraine en VI, 5, 4), sont ici les bulbilles ou cormes de remplacement auxquels donne naissance le bulbe principal épuisé.

10. L'identification de θήσειον avec *Corydalis densiflora* Presl.,

actuellement admise avec ou sans réserves (Hort, *Index of plants* ; L.S.J. ; Carnoy, *Dict. étym. noms grecs de plantes* ; Chantraine, *D.E.L.G.* ; André, *Lexique* et *Noms de plantes* s.v. *thesium*) ne repose sur rien d'autre que la présence d'un tubercule. Carnoy tente sans conviction de rattacher ce nom à la légende de Thésée : « Les fumariacées [famille des *Corydalis*] passaient pour être des remèdes puissants contre les affections internes et externes. De là, éventuellement, ce nom dérivé de Thésée, le héros fort par excellence qui a dompté tous les monstres de la Grèce ». Selon M. Casevitz, *Anthroponymes et phytonymes en grec*, in *Les phytonymes grecs et latins*, Nice, 1993, p. 85-95, θησεῖον (p. 88) pourrait être, sous une forme plus ancienne *θήσιον, un vieux dérivé de θής, θητός, qui désignerait « 'la plante du thète', nourriture à la disposition de l'humble ouvrier agricole ou serf ». Cette hypothèse ingénieuse est due à une lecture trop rapide de Théophraste, qui, loin de traiter ici exclusivement « de plantes sauvages à usage alimentaire », comme l'entend M. Casevitz, étudie des exemples de plantes à racine volumineuse, comestible ou non (§3 « la racine de la serpentaire est immangeable et même vénéneuse »). Outre notre passage et son adaptation dans Pline (XXI, 107 ; XXII, 66), une citation du poète Timachidas dans Athénée, 684 f, livre une occurrence du phytonyme θήσειον avec des précisions intéressantes : « Timachidas décrit une fleur appelée *thèseion* : 'Et le *thèseion*, fleur délicate toute pareille au coing...' (θήσειόν θ' ἁπαλὸν μήλῳ ἐναλίγκιον ἄνθος ...). Il ajoute que la 'couronne d'Ariane' avait été tressée avec cette fleur » (ἀπὸ τούτου δέ φησι τοῦ ἄνθους καὶ τὸν τῆς 'Αριάδνης καλούμενον στέφανον πεπλέχθαι). Deux points à retenir : 1) la couleur jaune vif de la fleur – ce qui exclut *Corydalis densiflora* à fleurs violacées (*Flor. eur.* I, 254, 14 a) ; 2) l'origine probablement crétoise et populaire de θήσειον « herbe à Thésée », en liaison avec l'épisode du Labyrinthe. « L'expédient du fil d'Ariane alterne, selon les traditions, avec une couronne lumineuse (...) qu'Ariane aurait reçue de Dionysos », constate F. Frontisi-Ducroux (*Dédale. Mythologie de l'artisan en Grèce ancienne*, Paris, 1975, p. 144). Or il existe une plante pourvue de tous les caractères que supposent les deux versions de la légende : la fleur d'un jaune lumineux, la tige fibreuse dont on peut faire un fil, la présence en Crète. Déjà J. Daléchamps, *Historia generalis plantarum* (1587), II, 28, pensait à un *Leontice*. Les commentateurs postérieurs retiennent l'une ou l'autre de deux espèces très proches, *Leontice chrysogonum* L. (auj. *Bongardia chrysogonum* Griseb. ; voir fig. 33 dans Polunin — Huxley [cf. *supra*, n. 8]), absente de Crète et peut-être éteinte ailleurs en Grèce (*Flor. eur.* I, 245), et *L. leontopetalum* L. (voir dans Baumann [cf. *supra*, n. 3], p. 67, l'image de la plante fleurie [fig. 117] et celle des tiges fibreuses effilochées [fig. 118]), commune dans toute la Grèce et en Crète, sur le site même de Cnossos et aux alentours (*Consp. flor. gr.*

I, 36 ; Raulin, *op. cit.* [n. 12 à VII, 4, 4], p. 702). L'identification correcte au niveau spécifique (θήσειον = λεοντοπέταλον [Diosc. III, 96] = *Leontice leontopetalum* L.), pressentie par Sprengel, selon Schneider 1821 (V, 391), s.v. Θήσειον, a été reprise – avec doute – par Fraas (*Synopsis*, p. 129), puis adoptée et assortie d'un commentaire mythologique dans J. Murr, *Die Pflanzenwelt in der griechischen Mythologie*, Innsbruck, 1890, p. 230. La plus récente publication sur ce sujet paraît être l'article de H. Baumann, *La Botanique dans l'antiquité grecque*, in *Botanika Chronika* (Patras) 10, 1991, p. 481-494 ; voir p. 484-485 et fig. 2. – L'action purgative du tubercule de la léontice, appelée parfois « saponaire du Levant », s'explique précisément par sa richesse en saponosides, mise à profit pour le lavage des étoffes (Polunin — Huxley, *op. cit.*, p. 100 ; Baumann, *Le Bouquet d'Athéna*, p. 73). A dose convenable, ce tubercule et surtout celui de *Bongardia* sont utilisés pour émulsifier cette sorte de nougat oriental qui porte le nom turc de *halvâ*.

CHAPITRE 13.

1. Le narcisse à feuilles « étroites, nombreuses et grasses » est l'espèce la plus commune en Grèce, *Narcissus tazetta* L., cité en VI, 8, 1 pour sa floraison précoce ; on ne peut en effet retenir ici ni le νάρκισσος ἢ λείριον de VI, 6, 9 (notre « narcisse de mer » ou « lis de mer », *Pancratium maritimum* L.), dont « les feuilles ressemblent à celles de l'asphodèle, en beaucoup plus large », ni le narcisse tardif (*N. serotinus* L.), qui produit au plus une ou deux feuilles filiformes (cf. n. 17 à VI, 6, 9). – L'imprécision n'est pas gênante dans le cas du crocus, car toutes les espèces connues de Théophraste ont des feuilles très étroites (1-2 mm), qu'il s'agisse du safran, qualifié de τριχόφυλλος « capillifolié » (VI, 6, 10), ou de ses congénères sauvages (VI, 8, 3 ; VII, 7, 4).

2. L'inflorescence de l'arum d'Italie, cultivé comme plante alimentaire (I, 6, 10 ; VII, 12, 2), se compose d'une spathe membraneuse et d'un spadice formé d'une massue cylindrique charnue et d'un pédoncule de longueur à peu près égale (voir Bonnier, pl. 617, n° 2809). Ce dernier aurait pu être assimilé à une courte tige, mais il était impossible aux observateurs antiques d'identifier à la base de la massue deux groupes de petites fleurs sans calice ni corolle, les unes staminées (en haut), les autres pistillées (en bas). Ignorant la nature et la fonction du spadice, Théophraste l'a désigné (I, 10, 10) par une expression vague : τὰ ἐν μέσῳ τῶν ἄρων « ce qui se trouve au centre des arums ».

3. Exact pour le narcisse tardif, dont la floraison sera décrite au §6. Les crocus sont en réalité des plantes acaules, et c'est le tube de la fleur, long, mince et peu coloré, que Théophraste considère comme une tige florale.

4. La concurrence dans nos mss. entre ἀσφόδελος (P) et ἀσφοδελὸς (U M) et l'absence d'accent dans l'Aldine, peut-être due à l'embarras de l'éditeur, rappellent le problème que pose l'accentuation du terme. Le substantif proparoxyton ἀσφόδελος se distingue de l'adjectif oxyton ἀσφοδελός « couvert d'asphodèles » dans la formule homérique κατ' ἀσφοδελὸν λειμῶνα (λ 539 et 573, ω 13), reprise par l'auteur de l'*Hymne à Hermès* (v. 221 et 344) sous la forme ἐς ἀσφοδελὸν λειμῶνα. Nous avons proposé une explication de ce curieux adjectif oxyton dans « La 'Prairie d'Asphodèle' de l'*Odyssée* et de l'*Hymne homérique à Hermès* », *Rev. Phil.* 76, 2002, p. 7-14. – Sur la plante et ses usages, ses noms et leur origine possible, on dispose de deux études fondamentales : J.-M. Verpoorten, *Les noms grecs et latins de l'asphodèle*, in *Ant. Class.* 31, 1962, p. 111-129 (comprenant un inventaire très complet des occurrences de ἀσφόδελος dans tous les secteurs de la littérature, jusqu'à basse époque) ; M. Biraud, *Usages de l'asphodèle et étymologies de ἀσφόδελος*, in *Les phytonymes grecs et latins*, Nice, 1993, p. 35-46. Si le sens donné à ἀσφόδελος par les Grecs varie suivant les hypothèses étymologiques, l'accord semble fait sur deux points : 1) le mot grec doit recouvrir un terme de substrat, qui nous échappe ; 2) son synonyme occasionnel ἀνθέρικος (*H.P.* I, 4, 3) a été formé sur ἀνθέριξ « barbe d'épi », par référence à l'inflorescence spiciforme ; de là, d'une part, sa spécialisation dans le sens de « tige porteuse de l'épi », « tige florale », « hampe » (dans notre passage ; cf. Pline, XXI, 109 : « Théophraste et les Grecs en général, à la suite de Pythagore, ont appelé la tige *anthericus* »), et d'autre part, son extension à la plante entière. – Les Liliacées, auxquelles appartient le genre *Asphodelus* L., ayant un ovaire supère, on peut s'étonner que Théophraste décrive le fruit de l'asphodèle comme « un corps rond situé *à la base* de la fleur ». M. Negbi, art. cité (n. 10 à VII, 7, 2), donne (p. 29) l'explication suivante : « comme les tépales sont soudés à la base, la fleur semble commencer au-dessus de l'ovaire ».

5. Rapportant l'opinion de spécialistes consultés personnellement, M. Negbi écrit (p. 30) : « Cet insecte peut faire partie des Syrphidés (Diptères), dont les larves sont des 'vers' et dont les adultes imitent par leurs couleurs les frelons et les abeilles. En tout cas, ceux qui se trouvent en Israël creusent des galeries (…) dans la partie inférieure de la tige de l'espèce circum-méditerranéenne *Asphodelus aestivus* Brot. (*A. microcarpus* Viv.). L'espèce exacte ne peut pas être déterminée à partir des détails donnés par Théophraste ». Selon Beavis, *Insects*, p. 190, Théophraste fait peut-être allusion à « une des 'mouches à scie' [ou tenthrèdes] de la famille des Céphidés, dont les larves percent les tiges et les pousses de diverses plantes et s'y changent en pupes : certaines de ces mouches sont noires et jaunes, comme des guêpes ».

6. Hormis l'asphodèle fistuleux, petite plante à nombreuses racines grêles, tous les asphodèles ont des tubercules fasciculés volumineux, en forme de radis ou de navet, riches en principes nutritifs (substances amylacées, saccharose et fructose). L'espèce dont parle Théophraste est la plus commune dans l'est du bassin méditerranéen, *Asphodelus aestivus* Brot., caractérisée par sa haute tige (1, 50-2 m) très ramifiée. Mais au moins pour les usages, les anciens n'ont pas distingué *A. aestivus* des espèces plus occidentales, qui atteignent à peine la Grèce : *A. ramosus* L. (incl. *A. messeniacus* Heldr.) et *A. albus* Miller. Quoique la pharmacologie moderne ait reconnu dans l'asphodèle un alcaloïde toxique à forte dose (M. Biraud [cf. *supra*, n. 4], p. 40-41), Théophraste, contrairement à Galien (voir n. 4 à VII, 12, 1), ne fait aucune réserve quant à sa valeur alimentaire. Pline précise (XXI, 108) que le tubercule, cuit sous la cendre, se mange assaisonné d'huile et de sel, et va jusqu'à dire qu'écrasé avec des figues, c'est un mets fort agréable (*praecipua uoluptate*). Il signale en outre (§110), d'après l'agronome carthaginois Magon (*c.* 140 *a.C.*), la consommation des jeunes tiges, fendues et séchées au soleil. Cuisson et dessiccation devaient avoir pour effet d'atténuer l'âcreté et de neutraliser le principe toxique. Ce savoir-faire s'était-il perdu à l'époque de Galien ou la consommation croissante de pain liée aux progrès de la céréaliculture dans l'Empire (cf. André, *L'alimentation*, p. 72) avait-elle discrédité les plantes alimentaires sauvages ? On admet aujourd'hui (Couplan, p. 199) que les tubercules d'asphodèle « peuvent être consommés après longue ébullition et cuisson sous la cendre », quoique leur consistance et leur saveur restent plus ou moins désagréables suivant les espèces. Le jugement du même auteur sur d'autres parties de la plante est nettement plus favorable : « Les jeunes pousses sont comestibles. Il est préférable de les cuire à l'eau et de ne les consommer qu'avec modération. (...) Leur saveur est sucrée et leur texture très tendre. Les graines d'asphodèle peuvent s'employer comme condiment oléagineux à la façon des graines de pavot, dont elles ont un peu le goût ».

7. Les hétérosides cardiotoniques de la scille maritime (voir « Les données de la chimie » dans Bellakhdar, *Pharmacopée marocaine*, p. 377) rendent cette plante violemment toxique pour l'homme, la plupart des animaux et en particulier les rongeurs. Ainsi s'explique en partie le pouvoir prophylactique qui lui est attribué depuis l'antiquité. D'autre part, grâce aux substances de réserve accumulées dans son énorme bulbe, la scille survit longtemps hors du sol nourricier. On lui confiait donc le soin de préserver du dessèchement les fruits et les boutures piqués dans son bulbe (cf. II, 5, 5 ; autres références aux textes agronomiques grecs et latins dans Riess, art. *Aberglaube* in *R.E.* I 1 [1893], c. 67) et on voyait dans son dynamisme vital le symbole d'une prospérité inattaquable. D'où son emploi dans les purifications (Thphr., *Caract.* XVI, 13 ; Lucien, *Ménippe*, 7 ; *Alex.* 47) et la cou-

tume, signalée ici et ailleurs (Diosc. II, 171 ; Pline, XXI, 101), de suspendre une scille à l'entrée des maisons pour en éloigner les maléfices. Cette dernière pratique perdure encore, comme le montrent la figure 192 de Baumann, *Le Bouquet d'Athéna* , p. 102, et l'extrait suivant d'une étude ethnobotanique : « Les bulbes sont accrochés à la porte des maisons (...) pour chasser les mauvais esprits et le mauvais œil. Le bulbe de scille ainsi dépourvu d'eau reste vert et pour les habitants de Karpathos, il représente un symbole d'immortalité ; ceci rappelle son nom vernaculaire 'athanati' qui signifie 'immortel' » (H.J. Arnold *et al.*, *Plantes utiles et médecine traditionnelle dans le sud-est égéen de la Grèce (îles de Karpathos, Kassos et Saria)*, in *Colloques phytosociologiques* 22, Bailleul, 1993, p. 739).

8. Le νάρκισσος dont la graine ne peut pas passer inaperçue est le « narcisse de mer », *Pancratium maritimum* (cf. *supra*, n. 1), dont le fruit est une capsule globuleuse vaguement trigone (voir Bonnier, pl. 604, n° 2710 ter), renfermant de grosses graines noires aplaties, de forme irrégulière.

9. La germination originale de l'aegilops, *Aegilops geniculata* Roth (*A. ovata* L.) sera décrite en détail plus loin (VIII, 11, 9). Quant au λωτός, vu l'homonymie de nombreuses espèces (VII, 15, 3), on ne saurait l'identifier avec certitude ; la traduction par « lotier » est un pis-aller.

10. Le narcisse tardif et la scille maritime sont des espèces dites hystéranthiées, qui fleurissent en automne, bien avant de former leurs feuilles. Leurs tiges florales ne diffèrent que dans la mesure où le narcisse ayant en général une seule fleur, le pédoncule de celle-ci se trouve dans le prolongement de la tige, alors que la grappe florale de la scille se compose de nombreuses fleurs, dont chacune a son propre pédoncule inséré latéralement sur l'axe de la tige.

11. Concise jusqu'à l'ambiguïté, l'expression ποιεῖται τὰς ἀνθήσεις τρεῖς, litt. « elle fait ses floraisons en trois », a égaré traducteurs et commentateurs, à commencer par Pline qui entend (XXI, 106) « la scille fleurit trois fois, indiquant les trois époques du labourage ». J. André (C.U.F., 1969) écrit en note *ad loc.* : « Cela ne répond à rien, la scille fleurissant de juillet à octobre », sans voir que Pline ne tient pas compte de l'article dans τὰς ἀνθήσεις τρεῖς et méconnaît le véritable sens de ἄροτος chez Théophraste (cf. n. 3 à VII, 1, 1). On s'étonne qu'à l'autre extrémité de la tradition, Hort entérine les erreurs de Pline, tout en renvoyant (II, 131, n. 6 ; de même Schneider, III, 628) au passage parallèle et plus explicite de l'opuscule *Περὶ σημείων / De signis* attribué à Théophraste, § 55 : Ὁ τῆς σχίνου καρπὸς σημαίνει τοὺς ἀρότους · ἔχει δὲ τρία μέρη καὶ ἔστιν ὁ πρῶτος τοῦ πρώτου ἀρότου σημεῖον, ὁ δεύτερος τοῦ δευτέρου, ὁ τρίτος τοῦ τρίτου · καὶ ὡς ἂν τούτων κλίνῃ κάλλιστα καὶ γένηται ἁδρότατος, οὕτως ἕξει καὶ ὁ κατὰ τοῦτον ἄροτος « La fructification de l'oignon marin

[σχῖνος = σκίλλα, cf. L.S.J. avec référence *ad loc.* ; Hort comprend à tort 'mastich'] annonce le produit des cultures ; elle se fait en trois parties, et le premier tiers préfigure la première culture, le second la seconde, le troisième la troisième ; que leurs fruits prennent très belle tournure et deviennent très gros, et il en sera de même pour le produit de la culture correspondante ». C'est l'interprétation populaire d'un fait réel : la longue grappe florale de la scille s'épanouit, de bas en haut, en trois temps, comme le montre fort bien la figure 186 de H. Baumann, *Greek Wild Flowers*, London, 1993, p. 102.

12. Τίφυον, qui fleurit à l'arrière-saison (*C.P.* I, 10, 5), se distingue par là même de ἴφυον cité plus haut (*H.P.* VI, 8, 3) parmi les plantes à floraison plutôt estivale (τὰ θερινὰ μᾶλλον), ce qui condamne formellement la conjecture de Wimmer τό τ' ἴφυον. Τίφυον est la scille d'automne, *Scilla autumnalis* L., selon Hort, *Index of plants* ; L.S.J. ; Carnoy, *Dict. étym. noms grecs de plantes* ; Chantraine, *D.E.L.G.* (avec réserve). Il est exact que cette plante fleurit sans feuilles de septembre à novembre sur les collines rocailleuses de toute la Grèce (*Consp. flor. gr.* III, 239), mais ses tiges florales sont alors complètement développées, ce qui interdit de la mettre au nombre des végétaux « qui fleurissent avant d'avoir leurs feuilles *et leurs tiges* ». Fraas, *Synopsis*, p. 285, et Gennadios, p. 854, proposent plus judicieusement une vendangeuse, *Sternbergia lutea* (L.) Ker-Gawler, dont les feuilles n'apparaissent parfois que pendant la floraison, et *S. colchiciflora* Waldst. & Kit., hystéranthiée et presque totalement acaule à l'anthèse (*Flor. eur.* V, 76). Les anciens ne distinguaient évidemment pas ces espèces très voisines qui ressemblent à des crocus jaunes et fleurissent en automne dans le même milieu aride que *Scilla autumnalis* (voir Baumann, *op. cit.* [note précédente], p. 178, fig. 354).

13. L'exemple de l'amandier est inattendu à la suite d'herbacées dont la plupart sont des « plantes à fleurs » (τὰ ἀνθικά, cf. VI, 6, 11). Mais d'une part, aux yeux de Théophraste, l'arbre est toujours, explicitement ou non, le « terme de comparaison pour les autres végétaux » (I, 1, 11 ; cf. aussi n. 11 à VII, 10, 5) ; d'autre part, en un temps où le cerisier, l'abricotier et le pêcher n'étaient pas encore cultivés dans le bassin méditerranéen, l'amandier était seul (avec le prunier, moins fréquent) à fleurir sans feuilles et d'autant plus remarquable.

14. Les « écailles » d'un bulbe de muscari (λεπυρώδης, cf. λεπίς) sont appelées au §8 « tuniques » (χιτῶνας) – synonymie admise dans la terminologie botanique actuelle, qui toutefois distingue les bulbes à écailles libres (partiellement détachées dans le cas du lis blanc) et les bulbes à écailles soudées.

15. La Chersonèse taurique est la Crimée, sur laquelle Théophraste disposait de quelques renseignements botaniques précis (IV, 5, 3). Il est possible que le muscari qui y était consommé cru ait été une des nombreuses formes du muscari à toupet, présent dans cette région et

jusqu'au nord-ouest de l'Ukraine (*Flor. eur.* V, 47) ; rien ne permet de l'affirmer.

16. Parce qu' « il pousse sur les plages », βολβὸς ὁ ἐριοφόρος a été identifié avec le « narcisse de mer », *Pancratium maritimum* (cf. *supra*, §4), au moins depuis Fraas (*Synopsis*, p. 286) et assez constamment (Hort, *Index of plants* ; L.S.J. ; Carnoy, *Dict. étym. noms grecs de plantes*, s.v. *eriophoros*, avec cette explication surprenante : « 'pancrais', amaryllidacée dont les grosses ombelles font l'effet laineux (?) » ; pour André, *Noms de plantes*, s.v. *bulbus* : « l'identification avec le pancrais (...) est douteuse »). L'observation directe permet d'affirmer que le bulbe de *Pancratium maritimum* ne renferme rien de laineux ni de cotonneux (on a rapproché βολβὸς ὁ ἐριοφόρος des δένδρα τὰ ἐριοφόρα de IV, 7, 7, qui sont des cotonniers arborescents). Dans son commentaire de Pline, XIX, 32, qui traduit Théophraste, J. André (C.U.F., 1964) avance une hypothèse désespérée : « cette description fait penser au mésocarpe fibreux de certains fruits exotiques, en particulier de la noix de coco, dont on utilise les fibres pour faire des tapis, des cordages, etc. Le rapprochement dans Théophraste avec peut-être le coton de l'Inde, l'allusion aux grèves peuvent faire penser à une méprise de quelque navigateur grec ». Une suggestion plus raisonnable, reprise par Olck, art. Βολβός in *R.E.* III 1 (1897), c. 673, se trouve dans Sprengel, *op. cit.* (n. 15 à VII, 11, 4), t. I, p. 88 : « *Scilla hyacinthoides* est bulbus ille sub squamis lana farctus, ad litora crescens ». En fait, l'espèce en question est appelée *Bulbus Eriophorus* déjà dans C. Clusius (Ch. de l'Écluse), *Rariorum plantarum historia*, Antverpiae, 1601, selon A. Witztum et M. Negbi, « Primary Xylem of *Scilla hyacinthoides* (Liliaceae) – the Wool-bearing Bulb of Theophrastus », *Economic Botany* 45, 1991, p. 97-102. Cette dernière étude, qui a bénéficié des méthodes scientifiques les plus modernes (voir p. 100, fig. 1-4 : coupes examinées au microscope électronique), a établi définitivement la présence de fibres « laineuses » dans le bulbe de *S. hyacinthoides*. L'identification de cette espèce avec le « bulbe porte-laine » de Théophraste soulève néanmoins plusieurs objections : 1) *S. hyacinthoides* est de nos jours rarissime en Grèce (*Consp. flor. gr.* III, 237), mais Witztum et Negbi font observer que Théophraste peut avoir pris ses renseignements en Asie Mineure égéenne, où la plante est plus commune ; 2) il ne semble pas que sa « laine » soit exploitable ni que son bulbe ait jamais été consommé ; 3) ce n'est pas une plante des zones littorales : on la trouve même loin à l'intérieur des terres (observation personnelle en Israël), « sur les collines pierreuses » (*Consp. flor. gr.*, *ibid.*), « dans les haies, les champs rocailleux et les endroits incultes » (Bonnier, n° 2591). Une piste nouvelle a été ouverte par H. Baumann, qui présente dans *Le Bouquet d'Athéna* (cf. n. 13 à VII, 9, 4), p. 20, fig. 14, l'image d'« oignons » d'une tulipe sauvage, avec cette légende : « Le

bulbe de la tulipe précoce (*Tulipa praecox*), muni d'une couche fibreuse entre la peau et le cœur, ce qui l'a fait qualifier de 'laineux' par Théophraste ». Le choix de l'espèce est contestable pour plusieurs raisons : *T. praecox* Ten. est présumée d'origine asiatique et seulement naturalisée dans le sud de l'Europe (*Consp. flor. gr.* III, 227 ; *Flor. eur.* V, 30) ; elle croît dans les cultures et aux alentours (*Flor. eur., ibid.*) ; sa comestibilité est sujette à caution. C'est toutefois une tulipe, celle-ci endémique de Grèce, qui réunit tous les caractères souhaitables : *Tulipa goulimyi* Sealy & Turrill, découverte en 1954 par C. Goulimis dans le sud du Péloponnèse et à Cythère. Elle se signale par « les tuniques du bulbe densément laineuses à l'intérieur, garnies de longs crins ondulés » (*Flor. eur.* V, 29). On peut en voir une excellente image dessinée par N. Goulandris dans C.N. Goulimis – N.A. Goulandris, *Wild Flowers of Greece*, Kifissia, 1968. L'inventeur de cette espèce précise (p. 158) à propos des champs sablonneux où il l'a rencontrée : « ces champs, à en juger par la quantité de coquilles de grosses huîtres et d'autres mollusques dont ils sont parsemés, étaient recouverts autrefois par la mer » ; dernier point remarquable de cette notice : « les bulbes ont un goût sucré et sont mangés par les enfants des villages voisins ». Ainsi tout porte à croire que le « bulbe portelaine » des anciens, condamné à une quasi-extinction par son usage alimentaire et textile, a trouvé un dernier refuge au fin fond du Péloponnèse.

17. Probablement indéterminable sans autre renseignement.

18. Sur le perce-neige, voir VI, 8, 1 et n. 1. – Nos renseignements sur les βολβῖναι viennent d'Athénée, 64 b-c : ce sont des plantes à bulbe de meilleur goût que les muscaris (εὐχυλότεραι ... τῶν βολβῶν), moins bonnes pour l'estomac parce qu'elles ont quelque chose de sucré, assez nourrissantes ; suit une citation du poète parodiste Matron (fr. 2 Brandt) qui les dit « plus blanches que neige et pareilles d'aspect à la fine fleur de farine ». L'indication chromatique a fait penser naturellement aux ornithogales (cf. Diosc. II, 144, s.v. ὄρνιθος γάλα, litt. « lait d'oiseau », pour désigner une fleur d'une blancheur merveilleuse), dont la flore grecque comprend plusieurs espèces : *Ornithogalum umbellatum* L., *O. tenuifolium* Guss., *O. nanum* Sibth. & Sm. (fig. 144 dans Baumann, *Le Bouquet d'Athéna*, p. 79), etc. (*Flor. eur.* V, 35-40). La comestibilité des bulbes est un autre caractère commun aux βολβῖναι (Ath.), à l'ὄρνιθος γάλα (Diosc. : « la racine, bulbeuse, se mange crue aussi bien que bouillie et grillée ») et aux ornithogales (Bois, I, 512). La coupe d'un bulbe d'*O. umbellatum* fait apparaître une chair d'un blanc brillant absolument pur ; les deux ou trois écailles les plus superficielles pourraient être détachées sans lésion, mais elles ne sont pas libres spontanément ; les écailles plus profondes sont concrescentes (soudées ensemble) et non nettement délimitées : c'est, semble-t-il, ce qu'entend Théophraste

quand il parle d'espèces « à bulbe rappelant celui du muscari, sans être formé de couches successives » (βολβώδη ... καὶ οὐ λεπυρώδη). – Rien n'est sûr en ce qui concerne ὀπιτίων, rendu par *pytyona* ou *pytion* dans les mss. de Pline, XIX, 95 (*opitiona* est une correction de Jan). La finale -ίων, attestée surtout dans des sobriquets (Chantraine, *Formation des noms*, p. 165), est exceptionnelle pour un nom de plante, quoique présente dans μαχαιρίων, un des noms du glaïeul dans Diosc. IV, 20 : ξιφίον· οἱ δὲ μαχαιρίωνα καλοῦσι. Tel quel, ὀπιτίων pourrait être un mot populaire combinant ὀπός « suc » (en particulier celui du figuier, utilisé pour cailler le lait) et πυτία « présure », d'où « plante à suc servant de présure » ; cf. Hsch. ὀπός· πυτία [uel πυτιων], βοτάνη τις, δι' οὗ πήγνυται τὸ γάλα. On pense également au *coagulum terrae* dont Pline (XXVII, 67) se borne à rapporter les effets, en reprochant aux botanistes « d'indiquer brièvement et par leur nom seulement, les plantes connues d'eux seuls, comme si elles étaient partout répandues » (trad. Ernout, C.U.F., 1959). Force est d'admettre que l'identité de ces plantes nous échappe : ὀπιτίων manque aux dictionnaires de Bailly, Boisacq, Frisk, à la *Synopsis* de Fraas ; André, *Noms de plantes*, signale l'occurrence du terme, sans commentaire. On a toutefois proposé, fermement (Carnoy, *Dict. étym. noms grecs de plantes* ; L.S.J.) ou prudemment (Hort, note *ad loc.* ; *D.E.L.G.* s.v. ὀπιτίων), de reconnaître dans ce « caille-lait » (?) *Bunium ferulaceum* Sibth. & Sm., une petite Ombellifère à racine tubérisée, commune en Grèce et particulièrement en Attique, dans les champs et les terrains pierreux (*Consp. flor. gr.* I, 672). La plante est décrite sous le nom de βούνιον dans Diosc. IV, 123, sans mention d'usage autre que médical (comme diurétique, de même que le *coagulum terrae* de Pline). Un spécimen déterré sur une pente rocailleuse de l'Hymette nous a montré un tubercule de la grosseur d'une noisette, à chair compacte d'un blanc pur sous une mince pelure noire ; donné pour comestible dans P.C. Candargy, *La végétation de l'île de Lesbos*, Paris — Lille, 1899, p. XIV, sous le nom de *Carum ferulaefolium*, ce tubercule a une saveur aromatique assez agréable, jointe à une âpreté intense et persistante. – La conjecture κύϊξ de l'Aldine a prévalu sans raison sur la leçon κύξ de tous nos mss. Du point de vue morphologique, celle-ci est le nom. sing. correspondant à l'acc. plur. κύκας, nom du palmier doum en II, 6, 10 (cf. n. 20 *ad loc.*). S'il s'agit bien du même mot, reste à savoir quelle herbacée bulbeuse de Grèce présente une ressemblance avec cet arbre, appelé ailleurs (IV, 2, 7) τὸ κουκιοφόρον « le porteur de *qouqou* » (nom égyptien de son fruit). C'est l'aspect curieux de ce fruit, de couleur fauve, de forme générale ovoïde et de section vaguement trigone à la base (voir nos *Études*, p. 256, fig. 6), qui se retrouve dans la fleur de la fritillaire grecque, *Fritillaria graeca* Boiss. & Spruner, et de plusieurs espèces peu différentes (*Flor. eur.* V, 31-34) : fleur campanulée brun pourpre, de section nettement

trigone à la base, en raison de la forte gibbosité des segments externes du périanthe (caractère bien visible sur une espèce voisine de *F. graeca*, dans Polunin — Huxley, *op. cit.* [n. 9 à VII, 8, 3], fig. 229). Dans les deux cas, le phytonyme s'explique par l'idée de « renflement », ce qui permet de le rattacher au groupe de κυέω « être grosse », κῦμα « vague qui s'enfle », etc. La rencontre fortuite avec l'égyptien *qouqou* a pu produire par contamination un nom « hellénisé » du palmier doum, κόϊξ, κόϊκος, et obscurcir l'origine grecque de κύξ (qu'il n'est plus opportun d'écrire *κύξ), κυκός. Les fritillaires ont un petit bulbe globuleux, d'un blanc pur intérieurement, montrant à la coupe une masse charnue homogène (cf. *Flor. eur.* V, 31 : « Bulb [...] with few, tightly-packed scales »).– L'iris sisyrinchium (*Gynandriris sisyrinchium* (L.) Parl.) a été pris pour exemple de plante à feuilles issues de la racine (I, 10, 7). Son bulbe est en réalité un corme, comme celui des *Crocus*, couvert d'écailles fibreuses. Peut-être parce qu'il se mangeait, son étrange développement a attiré l'attention des anciens.

19. Le texte transmis πρῶτον, ὃ καλοῦσι χειμῶνα est évidemment fautif, καλοῦσι ne convenant pas pour introduire un terme aussi banal que χειμῶνα. Wimmer indique une lacune après le verbe, faisant ainsi de τὸ κάτω l'antécédent de ὅ, et de πρῶτον l'attribut de τὸ κάτω – auquel cas on attendrait πρότερον, la comparaison portant sur deux termes. Nous préférons écrire πρῶτον, ὃ καὶ λέγουσι χειμῶνα et comprendre « d'abord, c'est-à-dire (litt. 'ce en quoi précisément on veut dire') l'hiver ». – M. Negbi, art. cité (*supra*, n. 4), p. 20-21, éclaire le texte de Théophraste à la lumière de ce qu'on sait aujourd'hui du cycle végétatif de *Gynandriris sisyrinchium* : « Le corme (...) de *G. sisyrinchium* porte à son extrémité supérieure le bourgeon de renouvellement. La nouvelle pousse, qui se développe à partir du bourgeon de renouvellement après les premières pluies, consiste en gaines foliaires souterraines, parmi les plus longues desquelles surgira la tige florale, avec à sa base des racines nourricières, deux feuilles et une inflorescence terminale. Le corme axillaire de remplacement, déjà bien visible à la floraison, continue à grossir jusqu'à la fin de la saison ». La description de Théophraste est expliquée de la manière suivante : « Le développement souterrain des racines nourricières avant l'élongation de la tige florale est, probablement, la croissance hivernale, tandis que le grossissement du corme axillaire de remplacement est la croissance printanière ».

CHAPITRE 14.

1. Étymologie acceptée par la lexicologie moderne ; cf. *D.E.L.G.* s.v. ἀδίαντον et διαίνω : ἀ- privatif + διαντός adj. vb. de διαίνω « mouiller » (Aristote, *Météor.* 385 b 10 et 387 a 26, emploie indifféremment les deux hapax διαντός et διαντικός). L'adiante typique

(*Adiantum capillus-veneris* L.) se définit comme « la plante qui ne peut pas être mouillée », parce que l'eau glisse sur la cuticule cireuse de ses frondes. C'est une curiosité du monde végétal mentionnée hors de la littérature technique, par exemple dans Rabelais, *Tiers Livre*, ch. 50 : « adiantum, car jamais ne retient humidité quoy qu'il naisse près les eaues et quoy qu'on le plongeast en eaue par bien long temps ». – Le texte transmis οὐδ' ἐπίδηλον ... διὰ τὸ τὴν νοτίαν ἐπιμένειν a été diversement amendé : Heinsius corrige οὐδ' en ὃ μὲν, sans raison apparente au choix de la particule ; Schneider ajoute οὐκ devant ἐπιμένειν et Wimmer (éd. 1842 *in notis*) μὴ devant τὴν, ce dernier attribuant avec vraisemblance la perte de la négation à une haplographie. Notre conjecture ὃ δὴ ἐ. se fonde sur sa proximité avec οὐδ' ἐ. en dictée intérieure et permet de conserver ἐπίδηλον, que Wimmer écarte en créant *ἐπίδροσον.

2. Comme dans le cas de la passerine en VI, 2, 2, l'opposition blanc – noir concerne ici le feuillage : « vert vif » pour le capillaire de Montpellier, *Adiantum capillus-veneris* L. (ἀδίαντον τὸ λευκόν), « vert foncé » pour le capillaire aux ânes, *Asplenium onopteris* L. (ἀ. τὸ μέλαν), qui est le vicariant méditerranéen (seul présent en Grèce, selon Halácsy, *Consp. flor. gr.* III, 473) du capillaire noir, *Asplenium adiantum-nigrum* L., de l'Europe tempérée (différence chromatique indiquée d'après I. et P. Schönfelder, *Guide de la flore méditerranéenne*, Paris, 1988, p. 54 ; voir aussi Bonnier, pl. 709, n° 3289 et 3289 c, et pl. 714, n° 3305). Tous les capillaires, ainsi nommés à cause de leurs pétioles bruns ou noirs, fins et brillants comme des cheveux, ont été utilisés, en vertu de cette « signature », pour les soins du cuir chevelu. Ainsi Dioscoride (IV, 134) prête à l'ἀδίαντον le pouvoir de faire « repousser les cheveux aux endroits atteints de pelade » ; aujourd'hui encore, on recommande une infusion de capillaire de Montpellier « pour frictions du cuir chevelu, comme agent anti-pelliculaire » (M. Stuart, *op. cit.* [n. 7 à VII, 5, 2], p.144). – Quant à l'habitat, il est vrai que *A. capillus-veneris*, l'« adiante blanc » de Théophraste, est inféodé au milieu humide (voisinage des sources, parois des puits) ; c'est moins exact pour son « adiante noir », *Asplenium onopteris* étant plutôt une espèce des rochers ombragés.

3. Peut-être en se fondant sur un usage signalé dans Diosc. IV, 135 : τριχομανές, οἱ δὲ καὶ τοῦτο ἀδίαντον καλοῦσι, certains commentateurs ont assimilé le *trichomanes*, « capillaire » au sens strict (litt. « plante à chevelure exubérante »), à un *adianton*. Sa tige étant ici comparée à celle de l'adiante « noir », force était de l'identifier au « blanc », ce que fait Wimmer (qui « complète » le texte en écrivant τὸ μὲν λευκὸν <τὸ καὶ τριχομανὲς καλούμενον>, τὸ δὲ μέλαν), suivi par Hort et L.S.J. Pour ces auteurs, ἀδίαντον τὸ λευκόν = τριχομανές = *Asplenium trichomanes* L., ἀ. τὸ μέλαν = *Adiantum capillus-veneris* L. Comme la première espèce n'a pas le feuillage plus

clair que la seconde (c'est plutôt l'inverse), seule la couleur de la « tige » (plus exactement du pétiole) peut faire la différence : brun pourpre chez *A. trichomanes*, elle est d'un noir profond à reflets bleus chez *A. capillus-veneris*. Mais on aboutit alors à une incohérence, le même caractère servant à distinguer le *trichomanes* / adiante « blanc » du « noir » et à l'en rapprocher. D'où la nécessité de voir dans le τριχομανές de Théophraste une troisième espèce, irréductible à l'un ou l'autre de ses deux ἀδίαντον différenciés par la couleur du feuillage, à savoir précisément *Asplenium trichomanes*, le banal capillaire des vieux murs, qui en effet « a la tige semblable à celle de l'adiante 'noir' [*A. onopteris*] », d'un brun pourpre plus ou moins foncé. Sa description appelle une seule remarque : ῥίζα doit être entendu au sens de rhizome d'assez grandes dimensions, car au contraire ses fines racines sont nombreuses et très visibles ; on peut comprendre aussi « il n'y a pas de racine *utilisable* » (cf. Diosc. IV, 134, s.v. ἀδίαντον : ῥίζα ἄχρηστος « la racine est sans usage »). – L'action diurétique du τριχομανές n'est pas spécifique : Dioscoride (IV, 135) lui attribue les mêmes propriétés qu'à l'ἀδίαντον, dont il dit que la décoction est bonne pour la rétention d'urine (δύναται ... βοηθεῖν ... δυσοροῦσι). – Cette description des fougères du milieu humide comprend tous les éléments d'une notice de matière médicale : morphologie, écologie, propriétés et usages thérapeutiques des espèces considérées ; cf. n. 8 à VII, 6, 2-4, au sujet de la laitue sauvage, du maceron et du persil.

4. De même qu'en français « marguerite », ἄνθεμον est une dénomination collective de diverses espèces des genres *Anthemis* (*A. chia* L., *A. arvensis* L., etc.), *Chrysanthemum*, *Leucanthemum* (à l'exception de notre marguerite la plus commune, *L. vulgare* Lam., qui semble étrangère à la flore grecque ; cf. *Consp. flor. gr.* II, 67), etc. Les positions respectives de la fleur et de la graine ont été précisées en I, 13, 3. La couleur des akènes n'étant vraisemblablement jamais le jaune verdâtre des fleurons tubuleux, le texte des manuscrits καὶ καρπὸς ὃς ἐκπίπτει ... (« de même le fruit qui tombe... ») doit être corrigé, comme le suggère Schneider, en καὶ ὁ καρπὸς ἐκπίπτει.

5. Comme l'a démontré depuis longtemps Ch. Joret, « La *Lappa* chez Pline et ses équivalents chez Théophraste et Dioscoride », *Rev. Phil.* 37, 1913, p. 241-250, l'ἀπαρίνη de notre passage et la *lappa* de Pline, XXI, 104, qui s'en inspire, correspondent non pas au gaillet gratteron (l'ἀπαρίνη de *H.P.* VII, 8, 1 et VIII, 8, 4), mais à la bardane, *Arctium lappa* L. Alors que le premier produit une fleur blanche petite mais très visible, dont l'ovaire infère se transforme en un fruit rond et dur, que l'on trouve souvent mélangé aux lentilles, la bardane, représentée en Grèce par deux espèces voisines, *A. lappa* L. et *A. minus* Bernh. (*Flor. eur.* IV, 215 ; *Consp. flor. gr.* II, 101-102), offre la particularité de renfermer – plus complètement dans la première espèce

que dans la seconde – ses fleurons violets dans un gros involucre à bractées terminées en crochet (voir Bonnier, pl. 336, n° 1631 a et b). La bardane est une plante commune dans les terrains vagues et au bord des chemins ; naguère les enfants des campagnes en utilisaient les capitules accrochants pour leurs jeux : les garnements les lançaient dans les cheveux des fillettes, qui, elles, confectionnaient en les juxtaposant des poupées éphémères. Dioscoride décrit séparément *Galium aparine* L. en III, 90, s.v. ἀπαρίνη, et *Arctium lappa* L. en IV, 106, s.v. ἄρκιον. Toutefois les listes du pseudo-Dioscoride (mss. RV) donnent ἀπαρίνη comme synonyme de ἄρκιον (IV, 106 οἱ δὲ ἀπαρίνην, Ῥωμαῖοι ... λάππαμ) et de ξάνθιον (IV, 136 οἱ δὲ καὶ ταύτην ἀπαρίνην καλοῦσιν, Ῥωμαῖοι λάππαμ). Cette dernière espèce est la lampourde ou « fausse bardane », elle aussi accrochante par ses fruits munis d'épines recourbées à l'extrémité (voir Bonnier, pl. 372, n° 1760). Pour respecter l'ambivalence de ἀπαρίνη chez Théophraste, il serait possible de traduire « gratteron » dans toutes ses occurrences (cf. la définition du *T.L.F.* s.v. grat(t)eron : « plante accrochante [comme la bardane, le caille-lait, le gaillet] »), au risque de laisser croire (avec Hort, *Index of plants*, et L.S.J.) qu'il s'agit ici comme ailleurs du gaillet gratteron ; « bardane » a l'avantage de la clarté.

6. Ce rapprochement inattendu entre la fructification « interne » de la bardane et l'ovoviviparité de certains poissons s'explique par l'observation directe d'un phénomène qui a vivement frappé Aristote et ses collaborateurs : « Les sélaciens mettent au monde des petits vivants après avoir été d'abord ovipares intérieurement » (*H.A.* 564 b 16-17). A la formule aristotélicienne ζωοτοκεῖ ... πρότερον ᾠοτοκήσαντα ἐν αὑτοῖς répond exactement chez Théophraste ἐν ἑαυτοῖς ᾠοτοκήσαντα ζωογονεῖ. Selon D'Arcy W. Thompson, *A Glossary of Greek Fishes*, London, 1947, p. 41-42, c'est le « chien de mer à peau lisse », γαλεὸς ὁ λεῖος (*Mustelus laevis* Risso), notre « émissole », qui « est le sujet d'une des descriptions les plus célèbres d'Aristote et un exemple fameux de son érudition anatomique (*H.A.* 565 a 1 sq.) ». Ayant disséqué des embryons (*H.A.* 565 b 15-16), les naturalistes ont pu constater qu'au moment où la substance de l'œuf est épuisée, le petit est nourri « selon toute apparence, exactement comme dans le cas d'un quadrupède » (*ibid.* 5-6). – L' « ange de mer » (*Squalus squatina* L. = *Rhina squatina* Gthr.) doit son nom grec ῥίνη « lime » à sa peau rugueuse, utilisée pour le polissage de l'ivoire et du bois. D'Arcy Thompson, *ibid.*, p. 221-222, a réuni tous les témoignages antiques sur cette étrange espèce de requin, y compris notre passage : « A curious comparison in Thphr. VII, 14, 3 with the plant ἀπαρίνη, or Cleavers :... ὥσπερ ἐπὶ τῶν γαλεῶν καὶ ῥινῶν — καρποτοκεῖ ». Comparaison « curieuse » certes, mais rendue inintelligible par l'identification de ἀπαρίνη avec le gaillet gratteron (« cleavers »).

7. L'analogie de la bardane et des sélaciens ovovivipares est de toute évidence abusive : d'une part, la formation et la maturation des akènes s'opèrent normalement à la base de fleurons dont la seule originalité est d'être inclus dans un involucre démesuré ; d'autre part, la génération de l'émissole combine deux modes de reproduction d'ordinaire distincts. Théophraste tombe donc ici dans le défaut qu'il a lui-même dénoncé en I, 1, 4 : « Il faut absolument éviter de tout considérer en l'assimilant au cas des animaux. (...) Car pour ce qu'il n'est pas possible d'assimiler, c'est peine perdue que de s'y acharner par tous les moyens ; gardons-nous de nous détourner de notre propre étude ». A. Arber, *The Natural Philosophy of Plant Form*, Cambridge, 1950, rappelle (p. 12) ce principe d'une saine prudence et poursuit : « Mais cette réserve faite, Théophraste a souvent recours à l'analogie, et il a naturellement raison de le faire. Car l'esprit humain peut procéder uniquement par un passage du connu à l'inconnu, en admettant qu'il y a une certaine proportion d'analogies réelles entre eux. Ce fut un handicap certain pour l'étude des plantes que, en raison de l'intérêt fondamental de l'homme pour le monde animal, auquel il appartient, son attention se soit naturellement d'abord concentrée sur celui-ci, et qu'il n'y ait plus eu qu'à interpréter par conséquent les plantes au moyen de comparaisons zoologiques ». Celles-ci furent parfois tout à fait éclairantes : pensons, par exemple, à la comparaison, dans *C.P.* II, 9, 15, de la fécondation du palmier femelle par « la poussière » (le pollen) de l'arbre mâle avec celle des œufs de poisson par la laitance.

CHAPITRE 15.

1. L'« héliotrope » (cf. n. 1 à VII, 3, 1) est par excellence la plante « solaire » puisque son nom même indique qu'elle fleurit « au moment où le soleil tourne » (ἅμα ταῖς τροπαῖς), c'est-à-dire au solstice d'été. – L'insistance sur la floraison estivale du scolyme, mentionnée ici pour la quatrième fois (cf. n. 1 à VII, 10, 1), s'explique assez par l'éclat remarquable de ses fleurs jaune d'or dans un paysage brûlé de soleil. Mais c'est peut-être aussi chez Théophraste une réminiscence discrète des vers (repris d'Hésiode, *Trav.* 582-584) de son compatriote Alcée, fr. 347 Liberman (= 111 Reinach) : « dans le feuillage la cigale fait entendre [son] doux chant... le scolyme est en fleur » (trad. G. Liberman, C.U.F., 1999). Une différence toutefois : alors que chez les deux poètes le scolyme est en pleine floraison (ἀνθεῖ) au lever de Sirius (la Canicule), qui correspond au 20 ou 22 juillet, c'est pour Théophraste une des plantes qui « arrivent à la floraison » au solstice d'été (26 juin). Le tout est parfaitement cohérent. – La leçon Χελιδονίᾳ s'impose dans ce contexte, comme l'a bien vu Schneider (III, 638) en comparant Pline, II, 122 : « Certains donnent au favonius, le 8e jour avant les calendes de Mars, le nom de chelidonias, à cause de l'apparition des hirondelles (*chelidoniam uocant*

ab hirundinis uisu) » (trad. J. Beaujeu, C.U.F., 1950). Cet éditeur de Pline signale (p. 202) que selon Ptolémée les « chélidoniens » soufflent pendant 10 jours à partir du 5 ou 6 mars. C'est en effet l'époque où fleurit la grande chélidoine (*Chelidonium majus* L.).

2. Les deux derniers chapitres du livre VII sont fortement marqués d'aristotélisme : après la comparaison de la bardane avec des sélaciens ovovivipares (VII, 14, 3), qui rappelle les analogies audacieuses d'Aristote entre le végétal et l'animal (cf. n. 11 à I, 1, 4), voici qu' intervient la notion d'accident, comme en V, 1, 1 (κατὰ συμβεβηκός) et en V, 4, 6 (ἐκ συμπτώματος), opposée ici explicitement (τῇ μὲν ... τῇ δὲ ...) à celle de nature. La concomitance régulièrement observée de telle floraison et de telle date de l'année astronomique et météorologique peut être considérée comme un caractère naturel de la plante en question, mais cette coïncidence même est le fait du hasard. Sur les variations du sens de σύμπτωμα chez Aristote et Théophraste, voir la n. 5 d'A. Laks (C.U.F., 1993) à Thphr., *Métaphysique*, 28 (= 10 a 26).

3. Fraas (*Synopsis*, p. 135-136) refuse de voir dans l'ἀείζωον de Théophraste une joubarbe (genre *Sempervivum* L.), avec un argument décisif : la joubarbe est en Grèce une plante montagnarde, comme l'indique Aristote au sujet de l'ἐπίπετρον (voir n. 17 à VII, 7, 4), dont Théophraste n'a pas pu dire qu' « elle croît dans les plaines littorales » (Hort, *Index of plants*, et L.S.J. donnent néanmoins ἀείζωον = *Sempervivum*). Il s'agit ici comme en I, 10, 4 d'un orpin (genre *Sedum* L.), plante « succulente » au sens botanique du terme, c'est-à-dire pourvue de feuilles charnues faisant office de réservoir d'eau. Le genre a de nombreux représentants en Grèce, entre lesquels il n'est pas possible de choisir avec certitude. Disons seulement que la mention d'un substrat sablonneux (ἐν τοῖς ἁλιπέδοις ... γῆς τις ἀμμώδης συρροή), ainsi que des murs et des toitures, fait penser à deux espèces très proches (autrefois réunies sous le nom de *Sedum ochroleucum*) familières de ces milieux : *S. sediforme* (Jacq.) Pau (= *S. altissimum* Poiret) et *S. ochroleucum* Chaix (= *S. anopetalum* DC.). L'une et l'autre sont très présentes aux environs immédiats d'Athènes (*Consp. flor. gr.* I, 586-587). – Le sens de τὰ ἄνδηρα, terme technique d'étymologie obscure, varie considérablement suivant le contexte. R. Ginouvès et coll., *Dictionnaire méthodique de l'architecture grecque et romaine*, Paris-Rome, t. II (1992), p. 22, traduit « mur de barrage, digue », avec cette remarque (n. 41) : « Ἄνδηρα (τά) s'applique en fait à toute levée de terre ». On retiendra surtout l'image d'un môle (sens attesté *ibid.* avec références épigraphiques) qui se retrouve assez exactement dans le faîte d'un mur vu de haut (cf. dans le *T.L.F.*, s.v. mur, la citation de Colette, *Mais. Cl.*, p. 60 : « le mur épais et haut (...) dont le faîte, large comme un trottoir (...), me servait de piste et de terrasse »). La présence d'orpins sur le faîte des murs est tout à fait banale.

4. L'ambition de Théophraste est de saisir la spécificité d'une plante non pas seulement grâce à un caractère original qui la fait remarquer, mais à travers son aspect global, son habitat, ses usages et propriétés, etc. Il s'est expliqué sur ce parti pris méthodologique notamment en III, 8, 1, avant d'aborder la classification des chênes (III, 8, 2-6), fondée sur des critères morphologiques, mais également sur des particularités telles que la douceur ou l'amertume des glands, la qualité du bois, la présence sur l'arbre de différentes sortes de galles et de lichens.

5. Parmi les végétaux appelés *lotos*, certains en effet semblent n'avoir de commun que le nom. Ainsi une vingtaine d'occurrences du terme dans notre texte se rapportent à des arbres, micocoulier et jujubiers, apparemment fort éloignés des herbacées homonymes. Théophraste se borne à une constatation, sans évoquer l'explication suggérée par le poète de l'*Odyssée* dans l'épisode des Lotophages (ι 102), quand Ulysse rembarque d'autorité ses compagnons « de peur que l'un d'eux, à manger du *lotos*, ne cesse de penser au retour » : μή πώς τις *λωτοῖο* φαγὼν νοστοῖο *λάθηται*. Figure étymologique justifiée par des propriétés sédatives que posséderait ce *lotos*, et qu'il partagerait avec les autres, ou parétymologie ? La question n'est pas tranchée.

6. Le mélilot doit son nom de « *lotos* à miel » au fait que toutes ses espèces sont très recherchées des abeilles (cf. Arist., *H.A.* 627 a 8). Elles exhalent une odeur agréable de foin coupé, qui se développe par la dessiccation et persiste longtemps (*C.P.* VI, 14, 8 ; *Od.* 34). Aussi le mélilot le plus odorant et le plus commun en Grèce, *Melilotus italicus* (L.) Lam. (cf. n. 9 à VII, 8, 3), était-il exploité comme plante à parfum (*C.P.* VI, 14, 11). C'est aussi probablement le λωτός de *H.P.* IX, 7, 3.

7. Parmi les espèces herbacées de *lotos*, on peut opposer par exemple les légumineuses fourragères (des genres *Lotus*, *Trifolium*, etc.) que paissent les chevaux des Achéens dans la plaine du Scamandre (B 776) ou qui participent au décor végétal de l'hiérogamie sur le Gargare (Ξ 348), et le lotus d'Égypte (*H.P.* IV, 8, 9-11), plante aquatique dont les graines et le tubercule sont comestibles pour l'homme.

8. Τὰ δὲ ἐν ἐλάττοσιν répond à τὰ μὲν ἐν πλείοσιν ἰδέαις (l. 12) pour distinguer deux cas d'homonymie : 1) celui de végétaux nombreux dont quelques-uns peuvent avoir une certaine parenté ou des points communs (homonymie partielle) ; 2) celui d'espèces peu nombreuses et bien connues, réunies sous le même nom de sens obscur (tel στρύχνος) sans raison évidente (homonymie totale).

9. Qualifiée de εὐκήπευτον, litt. « bien cultivée dans les jardins », d'où « belle des jardins », en VII, 7, 2 (voir n. 8 *ad loc.*).

10. Bien identifiées grâce à leurs propriétés, ces solanées sont respectivement la morelle somnifère, *Withania somnifera* (L.) Dunal, et la stramoine ou pomme épineuse, *Datura stramonium* L. Ces plantes et

leurs effets sont longuement décrits en IX, 11, 5. Pour apprécier la différence d'aspect entre les trois στρύχνοι cités ici, voir Bonnier, pl. 431, n° 2019 (*Solanum nigrum*, la morelle des jardins) et pl. 432, n° 2022 (*Datura stramonium*) ; en ce qui concerne *Withania somnifera*, étrangère à la flore de France, on pourra se reporter à nos *Études*, p. 292, fig. 1 (rameau chargé de fruits) et p. 436, fig. 2 (plante fleurie).

11. La dernière phrase du livre VII fait partie de la « réclame » qui assurait le lien entre deux livres successifs copiés sur des rouleaux de papyrus distincts. C'est en effet la même formule, avec des variantes mineures, qui constitue la conclusion du livre VII (Περὶ μὲν οὖν — κατάλοιπον ἦν) et l'introduction du livre VIII (Περὶ μὲν οὖν — κατάλοιπον ἦν τῶν ποιωδῶν). Il en ressort que le livre VIII était le dernier de l'ouvrage traitant des végétaux classés en quatre catégories (I, 3, 1) : arbres, arbrisseaux, sous-arbrisseaux, plantes herbacées. A l'origine, l'actuel livre IX, consacré à un autre sujet (gommes et résines ; plantes médicinales) et conçu différemment, était donc étranger à l'ensemble intitulé Περὶ φυτῶν ἱστορία (voir la Notice de ce livre au tome V de la présente édition). – A la limite des livres VII et VIII, certains mss. présentent une scholie dont on trouvera une étude détaillée dans notre article « Problèmes de composition et de classification dans l'*Historia plantarum* de Théophraste » (= *Études*, p. 45-54), p. 48-50. Nous nous bornons ici à l'essentiel. Dans l'*Urbinas gr.* 61 (U), entre deux barres de séparation horizontales, se succèdent la souscription du livre VII : Θεοφράστου Περὶ φυτῶν ἱστορίας τὸ Η (η´ = 7 dans le système alphabétique adopté par U, M et l'Aldine), et la note suivante sur deux lignes en deux colonnes : à g. Ἕρμιππος δὲ περὶ φρυ | γανικῶν καὶ ποιωδῶν ; à dr. Ἀνδρόνικος δὲ περὶ | φυτῶν ἱστορίας. Le *Parisinus gr.* 2069 (P) et l'Aldine reproduisent en substance cette scholie (note infrapaginale dans P, placée au-dessous du titre Θεοφράστου περὶ φυτῶν ἱστορίας τὸ θ´ dans l'Aldine), en la rapportant expressément au livre VIII :Ἰστέον ὅτι τὸ ὄγδοον (texte de l'Aldine ; τὸ η^ον´ dans P, qui a utilisé l'*épisèmon* pour noter 6) τῶν Θεοφράστου περὶ φυτῶν βιβλίον κατὰ μὲν Ἀνδρόνικον περὶ φυτῶν ἱστορίας ἐπιγέγραπται, κατὰ δὲ Ἕρμιππον περὶ φρυγανικῶν καὶ ποωδῶν « Il faut savoir que le huitième livre du traité de Théophraste *Sur les plantes* est intitulé selon Andronicos *Recherches sur les plantes*, selon Hermippe *Sous-arbrisseaux et plantes herbacées* ». Deux interprétations sont possibles, entre lesquelles il est difficile de trancher. Si la scholie se rattache à la souscription du livre VII, dont elle est séparée dans U par une croix peut-être simplement ornementale ou répondant à celle qui suit le dernier mot du livre VII, c'est l'ensemble VI — VII que contenait le rouleau étiqueté *Sous-arbrisseaux et plantes herbacées* . D'autre part, nos livres VI, VII et VIII ont une unité thématique certaine, qui justifierait leur réunion sous un titre commun. En ce cas, la scholie qui nous livre ce titre se rapporterait au

livre VIII, comme l'indiquent P et l'Aldine, et la scission de ce dernier serait postérieure à l'établissement des listes d'Hermippe (voir notre Introduction, t. I, p. XLII-XLIII et n. 84). Ce serait la solution la plus logique quant au fond, mais la grande ancienneté du procédé de la « réclame » plaide en faveur de la première hypothèse. Quoi qu'il en soit, c'est la dissociation des livres VI et VII, étroitement liés par leur contenu (les plantes coronaires de VI, 6-8 sont indifféremment des sous-arbrisseaux et des herbacées), qui a porté à huit le nombre des livres de l'*Historia* (hormis l'actuel livre IX). Apollonios, *Hist. mir.* 33, et Harpocration, *Lex.* s.v. μελίνη, citent comme appartenant au livre VII des extraits de notre livre VIII (voir art. cité, *Études*, p. 48, n. 17). Galien tantôt fait de même (VI, 516 Kühn : ἐν ἑβδόμῳ Περὶ φυτῶν → VIII, 9, 2), tantôt donne la référence « moderne » au livre VIII (VI, 542 Kühn : ἐν τῷ ὀγδόῳ Περὶ φυτῶν ἱστορίας → VIII, 3, 2). Nous avons proposé (*ibid.*, p. 50) d'expliquer cette disparate par l'utilisation d'un exemplaire unique dont l'ancienne numérotation n'aurait pas été effacée. – A noter enfin qu'une scholie tout à fait comparable à celle de *H.P.* VII — VIII se trouve dans une partie des mss. de la *Métaphysique* (voir la notice de l'éd. Laks — Most, C.U.F., 1993, p. XI-XVIII). Elle mentionne les mêmes sources bibliographiques : Θεοφράστου τῶν Μετὰ τὰ φυσικά. Τοῦτο τὸ βιβλίον Ἀνδρόνικος μὲν καὶ Ἕρμιππος ἀγνοοῦσιν, οὐδὲ γὰρ μνείαν αὐτοῦ ὅλως πεποίηνται ἐν τῇ ἀναγραφῇ τῶν Θεοφράστου βιβλίων. « Tiré de la *Métaphysique* de Théophraste. Andronicus et Hermippe ne connaissent pas ce livre, car ils n'en ont fait aucune mention dans le catalogue des œuvres de Théophraste » (trad. G.W. Most). Cela confirme les dires de Plutarque, *Sylla*, 26, 2 (cf. p. XLI de notre Introduction), selon qui Andronicos fut à la fois éditeur et pinacographe du *Corpus aristotelicum*.

COMMENTAIRE

LIVRE VIII

CHAPITRE 1.

1. La catégorie des plantes herbacées, à laquelle il est rappelé ici avec insistance qu'appartiennent le blé et les céréales, a été illustrée dans la définition liminaire des quatre formes biologiques (I, 3, 1) par l'exemple du blé et des légumes (οἷον ὁ σῖτος καὶ τὰ λάχανα). Ces derniers, cultivés ou sauvages, ont formé avec les herbacées non alimentaires la matière du livre VII. Le reste des herbacées, dont va traiter le livre VIII, est constitué par le blé et les autres végétaux du même type, que leurs graines consommées sèches distinguent des λάχανα ou « légumes verts ». — L'étude de σῖτος dans C. Moussy, *Recherches sur ΤΡΕΦΩ et les verbes grecs signifiant « nourrir »*, Paris, 1969, p. 91-97, a mis en évidence (p. 94-95) le sens courant du terme : « Le mycénien *sito* (…) semble le nom générique du 'grain', désignant indifféremment le blé ou l'orge. (…) A l'époque classique, σῖτος, désignant le grain, conserve ce même sens général (…). L'acception restreinte de 'blé', dans laquelle il répond à lat. *trīticum*, n'apparaît avec certitude que dans quelques textes ». En règle générale, nous traduirons σῖτος par « grain » ou « blé » (considéré comme le type des céréales), πυρός par « blé » (genre *Triticum*), mais par « froment » pour distinguer le blé à grains nus (*T. aestivum* ou *T. durum*) d'autres blés pour la plupart vêtus (*T. monococcum*, *T. dicoccon*, *T. spelta*, etc.).

2. Le nom du pois se trouve neuf fois au livre VIII, six fois sous la forme πισός dans l'ensemble de la tradition, trois fois avec un désaccord certain ou probable entre πίσος (de la main du scribe ou d'un correcteur) dans U et πισός dans les *recentiores*. Le paroxyton s'impose d'après Hérodien, I, 205, 31 : Τὰ εἰς $\overline{\text{σος}}$ διβράχεα βαρύνεται … νόσος, δρόσος, πίσος τὸ ὄσπριον … « Les mots en -<u>sos</u> de deux syllabes brèves reculent l'accent : *nósos*, *drósos*, *písos* le légume sec… ».

3. Τὰ χεδροπά et τὰ ὄσπρια sont des termes de sens clair (respectivement « légumineuses », « légumes à gousse », et « légumes

secs ») mais d'origine obscure. Pour expliquer le premier, M. Masson, *A propos de quelques mots grecs relatifs à l'alimentation*, in *Rev. Phil.* 62, 1988, p. 25-39, avance (p. 26-27) une hypothèse sémitique dont il reconnaît les faiblesses du point de vue sémantique. — H. Kroll, *Agriculture and Arboriculture in Mainland Greece at the Beginning of the First Millenium B.C.*, in *Pallas* 52, 2000, p. 61-68, constate (p. 64-65) à partir de données archéobotaniques qu'au début du Ier millénaire *a.C.* les légumineuses, représentées essentiellement par la lentille, l'ers, le pois, la fève, les gesses et le pois chiche, jouaient un rôle alimentaire égal à celui des céréales. La place considérable des ὄσπρια dans *H.P.* VIII donne à penser que les légumes secs demeuraient, souvent en remplacement de la viande et du lait, la principale source de protéines dans la nourriture quotidienne des Grecs du IVe siècle.

4. La synonymie de ἔλυμος (ἡ, parfois ὁ) et de μελίνη (Hdt. III, 117 ; Xén., *Anab.* I, 2, 22 ; I, 5, 10 ; etc.) / μέλινος (5 occurrences *infra* ; cf. Photius, s.v. μελίνη : « le mot s'emploie indifféremment au masculin et au féminin ») est bien établie dans les textes médicaux, par ex. Diosc. II, 98 : ἡ ἔλυμος ..., ἥν τινες μελίνην καλοῦσι ... ; Oribase, *Coll. méd.* I, 15 (titre) : Περὶ κέγχρου καὶ ἐλύμου, ὃν καὶ μελίνην ὀνομάζουσι. Pour respecter cette diversité, nous traduisons le premier terme par « sétaire », d'après le nom scientifique de l'espèce, *Setaria italica* (L.) Beauv., le second par « millet à grappe » (on dit aussi « millet des oiseaux », « millet italien »).

5. H. Kroll, art. cité (*supra*, n. 3), soulève un problème qui, sans remettre en cause l'identification de σήσαμον chez Théophraste, ne peut pas être ignoré. En raison du contraste entre l'ancienneté de la forme mycénienne *sa-sa-ma* (MY Ge 602), et l'absence ou le caractère très récent des vestiges archéobotaniques du sésame en Grèce, H. Kroll suppose que le terme s'appliquait initialement à une autre plante que le sésame. Ayant découvert à Kastanas (Macédoine), dans des couches du début du Ier millénaire, un pot contenant des graines oléagineuses de caméline (ou « lin bâtard »), il déclare (p. 65) : « Je crois bien que *sesame* dans des contextes de l'Age du Bronze et du Premier Age du Fer désigne le lin bâtard, *Camelina sativa* ; c'est seulement dans la seconde moitié du Ier millénaire *a.C.* que le mot *sesame* passe du lin bâtard à ce que nous appelons aujourd'hui 'sésame', *Sesamum indicum* ». L'origine sémitique de σήσαμον (cf. akk. *šamaššammu(m)* et les formes voisines dans de nombreuses langues orientales ; voir E. Masson, *Recherches sur les plus anciens emprunts sémitiques en grec*, Paris, 1967, p. 57 ; plus récemment, Y. Duhoux, *Les premiers phytonymes grecs : les données mycéniennes*, dans les Actes du colloque *Les phytonymes grecs et latins*, Nice, 1993, p. 110, avec la bibliographie) implique la provenance orientale de la denrée alimentaire (pl. n. *sa-sa-ma* « graines de sésame ») et de la plante correspondante. Il ne peut pas s'agir de la caméline, indigène dans toute l'Europe, qui paraît

même avoir été à l'Age du Fer « la plante oléicole majeure de l'Europe occidentale » (P. Marinval, *Agriculture et structuration du paysage agricole à Marseille grec et dans les sociétés indigènes aux Premier et Second Ages du Fer*, in *Pallas* 52, 2000, p. 188). Les inconnues qui subsistent dans l'histoire de la diffusion de *Sesamum indicum* vers l'Orient et le bassin méditerranéen ne peuvent faire douter de sa présence en Grèce dès l'époque mycénienne.

6. Ce troisième groupe comprend diverses herbacées qui n'ont pas trouvé place parmi les céréales ou les légumineuses. Bien que le millet commun (*Panicum miliaceum* L.) et la sétaire (*Setaria italica* (L.) Beauv.) soient des Graminées, comme les blés et les orges, ils s'en distinguent par leur infrutescence, en forme de panicule lâche pour le millet, longue et compacte, pendante, pour la sétaire (voir nos *Études*, p. 129, fig. 1 et 2). Le sésame, probablement originaire du sud-est asiatique (*Flor. eur.* III, 284), appartient à la famille tropicale des Pédaliacées ; il a pour fruit une capsule, tout à fait différente de l'épi des céréales et de la gousse des légumineuses. Conscient de l'hétérogénéité morphologique de ce groupe « dépourvu de dénomination collective », Théophraste lui donne une certaine unité en lui appliquant le classement par saison de récolte défini en VII, 1, 2 pour les légumes. Les millets et le sésame entrent dans la catégorie des « plantes des cultures estivales », parce qu'ils se sèment tard (de mai à mi-juillet sous nos climats) et mûrissent leurs graines en plein été. Ils étaient d'ailleurs souvent associés dans l'agriculture antique ; cf. par ex. Hdt. III, 117 : les habitants d'une région d'Asie « sèment du millet à grappe et du sésame » (σπείροντες μελίνην καὶ σήσαμον) ; Xén., *Anab.* I, 2, 22 : la Cilicie « produit en abondance du sésame, du millet à grappe [Masqueray, C.U.F., 1930, traduit inexactement 'sorgho'] et du millet commun » (πολὺ ... καὶ σήσαμον καὶ μελίνην καὶ κέγχρον ... φέρει).

7. *Trav.* 383-384 : Πληιάδων 'Ατλαγενέων ἐπιτελλομενάων | ἄρχεσθ' ἀμήτου, ἀρότοιο δὲ δυσομενάων « Au lever des Pléiades, filles d'Atlas, commencez la moisson, les semailles à leur coucher » (trad. Mazon). — Le sens de « semailles », qui résulte d'une évolution retracée plus haut (n. 3 à VII, 1, 1), se spécialise ici dans une acception chronologique : καλοῦσί τινες αὐτὴν (= τὴν περὶ Πλειάδος δύσιν scil. ὥραν) ἄροτον « on l'appelle parfois [la saison du coucher des Pléiades] 'saison des semailles' ». — Le pluriel Πληιάδων chez Hésiode pourrait faire préférer la leçon Πλειάδων des *recentiores* à celle de U : Πλειάδος. Cependant le relevé dans l'Introduction de l'éd. Einarson — Link du *De causis plantarum* (Loeb, 1976), p. LV, de toutes les mentions du coucher des Pléiades dans *H.P.* et *C.P.*, fait apparaître un emploi presque exclusif du singulier (17 occurrences contre une de pluriel, dans *C.P.* III, 23, 1 : ἅμα Πλειάσι δυομέναις), qui impose de retenir la leçon de U. — La date du coucher des

Pléiades, variable suivant les auteurs (cf. n. 10 à *H.P.* III, 4, 4), correspond au 4, 5, 8 ou 9 novembre, ou encore au 29 octobre (dans leur reconstitution du calendrier de Théophraste, Einarson et Link, *ibid.*, p. LIX, proposent le 25 octobre). Comme la « saison des semailles » durait un certain temps, elle devait comprendre la fin d'octobre et le début de novembre (voir aussi O. Wenskus, *Les vrais et les faux calendriers agricoles romains chez Caton, Varron et Columelle*, in *Histoire & Mesure*, I- 3/4, 1986, p. 107-118, en part. p. 110).

8. L'accentuation de ὄλυρα est fautive dans tous nos mss. (toujours ὀλύρα, sauf peut-être dans U en VIII, 1, 3 : ὄλύρα [?]) et doit être corrigée d'après Hérodien, I, 532, 21 (de même II, 11, 12 et II, 923, 28) : « Les féminins en -υρα présentent un changement de quantité : (...) ils allongent le υ et abrègent le α, et s'accentuent d'un proparoxyton : ἄγκυρα, Κέρκυρα, ὄλυρα ... ». — L'identification de l'*olyra* pose un problème difficile, à traiter en tenant compte à la fois des solutions depuis longtemps proposées et des informations récentes. Le terme apparaît chez Homère (E 196 ; Θ 564) dans la formule κρῖ λευκὸν ἐρεπτόμενοι καὶ ὀλύρας, au sujet de chevaux qui mangent, selon Mazon, « l'orge blanche et l'épeautre ». On le retrouve dans Hdt. II, 36, où les Égyptiens « se nourrissent d'*olyra*, que certains appellent *zeia* » (ἀπὸ ὀλυρέων ποιεῦνται σιτία, τὰς ζειὰς μετεξέτεροι καλέουσι). Cette synonymie (qui, contrairement à ce que dit Legrand [C.U.F., 1930], n. 5 *ad loc.*, n'est pas « admise par Théophraste », puisque ici même ζειὰ τίφη ὄλυρα désignent trois espèces différentes) a divisé les commentateurs. Les uns, suivant Hérodote à la lettre, font de l'*olyra* une variété indéterminée de *zeia*, à savoir d'amidonnier, *Triticum dicoccon* (*/-um*) Schrank, cultivée en Égypte comme dans le monde grec. Ainsi Jasny, *The Wheats*, p. 128-130, à la suite notamment de Thiselton-Dyer dans l'*Index of plants* de l'éd. Hort de Théophraste : « ὀλύρα [*sic*] (cultural variety of ζειά), rice-wheat, *Triticum dicoccum* », définition reprise textuellement dans L.S.J. Pour d'autres, les Grecs d'Égypte ont étendu le nom d'*olyra* à une céréale indigène différente de l'*olyra* de Grèce et d'Asie Mineure. H. Cadell, *Le vocabulaire de l'agriculture d'après les papyrus grecs d'Égypte*, in *American Studies in Papyrology* 7, 1970, p. 69-76, paraît avoir fait admettre définitivement la nécessité de cette distinction (cf. Chantraine, *D.E.L.G.* s.v. ὄλυραι ; André, *Noms de plantes*, s.v. *olyra*). Il s'agit ici non de savoir si H. Cadell a raison d'assimiler, après V. Loret, l'*olyra* d'Égypte à la *dourah*, *Sorghum bicolor* (L.) Moench (*S. vulgare* L.), mais de déterminer laquelle de deux céréales européennes et proche-orientales, l'épeautre et l'amidonnier, correspond le mieux à l'*olyra* du monde grec. L'épeautre a d'abord prévalu et Jardé, qui connaissait l'hypothèse de Loret, écrivait en 1925 (*Les céréales*, p. 7) : « On peut bien admettre que l'ὄλυρα de l'Égypte ptolémaïque est la *dourra*, sans être obligé pour cela de nier que l'ὄλυρα des temps

homériques puisse être l'épeautre ». Mais en 1944 Jasny a invoqué (*The Wheats*, p.120) en faveur de l'amidonnier un argument qui serait décisif s'il était fondé sur des faits confirmés : « On peut difficilement mettre en doute que, hormis l'engrain, tous les blés vêtus cultivés dans le monde classique aient été des amidonniers. L'épeautre n'y fut probablement pas connu avant la fin de la période classique et il ne semble pas que même alors sa culture ait pénétré au sud de la vallée du Pô ». « Cette interprétation fait depuis autorité », constate H. Cadell (p. 72), avec de nombreuses références bibliographiques. (A noter une contradiction dans le *D.E.L.G.* : s.v. ὄλυραι, « sorte d'amidonnier, *Triticum dicoccon* », et s.v. οὐλαί, « ... les rapprochements avec ὄλυραι 'épeautre' (...) sont indémontrables »). L'opinion de Jasny, due à des découvertes déjà anciennes d'épeautre en Suisse et en Allemagne à partir de l'Age du Bronze (cf. Maurizio, *Histoire de l'alimentation végétale*, Paris, 1932, p. 373), serait aujourd'hui insoutenable. Depuis environ un quart de siècle, « des restes d'épeautre des Ages du Bronze et du Fer proviennent d'Europe orientale, centrale et septentrionale, ainsi que de Grèce » (Zohary — Hopf, p. 51). A Kastanas (Macédoine) H. Kroll a mis au jour de petites quantités d'épeautre, du Bronze ancien au Bronze moyen ou récent (Zohary — Hopf, p. 192). En outre, sur le site d'Assiros, en Macédoine centrale, les vestiges d'une phase d'occupation datée d'environ 1300 *a.C.* comprenaient des récipients pleins de graines carbonisées : « les paniers contenaient du blé, les jarres de l'engrain, de l'amidonnier, de l'épeautre, du millet ordinaire et de l'ers » (P. Darcque, *Réflexions préliminaires sur quelques dispositifs et pièces de stockage de l'époque mycénienne (1550-1050 av. J.-C.) en Grèce continentale*, in *Topoi* 6/1, 1996, p. 92). Engrain, amidonnier, épeautre concordent remarquablement avec les trois céréales « qui ressemblent au froment » citées ici même (ζειὰ τίφη ὄλυρα) et en VIII, 9, 2 (οἷον ζειᾶς τίφης ὀλύρας). Le grain de ces blés dits « vêtus » reste enveloppé dans les glumes même après battage ; c'est probablement ce qu'entend Théophraste quand il qualifie τίφη et ὄλυρα (VIII, 4, 1) de πολύλοπον « riche en glumes » (litt. « en enveloppes »). Toutes ces espèces se sèment à l'automne (Barral — Sagnier, II, 1009), comme il est dit ici du groupe ζειὰ τίφη ὄλυρα. Leur réputation de rusticité peut sembler en désaccord avec la fragilité relative de l'ὄλυρα (VIII, 9, 2). En fait, certains amidonniers ont l'avantage « de réussir dans les terrains où les épeautres eux-mêmes ne donneraient qu'un produit insuffisant » (Barral — Sagnier, II, 1010) ; ce peut être le cas sous un climat nettement méditerranéen. D'autre part, l'épeautre a un épi long, grêle, à grains distants les uns des autres (voir Bonnier, pl. 687, n° 3223 *Triticum spelta*) et très fragile à maturité. Du point de vue morphologique, rien ne s'oppose donc à l'identification de l'ὄλυρα avec l'épeautre. Les usages correspondent également de manière satisfaisante. *Triticum spelta* a des grains à

écorce mince qui donnent, après un décorticage difficile, une farine « très estimée » (Damseaux, p. 52). De même l'*olyra* était, à l'état de nature, un grain peu propre à la nourriture humaine, qui, convenablement traité, fournissait la matière première de pains et de gruaux d'excellente qualité. On connaît le mépris de Démosthène pour l'*olyra* emmagasinée avec le millet à grappe dans les silos de Thrace (*Chers.* 45 : ὑπὲρ τῶν μελινῶν καὶ τῶν ὀλυρῶν τῶν ἐν τοῖς Θρᾳκίοις σιροῖς). La raison en est sans doute celle que donne Pline (XVIII, 92) au sujet du grain appelé en latin *arinca* : « En Grèce, il est difficile à battre ; aussi Homère dit-il qu'on le donne aux bêtes de somme. C'est en effet le blé qu'il appelle *olyra* » (trad. H. Le Bonniec, C.U.F., 1972). Mais d'autre part, les médecins faisaient grand cas du gruau d'*olyra*, consommé en bouillie à l'eau ou au lait (Hpc., *Régime*, 42, 2) ou encore en galettes réputées très nourrissantes (*ibid.* 43, 1). Ce produit n'était pas indigne même d'une table royale, puisqu'il figure parmi les fournitures destinées à la cour de Perse qu'énumère Polyen, *Strat.* IV, 3, 32 (voir notre article *Pour la table du Grand Roi*, in *J. Savants*, 2003, p. 3-59). L'estime ainsi témoignée à l'*olyra* rejoint celle dans laquelle est tenu de nos jours l'épeautre, dont on redécouvre les vertus vantées au moyen âge par Hildegarde de Bingen.

9. Le texte transmis, κέγχρος, est indéfendable, le millet ainsi nommé ayant été mis (*supra*, §1) dans le groupe des « plantes des cultures estivales », et non dans celui des légumineuses. La conjecture de Wimmer, ὦχρος, s'accorde parfaitement au contexte, car *Lathyrus ochrus* (L.) DC. est une espèce annuelle très précoce à l'état sauvage : au cours d'un hiver doux, nous avons observé le 20 janvier, dans l'arrière-pays languedocien où la plante se trouve à la limite de son aire naturelle, un exemplaire fort d'une dizaine de tiges dont la plus longue atteignait 40 cm. A la suite de Bonnier (nº 837), nous écrivons « gesse ochre », et non « ocre », nom vulgaire usuel qui ferait penser à la couleur correspondante ; or la fleur est blanc jaunâtre (trop jaune dans la figure de Bonnier, pl. 156), comme l'indique le phytonyme ὦχρος formé à partir de l'adjectif ὠχρός « pâle », « blême » (cf. Hdn. I, 203, 7). Cette gesse est cultivée comme fourrage vert, surtout en Crète où elle a conservé son nom (Von Heldreich, *Λεξικό*, p. 32), et même localement pour ses graines (Gennadios, p. 559, s.v. λάθυρος). Phainias d'Érésos, fr. 43 Wehrli (ap. Ath. 54 f) en décrit la consommation : « On donne à grignoter, quand ils sont tendres, la gesse ochre, la fève, le pois chiche (ὦχρος κύαμος ἐρέβινθος) ; secs, on les sert bouillis ou presque toujours grillés ».

10. Repris en VIII, 11, 8, avec des remarques précédentes sur la germination originale et le caractère « sauvage » du lupin.

11. L'identification de la légumineuse appelée ἀφάκη est à première vue aléatoire, tant il y a de confusions possibles entre diverses espèces de vesces et de gesses dont la graine ressemble plus ou moins

à une lentille (φακός). D'où la définition prudente de Strömberg, *Wortstudien*, p. 46-47 : « Il s'agit dans ἀφάκη d'une notion collective d'espèces de *Vicia* [vesce] et de *Lathyrus* [gesse] qui ressemblent au φακός 'Ervum Lens' [lentille, auj. *Lens culinaris* Medicus] ». Selon cet auteur, le ἀ- de ἀφάκη ne serait pas prothétique mais privatif ; il ajouterait au radical de φακός un élément dépréciatif qui ferait de ἀφάκη « une sorte de lentille » de qualité inférieure (cf. en français « lentille bâtarde », nom vulgaire de l'ers ; voir *infra*, n. 13). Sans nier que ἀφάκη ait pu désigner des légumineuses différentes suivant les auteurs et leurs sources, nous disposons d'indications assez précises pour en déterminer le sens dans notre texte. On a proposé le plus souvent la vesce cultivée, *Vicia sativa* L. (Fée ap. Wimmer 1866, *Index plantarum* : *V. sativa* ; *Index of plants* éd. Hort : *V. sativa* var. *angustifolia* [variété réunie au type dans *Flor. eur.* II, 134] ; L.S.J. : *V. angustifolia* ; André, *Noms de plantes*, s.v. *aphaca* : *V. sativa* L. var. *angustifolia*, « et sans doute aussi *V. articulata* Hornem. »), rarement (Sprengel ap. Wim. 1866, *Index plantarum*) la gesse sans feuilles, *Lathyrus aphaca* L. Deux certitudes : il s'agit d'une légumineuse cultivée pour ses graines alimentaires ; ses gousses sont aplaties, ainsi que ses graines (VIII, 5, 3). Sur le premier point, *Lathyrus aphaca* ne convient pas (malgré son nom spécifique ; cf. italien *afaga*), car c'est un végétal « dangereux par ses graines » (Bonnier, n° 836), très amères et réputées vénéneuses. Quant à la vesce cultivée, son fruit est une gousse du type cylindrique (défini en VIII, 5, 3 : λοβοὶ ... κυλινδρώδεις ... ὥς οἱ τοῦ ὀρόβου καὶ τοῦ πίσου), renfermant des graines oblongues-arrondies. De plus, elle porte le nom d'ἄρακος dans les périphrases τὸ ὅμοιον τῷ ἀράκῳ et τὸ ἀρακῶδες τοῦτο (I, 6, 12), qui désignent la vesce à deux sortes de fruits, *Vicia sativa* L. subsp. *amphicarpa*, très proche du type, hormis sa fructification souterraine. C'est encore à une vesce, celle-ci sauvage et indéterminable au niveau spécifique, qu'appartient probablement la graine rugueuse et dure mêlée aux lentilles (VIII, 8, 3 : ἐν δὲ τοῖς φακοῖς ἄρακος τὸ τραχὺ καὶ σκληρόν ; voir aussi n. 29 à I, 6, 12). Une fois posée l'équivalence ἄρακος = *Vicia* spp., il ne reste plus qu'à noter l'exacte correspondance d'ἀφάκη et de la gesse chiche, *Lathyrus cicera* L. J. André, *L'alimentation*, p. 37-38, donne à son sujet les précisions suivantes : « On cultivait aussi pour la consommation humaine des légumineuses réservées plus généralement aux animaux : (...) la gesse chiche ou pois cornu, gessette (...), rôtie, puis pilée et donnant des bouillies, vendue presque aussi cher que les lentilles ». Ses gousses courtes renferment de curieuses graines polygonales à faces planes. Enfin le fr. 48 Wehrli de Phainias d'Érésos (contemporain de Théophraste), ap. Ath. 406 b, ajoute que l'ἀφάκη était cultivée comme fourrage pour les moutons, ce qui est vrai aussi de la gesse chiche (cf. Bonnier, n° 843 : « excellent fourrage pour les bestiaux »).

12. Le pois (*Pisum sativum* L.) est un des végétaux à graines alimentaires les plus tôt domestiqués dans l'Ancien Monde ; il est présent en Macédoine (Nea Nikomedeia) dès le début du Néolithique (*c.* 5500 *a.C.*). Son expansion a été favorisée par son aptitude à produire des formes nouvelles et des hybrides interfertiles à partir des espèces sauvages, *P. humile* Boissier et Noë, du Proche-Orient, et peut-être secondairement *P. elatius* Bieb., de la région méditerranéenne, ainsi que par son adaptation à des climats très variés (Zohary — Hopf, p. 92-98). Pline affirme cependant (XVIII, 123) : « Il faut semer le pois dans des lieux exposés au soleil, car il supporte très mal les froids. Aussi en Italie et sous les climats plus rudes, ne le sème-t-on qu'au printemps ». Pour J.-M. Pelt (*Des légumes*, p.166), « cette assertion suppose que, comme du temps de Théophraste, il ne s'agit pas de notre pois cultivé, qui ne craint pas le froid, mais probablement du *Pisum elatius*, une espèce très voisine ». En fait, c'est l'interprétation de Pline qui est fautive : le pois résiste bien à un froid sec de –5° ou –6°, mais il pourrit facilement s'il est en terre au moment des fortes pluies d'automne, ce qui rend préférable un semis printanier.

13. On trouvera un dossier presque complet sur l'ers, *Vicia ervilia* (L.) Willd., dans J.-M. Luce, *De l'ers ou du bonheur chez les bœufs*, in *Pallas* 52, 2000, p. 109-114. L'auteur souligne le contraste d'une part entre l'importance alimentaire de l'ers, qui est la légumineuse dominante dans le monde grec du Néolithique au début de l'Age du Fer, et la faible estime dont il jouit dans la littérature médicale antique ; d'autre part, entre la nourriture médiocre que sont les graines d'ers pour l'homme, et l'excellent fourrage qu'il fournit aux bœufs. L'*Historia plantarum* mentionne 17 fois l'ὄροβος, preuve d'une culture courante, destinée à l'alimentation humaine en dépit d'une nocivité reconnue (II, 4, 2) : « si on sème les ers au printemps, ils sont trois fois moins nocifs, n'étant pas lourds comme ceux d'automne ». A la même époque, Phainias d'Érésos (fr. 48 Wehrli ; cf. *supra*, n.11) cite l'ers comme type de plante cultivée pour servir de fourrage aux bœufs de labour (... χόρτου ἕνεκα τῶν τετραπόδων ζῴων, οἷον ὄροβος ... ἀροτήρων βοῶν). L'ers jouait donc un rôle important dans l'économie rurale grecque à la fin du IVe siècle *a.C.* et n'était pas encore devenu, malgré l'allusion tendancieuse de Démosthène, *C. Androtion*, 15, à sa consommation pendant la guerre du Péloponnèse, l'aliment de famine que décrit Galien (VI, 546 Kühn). Celui-ci admet d'ailleurs que les ers cuits deux fois et adoucis par un rinçage à l'eau perdent souvent leur goût désagréable (avec, probablement, une grande partie de leur toxicité).

14. Référence aux trois cultures définies, pour les plantes potagères, en VII, 1, 1-2 : « la troisième, qu'on appelle culture d'été, commence en Mounychion [= mars-avril] ». Sur le semis tardif des millets et du sésame, voir *supra*, n. 6.

15. Les deux dernières espèces de cette liste sont inattendues parmi des plantes à graines alimentaires : elles ne sont plus, à notre connaissance, cultivées nulle part de nos jours. On a depuis longtemps identifié l'ἐρύσιμον de Théophraste et des médecins grecs avec le sisymbre à cornes, *Sisymbrium polyceratium* L. (voir Bonnier, pl. 37, n° 167 et 167 bis), grâce à sa description dans Dioscoride, II, 158 : « L'*érysimon* pousse aux alentours des villes et aux abords des maisons, ainsi que dans les jardins ; il a des feuilles semblables à celles de la roquette sauvage, de petites tiges fibreuses, des fleurs qui tirent sur le jaune vif. A l'extrémité des rameaux se trouvent des siliques en forme de corne (λοβοὶ κερατοειδεῖς), grêles, comme les gousses du fenugrec, renfermant de toutes petites graines assez voisines du cresson (ἐν οἷς σπερμάτια μικρά, καρδάμῳ παραπλήσια), de saveur brûlante ». Il s'agit donc d'une Crucifère (Brassicacée) à graines oléagineuses riches en éléments sulfurés. Leur forte teneur en huile rapproche l'*érysimon* du sésame (cf. VIII, 7, 3). Mais selon Galien (VI, 548 K.), le premier est inférieur au second à tous égards, plus désagréable à manger et moins nourrissant. Pline (XVIII, 96), qui le juge « plus huileux », ajoute : « on doit le compter parmi les médicaments plutôt que parmi les céréales ». Abstraction faite de son goût déplaisant, le sisymbre à cornes a pu fournir à la nourriture antique un appoint non négligeable, car des plants bien venus portent plusieurs dizaines de bouquets de siliques, remplies de graines très petites mais extrêmement nombreuses (observations personnelles sur des *exsiccata* de l'Institut de botanique de Montpellier). — Le nom spécifique de la sauge hormin, *Salvia horminum* L. (auj. *S. viridis* L.) est le calque exact de l'ὅρμινον grec. Dioscoride (III, 129) avait du reste bien caractérisé la plante comme une Labiée (Lamiacée) : feuilles semblables à celles du marrube et tige quadrangulaire. Sa distinction entre la graine ronde gris foncé d'un *horminon* sauvage et celle qu'utilisaient les médecins, un peu plus longue et noire, s'explique par le fait que l'hormin est une plante variable dans toutes ses parties, « à corolle rose ou violette, avec ou sans toupet de bractées stériles violettes, vertes, roses ou blanches » (*Flor. eur.* III, 192). Dioscoride n'en mentionne que la réputation d'aphrodisiaque (cf. ὁρμᾶν « stimuler », « exciter ») et les usages médicaux. Mais la graine d'hormin figure dans le *Περὶ τροφῶν δυνάμεως* de Galien (VI, 549 K.) : « On l'utilise elle aussi [= comme la graine du lin] en la faisant griller, puis en la réduisant en farine à laquelle on mélange également du miel. Elle renferme peu de principes nutritifs, étant d'une nature intermédiaire entre celle du sisymbre à cornes et celle du cumin ».

16. Wimmer, suivi par Hort, corrige inutilement en ἔνια la préposition ἐν, d'emploi normal pour exprimer le temps nécessaire à l'accomplissement d'une action. Déjà Gaza avait bien vu le sens : *Faba enim intra dies plures etiam quam frumentacea exit.*

17. Affirmation surprenante quand on connaît l'extraordinaire rapidité de la germination des fèves à grosses graines (*Vicia faba* L. var. *major*) cultivées de nos jours. L'expérience nous a donné les résultats suivants : 48 heures après le semis sur coton humide, le germe apparaît à l'extrémité interne du hile ; 48 heures plus tard, ce germe atteint 2 cm ; le cinquième jour après la mise en culture, les premières feuilles se forment à la sortie des cotylédons, du côté opposé à la pointe du germe. Mais « les fèves à grosses graines se sont développées très tard, sous l'influence de la domestication. Les restes archéologiques qui s'échelonnent du Néolithique à l'époque romaine appartiennent tous à la variété *minor* » (Zohary — Hopf, p. 103). Sous cette étiquette *V. faba* var. *minor*, on réunit les féveroles, formes à graines petites (6-13 mm) et arrondies. Telles étaient les fèves auxquelles Théophraste compare la merise (*H.P.* III, 13, 3), la myrtille (III, 17, 6), la jujube des Lotophages (IV, 3, 1) et même le petit fruit ligneux du tilleul (III, 10, 5), à moins qu'il n'ait en vue aussi les graines de l'espèce sauvage *Vicia narbonensis* L. consommées naguère dans nos régions (Ducomet, p. 85) et en Grèce peut-être depuis la fin du Néolithique (Zohary — Hopf, p. 104). La lenteur et la difficulté de la germination s'expliquent pour des graines à tégument dur, à peine améliorées par rapport à celles de la « fève de Pline » (*V. faba pliniana*), qui représente en Afrique du Nord sinon une « fève sauvage » (Pline, XVIII, 121 : *in Mauretania siluestris... praedura et quae percoqui non possit*), mais une forme de féverole peu évoluée (cf. De Candolle, p. 235-237 ; Bois, I, 99-100 ; *Flor. eur.* II, 135-136).

18. Le raccourcissement du cycle végétatif en Égypte est signalé aussi en VI, 8, 5 : « on dit que les roses, les giroflées et les autres fleurs y ont jusqu'à deux mois d'avance sur les nôtres », et en VIII, 2, 7 : « certains pays passent pour donner la récolte en moins de temps, notamment l'Égypte, qui fournit l'exemple le plus remarquable ». Le caractère général du phénomène, expressément rappelé ici (χρὴ ... ὡς ἐπὶ τὸ πᾶν διαλαβεῖν) pour la germination, rend inopportune la conjecture de Wimmer, qui ajoute κριθή après Αἰγύπτῳ (voir note *ad loc.* dans Wim. 1842).

19. Le sujet de παραλλάττουσιν reste dans le vague. Faut-il le tirer, malgré la distance, de τὰς ἀναβλαστήσεις καὶ τὰς διαφύσεις (début du §6), puisque les conditions atmosphériques ont une influence sur la germination ? Vu le voisinage de ἡ ... μανὴ, ἡ ... γλίσχρα, ἡ ... αὐχμωδεστέρα, ce pourrait être aussi les terroirs (αἱ χῶραι) qui « varient beaucoup » (πολὺ παραλλάττουσιν) en favorisant plus ou moins la germination dans des conditions différentes. En outre, l'emploi impersonnel de παραλλάττει « il y a une différence » (cf. Plat., *Théét.* 169 e) rend plausible celui de παραλλάττουσιν avec un sens quasi absolu ; d'où la traduction proposée : « on observe des variations ».

20. A en croire Xénophon (*Éc.* XX, 3), aucun agriculteur n'ignorait qu'il est bon « de travailler la jachère avant de l'ensemencer » (τῷ σπόρῳ νεὸν προεργάζεσθαι [même verbe que dans notre texte : ἐὰν ἡ γῆ προειργασμένη ... τυγχάνῃ]) et « de mêler du fumier à la terre » (τῇ γῇ κόπρον μειγνύναι). L'éventualité négative qu'envisage Théophraste (ἐὰν μηδὲν τούτων) correspond au cas du cultivateur qui, selon Xénophon (*ibid.*, 10-14), néglige par paresse ces travaux. Voir à leur sujet, M.F. Marein, « Le travail de la terre et ses techniques dans l'*Économique* de Xénophon », *Bull. Ass. G. Budé*, 1997-3, p. 189-209, en part. p. 192-198 ; M.-C. Amouretti, *Le pain et l'huile*, p. 57-58 et 62-63.

CHAPITRE 2.

1. Le premier cas est celui des légumineuses, le second celui du blé et autres céréales, tous deux examinés dans la suite de l'exposé. — La dernière partie de la phrase signifie littéralement : « les autres (τὰ δὲ) <germent en émettant> chacun des deux (ἑκάτερον → τὴν ῥίζαν καὶ τὸ φύλλον) à partir de chacun des deux côtés (ἐξ ἑκατέρου ; cf. phrase suivante : ἀπὸ μὲν τοῦ κάτω ... ἀπὸ δὲ τοῦ ἄνω ...) de l'extrémité inférieure (τοῦ ἄκρου ; cf. III, 8, 3, où il s'agit de concrétions d'origine parasitaire qui se forment ἐξ ἄκρων τῶν βαλάνων « à la base des glands ») <de la graine> » (τοῦ παχέος confirme dans la phrase suivante qu'il s'agit de la partie épaisse située à l'extrémité inférieure du grain ; voir *infra*, n. 2).

2. Un grain de blé « tel qu'il est naturellement dans l'épi » est un corps ellipsoïde allongé, terminé au sommet par quelques poils courts, épaissi (plus ou moins suivant les variétés) à la base, qui porte en creux la cicatrice arrondie de son attache à l'axe de l'épi (fig. 1 a). La coupe du grain (fig. 1 a´) montre à l'intérieur du péricarpe cellulosique la masse homogène de l'amande et l'embryon logé sous cette cicatrice appelée « bouclier ». Quand s'amorce le processus de la germination, le grain s'humidifie et gonfle, l'embryon développe sa radicule et sa gemmule ; puis le bouclier éclate et laisse apparaître (fig. 1 b) à sa partie supérieure le coléoptile, sorte de gaine d'où émergera plus tard la première feuille (fig. 1 c), à sa partie inférieure la radicule, vite transformée en un réseau de racines primaires.

3. Chez les légumineuses le point d'attache de la graine à la cosse est le hile, de longueur et d'aspect variables suivant les espèces. Au moment de la germination, il en sort, sous la forme d'une pousse blanchâtre, l'ébauche de la tige hypocotylée, dont l'extrémité porte le futur système radiculaire (fig. 2 a). A partir de cette pousse embryonnaire se développe ensuite, en sens inverse, la tige épicotylée (fig. 2 b), qui donne naissance aux premières feuilles et au bourgeon (fig. 2 c). La phase suivante, que Théophraste ne décrit pas, est la séparation et la chute des cotylédons. Il note en revanche très exactement que dans les

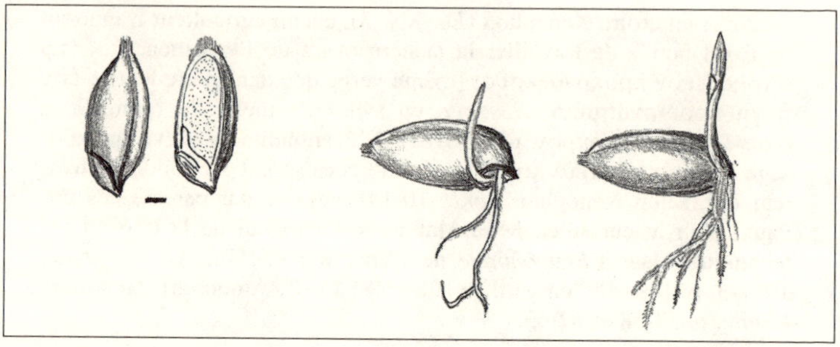

fig. 1 a a' b c

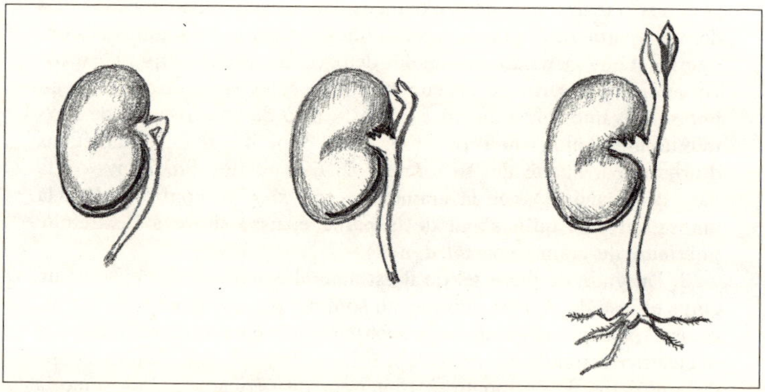

fig. 2 a b c

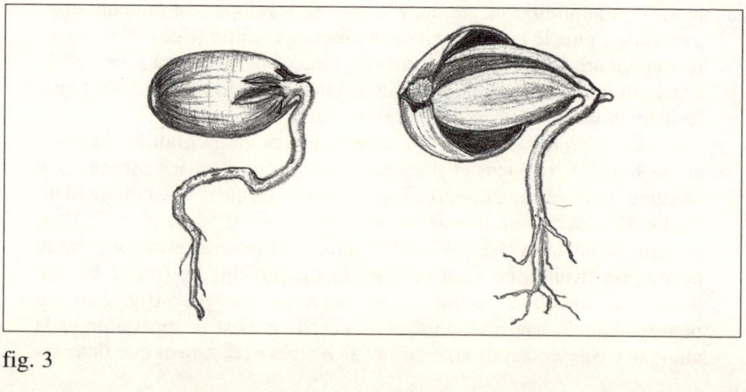

fig. 3

deux cas (céréales et légumineuses) la plantule sort du point d'attache de la graine, alors qu'un gland, par exemple, adhère à la cupule par sa base et forme son germe à l'extrémité opposée (fig. 3).

4. Quoique la division des plantes à fleurs en Monocotylédones et Dicotylédones d'après la structure de la graine remonte seulement au *Genera plantarum* (1789) d'A.-L. de Jussieu, Théophraste avait bien vu la différence entre les graines δίθυρα, litt. « à deux volets » ou « battants » de porte (qualificatif appliqué dans Aristote, *H.A.* 528 a 12, à des coquillages bivalves), nos « dicotylédones », et celles, comme le grain de blé, qui ne sont pas faites de deux parties symétriques accolées, et ne sont bipartites que dans la mesure où la masse du grain reste homogène tandis que le bouclier se rompt pour livrer passage à la plantule.

5. Même sens de καθ' αὑτό « en soi », d'où « à proprement parler », dans *H.P.* VII, 13, 6, où il est dit que la scille possède une « vraie » tige, d'où partent les pédoncules floraux, par opposition au narcisse qui n'a que la tige florale. — L'écartement spontané des cotylédons explique l'absence chez les légumineuses de la « propulsion » de l'embryon observée sur un grain de blé.

6. Le nombre des feuilles primordiales correspond à celui des cotylédons. Sur les céréales, une feuille unique se dégage du coléoptile : elles sont véritablement μονόφυλλα. Au contraire, πολύφυλλα ne vaut pour les légumineuses que comme antonyme de μονόφυλλα, car les premières feuilles des Dicotylédones sont toujours au nombre de deux, opposées de part et d'autre du bourgeon, même chez les espèces à feuilles adultes alternes.

7. C'est une racine pivotante ramifiée. La concordance entre les céréales et les Monocotylédones d'une part, les légumineuses et les Dicotylédones d'autre part, n'est plus valable en ce qui concerne les racines : de nombreuses Dicotylédones ont des racines fasciculées comme les céréales (cf. *infra*, n. 9).

8. Ὡς εἰπεῖν atténue ce que le qualificatif pourrait avoir d'excessif, appliqué au pois chiche ; cf. I, 6, 4 : βαθύρριζα, καθάπερ δρῦς, avec la note *ad loc.*

9. Même emploi de ταρρώδης, litt. « qui a l'aspect d'une claire-voie », en VI, 7, 3 : « la marjolaine, le serpolet, le calament et l'ivette musquée ont des racines superficielles, maintes fois divisées et formant un réseau (... πολυσχιδεῖς καὶ ταρρώδεις) ». — Dans le cas des céréales, les racines primaires issues de la radicule embryonnaire se détruisent rapidement, tandis que se développe à la base du pivot ainsi tronqué un faisceau de racines secondaires plus nombreuses et plus fortes (voir Amouretti, *Le pain et l'huile*, p. 19, fig. 1).

10. Τὰ τοιαῦτα englobe les deux groupes de plantes qui seront ensuite opposés (τὰ μὲν χεδροπὰ ... τὰ δὲ σιτηρὰ ...) dans le cadre d'un parallélisme antithétique que Théophraste lui-même reconnaît un

peu forcé (σχεδὸν δὲ καὶ ἐναντίωσίς τις ἑκατέρων ἐστί). — Les « pousses nombreuses » (πολλοὺς ... βλαστοὺς) des céréales sont les talles, tiges issues des racines secondaires superficielles et des nœuds proches du collet qui se trouvent enterrés. Un bon tallage produit une touffe fournie, mais les tiges ainsi formées sont simples (ἀπαράβλαστοι δὲ οὗτοι).

11. Σιτανίας et κριθανίας font partie d'une série de termes imagés servant à désigner des variétés de blé (*H.P.* VIII, 4, 3 : καχρυδίας, στλεγγίας ; VIII, 7, 4 : καμακίας ; *C.P.* III, 21, 2 : δρακοντίας, στλεγγίας, καχρυδίας). Cf. pour le suffixe -ίᾱς, Chantraine, *Formation des noms*, p. 94, §73 : « Le suffixe servant à qualifier un être ou une chose au moyen d'une particularité caractéristique a fourni des noms d'animaux, d'objets, etc. Les langues techniques s'en sont emparées et en ont tiré parti. Le suffixe a joué un rôle dans la langue des paysans (...). Il a enfin été utilisé par des savants comme Hippocrate, Aristote, Théophraste, etc. ». Il faut d'abord bien distinguer le σιτανίας de notre texte des blés qualifiés de σητάνιος / σιτάνιος, litt. « de l'année », à savoir les blés de printemps (par ex. dans Diosc. II, 85, 1, s.v. πυροί :... οἱ τριμηναῖοι, λεγόμενοι δὲ ὑπό τινων σητάνιοι « ... les blés trémois, qu'on dit parfois 'de l'année' »). L'accord est fait sur ce point, notamment à la suite de Schneider dans son commentaire (III, 649) à *C.P.* IV, 10, 3 ; W. Kroll, « Σητάνιος et σιτανίας », *Am. Journ. Phil.* 60-1, 1939, p. 105-107 ; Jasny, *The Wheats*, p. 61, n. 40 : « Théophraste (...) appliquait le terme de σιτανίας à un blé à ramifications latérales qui n'est probablement pas à prendre pour un blé de printemps ». Comme on ne connaît pas de blé à *tiges* ramifiées, on admet (cf. Jasny, p. 105), d'autant plus volontiers que les faits sont ici un peu sollicités, qu'il s'agit d'un « blé de miracle » ou blé poulard à *épis* rameux. Olivier de Serres, *Théâtre d'agriculture*, II, 4, le décrit (p. 171) en ces termes : « Une autre espèce de froment y a-il de grande valeur. Elle produit un grand espi plat, de chacun costé duquel sortent trois ou quatre petits espis avec leur queue courte, faisans ensemble comme un gros bouquet porté par un seul tronc » (cf. Barral — Sagnier, II, 1008, fig. 705). Le rapport étymologique de σῖτος avec σιτέομαι « se nourrir » permet de proposer pour σιτανίας le sens de « blé bien nourri », « gros blé », justifié par plusieurs de ses caractères : le volume de l'épi composé, la forme du grain « dodu » qui a fait appeler « poulards » tous les blés de l'espèce *Triticum turgidum* (cf. *T.L.F.* s.v. poulard : « sorte de blé caractérisé par ses grains épais et renflés faisant penser à une poule engraissée »), le rendement prodigieux auquel les poulards rameux doivent leur nom de « blé de miracle ». Après de nombreux essais de culture, *Le Courrier de l'Ouest* du 8 octobre 1950 (document aimablement communiqué par G. Denis) publie les résultats suivants sous le titre « Le blé Osiris, blé miraculeux » (variété introduite d'Égypte

avec la réputation, évidemment fausse, d'avoir été trouvée dans un hypogée pharaonique où elle aurait conservé sa faculté germinative) : « On arrive à obtenir 20 ou 30 épis par pied (...) et chaque épi contient de 200 à 250 grains au lieu de 40 que donnent les blés ordinaires ». Néanmoins, comme les poulards rameux ont un grain de qualité médiocre et dégénèrent vite, le σιτανίας de Théophraste, de même que notre blé Osiris, a pu être un objet de curiosité plutôt qu'une variété de grande culture. — Le κριθανίας (πυρός), « blé-orge », ne saurait être un millet, comme le suggère Chantraine, *Formation des noms*, p. 94, et *D.E.L.G.* s.v. κρῑθή. Il est vrai que *Panicum miliaceum* a une panicule rameuse, mais Théophraste le nomme constamment κέγχρος et ne le met pas au nombre des céréales (cf. n. 6 à VIII, 1, 1). Comme l'orge se distingue en général du blé par un plus grand développement des arêtes, l'explication de κριθανίας découle peut-être de la particularité suivante : chez les blés poulards « les glumes sont toujours barbues jusqu'aux approches de la maturité ; mais certaines espèces perdent de leurs barbes, tandis que les autres les conservent toujours » (Barral - Sagnier, II, 1006). Nous verrions donc volontiers dans le « blé-orge » un poulard à épis composés remarquable par la persistance de fortes barbes.

12. L'apparition de la céréale en herbe dans les emblavures est pour le simple observateur la première étape après l'ensemencement suivi de la levée de la graine. Xénophon, qui évoque la germination en agriculteur et non en naturaliste, ne distingue que ces deux moments (*Éc.* XVII, 10) : on met la semence en terre (ἐμβαλὼν τὸ σπέρμα τῇ γῇ), puis, quand l'herbe est née de la semence (ἔπειτα ... χλόης γενομένης ἀπὸ τοῦ σπέρματος)... — A ce dernier stade, la jeune plante est fragile, surtout si la germination s'est faite par temps doux ; une céréale peu vigoureuse résiste mal à un froid sec qui congèle le sol sans neige. D'où le culte de Déméter Chloè, protectrice du « blé en herbe », dont Aristophane (*Lys.* 835) mentionne le sanctuaire athénien (nombreuses références épigraphiques à ce culte dans L.S.J. s.v. χλόη II). — L'étape suivante commence « au premier sourire du printemps » (métaphore exceptionnelle dans le style austère de Théophraste) : c'est la montaison, pendant laquelle les tiges s'allongent et forment leurs nœuds. L'épiaison suit de près la « montée » du chaume, mais l'épi, invisible à l'intérieur de sa gaine, ne se devine qu'à son volume ; l'évolution est soigneusement notée : 1) τὸν στάχυν ... οὐ φανερὸν ἐν τῷ ὄγκῳ ; 2) τότε δὲ ἡ κύησις φανερὰ διὰ τὸν ὄγκον. — Le dernier stade du développement de la plante est la floraison de l'épi hors de sa gaine. La fécondation des fleurs à l'intérieur des épillets, déterminée par des secousses qui répandent le pollen des anthères sur les styles, échappait naturellement aux observateurs antiques. Ceux-ci ont néanmoins bien reconnu des pièces florales dans les anthères suspendues à leur filet allongé, qui sortent de l'épi

après la fécondation et libèrent dans l'air ce qu'elles contiennent encore de pollen (Barral — Sagnier, II, 999 et fig. 696 « Épi de froment en fleur »). C'est la durée de cette floraison visible qui est notée dans notre texte.

13. Cette dernière version des faits est peu crédible ; en tout cas, on ne connaît aujourd'hui, semble-t-il, ni fève ni féverole (Barral — Sagnier, II, 916-918) dont les fleurs restent épanouies aussi longtemps. Théophraste penche pour la première interprétation, puisqu'il la justifie (« car la floraison est échelonnée »), mais il accueille également la seconde par souci d'objectivité.

14. Le texte des mss. ἡ ... ἄνθησις ... ἀθρόος doit être conservé et rapproché d'autres cas où ἀθρόος se rapporte à un substantif féminin, par ex. Dém., *Amb.* 228 : ἁθρόος ... βλάβη ; Arist., *P.A.* 675 b 21 : ἀθρόος ... ἡ ἔξοδος.

15. Litt. « C'est pourquoi beaucoup <de plantes> (πολλὰ scil. φυτὰ) d'ers sont arrachées, certaines <graines> (τὰ μὲν scil. σπέρματα) étant tombées, d'autres étant encore toutes vertes ». Le glissement de la plante à la graine est favorisé par l'indétermination du neutre pluriel. — Les pois ou les haricots de nos jardins potagers montrent aussi bien que les ers la différence de maturité des graines sur la même plante.

16. Opposé à κριθαί « les orges » sans distinction d'espèces, πυροί désigne ici collectivement « les blés », et non en particulier « le froment » qui, selon Hérodote (II, 36), était peu apprécié des Égyptiens. En ce qui concerne la Grèce, les indications de Théophraste sur le délai entre les semailles (en octobre-novembre, cf. n. 7 à VIII, 1, 2) et la moisson (sept ou huit mois plus tard, donc en mai-juin, pour l'orge ; en juin-juillet pour le blé, plus tardif) concordent avec les données actuelles : « Si le cycle s'accomplit normalement, il s'étend en Égée de novembre à mai pour l'orge, juin pour les blés. L'altitude décale la date de moisson jusqu'en juillet et même début août dans le nord » (Amouretti, *Le pain et l'huile*, p. 20). Sous le climat de l'Égypte et dans des sols auxquels la crue du Nil apportait à la fois une réserve d'eau et du limon fertilisant, il était naturel que les orges mûrissent en six mois (de novembre à avril) et les blés au cours du septième (mai). Ce sont aussi les époques retenues par les égyptologues qui ont étudié les récits consacrés aux récoltes (F. Hartmann, *L'agriculture dans l'ancienne Égypte*, Paris, 1923, p. 122). Diodore raccourcit d'un mois le cycle égyptien des céréales en déclarant (I, 36, 4) : « La plupart des agriculteurs, quand ils s'occupent des parties du sol qui sont en train de sécher, se contentent de répandre la semence, font venir des troupeaux qui la foulent aux pieds, puis reviennent quatre ou cinq mois plus tard (μετὰ τέτταρας ἢ πέντε μῆνας) pour moissonner » (trad. Y. Vernière, C.U.F., 1993). Pline (XVIII, 169) expose les mêmes faits avec des détails et des dates précises : (pour l'ensemence-

ment du limon laissé par le fleuve) « cela se fait au début de novembre » (*Hoc fit Nouembri mense incipiente*) ; (au sujet des cultivateurs négligents) « ils ne retournent aux champs que la faucille en main, un peu avant les calendes d'avril » (*...paulo ante kal. Apriles*). La chronologie de Pline est donc intermédiaire entre celle de Théophraste et celle de Diodore, dont la différence tient sans doute en partie à la durée des travaux : « sur les terres où l'on commençait à faucillier au milieu d'avril, la moisson n'était achevée qu'à la fin de mai » (Hartmann, *ibid.*). Sur ce dernier point en tout cas, Pline exprime l'opinion générale lorsqu'il écrit *Peragitatur... messis mense Maio* « La moisson se termine en mai ».

17. Ces cultes dont la mention reste allusive n'appartiennent pas à la religion égyptienne. Les documents d'époque ou de tradition pharaonique présentent couramment l'offrande d'une gerbe, d'épis, de godets pleins de grains, de levain, de pains de blé et d'orge (N. Guilhou, « Présentation et offrandes des épis dans l'Égypte ancienne. Le temple d'Edfou », *Orientalia Monspeliensia* XI, 2001, p. 91-138, en part. p. 134-135, fig. 1 à 12 ; « L'orge et le blé dans les Textes des Pyramides », *ibid.*, p. 189-199), mais, curieusement, la farine en est absente. A une date très haute (*c.* 2390-2250 *a.C.*) les papyrus d'Abousir attestent la livraison au temple funéraire de Néferirkarê d'une matière *d̲dw* qui est, selon P. Posener-Kriéger (*Les archives du temple funéraire de Néferirkarê-Kakaï*, Le Caire, 1976, p. 254), « une farine de céréale contenant encore du son ». Ce produit n'apparaît pas, semble-t-il, dans les textes plus récents. Le monde grec, au contraire, connaissait bien l'usage cultuel de la farine d'orge (ἄλφιτα), ou plus exactement de la farine de gruau d'orge, obtenue par mouture des grains mondés après un léger grillage, donc farine précuite directement consommable, à la différence de la farine de blé crue nommée ἄλευρα. L'*Hymne homérique à Déméter*, v. 208-210, révèle en effet sa place dans la composition, fixée par Déméter, du *cycéon* ou « mixture » rituelle : « alors elle demanda qu'on lui donnât à boire un mélange de farine de gruau d'orge (ἄλφι, équivalent poétique de ἄλφιτα), d'eau et de tendre pouliot. Métanire prépara la Mixture (κυκεῶ) suivant ses ordres et la lui donna ». Malgré la notoriété du *cycéon*, le culte éleusinien conservait le caractère ésotérique des « mystères », ce qui justifie peut-être la discrétion de Théophraste au sujet de son homologue égyptien (πρὸς ἱερῶν *τινων* χρείαν). Le fait qu'un faubourg d'Alexandrie ait reçu le nom d'Éleusis traduit la volonté des Grecs de transporter en Égypte leurs pratiques religieuses, même si « les rites et les mystères similaires à ceux [du] sanctuaire attique n'y sont pas attestés » (P. Ballet, *La vie quotidienne à Alexandrie (331-300 avant J.-C.)*, Paris, 1999, p. 149).

18. Ταχεῖάν τινα est un bon exemple d'emploi emphatique de l'indéfini τις, comparable à Soph., *Ajax*, 1266-1267 : ὡς ταχεῖά τις

βροτοῖς | χάρις διαρρεῖ « à quelle vitesse prodigieuse la gratitude se perd chez les mortels ! » (autres références dans L.S.J. s.v. τις 7). — Quelques mentions de la Sicile ont été faites au sujet de plantes sauvages : le palmier nain (II, 6, 11), le cardon (VI, 4, 10), auxquels on peut ajouter le cytise de Lipari (III, 17, 2) ; elles deviennent plus nombreuses au livre VIII (8 occurrences), ce qui donne à penser que Théophraste doit au moins une partie de ses renseignements à des importateurs de blé sicilien (cf. VIII, 4, 5), bons connaisseurs des ressources agricoles de l'île. On remarquera toutefois que les informations contenues dans ce §8 sont rapportées indirectement (λέγεται ... λέγουσι) et que l'auteur sait prendre ses distances (§9 εἴπερ ἀληθής) par rapport aux *mirabilia* (§8 θαυμαστὰς ... θαυμασιώτερον ; §9 θαυμασιώτερον ; §10 θαυμασιώτατον) colportés par les voyageurs. — Le nom antique Μύλαι se retrouve sous la forme christianisée de Mili San Pietro, bourgade rurale située à 12-15 km au sud-ouest de Messine, dans la riche plaine côtière aujourd'hui consacrée à la culture des agrumes.

19. G. Comet, *Mesures agraires et métrologie des grains. Rendements et densités*, in *Cahiers de métrologie*, 14-15, 1996-1997, p. 127-135, donne du rendement les définitions suivantes (p. 128) : « De nos jours (...) il s'agit du poids de grains que l'on récolte par unité de surface cultivée. (...) Jusqu'au XIXe siècle, le rendement (...) est certes un rapport, mais c'est celui du grain récolté au grain semé ». Ainsi le rendement de trente pour un obtenu dans la plaine de Messine correspond à la récolte de trente mesures de grain par mesure de semence, indépendamment de la superficie emblavée. C'est à peu près le rendement actuel du blé en France, mais G. Comet fait observer qu'il a quadruplé entre 1936 et 1984, ce qui le ramène à 7,5 / 1 au début du XXe siècle. A titre de comparaison, voici ce qu'écrivait Olivier de Serres en 1600, après avoir signalé (*Théâtre d'agriculture*, II, 2 [p. 145]) « un terroir en Provence (...) ès isles d'Ières (que pour leur bonté on appelle isles-d'or) tant fertil, qu'il rapporte cinquante pour un » : « le mesnager a de quoi se contenter, quand généralement son domaine, le fort portant le foible, lui rend de cinq à six pour un ». A supposer une situation à peu près identique dans l'antiquité, on admettra que le rapport 30 / 1 était de cinq à six fois supérieur à la norme.

20. La plaine de Messine s'étire au pied des monts Péloritains, qui forment la pointe nord-est de la Sicile, dans le prolongement de l'Aspromonte calabrais. Cette chaîne, dont les sommets avoisinent 1300 m d'altitude, constitue la partie orientale des monts Nébrodes, où subsistent des hêtraies et des chênaies-hêtraies. Le sapin méditerranéen endémique nommé *Abies nebrodensis* Mattei est aujourd'hui en voie d'extinction (une seule station relique dans le Vallone della Madonna degli Angeli), mais selon les spécialistes (A.O. Chater in *Flor. eur.* I, 30 ; E.F. Debazac, *Manuel des conifères*, Nancy, 1964, p. 34-35), ce proche

parent du sapin de Grèce (*A. cephalonica* Loudon) dut avoir autrefois une aire étendue.

21. L'île de Mèlos doit cette fécondité exceptionnelle à son climat chaud et à son sol volcanique qui « donne à chacun de merveilleux moyens de subsistance ». Tournefort, *Relation d'un voyage du Levant*, Lyon, 1717, en a laissé une description enthousiaste (I, 188-189) : « Ce rocher spongieux et caverneux, qui sert de fondement à Milo est comme une espèce de poile [*sic*] qui en échauffe doucement la terre et lui fait produire les meilleurs vins, les meilleures figues et les melons les plus délicieux de l'Archipel ; la sève de cette terre est admirable et travaille toujours, les champs ne s'y reposent jamais. La première année on y sème du froment, la seconde de l'orge, et la troisième on y cultive le coton, les légumes et les melons, tout y vient pêle-mêle ; la campagne est chargée de toute sorte de biens : les terres sont comme autant de jardins. (...) Les hauteurs sont couvertes de beaux vignobles, d'oliviers et de figuiers ».

22. A la différence des espèces tardives (début §8 : τῶν ὀψίων) vite mûries en Sicile, les céréales cultivées à Mèlos ne sont pas tardives (οὔτε ὄψιμα ταῦτα), comme, par exemple, les blés de printemps dits « trémois » ; l'absence de prédisposition naturelle à un cycle court rend la rapidité de leur maturation encore plus étonnante. Le texte n'appelle aucune correction, ni celle de Scaliger ἕψιμα (*coctu facilia* Gaza) ταῦτα, adoptée par Schneider, ni celle de Hort ὄσπρια τοιαῦτα, encore plus arbitraire.

23. Malgré sa petitesse, l'île de Chalcè / Chalcia, à 14 km à l'ouest de Rhodes (voir la carte hors texte de l'éd. R. Weil — J. de Romilly de Thucydide, l. VIII, C.U.F., 1972), est bien présente dans la littérature grecque. Thucydide la mentionne quatre fois au livre VIII, toujours sous la forme Χάλκη, comme base des Athéniens pendant leur campagne de 412-411 contre les Lacédémoniens alliés à Tissapherne. Strabon l'appelle Χαλκία (X, 5, 14 et 15 ; XIV, 2, 12), de même que Théophraste (leçon confirmée par Hérodien, III 1, 314 : Θεόφραστος δὲ Χαλκίαν αὐτὴν καλεῖ ; variante — ou *falsa lectio* — dans Steph. Byz., s.v. ΧΑΛΚΗ : Θ. δὲ Χάλκιον αὐτὴν λέγει). Son exiguïté implique une localisation étroite du phénomène décrit, probablement explicable par la fertilité exceptionnelle du sol et par un microclimat. Nous avons dans l'Hérault l'exemple frappant du village de Roquebrun, qui produit oranges et citrons mûris sur l'arbre en pleine terre, à quelques kilomètres du massif du Caroux où il est arrivé que des promeneurs meurent de froid dans la tourmente. Théophraste notera plus loin (VIII, 2, 10 et VIII, 8, 7) les effets stupéfiants d'un microclimat.

24. Sur les productions agricoles de la Cilicie, voir Xén., *Anab.* I, 2, 22. La précocité des récoltes y est due à l'excellente exposition que décrit Xénophon : « Une ceinture de montagnes lui faisait un haut rempart naturel, sur toute la distance de la mer à la mer ». Ensoleille-

ment, ouverture aux brises marines, abri contre les vents froids du plateau anatolien font de la Cilicie, en outre bien arrosée par les eaux descendues du Taurus, un véritable jardin où, de nos jours, même le bananier mûrit ses fruits. Le transport de semences ciliciennes sous le rude climat cappadocien modifie naturellement l'époque de maturité du grain.

25. Sens de ὥρα signalé dans L.S.J. avec référence à Hdt. IV, 199 : ἔχει ... ἡ Κυρηναίη χώρη ... τρεῖς ὥρας ἐν ἑωυτῇ. Legrand (C.U.F., 1945) traduit avec raison : « au pays de Cyrène, il y a trois *saisons de récolte* ».

26. Le nom commun ἀκτή « côte rocheuse » désigne ici une région littorale du Péloponnèse bien définie dans R. Baladié, *Le Péloponnèse de Strabon*, Paris, 1980, p. 234 (voir aussi la carte hors texte) : « Comme toponyme, il désigne dans le Péloponnèse la côte d'Hermionide entre l'Isthme et le golfe Argolique. S'explique-t-il par le fait que cette côte est le plus souvent escarpée et rocheuse ? Sans doute, mais (...) aussi (...) cette partie de l'Argolide forme un promontoire qui avance en direction des Cyclades ». Ce serait donc, au juste, « le Promontoire rocheux », mais comme il s'agissait pour les Grecs d'une réalité géographique précise qui n'avait pas besoin d'être explicitée, on peut écrire simplement « l'Actè », comme le fait R. Baladié (C.U.F., 1996) pour Strabon, IX, 1, 1.

27. On doit à B. Einarson (cf. n. 4 à *H.P.* II, 8, 1) la lecture correcte ἐφ' Ἁλυκῷ de la leçon ἐφαλύκωι de U, qui permet d'éliminer le mot-fantôme *Φάλυκος au profit de Ἁλυκός, toponyme de Mégaride attesté dans Plutarque, *Thésée*, 32, 6. Le même adjectif λεπτόγεως / -γειος qualifie Halycos en II, 8, 1 et ici.

CHAPITRE 3.

1. Rappel de types distingués dans l'étude morphologique générale des feuilles (I, 10, 5), où ils sont illustrés par des exemples pris parmi les arbres : « Il y a aussi des végétaux à feuilles de roseau (καλαμόφυλλα), comme le dattier, le palmier doum... » ; « certaines feuilles sont arrondies (περιφερῆ), comme celles du poirier, d'autres plus oblongues (προμηκέστερα), comme celles du pommier ».

2. Sur le pois connu des anciens et ses problèmes spécifiques, voir n. 12 à VIII, 1, 4. La feuille est effectivement oblongue chez l'ancêtre présumé de *Pisum sativum*, à savoir *P. sativum* subsp. *humile* (*P. syriacum*), représenté dans Zohary — Hopf, p. 94, fig. 27. — L'exemple de la gesse commune, *Lathyrus sativus* L., récoltée et probablement cultivée au Proche-Orient et en Grèce depuis la fin du Néolithique (Zohary — Hopf, p. 110), semble moins bien choisi, car du moins sous sa forme actuelle, la plante domestiquée a des feuilles longues, étroites et terminées en pointe (cf. Bonnier, pl. 157, n° 843 b). — La gesse ochre présente bien des « feuilles » oblongues (*ibid.*, pl. 156, n° 837), mais

ce sont en réalité des phyllodes, pétioles élargis qui portent, vers le haut de la tige seulement, quelques petites folioles ovales ou arrondies.

3. Sans que ce soit dit explicitement, les feuilles fibreuses (ἰνώδη) caractérisent les céréales ; cf. I, 10, 8 : « certaines feuilles se composent, si l'on peut dire, seulement de fibres (ἐξ ἰνὸς μόνον) : ainsi celles du roseau et du blé (οἷον τοῦ καλάμου καὶ σίτου) ». La définition du second type : « feuilles dépourvues de vaisseaux et de fibres » ne doit pas être prise à la lettre, car Théophraste dit ailleurs (I, 10, 3) que la sève est diffusée dans les feuilles « par les vaisseaux et les fibres ». Il s'agit ici de feuilles assez uniformément charnues, comme celles de la fève.

4. Il est vrai qu'on ne peut intégrer dans aucun des deux groupes précédents, ni même comparer entre eux, le sésame, à feuilles simples et entières, ovales lancéolées et longuement pédonculées, et le sisymbre à cornes, dont le limbe se divise profondément en lobes larges, à bords découpés et pointe aiguë (Bonnier, pl. 37, n° 167). L'ensemble des « plantes estivales » révèle son caractère artificiel, dont Théophraste paraît être conscient, dès qu'il est soumis à une étude morphologique.

5. L'ambivalence de κάλαμος « roseau » et « chaume » des céréales, de même structure qu'un roseau, ne peut pas être rendue en français.

6. Les férulacées (τὰ ναρθηκώδη) ont été définies en VI, 1, 4 comme des végétaux « dont la tige renferme des faisceaux de fibres » (ἐννευρόκαυλα). La tige du sésame présente des cannelures correspondant à de tels faisceaux (Barral — Sagnier, IV, 658). Nous n'avons pas pu observer la tige fraîche du sisymbre à cornes, plantes nitrophile autrefois assez commune en Languedoc (H. Loret — A. Barrandon, *Flore de Montpellier* [2], Montpellier-Paris, 1888, p. 34), que les progrès de l'hygiène ont condamnée à une raréfaction extrême, si ce n'est à l'extinction.

7. Le dolique apparaît au Ve siècle dans Épicharme (fr. 151 Kaibel, ap. Ath. 56 a) et dans le traité hippocratique *Du régime*, 45, sans rien qui puisse aider à son identification. Il faut évidemment écarter le haricot, *Phaseolus vulgaris* L., d'origine américaine et néanmoins retenu dans Fraas, *Synopsis*, p. 52 ; par Fraas et Sprengel dans l'*Index plantarum* de Wimmer, 1866, ainsi que dans l'éd. Desrousseaux d'Athénée, C.U.F., 1956. L'accord semble fait aujourd'hui sur la mongette, *Vigna sinensis* Endl. (*Index of plants* éd. Hort ; L.S.J. ; Chantraine, *D.E.L.G.* s.v. δόλιχος ; André, *Noms de plantes*, s.v. *dolichos*). Cependant Bois, *Plantes alimentaires*, I, 162, et Barral — Sagnier, II, 607, classent la mongette parmi les variétés naines de dolique, ne dépassant guère 50 cm de hauteur ; sous cette forme, ce ne peut pas être le δόλιχος de Théophraste, qui a besoin de longs tuteurs pour grimper et fructifier. Le plus simple serait d'admettre, comme pour nos haricots,

l'existence au sein de la même espèce de variétés « à rames » : c'est ce qui paraît ressortir des dimensions données dans *Flor. eur.* II, 128, pour *Vigna unguiculata* (L.) Walpers (*V. sinensis* (L.) Savi) : 30 *-200 cm.* Nos renseignements sur le passé de cette plante se réduisent à peu de chose : « *Vigna unguiculata* fut domestiquée en Afrique et n'atteignit le bassin méditerranéen qu'à l'époque classique » (Zohary — Hopf, p. 84). En l'absence de documents archéobotaniques qui seraient décisifs, on ne peut rien affirmer quant à l'identité précise du *dolichos* grimpant de Théophraste (voir aussi les remarques de P. van der Eijk dans *Diocles of Carystus*, Leiden, t. II, 2001, p. 378). — La phrase καὶ τὰ μέν ἐστιν ὀρθόκαυλα — καὶ ἐρυσιβώδης est citée correctement dans Galien, VI, 542 K., hormis le dernier mot, ἐρημώδης (traduit *sterilis* par Kühn). Cet hapax est une *falsa lectio* suggérée par l'idée d'une opposition à κάρπιμος. Le texte de la tradition directe se comprend fort bien, même si l'agent pathogène de cette « rouille » ne peut être déterminé avec précision. Toutes sortes d'atteintes fongiques sur divers végétaux cultivés pour leurs graines étaient rapportées à l'ἐρυσίβη, donnée en VIII, 10, 1 comme type des « maladies communes à tous » (νοσήματα ... κοινὰ πάντων) ; pour d'autres détails, voir n. 7 à VIII, 10, 2.

8. I, 13, 1 : τὰ μέν ἐστι χνοώδη ... τὰ δὲ φυλλώδη.

9. Le groupe des « plantes à épi » (VIII, 11, 1-2) comprend des Graminées, comme la queue-de-renard (*Polypogon monspeliensis* Desf.), morphologiquement voisine du blé, mais aussi des espèces très différentes, tels les plantains, qui se rapprochent des précédentes par la forme générale de l'inflorescence, l'extrême réduction de la corolle et le grand développement des filets staminaux.

10. La corolle d'une Légumineuse papilionacée (pois ou fève, par exemple) se compose de cinq pièces dont deux soudées : de haut en bas, l'étendard, les deux ailes latérales, la carène formée par deux pétales inférieurs unis. C'est cette dernière partie, nommée « carène » à cause de sa ressemblance avec la coque d'un bateau, qui, formant un angle presque droit à son extrémité, donne l'impression d'être « coupée court », « tronquée ».

11. Appartenant à la famille des Graminées, comme le blé, les deux millets présentent le même type de fleur χνοῶδες, sans ressemblance aucune avec celle des autres « plantes estivales » : le sésame, dont la corolle tubuleuse se termine par cinq lobes obtus ; le sisymbre à cornes, de la famille dite Brassicacées depuis une révision récente de la nomenclature, mais traditionnellement Crucifères par référence à la disposition caractéristique des quatre pétales en croix.

12. Cf. I, 13, 3 : τὰ μὲν γὰρ ἔχει περὶ αὐτὸν τὸν καρπόν. Sur la floraison du blé « tout autour de l'épi », voir n. 12 (*in fine*) à VIII, 2, 4.

13. Distinction pratiquée pour les herbacées potagères en VII, 3, 1 (ἀνθεῖ ... τῶν μὲν ἄλλων ἕκαστον *ἀθρόον*, τὸ δὲ ὤκιμον *κατὰ*

μέρος) et VII, 9, 2 (τὰ μὲν δένδρα τὴν ἄνθησιν *ἀθρόαν* ποιεῖται, τούτων δὲ ἔνια *κατὰ μέρος*).

14. Les fruits sont ici classés d'après leur disposition (cf. §3 τῇ θήσει), c'est-à-dire d'après le type d'infrutescence (épi, « légume » au sens botanique du terme, panicule), avant d'être répartis en plusieurs groupes eu égard à leur nature (cf. *ibid.* τῇ φύσει).

15. Τὸ δ' ὅλον marque l'élargissement de la perspective depuis les trois groupes d'herbacées étudiés au livre VIII jusqu'aux types généraux de graines distingués en I, 11, 1 : « Certaines espèces <ont leurs graines> dans une gousse (ἐν λοβῷ), d'autres dans des glumes (ἐν ὑμένι [litt. dans une membrane]), d'autres dans une capsule (ἐν ἀγγείῳ), d'autres aussi ont des graines absolument nues (γυμνόσπερμα τελείως) ». Les plantes ἐναγγειόσπερμα ne sont représentées au livre VIII que par le sésame, déjà inclus en I, 11, 2 dans cette catégorie, à côté des papavéracées, avec cette remarque : « le cas du sésame est assez particulier ». Le sésame se singularise en effet par sa capsule déhiscente, c'est-à-dire spontanément ouverte à maturité en autant de parties que de carpelles (phénomène décrit en III, 18, 13) ; au contraire, le pavot a une capsule indéhiscente : ses graines mûres restent à l'intérieur ou s'échappent par des pores. — Les céréales appartiennent au type ἐνυμενόσπερμα, avec des différences internes dues à la plus ou moins forte adhérence des glumes au caryopse (voir n. 1 à VIII, 4, 1). — Comme la grande majorité des légumineuses forment des gousses, seul parmi les espèces typiques du livre VIII, l'hormin (*Salvia viridis* L.) n'a pour ses graines aucun autre réceptacle que le calice de la fleur et peut être tenu pour représentatif des végétaux γυμνόσπερμα.

16. Question de disposition encore, plus générale que la précédente (*supra*, n. 14), puisqu'elle concerne non plus la graine par rapport à l'infrutescence, mais l'infrutescence par rapport à la plante entière. Les céréales en épi (τῶν σιτηρῶν τὰ σταχυώδη) constituent déjà en I, 14, 2 un type de végétaux herbacés ἀκρόκαρπα ; la distinction entre « espèces à fructification terminale » et « espèces à fructification latérale » est appliquée plus particulièrement en VII, 3, 4 aux plantes potagères, avec des exemples.

17. Cf. VII, 3, 2, au sujet des plantes potagères : « Toutes font beaucoup de fruits et beaucoup de pousses, mais c'est le cumin qui fructifie le plus abondamment ».

18. Litt. « les plus solides à l'égard de l'hiver et de ce qui dépend de l'air en général sont les céréales, mais pour la nourriture, les légumineuses ». La liste des blés qui tirent leur nom de leur pays d'origine (*infra*, VIII, 4, 3) confirme la résistance des céréales, dans des variétés sélectionnées empiriquement, à des hivers rigoureux (blés du Pont, de Thrace), mais aussi bien à un climat subtropical ou tropical (blés de Libye, d'Assyrie, d'Égypte). L'avantage des légumineuses sur les

céréales serait, selon Théophraste, d'ordre énergétique. Leur teneur en protides est en effet nettement plus élevée. Elle atteint 20% pour le pois chiche (Bellakhdar, *Pharmacopée marocaine*, p. 302), 25% pour la lentille (*ibid.*, p. 308), contre 8-12% pour l'orge (*ibid.*, p. 433) et 12-15% pour les blés (*ibid.*, p. 445). Les céréales sont plus riches en glucides (surtout amidon), mais l'écart n'est que de 11% entre les deux extrêmes : lentille (59%) et orge (70%).

19. L.S.J. indique « ἀ. ἐστιν ἡμῖν ἢ τοῖς ἄλλοις *in the opposite way to...* Thphr. *HP* 8.3.5 » sans préciser que ἢ est une addition d'Heinsius, dont Schneider (III, 658) a démontré l'inutilité en signalant la même construction de ἀνάπαλιν avec le datif en VII, 4, 9 : Τοῦτο γὰρ οἷον ἀνάπαλιν ἔχει τοῖς ἄλλοις « cette variété se comporte, peut-on dire, à l'inverse des autres ». Le sens est éclairé par la référence à notre passage en VIII, 9, 3, où sont opposés les aliments lourds aux aliments légers : καὶ τὰ πρὸς ἡμᾶς δέ, *ὥσπερ ἐλέχθη*, καὶ τὰ <πρὸς> τἆλλα ζῷα (il y a une différence) « également entre ceux qui le sont pour nous, *comme nous l'avons dit*, et ce qui l'est d'autre part pour les animaux ». Ainsi par exemple, « l'orge blanche et l'épeautre » sont dans l'*Iliade* une nourriture de choix pour les chevaux (cf. n. 8 à VIII, 1, 3) ; mais on savait depuis Héraclite que « les bœufs sont heureux lorsqu'ils trouvent de l'ers à manger » (cf. J.-M. Luce, art. cité [n. 13 à VIII, 1, 4], p. 109). D'où la réserve prudente (τάχα δὲ τοῦτό γε ...) que Théophraste apporte à son affirmation : ἰσχυρότερα ... πρὸς ... τὴν τροφὴν τὰ χεδροπά.

CHAPITRE 4.

1. La plupart des commentateurs ont été déconcertés par cette affirmation de Théophraste : « le grain du froment est renfermé dans plusieurs tuniques, alors que l'orge est nue (la céréale à grain nu par excellence, c'est bien l'orge) », résumée dans Pline, XVIII, 61 : « Le froment a plusieurs tuniques. L'orge est tout à fait nue » (*Tunicae frumento plures. Hordeum maxime nudum*). L'usage actuel est en effet de dire « nue » une céréale dont le grain mûr se libère, spontanément ou au dépiquage, des glumes qui l'enveloppent, et « vêtue » celle qui garde, même après battage, son grain enclos dans les glumes fortement adhérentes. A notre époque, dans presque toutes leurs variétés, le froment (blé tendre ou blé dur) est un grain nu, l'orge un grain vêtu, ce qui paraît en contradiction absolue avec les données antiques. Diverses solutions ont été apportées à ce problème. 1) Connaissant la culture sporadique, encore au XIXe siècle, d'orges nues à deux et à six rangs (d'après Mathieu de Dombasle, *Traité d'agriculture*, Paris, t. II, 1862, p. 359 ; 361-362), Jardé commente en ces termes (*Les céréales*, p. 8) la phrase de Théophraste : « Il faut en conclure que les espèces le plus cultivées en Grèce étaient des orges nues, c'est-à-dire de celles dans lesquelles les glumes, au lieu d'adhérer au grain, s'en détachent facile-

ment lors de la maturité, et l'on peut se demander si les Grecs en ont connu d'autres ». La réponse à cette dernière question se trouve hors de la littérature technique, dans Thuc. VI, 22 : Nicias met au nombre des difficultés de l'expédition en Sicile la nécessité d'emporter, pour ravitailler les troupes athéniennes, « les céréales d'ici, blé et orge grillée » (τὸν ... αὐτόθεν σῖτον ... πυροὺς καὶ πεφρυγμένας κριθάς). Il est évident que le blé prêt à l'usage sans traitement préalable était un grain *nu* et et que l'orge grillée avant d'être transformée en gruau et en *maza* était un grain *vêtu*, impropre à la consommation s'il n'était pas débarrassé de ses glumes. Les recherches archéobotaniques récentes aboutissent également à cette conclusion que l'orge cultivée en Grèce à l'époque classique était une céréale vêtue. Quand l'orge apparaît en Grèce au VIe-V^e millénaire, elle comprend des formes à grains nus (Zohary — Hopf, p. 62), encore présentes dans des contextes chalcolithiques (H. Kroll, art. cité [n. 3 à VIII, 1, 1], p. 62), mais bientôt supplantées par les formes vêtues. Cette évolution correspond à un phénomène général, étudié pour le Midi de la France dans P. Marinval — M.-P. Ruas, *Les céréales vêtues en France du Néolithique jusqu'au Moyen Âge. Approche carpologique*, in *Cahier d'histoire des techniques* (Aix-en-Provence), 1, 1991, p. 129-138, en part. p. 130 : « Comme l'orge vêtue résiste mieux à l'égrenage naturel que celle à grains nus, sa culture est (...) généralement interprétée comme un progrès survenu dans les pratiques agricoles. (L'égrenage naturel s'accommode d'un ramassage mais contrarie la moisson d'un grain parfaitement mûr) ». L'opinion de Jardé est donc absolument insoutenable. 2) M.-C. Amouretti, *Le pain et l'huile*, p. 38, tente d'expliquer que « Théophraste compare l'orge aux blés vêtus et non à l'ensemble des blés » et que « *par rapport aux blés vêtus* [en italique dans le texte] l'orge se sème nue », car elle se dépique et se décortique moins difficilement que l'amidonnier et l'engrain. D'où la traduction proposée *ibid.*, p. 268 : « Parmi les semences de blé, il y en a qui ont plusieurs enveloppes, celle de l'orge est nue. L'orge en effet a une semence particulièrement nue, tandis que l'engrain et l'amidonnier (...) ont plusieurs enveloppes ». Cela revient à mettre ἡ τίφη καὶ ἡ ὄλυρα au nombre des « semences de blé » présumées comprises dans ὁ μὲν (scil. πυρός), donc à réunir ce que Théophraste prend soin de distinguer en définissant (VIII, 1, 1 et 3) les blés vêtus (ζειὰ τίφη ὄλυρα) comme « les espèces qui ressemblent au froment » (τὰ ὁμοιόπυρα) sans se confondre avec lui, puisque πυρός figure séparément dans les mêmes listes. Replacée dans son contexte, la phrase litigieuse n'admet pas une telle interprétation. 3) L. A. Moritz, *Husked and 'naked' grain*, in *Class. Quart.* 49 (= N.S. 5), 1955, p. 129-134, fait cette remarque pertinente (p. 134), sans en tirer parti pour une explication décisive : « Dans de nombreuses variétés d'orge vêtues, les glumes qui recouvrent le grain adhèrent à lui si fortement qu'elles paraissent faire corps

avec lui ». C'est bien en ce sens que l'orge est nue : alors que le grain du froment, blé que nous disons « nu », est *revêtu de tuniques* (ὁ μὲν ἐν χιτῶσι, avec emploi métaphorique de χιτών), séparables à la manière des vêtements de l'homme, celui de l'orge actuellement dite « vêtue » est *nu* (ἡ δὲ γυμνή) du fait que ses glumes sont inséparables sans traitement de son amande, comme la peau de l'homme est inséparable sans lésion de sa chair. Sur cette vision anthropocentrique du monde végétal, voir nos *Études*, p. 38.

2. Loin de s'opposer à nos blés vêtus, l'orge a comme eux un grain πολύλοπον, litt. « à nombreuses glumes » qui ne sont pas des « tuniques » amovibles. D'où l'enchaînement naturel : πολύλοπον δὲ καὶ ἡ τίφη κτλ. L'orge est « la céréale à grain nu par excellence » dans le couple πυρὸς κριθή. Nos blés « vêtus » sont pareillement « nus », mais leur importance bien moindre que celle de l'orge ne permettait pas de donner l'un d'eux comme le type même de cette catégorie de céréales.

3. Sur l'*olyra* et ses problèmes, voir n. 8 à VIII, 1, 3.

4. L'avoine occupe une place très modeste parmi les céréales de l'antiquité classique. La plante cultivée, *Avena sativa* L., a une étroite parenté génétique et morphologique avec ses ancêtres sauvages, *A. fatua* L. et *A. sterilis* L. (Zohary — Hopf, p. 72), de sorte qu'il est difficile d'évaluer son degré de domestication à l'époque de Théophraste. Celui-ci précisément range l'avoine (VIII, 9, 2) parmi « des sortes d'espèces sauvages, ou plutôt non domestiquées » (ὥσπερ ἄγρια ἄττα καὶ ἀνήμερα). Quand il la dit ici πολύλοπον ... μάλιστα πάντων, il a en vue non le nombre des glumes, mais leur grand développement par rapport au grain. Dioscoride (II, 94) compare le fruit de l'avoine à « de petites sauterelles à deux pattes » (καρπὸν ... ἔχει ... ὥσπερ ἀκρίδια δίκωλα), ce qui est remarquablement juste pour *A. sterilis*, l'avoine sauvage la plus commune du bassin méditerranéen, avec sa sous-espèce *ludoviciana* (*Flor. eur.* V, 208 ; *Consp. flor. gr.* III, 372) : l'ensemble de l'épillet figure un insecte dont les deux longues arêtes coudées seraient les pattes sauteuses (voir Zohary — Hopf, p. 73, fig. 18 ; Bonnier, pl. 665, n° 3103) ; les avoines cultivées, à courtes arêtes droites (Bonnier, pl. 665, n° 3105) n'évoquent rien de tel. C'est donc *A. sterilis* (mal nommée car elle fructifie normalement) que Dioscoride prescrit en cataplasme et en bouillie anti-diarrhéique. On sait par ailleurs que les graines des avoines sauvages « étaient autrefois consommées en gruau ou en farine » (Couplan, p. 191). Aussi poserons-nous pour Théophraste l'équivalence βρόμος = *Avena* L. spp. (et non *A. sativa* L.).

5. La différence dans la structure de l'épi est bien vue, quoique sommairement décrite. Elle tient à la disposition des épillets sur l'axe ou rachis de l'épi. Dans l'orge, chaque épillet ne renferme qu'une fleur et trois épillets sont insérés côte à côte sur chaque face du rachis (cf.

Barral — Sagnier, III, 1023, fig. 554) ; dans le froment, l'épillet est formé par une réunion de fleurs (rarement plus de cinq), qui a par conséquent un point d'attache unique sur le rachis. Les épillets du froment sont disposés alternativement des deux côtés de l'axe (*ibid.* II, 998, fig. 695) et dans les variétés à entre-nœuds courts, ils se recouvrent plus ou moins complètement, ce qui donne à l'épi l'aspect uniforme noté par Théophraste. Au contraire, l'alignement des grains dans un épi d'orge forme des rangs d'une régularité parfaite, très remarquable sur les monnaies de Métaponte en Grande-Grèce (voir par ex. F. Chamoux, *La civilisation grecque à l'époque archaïque et classique*, Paris, 1963, fig. 132 ; plus récemment, H. Baumann, *Pflanzenbilder auf griechischen Münzen*, München, 2000, p. 29, fig. 42 et 47 ; p. 33, fig. 59).

6. Bon exemple d'emplois successifs de γένος pour désigner des unités taxinomiques correspondant à des niveaux de généralité différents : 1) « les groupes considérés globalement » (Ch. 4, début : τὰ ... ὅλα γένη) dans le chapitre précédent sont essentiellement les céréales (τὰ σιτώδη) et les légumineuses (τὰ χεδροπά), ensembles de genres qui préfigurent, dans une certaine mesure, les familles (Graminées et Légumineuses) de la classification linnéenne ; 2) dans le 1er alinéa, la distinction entre le froment et l'orge concerne les genres (respectivement *Triticum* et *Hordeum*) ; il s'agit des différences « du genre considéré globalement par rapport à l'autre genre » (τῷ ... ὅλῳ γένει πρὸς τὸ γένος) ; 3) à leur tour les genres se subdivisent en « variétés » (§2 : πυρῶν καὶ κριθῶν πολλὰ γένη ; τοιοῦτόν τι γένος ἐστί ; §3, début : πολλὰ δὲ γένη καὶ τῶν πυρῶν ... ἐστιν), dont certaines ont aujourd'hui le statut d'espèces (pour les orges, voir *infra*, n. 8), alors que d'autres ne sont que des variétés culturales ou des formes géographiques.

7. Conformément à l'étymologie, αἱ δυνάμεις désigne « les aptitudes » de la variété considérée, essentiellement sa rusticité et sa productivité. Au sujet des « qualités » (τὰ πάθη) des végétaux mentionnées dans la première phrase de l'*Historia plantarum*, nous avons rappelé (n. 1 *ad loc.*) la définition d'Aristote, *Métaph.* 1022 b 15-17 : « On appelle *pathos* une qualité susceptible de variations, par exemple le blanc et le noir, le doux et l'amer, la pesanteur et la légèreté ». Ainsi varient, pour les grains des céréales, le poids, la proportion de l'amande et de l'écorce, la quantité de farine et sa qualité, etc.

8. Des matériaux recueillis au Proche-Orient ont permis de constater que vers 7000 *a.C.* « la première forme d'agriculture consistait en une récolte principale d'orge à deux rangs de grains » (J. Mellaart, *Çatal Hüyük, une ville néolithique du VIIe millénaire en Anatolie*, in *Archeologia* 17, 1967, p. 45). Cette espèce (*Hordeum distichon / distichum* L.), encore cultivée sous les noms d'« orge plate » ou « paumelle », est caractérisée par la stérilité des épillets latéraux dépourvus

d'arête. Sous l'influence de la domestication, une mutation a conféré la fertilité à tous les épillets et créé le type à six grains par rang (*H. vulgare* L. = *H. hexastichum* L.), tous terminés par une longue arête (voir Zohary — Hopf, p. 55, fig. 14 B, épi d'orge cultivée à deux rangs, *H. vulgare* subsp. *distichum* [= *H. distichum* L.], et fig. 14 C, épi d'orge à six rangs, *H. vulgare* subsp. *polystichum* [= *H. hexastichum* L.]). Entre ces deux espèces ou sous-espèces, suivant la classification adoptée, tous les intermédiaires peuvent apparaître soit occasionnellement (comme les orges à trois et à cinq rangs de notre texte), soit sous une forme plus constante (c'est le cas de l'orge à quatre rangs, *H. tetrastichum* Körn., actuellement non retenue comme taxon distinct). Le témoignage des monnaies (*supra*, n. 5) rejoint celui de Théophraste : l'orge à six rangs est l'espèce partout connue et cultivée dans l'antiquité classique.

9. Cette constatation, qui pourrait passer pour une évidence, s'explique par une comparaison implicite de l'orge au froment. Celui-ci, dans les variétés à fleurs nombreuses et entre-nœuds courts, peut avoir ses épillets « en position oblique et quelquefois perpendiculaire à l'axe de l'épi » (Barral — Sagnier, II, 998). Ceux de l'orge, même au nombre de six par rang, restent toujours dressés ; grains serrés et barbes fournies rendent alors l'épi très compact.

10. De l'avis général, cette espèce indienne n'est pas une orge, mais probablement un sorgho. *Sorghum bicolor* (L.) Moench (*S. durra* Forsk.), originaire d'Afrique et cultivé dans le sous-continent indien dès le IIe millénaire *a.C.* (Zohary — Hopf, p. 81), fournit « une farine très alimentaire et avec laquelle on fait du pain très blanc » (Barral — Sagnier, IV, 687), ce qui correspond aux dires de Théophraste dans le passage (IV, 4, 9) auquel il renvoie ici par καθάπερ εἴπομεν : « ... une variété d'orge sauvage dont on fait du bon pain et un excellent gruau ». L'infestation des champs de sorgho par une espèce voisine, *S. halepense* (L.) Pers. (cf. n. 17 à IV, 4, 9), celle-ci spontanée, a pu faire classer la précédente parmi les espèces sauvages. En l'absence de ressemblance morphologique entre les sorghos et les orges (voir Barral — Sagnier, IV, 687-688, fig. 538 et 539), le rapprochement paraît dû à la similitude des usages : consommation du grain notamment en gruau, nourriture des chevaux.

11. L'ajout de τῆς κριθῆς à un énoncé sans ambiguïté souligne le retour aux espèces indigènes ; d'où la traduction : « de *notre* orge ».

12. Il est évidemment impossible d'identifier la variété d'orge dite « d'Achille » (ἀχίλλειος / ἀχιλληῖς), bien que les textes en indiquent les principaux caractères : épi rapproché de la feuille (ici même), dressé (*C.P.* III, 22, 2) ; grain blanc ou noir (*C.P.*, *ibid.*), plus clair sur sol sablonneux (*C.P.* III, 21, 3) ; sensibilité à la rouille (*H.P.* VIII, 10, 2 ; *C.P.* III, 22, 2). Du point de vue diététique, c'était l'orge de qualité supérieure ; cf. Hpc., *Mal. III*, 17 :... κριθὰς ἀχιλληΐδας κοτύλην,

traduit dans Littré, VII. 156, 15, « prenez une cotyle de belle orge ». Même appréciation flatteuse de la part des Comiques : Arist., *Cav.* 819 : ἀχιλλείων ἀπομάττει « tu te nettoies les doigts avec du pain (litt. d'A.) de luxe » (selon Hsch. α 8880 Latte, certains entendaient « du pain blanc ») ; Phérécrate, fr. 137 K.-A. (= 130 Kock), 4 : des fleuves de brouet noir jaillissent des sources de Ploutos « avec des *maza* d'Achille » (ἀχιλλείοις μάζαις). Sur l'origine de cette appellation, deux hypothèses ont été avancées : celle de Galien, XIX, 87 K. : « *Orge d'Achille* : orge à grain bien plein et gros, ainsi nommée, dit-on, d'après un certain Achille, fermier à [?] Brauron » (... ἀπό τινος 'Αχιλλέως ... γεωργοῦ Βαβρωνίου) ; et celle du scholiaste d'Arist., *Cav.* 819 f : « orge pure, ainsi nommée comme étant de qualité » (ὡς εὐγενῶν, litt. « ... de bonne race »). La justesse de la seconde interprétation ressort de ce que dit Aristote (*H.A.* 548 b 1-4) des éponges : « celles que l'on appelle éponges d'Achille sont les plus fines, les plus serrées et les plus solides. (...) Mais cette espèce est très rare ». L'admiration des Grecs pour le héros de l'*Iliade* a fait donner son nom à des produits de qualité supérieure.

13. La qualité la plus prisée pour la farine d'orge était sa blancheur. La patrie de Théophraste, Érésos, est vantée par Archestrate (ap. Ath. 111 f) pour sa farine « d'orge aux beaux fruits, soigneusement blutée, (...) plus blanche que neige dans le ciel ». Au IVe siècle également, Sopater évoquait (ap. Ath. 160 b) « Érétrie à la blanche farine » (farine d'orge, le qualificatif étant λευκάλφιτος). Cette blancheur résultait d'un traitement minutieux visant à éliminer les déchets de glumes et d'écorce, mais aussi de la nature du grain. Aussi les orges noires ou violacées étaient-elles plus estimées pour leur productivité et leur rusticité que pour la qualité de leur farine. Même opinion encore en 1894 dans Damseaux, p. 98 : « La plupart des espèces d'orges comportent des variétés bleuâtres ou noirâtres donnant une farine qui participe de ces teintes, ce qui les déprécie sur les marchés. On les cultive particulièrement dans les régions chaudes ; cependant (...) on en produit également en Suède et en Norvège ».

14. Excepté l'Assyrie, ces régions correspondent aux trois principaux « greniers à blé » du monde méditerranéen antique. Il est superflu de rappeler les mentions chez Démosthène des menaces que Philippe faisait peser sur les convois athéniens de grain acheminés du Pont dans l'Égée par les Détroits. En Afrique, les riches moissons d'Égypte sont évoquées par d'innombrables documents textuels et iconographiques des temps pharaoniques à l'époque romaine (cf. n. 17 à VIII, 2, 7) ; Cyrène, d'autre part, fut en mesure d'expédier, entre 330 et 325, 80 500 médimnes de blé à 43 cités de Grèce et des îles de la mer Égée (cf. A. Laronde, *Cyrène et la Libye hellénistique*, Paris, 1987, p. 30-33). A l'Occident, la Sicile et la Grande-Grèce étaient si caractérisées par leur production céréalière que l'épi d'orge (plus « pittoresque »

que celui de blé, avec ses rangs de grains réguliers et ses fortes barbes) ou le grain d'orge (pointu aux extrémités) figurent sur de nombreux types monétaires des Ve — IVe siècles à Ségeste, Himère, Leontinoi en Sicile, ainsi qu'à Métaponte en Lucanie (voir Baumann, *op. cit.* [*supra*, n. 5], p. 28-29).

15. Les appellations καχρυδίας et στλεγγίας appartiennent au même groupe morphologique que σιτανίας et κριθανίας précédemment étudiés (n. 11 à VIII, 2, 3). Pour καχρυδίας, la base de dérivation est le thème à élargissement dental καχρυδ- de κάχρυς, -υος, nom usuel de l'orge grillée et du bourgeon d'hiver (pour ce dernier sens, cf. *H.P.* III, 5, 5). On ne voit pas ce que pourrait être un « froment qui ressemble à l'orge qu'on grille » (définition de καχρυδίας πυρός dans le *D.E.L.G.* ; L.S.J. indique plus prudemment : « κ. πυρός wheat *that resembles κάχρυς* » ; Hort se borne à translittérer καγχρυδίας ; de même Einarson et Link dans *C.P.* III, 21, 2 [Loeb, 1990], mais avec cette note : « From *káchrys* ('parched barley'), which the grain may have resembled »). Le terme décrit bien, au contraire, le grain court et renflé à la base comme un bourgeon d'hiver, qui caractérise certains blés dits en français « poulards », d'après leur grain « dodu » comme une volaille engraissée. L'image est différente dans les deux langues, mais s'inspire de la même réalité. L'essentiel de notre information sur le blé καχρυδίας vient de *C.P.* III, 21, 2 : « le froment <à épi> peu compact et même lâche, comme la variété 'à bourgeons d'hiver', est plus beau dans les régions pluvieuses, car il a besoin de beaucoup de nourriture ; aussi a-t-il un chaume épais ». A la suite de J. et Ch. Cotte, *Étude sur les blés de l'antiquité classique*, Paris, 1912, p. 38-39, Jasny (*The Wheats*, p. 99) identifie le καχρυδίας avec un poulard, tout en remarquant que le sol aride et le climat sec d'une grande partie de la Grèce ne conviennent pas à ce type de blé. « Cependant, poursuit-il, un petit poulard est encore cultivé sur les pentes du Pinde, dans le nord-ouest de la Grèce, et il a pu y en avoir davantage dans l'antiquité ».

16. La *falsa lectio* στλεγγύς de tous nos mss. doit être corrigée d'après *C.P.* III, 21, 2, où on lit στρεγγιας (*sic*) dans U M et στραγγίας dans P. Ce dernier terme est un mot-fantôme, indûment retenu dans L.S.J. ; Strömberg, *Theophrastea*, p. 91 ; Chantraine, *D.E.L.G.*, s.v. στράγξ, -γγός « goutte », ce qui ne permet pas de dégager un sens. Einarson et Link écrivent dans le *De causis* ὁ στλεγγίας, avec cette note : « From *stlengis* ('strigil'), no doubt because it was thick and curved at the end like the handle of a cane ». La comparaison avec la poignée d'une canne transpose dans nos *realia* l'image antique du strigile. On sait en effet que si le blé le plus commun a d'ordinaire l'épi dressé dans le prolongement du chaume, « la plupart des poulards, une grande partie des blés durs et certains blés tendres portent leur épi horizontal ou même légèrement incliné vers la

terre, et leur paille forme à sa partie supérieure une courbe dont l'amplitude varie avec le poids de l'épi ou l'effort que lui fait supporter l'action du vent ou de la pluie » (Barral — Sagnier, II, 997).

17. Rien de sûr en ce qui concerne πυρὸς ὁ ἀλεξάνδρειος. A première vue, c'est « le blé d'Alexandre », mais de quel Alexandre et pourquoi ? Hort (II, 168, n. 2) suggère un rapprochement avec les *Géoponiques*, III, 3, 11, où il est conseillé de semer en mars le blé « dit d'Alexandrie » (τὸν ἀλεξανδρῖνον λεγόμενον). A supposer qu'il s'agisse de la même variété et que celle-ci soit venue d'Alexandrie la Grande, on doute que Théophraste l'ait dissociée des blés d'Égypte cités plus haut parmi ceux dont le nom rappelle le pays d'origine. Il semble préférable de mettre πυρὸς ὁ ἀλεξάνδρειος en parallèle avec *H.P.* III, 17, 4, ἡ ἀλεξάνδρεια καλουμένη δάφνη « ce qu'on appelle le laurier d'Alexandrie », à savoir le fragon à languette, considéré — à tort — comme endémique de l'Ida de Troade. Nous avons expliqué (n. 12 *ad loc.*) cette dénomination par référence à la montagne Alexandreia dominant Antandros. Théophraste connaissait bien les lieux (cf. II, 2, 6 ; IV, 16, 2 ; V, 6, 1, au sujet d'Antandros) et savait que ce n'était pas une grande région céréalière ; si ἀλεξάνδρειος qualifie une variété micrasiatique de blé tout à fait locale, celle-ci ne pouvait trouver place dans l'énumération λιβυκοὶ — σικελοί.

18. L'économie de οἱ μὲν devant εὐαυξεῖς et μεγαλοστάχυες correspond à une habitude stylistique de Théophraste, expliquée avec d'autres exemples, *supra*, n. 24 à VII, 2, 8. En revanche, l'addition d'un antonyme de εὐαυξεῖς paraît nécessaire. Plutôt que μικροὶ choisi par tous les éditeurs depuis Schneider, nous proposons δυσαυξεῖς d'après *H.P.* III, 6, 1 : Ἔστι ... τὰ μὲν εὐαυξῆ, τὰ δὲ δυσαυξῆ.

19. A la différence du blé « à bourgeons d'hiver » identifié avec un poulard au vu de ses caractères et de ses exigences écologiques (cf. *supra*, n. 15), le blé de Libye devait être adapté à la chaleur et à la sécheresse. L'épaisseur de son chaume fait penser à un blé dur ; cf. Barral — Sagnier, II, 997 : « Les poulards et les blés durs ont habituellement la paille pleine. Quelques-uns l'ont seulement demi-pleine, ainsi que diverses races de blé tendre d'origine méridionale ; les autres blés tendres ont la paille franchement creuse ». L'existence de caractères communs aux poulards et aux blés durs est d'autant moins surprenante que les études cytogénétiques ont établi leur appartenance à la même espèce collective, *Triticum turgidum* L., dont les premiers constituent la sous-espèce *turgidum*, les seconds la sous-espèce *durum* (= *T. durum* Desf.) (Zohary — Hopf, p. 20-21, fig. 4 ; p. 24).

20. Cf. *C.P.* III, 21, 2 : « Tout blé qui a beaucoup de tuniques (πολυχίτων), comme le blé de Thrace, réussit mieux sous un climat rude, car il ne souffre pas du froid ». La mention de « tuniques » séparables du grain montre qu'il s'agit d'une céréale nue au sens actuel du terme (cf. *supra*, n. 1 ; *contra*, Jardé, *Les céréales*, p. 13, n. 10). La

nudité du grain, le grand développement des glumes et des barbes, la rusticité de la plante sont autant de caractères favorables à l'identification du « blé de Thrace » avec le seigle (Jasny, *The Wheats*, p. 100). Comme l'avoine (*supra*, n. 4), le seigle (*Secale cereale* L.) a été une mauvaise herbe infestant les emblavures, avant d'être à son tour domestiqué. C'est chose faite en Anatolie à l'Age du Bronze (Zohary — Hopf, p. 69) ; en Grèce, H. Kroll (art. cité [n. 3 à VIII, 1, 1], p. 62) compte le seigle parmi les sept ou huit céréales cultivées au Ier millénaire *a.C.* C'est en Thrace et en Macédoine que Galien (VI, 514 K.) en vit de nombreux champs et apprit que « la plante entière et son grain s'appelaient *briza* » (cf. *D.E.L.G.* s.v. βρίζα « seigle »). Puisque ce terme était étranger au grec du IIe siècle *p.C.*, les négociants en grains et les colons grecs installés en Thrace à l'époque de Théophraste donnaient au seigle un autre nom : probablement celui de « blé de Thrace ».

21. A. Jardé, « Aineia ou Ainos ? », *Rev. Ét. Anc.* 14, 1912, p. 277-278, s'interroge sur le lieu de culture de ces blés, en rapprochant de notre passage sa reprise dans *C.P.* IV, 11, 4 : « il est étonnant... que les blés à cycle court soient lourds, comme les gens d'Ainos (οἱ περὶ Αἶνον) le disent de leurs blés de quarante jours », et dans Pline, XVIII, 70 : « il existe dans les environs d'Ainos, en Thrace (*circa Thraciae Aenum*), un blé de deux mois qui commence à mûrir quarante jours après les semailles ; chose surprenante, il n'y a pas de blé plus lourd, et il ne donne pas de son ». La ville nommée Ainos est bien connue : l'*Iliade* la mentionne (Δ 520) ; Hérodote (IV, 90) la situe avec précision à propos de l'Hèbre (auj. Maritza, dont le cours inférieur constitue la frontière gréco-turque) qui « se jette dans la mer près de la ville d'Ainos » (... ἐς θάλασσαν τὴν παρ' Αἴνῳ πόλι). Celle-ci conserve son nom antique sous la forme turque Enez. Jardé attribue la leçon Αἴνειαν (U M) de *H.P.* VIII, 4, 4 à une confusion de Théophraste entre Aineia, sur le golfe Thermaïque (cf. Hdt. VII, 123), et Ainos, en Thrace. Cette erreur n'est pas vraisemblable de la part d'un auteur familiarisé avec la Grèce du Nord par un long séjour à Stagire. Une solution est suggérée par Einarson et Link (n. 1 à *C.P.* IV, 9, 6), qui donnent de *H.P.* VIII, 4, 4 la traduction suivante : « ... any that mature in a still smaller number of days, such as they say in the district of Aenos ». On peut en effet comprendre περὶ τὴν Αἴνειαν (χώραν ou γῆν), comme par exemple περὶ τὴν Θηβαΐδα (IV, 2, 10) ou περὶ τὴν Περσίδα (IV, 7, 5), en supposant un couple Αἴνειος / Αἴνιος (cf. Thuc. VII, 57, pour l'ethnique Αἴνιοι), du même type que Λύκειος / Λύκιος, épithète d'Apollon « lycien ». Cette analyse remet en question notre traduction en IV, 14, 3, de περὶ τὴν Αἴνειαν « dans la région d'Aineia » où il est dit que les figuiers ne souffrent pas de la « gale ». Faut-il donner le même sens aux deux occurrences de la même expression et rapporter également la remarque sur le figuier à

« la région d'Ainos » en Thrace ? Il ne semble pas possible de trancher.

22. Pour Jasny (*The Wheats*, p. 105), cette variété de blé doit être du seigle. Celui-ci en effet supporte bien le froid, et le climat d'Ainos était d'une rudesse proverbiale (cf. Ath. 351 c : Ἐν Αἴνῳ ... τοὺς μὲν ὀκτὼ μῆνας εἶναι ψῦχος, τοὺς δὲ τέτταρας χειμῶνα « A Ainos, huit mois de froid, quatre d'hiver »), quoique un peu adouci depuis que le cours de l'Hèbre s'était rapproché de la ville (*C.P.* V, 14, 3, repris dans Pline, XVII, 30). Le seigle de printemps a un cycle très court, qui permet de le récolter même pendant le bref été nordique. Tout le monde connaît le pain de seigle, grisâtre, aigrelet et peu digestible ; tels sont les caractères que Pline (XVIII, 141) attribue au *secale* : *nigritia triste, pondere praecipuum* « d'une vilaine couleur noire et exceptionnellement lourd ». Même insistance dans notre texte sur la pesanteur du blé d'Ainos, ἰσχυρὸν ... καὶ βαρὺν « consistant [à la fois 'nourrissant' et 'indigeste'] et lourd ». Cependant tout le « blé de Thrace » n'était certainement pas du seigle. Il est dit dans *C.P.* IV, 11, 5 que ce blé se signale par « ses glumes abondantes et sa germination tardive » (τὸ πολύλοπον εἶναι καὶ ὀψιβλαστῆ). Ce dernier caractère convient mal au seigle, si prompt à germer que, semé à l'automne, il risque d'épier avant l'hiver (cf. Damseaux, p. 68). On pense plutôt à un blé vêtu (πολύλοπον) du groupe des amidonniers, dont le grain « se distingue par l'extrême finesse de son écorce qui ne donne presque pas de son » et qui « conviennent surtout aux terres maigres (...) des contrées à hiver long et rude » (Barral — Sagnier, II, 1009). Le mélange de l'amidonnier au seigle pour rendre le pain moins amer est attesté dans Pline (*ibid.*) chez les Taurini. De même n'est-il pas exclu que le « blé d'Ainos », connu de Théophraste par ouï-dire (φασί), corresponde en partie au seigle, en partie à des variétés de blé propres à cette région.

23. « Seul cas certain de blé étranger acclimaté » (Jardé, *Les céréales*, p. 18).

24. L'expression ἐν τῇ Καρυστίᾳ (χώρᾳ / γῇ) confirme la possibilité de comprendre de même περὶ τὴν Αἴνειαν (*supra*, n. 21).

25. Cf. Barral — Sagnier, II, 997 : « Le froment ne talle d'une façon considérable qu'à la condition d'être semé avant l'hiver » ; chez les blés de mars, au contraire, « le tallage est toujours restreint et les ramifications de la tige principale tendent immédiatement à monter à fleur ».

26. A titre de comparaison, Hérodote (VII, 187) évalue la dépense de grain pour l'armée de Cyrus en prenant pour base de calcul une chénice (= 1, 08 l) de blé par personne et par jour. Certaines rations étaient beaucoup plus larges : pendant la trêve de Pylos (Thuc. IV, 16) il fut convenu d'envoyer aux hommes bloqués dans l'île « deux chénices attiques de farine d'orge par personne ». Ces variations, jointes à la

difficulté de convertir les mesures de capacité en mesures de poids, ne permettent pas de porter un jugement ferme sur le rapport de 3 à 5 établi ici entre les blés attique et béotien. « Le renseignement fourni par Théophraste me paraît suspect, écrit Jardé (*Les céréales*, p. 32, n. 7). Si on prend en effet pour le blé béotien le poids maximum de 82 kilog. à l'hectolitre, on aura pour le blé attique 49 kilog., chiffre évidemment trop faible. » Mais notre connaissance de la métrologie attique au IVe siècle est très imparfaite.

27. Le fait a paru assez extraordinaire pour figurer parmi les *mirabilia* d'Apollonios le Paradoxographe (XXXIII : τῆς Βακτριανῆς [ὁδοῦ del. Hercher] ἔν τισι κώμαις πυρὸν γίγνεσθαι οὕτως εὐγενῆ, ὥστε πυρῆνος ἐλαίας τὸ μέγεθος ἴσχειν). En réalité, la comparaison d'un très gros grain de blé à un très petit noyau d'olive (telle notre « olive de Nice ») n'est pas déraisonnable ; elle le devient dans la version de Pline (XVIII, 70) où « un seul grain égale un de nos épis ». Les Grecs ont été frappés par la merveilleuse fertilité des oasis, où la culture intensive et l'irrigation d'un sol très riche en matières organiques d'origine humaine et animale donnent des résultats exceptionnels. Ainsi, tout en déplorant l'incrédulité de ses lecteurs, Hérodote (I, 193) écrit au sujet de la Babylonie : « En ce pays, les feuilles du froment et de l'orge atteignent aisément quatre doigts de largeur ; le millet et le sésame deviennent des arbustes ». La richesse du terroir bactrien permet d'accepter comme authentique le renseignement transmis par Théophraste.

28. Le nom du peuple bactrien dont les troupes d'Alexandre parcoururent le pays en automne 330 apparaît trois fois chez Théophraste, toujours dans la même anecdote, avec une diversité de formes déconcertante : Pissates / Pissotes / Pissutes (ici même), Piésanges (*C.P.* IV, 9, 5 : ἐν τοῖς πιεσάγγαις), Épisynanges (*C.P.* IV, 11, 6 : ἐν ταῖς ἐπισυνάγγαις καλουμέναις). Selon les avis concordants (aimablement communiqués *per litteras*) de P. Bernard et de A. Ivantchik, cet ethnonyme n'a pas de rapport, malgré une certaine ressemblance, avec les Pissoures / Pissaures de Strabon (XI, 8, 2), peuple nomade de la confédération des Dahae dont le territoire s'étendait de l'Hyrcanie à l'Arie ; ni avec l'anthroponyme Pissouthnès, vieux nom du domain iranien de l'Est porté au Ve siècle par un satrape de Sardes (Thuc. I, 115, 4, etc.) : à supposer la présence du premier élément de ce composé (transcrit en grec πισ-) dans Πίσσατοι *uel sim.*, il faudrait expliquer la gémination du sigma et le second élément des ethnonymes. Ces derniers restent donc obscurs. On ne peut que tenter de reconstituer partiellement le processus d'altération des formes grecques à partir de la leçon de U πισσάτοις : dans πιεσάγγαις, -ε- et -γγ- résultent d'une double mélecture d'onciale (Ε < Σ ; ΓΓ < Τ) ; ἐπισυνάγγαις semble préfixé par ἐπι- (< πιε-) et -συν- (réinterprétation de -σ- ?). Le fait que ces variantes fautives ont le -α- pénultième de πισσάτοις plaide en faveur du texte de U.

29. La distinction entre blés d'hiver et blés de printemps n'est pas absolue ; le choix de l'une ou de l'autre période dépend à la fois du climat et de l'aptitude d'une variété à taller plus ou moins rapidement. Ainsi les blés durs, plus frileux que les blés tendres, sont d'hiver dans tout le bassin méditerranéen, mais de printemps dans les régions plus septentrionales, comme au Pont selon Théophraste. Quoique globalement plus légers, les blés tendres comprennent des variétés à fort tallage, qui doivent être semées à l'automne, et d'autres qui, ne tallant presque pas et montant très vite en épis, sont d'excellents blés de printemps (cf. Barral — Sagnier, II, 1000).

30. L'ivraie est aujourd'hui connue de tous grâce au proverbe « séparer le bon grain de l'ivraie », qui s'inspire d'une parabole de l'Évangile (*Matt.* 13, 24-25). Il ne s'agit ici que de ses graines toxiques susceptibles de déprécier un blé, les caractères de la plante et ses rapports génétiques avec les céréales cultivées étant présentés plus loin (VIII, 7, 1 et VIII, 9, 3). Le qualificatif κεφαλαλγής que Théophraste donne ici à l'ivraie (de même Galien, VI, 553 K., au sujet des consommateurs de pain souillé d'ivraie : ἐν τῷ παραχρῆμα κεφαλαλγεῖς ἐγένοντο πολλοί) et le nom scientifique de celle-ci, *Lolium temulentum* L., litt. « ivraie enivrante », résument le tableau clinique de l'intoxication humaine par des céréales mêlées d'ivraie : « douleur et lourdeur dans la tête, vertiges, troubles de la vue, bourdonnements d'oreilles, somnolence, titubation », etc. (Bellakhdar, *Pharmacopée marocaine*, p. 435). On ne sait pas encore si la toxine provient de bactéries infestant le grain ou si elle est produite par la plante en réponse à l'infection. Mais la connaissance empirique de sa nocivité suffisait à faire écarter du marché les grains qui n'étaient pas καθαροὶ αἰρῶν. La loi athénienne de 374/3 *a.C.* sur les grains des îles (publiée et étudiée par R. S. Stroud, *The Athenian Grain-Tax Law of 374/3 B.C.*, in *Hesperia Suppl.* 29, 1998) précise que l'orge sera fournie « sèche » et « sans ivraie » (l. 23-25 : τὰς δὲ κρι<θ>ὰς ... ξηρὰς ... καθαρὰς αἰρῶν). Comme l'ivraie peut être présente dans les blés encore plus que dans les orges (cf. *H.P.* VIII, 7, 1 ; Diosc. II, 100 : αἶρα ἡ γιγνομένη ἐν τοῖς πυροῖς ; plus clairement encore, Galien, VI, 551 K. : ἐν μὲν τοῖς πυροῖς αἶραι πολλάκις εὑρίσκονται πολλαί· κατὰ δὲ τὰς κριθὰς γίγνονται μέν, ἀλλ' ὀλίγαι), on s'attendrait à trouver la mention du blé (l. 21 : τοὺς πυροὺς) assortie de la même clause. L'accord grammatical avec le terme le plus proche n'empêche pas qu'en fait καθαρὰς αἰρῶν concerne les deux céréales. Le commentaire de R. Stroud fournit (p. 56) de nombreuses références épigraphiques, papyrologiques et littéraires à la pureté des graines, et signale dans Aristophane, fr. 497 K.-A. (= 480 Kock), un « crible à ivraie », κόσκινον αἰρόπινον (voir la discussion sur ce dernier terme dans le *D.E.L.G.* s.v. αἰρόπινον). Comme les grains de l'ivraie sont plus petits que ceux du blé, dont ils ont à peu près la forme et la

couleur (Barral — Sagnier, III, 351), il suffisait de donner aux trous du crible le diamètre approprié pour évacuer l'ivraie et retenir « le bon grain ».

31. Μελάμπυρον « blé noir » fait penser naturellement à *Melampyrum arvense* L. dont les graines noires à l'état sec étaient naguère une des principales impuretés du blé. Cette espèce correspond probablement au « blé noir pontique » de VIII, 8, 3 (voir n. 10 *ad loc.*), mais elle manque à la Sicile, comme à la plupart des régions méditerranéennes. Dioscoride décrit sous les noms de « myagre » et de « blé noir » (IV, 116 : μύαγρον, οἱ δὲ μελάμπυρον) une autre messicole, *Myagrum perfoliatum* L. Le nom de μύαγρον « piège à souris », « souricière », lui vient de son fruit très particulier, « dont la partie inférieure est en cône renversé et dont la partie supérieure, plus large, forme comme deux bosses latérales » (Bonnier, n° 242) ; la coupe longitudinale fait apparaître trois logettes oblongues, les deux supérieures toujours vides, l'inférieure renfermant l'unique graine, telle une souris prise au piège (voir nos *Études*, p. 286 et 287, fig. 4). Cette graine, bien plus petite qu'un grain de blé, lui ressemble par sa forme, son sillon longitudinal et sa couleur blond doré (plus foncée après dessiccation), mais elle a une tache noire à l'extrémité supérieure. Oléagineux (cf. Diosc. λιπαρόν), le myagre peut alourdir le pain, sans le rendre nocif. L'incertitude de sa présence actuelle en Sicile (*Flor. eur.* I, 268) s'explique peut-être par sa régression dans tout le sud de l'Europe, consécutive aux pratiques agricoles modernes. Les autres identifications proposées pour μελάμπυρον ne rendent pas compte de son synonyme μύαγρον. Ainsi Hort, *Index of plants* ; L.S.J. ; Carnoy, *Dict. étym. noms grecs de plantes* : *Neslia paniculata* (L.) Desv. (= *Myagrum paniculatum* L.), à graine jaune clair uniforme, marquée d'un sillon longitudinal et renfermée dans une silique globuleuse qui ne rappelle en rien une souricière ; d'autre part, André, *Noms de plantes*, s.v. *melampyrum* et *myagros* : *Camelina sativa* (L.) Crantz (= *Myagrum sativum* L.), la cameline, jadis cultivée dans toute l'Europe pour ses graines rougeâtres donnant une huile d'éclairage ; André signale ses noms toscans *miagro*, *miagro falso*, avec cette remarque : « *myagros* […] proprement 'attrape-souris' (pourquoi ?) ». Si toutefois le premier élément du composé μελάμπυρον n'avait qu'une connotation péjorative, indépendamment de la couleur réelle, il pourrait s'agir d'une dénomination collective des ces trois espèces réunies par Linné dans le genre *Myagrum*.

32. Rappel du §5 : τούτων … ἐν … ταῖς χώραις … τὸ αἴτιον.

33. Cf. Arist., *Pol.* 1260 a 19 : (alors que le chef doit posséder la vertu parfaite, chacun des autres) « ne doit en avoir qu'autant qu'il lui convient » (ὅσον ἐπιβάλλει αὐτοῖς) ; d'où « seulement dans une certaine mesure ».

CHAPITRE 5.

1. Le pois chiche cultivé, *Cicer arietinum* L., paraît avoir pour ancêtre sauvage une espèce (*C. reticulatum* Ladiz.) localisée dans le sud-est de la Turquie. La plante domestiquée est présente en Grèce dès le VIe millénaire et plus abondante vers 3500 *a.C.* (Zohary — Hopf, p. 98-102). Ce sont encore des graines de petites dimensions (*c.* 3,5 - 4, 25 mm), sans doute peu différentes de celles que Théophraste appelle « grains d'ers ». A l'opposé se trouvaient les « béliers », auxquels le poète comique Sophilos (fr. 9 K.-A. [= 8 Kock], ap. Ath. 54 f) compare un personnage important : « c'est un pois chiche bélier ! » (... πολὺ μέγιστός ἐστι· | κριὸς ἐρέβινθος). Le légume actuel permet de comprendre l'image du « bélier », qui se retrouve en latin (Pline, XVIII, 124 : *Est... arietino capiti simile, unde ita appellatur* : le pois chiche « ressemble à une tête de bélier ; d'où son nom ») et dans l'épithète spécifique *arietinum* accolée par Linné à *Cicer* : le bec surmontant le hile correspond au museau busqué de l'animal, les deux cotylédons discoïdes à ses cornes recourbées. Dioscoride cite (II, 104), sans variété intermédiaire, le « bélier » et le « grain d'ers » qu'il nomme ὀροβίας (leçon retenue dans l'éd. Wellmann). A partir de son témoignage appuyé par ceux de Galien et d'Oribase, L.S.J. propose pour notre texte la lecture ὀροβίαι οἱ de ὀροβιαῖοι (codd. Ald.), qui dispense de toute autre correction.

2. Si ὁ n'est pas une simple dittographie du ὄ- de ὄροβος, l'ers est distingué des espèces énumérées à la suite sans article. Deux explications possibles : ou bien ὁ ὄροβος, succédant à ὀροβίαι, peut être glosé « l'ers en question » (article quasi anaphorique) ; ou bien l'ers fournit l'exemple le plus frappant de la variation du goût, d'ordinaire « extrêmement désagréable » (Galien, VI, 546 K. : ἀηδέστατόν ἐστι), moins déplaisant dans la variété à grains clairs.

3. La lentille est aujourd'hui encore verte ou brune. — Le pois chiche est bistre ou jaune clair, parfois mêlé d'exemplaires brun foncé ; l'antiquité l'a connu « blanc » et « noir » essentiellement, mais aussi « couleur de buis » (Dioclès de Carystos, fr. 194 van der Eijk, ap. Ath. 55 b : κρείττους δ' οἱ λευκοὶ τῶν μελάνων καὶ πυξοειδεῖς), « jaune d'or » (Sappho, fr. 143 Lobel — Page, ap. Ath. 54 f : χρύσειοι ἐρέβινθοι), « roux » (*infra*, VIII, 6, 5 : πυρρός) ; pour la consommation, Théophraste partage l'opinion de Dioclès (ci-dessus), pour qui les pois chiches « sont meilleurs blancs, ou couleur de buis, que noirs ». — Nos fèves sont beiges, vertes, rarement lavées de rouge violacé (Barral — Sagnier, II, 916), mais on sait combien elles diffèrent de celles des anciens (cf. n. 17 à VIII, 1, 5). — Sur le sésame, nous sommes mieux renseignés (cf. Barral — Sagnier, IV, 658) : dans l'Inde, où la plante paraît avoir été d'abord domestiquée (cf. n. 5 à VIII, 1, 1), on cultive le *parellou* à graine noire (le plus estimé) et le *kourellou* à graine rousse ; la variété répandue dans le

bassin méditerranéen est le « sésame blanc », déjà mentionné comme de qualité supérieure dans Arist., *Ois.*, 159 (τὰ λευκὰ σήσαμα).

4. Sur la capsule du sésame et sa configuration particulière, voir III, 18, 13 ; VIII, 3, 4, et les notes *ad loc.*

5. Cf. VIII, 4, 2 : πολλὰ γένη καὶ τοῖς καρποῖς αὐτοῖς διαφέροντα καὶ τοῖς στάχυσι.

6. Pour l'identification de l'ἀφάκη avec la gesse chiche, voir n. 11 à VIII, 1, 4.

7. A titre de différence générale entre légumineuses et céréales, on citerait par exemple la morphologie de la feuille, composée de folioles à nervures ramifiées dans le premier cas, simple et à nervures parallèles dans le second. Parmi les légumineuses, la différence spécifique peut résider dans le nombre et la forme des folioles, la présence ou l'absence d'une vrille terminant le rachis, etc.

8. Chez les Légumineuses, le hile ou cicatrice laissée sur la graine par son attache à la cosse se présente sous diverses formes. Sur la fève (dans sa variété actuelle, *Vicia faba* L., var. *major*), c'est un bourrelet noir long de 10-12 mm, à la jonction des deux cotylédons ; l'orifice d'où sort la radicule lors de la germination est à son extrémité la plus proche de la concavité médiane de la graine. Dans le pois chiche le point d'attache est surmonté du bec assimilé au museau d'un bélier (cf. *supra*, n. 1). Chez le lupin cultivé (*Lupinus albus* L.) cette empreinte est « déprimée » (ἔγκοιλον), l'orifice rond étant entouré d'un bourrelet concentrique. Sur d'autres graines, en particulier dans les genres *Lathyrus* (gesse) et *Vicia* (vesce), le hile est « une simple marque » (ὥσπερ ἀποσημαίνουσαν μόνον), par exemple, pour la gesse ochre, une fine raie blanche sur fond brun grisâtre pruineux. L'expression καθάπερ ἀρχήν τινα répond à οἷον ἀρχήν τινα en VIII, 2, 1, sur le même sujet.

9. Cf. VIII, 2, 2.

CHAPITRE 6.

1. La saison traditionnelle des semailles, fin octobre — début novembre (cf. n. 7 à VIII, 1, 2), procure aux semences l'humidité et la chaleur nécessaires à leur germination : sous le climat méditerranéen, les précipitations équinoxiales sont d'ordinaire abondantes et après les premiers froids d'octobre vient un « été de la Saint-Martin » d'une grande douceur.

2. Comme la plupart des plantes achèvent en Grèce leur cycle végétatif au début de l'été, les oiseaux granivores trouvent encore assez de nourriture pendant la première partie de l'automne ; des semailles précoces pouvaient donc limiter leurs dégâts. Les « autres animaux sauvages » sont les insectes et les petits rongeurs, moins nuisibles toutefois que les oiseaux, auxquels Hésiode recommande (*Trav.* 470) de « donner de la peine » en recouvrant bien la semence.

3. Cf. *C.P.* III, 23, 1, où apparaît une distinction plus fine entre deux états du terrain : « d'une part, la terre humide et boueuse dissout les semences et les transforme en lait (ἐκγαλακτοῖ) (...) ; d'autre part, le sol à demi détrempé (ἡ ἡμιβραχὴς [γῆ]) les fait pourrir, car il a juste assez de chaleur et d'humidité pour déclencher leur germination, mais non pour leur permettre de forcer les obstacles et de lever. De ce fait même, c'est le pire des ensemencements (ᾗ καὶ χείριστος οὗτος τῶν σπόρων) ».

4. L'imparfait ἐδόκει (corrigé en δοκεῖ par Wimmer) fait référence à la même remarque en VIII, 1, 5 : la fève se multiplie difficilement, « et même très difficilement si de surcroît il vient à pleuvoir plus qu'il ne faut sur le semis ». — A noter l'emploi ici comme dans *C.P.* I, 3, 1 et IV, 3, 3, de l'adjectif δυσβλαστής « qui germe avec difficulté », curieusement absent des dictionnaires usuels (Bailly, L.S.J. et ses Suppléments).

5. La ressemblance des noms ὅρμινον et κύμινον, celle des graines correspondantes (VIII, 7, 3 : « l'hormin est une graine qui rappelle le cumin »), enfin la germination capricieuse du cumin, que l'on croyait stimuler par des imprécations (VII, 3, 3), ont fait remplacer ici ὅρμινον par κύμινον dans la liste des « plantes estivales », pourtant bien établie en VIII, 1, 4 et VIII, 7, 3.

6. Cf. Xén., *Éc.* XVII, 11 : « il faut mettre moins de semence dans une terre moins forte ». Tout en reprenant à son compte ce principe de bon sens (« semer davantage dans une terre grasse, moins dans une terre maigre »), Pline (XVIII, 198) précise les quantités moyennes de semence : « Normalement on sème par jugère dans un sol moyen cinq boisseaux de blé barbu ou de blé commun (...), six boisseaux d'orge... » (trad. Le Bonniec).

7. Cet emploi de εὐθύς a embarrassé les commentateurs depuis Gaza qui le glose : « terram enim esurire *et uorare protinus semen* existimant ». Parmi les plus récents traducteurs, Wimmer (1866) néglige εὐθύς ; Hort en fait un adverbe de temps modifiant φασι : « they say at once », et de même Le Bonniec, n. 1 à Pline, XVIII, 196 : « on dit aussitôt que la terre a faim ». C'est en réalité l'image de la terre « affamée » dont εὐθύς « franchement », « carrément » (cf. ἐκ τοῦ εὐθέος, δι' / ἐξ εὐθείας, etc.) souligne la vigueur.

8. Le rôle de la fumure dans l'agriculture grecque a été depuis longtemps étudié (Jardé, *Les céréales*, p. 25-30) à partir des données littéraires et épigraphiques (en part. le bail d'Amorgos, *I.G.* XII, 7, 62). Sur ce point encore, Théophraste, sans se désintéresser de la question (cf. II, 7, 4 : force des différents fumiers ; VII, 3, 5 ; VII, 7, 8, et surtout VII, 5, 1 : fumure des plantes potagères), s'en tient à des principes généraux : proportionner la fumure à la nature du sol, c'est-à-dire fumer copieusement sous climat pluvieux, modérément en terrain sec et léger (*C.P.* III, 9, 2), ou encore, selon certains agronomes (*C.P.* III,

20, 2), fumer beaucoup un sol pauvre et moins un bon terrain. En somme, l'expérience et l'observation font loi. — La jachère est mentionnée à la suite de la fumure parce que l'enfouissement, comme engrais vert, des mauvaises herbes du terrain en friche constituait le principal amendement des emblavures. Xénophon (*Éc.* XVI, 12) recommande de labourer la jachère au printemps pour trouver la terre meuble à souhait, mais aussi parce que « l'herbe retournée peut déjà faire du fumier pour la terre, et elle ne laisse pas encore tomber de graines qui puissent pousser » (trad. P. Chantraine). Théophraste préfère un labour d'hiver qui expose la terre remuée à l'action bénéfique de la neige et du gel (*C.P.* III, 20, 7), tandis que le même travail fait au printemps accroît la sécheresse et la friabilité du sol (*C.P.* III, 20, 2). On mesure mieux le poids de ces derniers arguments, si l'on pense qu'« il s'agit d'une agriculture sèche, qui a cherché à tirer parti au maximum de ses ressources en eau » (M.-C. Amouretti, *Les rythmes agraires dans la Grèce antique*, dans *Rites et rythmes agraires*, *TMO* 20, Lyon, 1991, p. 119-126). Les prescriptions des théoriciens devaient varier selon que telle ou telle contrainte leur paraissait essentielle.

9. Anecdote développée dans *C.P.* III, 20, 5, au sujet d'un homme « qui, en Syrie, provoqua par un labour profond le dessèchement <de sa récolte> : les cailloux provenant du sous-sol, devenus plus brûlants sous le soleil d'été, la brûlèrent ; c'est pourquoi les Syriens utilisent des araires légers (... μικροῖς ἀρότροις οἱ Σύροι χρῶνται) » ; cf. aussi Pline, XVII, 30. Sur l'araire antique et son usage resté traditionnel en Méditerranée orientale, voir M.-C. Amouretti, *Le pain et l'huile*, p. 81-89, avec les figures 9 (p. 82) et 10 (p. 84), ainsi que les planches hors texte 6 et 9. On retiendra particulièrement de cette étude les remarques suivantes : « Le terme de 'charrue' doit être prohibé des traductions des textes grecs de notre époque. (...) L'araire ouvre la terre, la charrue la retourne. Le premier est un instrument symétrique, le second un instrument dissymétrique, caractérisé par un coutre et un versoir ». Pour un labour superficiel, tel qu'il se pratiquait en Syrie, un araire léger suffisait : il ne s'agissait que d'ameublir et d'aérer la terre, éventuellement d'éliminer quelques mauvaises herbes, sans modifier la structure du sol.

10. Cf. *C.P.*, *ibid.* : « Certaines régions n'acceptent pas les soins méticuleux et quiconque leur en donnerait ferait fausse route, ce qui se produisit pour un homme revenu de Corinthe à Syracuse, avec les techniques de là-bas. Il ruina son domaine — un bon fonds, semble-t-il — en l'épierrant : sans protection, puisque les pierres avaient été enlevées, son grain gela complètement ». Version différente dans Pline, XVII, 30, qui parle de destruction par la boue et non par le gel.

11. En fait, l'orge ne craint pas le froid, si on en sélectionne des variétés appropriées. Damseaux cite (p. 95) « une orge basse à six rangs, au grain petit mais germant très vite, que les Lapons sèment et

récoltent dans le court espace de soixante-dix à quatre-vingts jours ». C'est plutôt des exigences du froment que les agriculteurs grecs devaient tenir compte. Comme il redoute la chaleur sèche de l'été méditerranéen, on le semait « en situation froide ». Il se plaît dans une bonne terre (cf. *C.P.* III, 21, 2 : « un sol léger est une meilleure terre à orge, un sol gras une meilleure terre à blé ») et profite donc de l'engrais vert enfoui dans le sol après une longue friche (cf. *C.P.* III, 21, 4 : « la terre mise en culture après une longue friche produit du froment plutôt que de l'orge, car le froment assimile [litt. maîtrise] mieux la nourriture, qui est plus riche ». De son côté l'orge, qui croît encore dans des régions arides où la pluviosité annuelle tombe à 400 mm, craint la grosse pluie qui dame le sol et gêne la levée des plantules ; de même à maturité, les orges mouillées s'échauffent facilement oü germent en épis. La productivité supérieure du froment en l'absence de fumure surprend davantage ; voici l'explication donnée dans *C.P.* III, 21, 4 : « <Le froment> produit aussi plus <que l'orge> dans les sols non fumés. La cause en est qu'étant chaud, il est plus capable de réaliser sa coction, et il n'a pas de pareilles exigences en fumier parce qu'il possède en lui-même ce qui devrait lui venir du fumier ».

12. Les fleurs épanouies de l'orge sont largement ouvertes, « le pistil nubile s'élevant jusqu'à la moitié des glumes » (Damseaux, p. 105) ; il est évident que la pluie contrarie cette fécondation à l'air libre. Chez le froment, la fécondation étant interne (cf. n. 12 à VIII, 2, 4-5), on la croirait indépendante des conditions atmosphériques. Il n'en est rien, « parce que les grains de pollen absorbent l'humidité et crèvent avant l'imprégnation du pistil » (Id., p. 34).

13. Cf. Gennadios, p. 285, s.v. ἐρέβινθος : « Rares sont les parasites qui attaquent le pois chiche ; cela doit être attribué au fait que les parties aériennes de la plante, sous l'action du soleil, sécrètent de l'acide oxalique ; d'où la saveur saumâtre bien connue que celles-ci présentent. Au moment où la végétation est suffisamment développée, si des pluies surviennent, qui lavent la substance acide recouvrant les feuilles et les autres parties de la plante, le pois chiche, comme les anciens l'avaient précisément remarqué (Th., *HP* 8, 6, 5) est attaqué par des chenilles et par une sorte de rouille (*Erysiphe Martii*) ». De même qu'en IV, 14, 2, ὁ σφακελισμός désigne le pourridié ou « blanc des racines » (cf. n. 1 *ad loc.*), de même σφακελίζειν se dit ici du pois chiche atteint du « blanc » ou « blanquet » (cf. Barral — Sagnier, IV, 248), maladie cryptogamique également, qui détermine l'apparition de taches blanches pulvérulentes sur les feuilles.

14. Pline, XVIII, 24 : *firmius... quod nigrum et rufum quam quod album* semble bien traduire un texte plus correct que celui de nos mss. Les pois chiches à grains bruns ou roux étaient des variétés rustiques, donnant un produit plus grossier (cf. n. 3 à VIII, 5, 1) que les grains jaune clair seuls commercialisés aujourd'hui dans nos pays. Peut-être

convient-il de rappeler, indépendamment des faits, la tendance des Grecs à regarder, dans le monde végétal, comme robuste (« mâle ») ce qui est coloré, comme délicat (« femelle ») ce qui est clair (cf. III, 9, 6 [sapin] ; VI, 2, 1 [ciste] ; VI, 2, 6 [inule], etc.). Ce n'est pas simple coïncidence si le Maroc actuel connaît un pois chiche à grains jaunes dit « femelle », et une variété « mâle » à grains plus petits, de couleur rouge sombre à brun (Bellakhdar, *Pharmacopée marocaine*, p. 302). Du reste, Théophraste lui-même pose dans *C.P.* III, 22, 2 le principe suivant : « en un mot, tout ce qui est blanc est plus faible et plus fragile que ce qui est noir (ἀσθενέστερα δὲ καὶ ἐπικηρότερα ... τὰ λευκὰ τῶν μελάνων), qu'il s'agisse de végétaux ou d'animaux ».

15. Cf. VIII, 1, 3 (semis précoce) ; VIII, 1, 4 (semis tardif encore possible) ; VIII, 2, 5 (durée de la floraison).

16. Le rôle déterminant de la rosée dans le maintien de la vie, végétale et animale, en milieu aride a été exposé à propos de la Libye (cf. IV, 3, 7 : « Dans la partie du pays où il ne pleut pas, de la rosée se dépose toujours, dit-on, en abondance ; par conséquent, il est évident que ce qui nourrit le palmier et toute autre plante des régions arides, c'est l'humidité qui monte de la terre, et en outre la rosée »). — L'expression οἱ περὶ Κυρήνην καὶ Εὐεσπερίδας τόποι ne correspond pas à une réalité bioclimatique uniforme. Avec 650 mm de pluie par an, la campagne cyrénéenne proprement dite se prête à une agriculture de type méditerranéen : blé (surtout blé dur probablement) et orge étaient produits au IVe siècle en quantités telles que la Cyrénaïque était alors un des greniers d'Athènes (F. Chamoux, *Cyrène sous la monarchie des Battiades*, Paris, 1952, p. 16-17 ; 230-231). Théophraste fait donc allusion ici au versant méridional du Djebel Akhdar, qui reçoit, comme les environs d'Euhespérides / Benghazi, environ 200 mm de pluie par an. La rosée y rend la culture céréalière encore possible, avec des résultats aléatoires. (La fertilité qu'Hérodote, IV, 198, attribue au « territoire des Euhespérites », où les rendements atteignent 100 pour 1, n'a pu être constatée que sur de petites parcelles abondamment irriguées ; cf. n. 27 à VIII, 4, 5).

17. Cf. Plut., *Mor.* 913 a (= *Causes des phénomènes naturels*, IV) : « ... les pluies de printemps sont particulièrement nécessaires aux semences avant l'été, d'où vient que la région qui reçoit beaucoup de pluie au printemps, comme il arrive en Sicile, donne des récoltes abondantes et de qualité ».

18. L'influence des brises marines et des vents en général a été notée plusieurs fois : II, 8, 1 (chute prématurée des jeunes figues) ; V, 9, 7 (allumage des briquets) ; VI, 2, 4 (présence du thym jusqu'où arrive la brise de mer) ; VIII, 2, 11 (précocité des récoltes dans les zones littorales), etc. Elle le sera encore dans les chapitres suivants.

19. Les fortes pluies accompagnées d'un vent violent favorisent la verse, « particulièrement dommageable à l'époque de la floraison ; il

n'y a qu'une fécondation incomplète et même nulle ; si la verse est complète, la récolte est perdue » (Damseaux, p. 37). Si l'accident se produit plus tard, les épis entremêlés aux chaumes abattus mûrissent mal ; peu avant la moisson, les grains tombent, moisissent ou germent.

20. Il y a peu de différence entre πόα (§1) et βοτάνη (ici) désignant les herbes qui infestent les cultures. Peut-être cependant πόα « herbe » (en général), « plante herbacée », doit ce sens au contexte, alors que βοτάνη exprime plus précisément l'idée de « mauvaise herbe » sauvage associée aux espèces cultivées (cf. II, 7, 5 : ὑποτῖλαι τὴν βοτάνην « désherber » ; mais la βοτάνη de IV, 4, 13 est une herbe de Gédrosie, éloignée de toute culture).

CHAPITRE 7.

1. La transformation prétendue des céréales domestiques en ivraie a beaucoup préoccupé Théophraste. Il l'a évoquée en II, 4, 1, avec d'autres mutations dont la plus vraisemblable est la modification par la culture « des blés sauvages et des orges ». En VIII, 8, 3, il assortira d'une réserve personnelle l'opinion courante qui faisait de l'ivraie le produit dégénéré du blé et de l'orge. Même prudence dans *C.P.* II, 16, 2-3, où cette transformation, « si du moins elle est authentique », est expliquée comme ici par une forte humidité, car « l'ivraie aime l'eau ». Nous verrons (n. 9 à VIII, 8, 3) qu'au IIe siècle de notre ère, la question demeurait pendante ou recevait une réponse inexacte.

2. Éliminé des éditions dès 1613 (Heinsius) αἰτιῶνται est une variante fautive de πειρῶνται passée dans le texte (cas semblables en III, 18, 12 et 13).

3. Observations d'une justesse remarquable : la brillance des feuilles (non visible dans Bonnier, pl. 693, n° 3238 bis) est à l'origine d'un nom arabe de l'ivraie, *l-medhûn* litt. « celle qui est enduite d'huile » (Bellakhdar, *Pharmacopée marocaine*, p. 434). A l'inverse de l'ivraie, dont les grains ont une toxicité reconnue (cf. n. 30 à VIII, 4, 6), l'aegilops (ou égilops, égylops, égilope...), *Aegilops geniculata* Roth (= *A. ovata* L. *pro parte*) ne présente aucun danger pour l'homme (cf. Couplan, p. 190, où est signalée la consommation de ses grains en Sicile « jusqu'à une époque relativement récente [...]. On les préparait entiers, en gruau, ou écrasés, en bouillies »). L'aegilops nuit néanmoins aux céréales cultivées en leur disputant la place et la nourriture. Ses feuilles sont poilues dès l'épiaison et garnies de longs cils au niveau de la gaine (voir Bonnier, pl. 689, n° 3225 ; Couplan, pl. 42, n° 182).

4. L'ivraie du lin, *Lolium remotum* Schrank (*L. linicola* A. Braun), est très voisine de l'ivraie enivrante, dont elle ne se distingue que par sa tige et son épi plus grêles, et par ses épillets sans arête. C'est une espèce d'origine inconnue, naguère fréquente dans les champs de lin mais aujourd'hui très raréfiée (*Flor. eur.* V, 150 ; voir aussi Bonnier, pl. 693, n° 3238 b. Absente du *Conspectus florae graecae*).

5. Cf. VIII, 2, 5 (floraison durable) ; VIII, 2, 6 (fructification rapide) ; *C.P.* IV, 8, 3 (aucune action fertilisante). Selon Columelle (II, 13), le pois chiche et le lin sont les plantes « qui nuisent le plus à la terre par le poison qu'elles y déposent », ce qui tiendrait, pour le pois chiche, à sa « nature salée » (cf. *supra*, VIII, 6, 5 et n. 13). Ainsi s'expliquerait son rôle « nettoyant », particulièrement utile dans les terrains envahis par la croix de Malte, *Tribulus terrestris* L. (cf. III, 1, 6 et n. 11).

6. L'adverbe totalisant ὅλως modifie le sens non de la phrase entière (« en général », « en somme ») mais de la seule négation οὐδὲ : litt. « ne... pas même du tout ». — La culture du pois chiche dans tout le bassin méditerranéen laisse supposer que cette légumineuse s'accommode de terrains secs, souvent pierreux et maigres. Or les exigences que lui prête ici Théophraste sont confirmées par des témoignages postérieurs. Pour Columelle (II, 10), le pois chiche demande un sol très riche et fertile. Olivier de Serres, *Théâtre d'agriculture*, II, 4 (p. 193), développe la même idée avec pittoresque : « Touchant les chiches, s'ils ne viennent gaiement en vostre lieu, ne vous travaillés d'en semer en abondance, pour le peu de profit qu'ils rendent en terre qui ne leur agrée, laquelle, pour fertile qu'elle soit, en est fort travaillée. Par-quoi sera ce légume-ci, logé en gras fonds, ou plus-tost en terre défrichée de nouveau, ès crestes des fossés freschement creusés, ou en semblables endroits, dont la fécondité lui fournisse suffisante nourriture ».

7. On pourrait donc les croire épuisantes. Mais les légumineuses en général et la fève en particulier sont améliorantes pour plusieurs raisons. La première, évidemment inconnue des anciens, est l'existence sur leurs racines de nodules renfermant des bactéries qui fixent l'azote atmosphérique. En outre, que la fève soit enterrée comme engrais vert (VIII, 9, 1) ou qu'elle soit laissée sur place après la récolte, ses feuilles larges et charnues, ses tiges creuses pourrissent bientôt et jouent le rôle d'un engrais organique. Enfin, sa forte racine divise les terres compactes et les ameublit. D'où son action bénéfique, connue également de Pline (XVIII, 120) : « Elle fertilise le sol où on l'a semée et elle tient lieu de fumier ».

8. Phrase non traduite dans Gaza et diversement comprise par les éditeurs postérieurs. Schneider (III, 679) sous-entend d'après VIII, 9, 3, καρπίζεται τὴν γῆν. Wimmer (1842, *in notis*) reconnaît avec raison dans ὀλίγου δεῖ une tournure personnelle (« ... ont besoin de peu ») au lieu d'une restriction apportée à πάντα (« toutes ou peu s'en faut ») et suppose l'ellipse de ὕδατος ; d'où sa traduction (1866) : « quae aestivae sementis sunt, eis omnibus haud multum aquae opus est ». Hort suit Wimmer, tout en remarquant (II, 185, n. 7) que l'omission de ὕδατος est étrange. En fait le texte se suffit, pourvu que l'on donne à πάντα, nettement isolé de τὰ — ἀρότοις, sa fonc-

tion fréquente d'accusatif de relation : « en tout », d'où « à tous égards ».

9. Sur ces deux sortes de millet, voir n. 4 et 6 à VIII, 1, 1, et pour le jugement de Démosthène sur le millet à grappe, n. 8 à VIII, 1, 3. Le fait que ces plantes souffrent d'un excès d'eau explique peut-être leur arrosage (signalé dans Xén., *Anab.* II, 4, 13, pour les champs de millet à grappe) par un système de rigoles à faible débit.

10. L'addition de ζῷον à οὐδὲν est traditionnelle depuis Schneider, qui fonde sa conjecture sur *C.P.* VI, 12, 12, où il est dit du sésame et du sisymbre à cornes : *οὐδὲν* ἅπτεσθαι δοκεῖ *ζῷον* διὰ τὴν πικρότητα. L'idée est la même, mais précisément parce que le sens ne fait aucun doute, on peut admettre une ellipse semblable à celle de VIII, 3, 5 (cf. n. 19 *ad loc.*). — L'immunité du sésame paraît bien établie : « Jusqu'ici, écrit Damseaux (p. 343), on n'a signalé aucun ennemi du sésame ni dans le règne végétal ni dans le règne animal ». Celle du lupin était effectivement due à l'amertume de la plante cultivée dans l'antiquité, car les variétés modernes à feuilles et graines douces plaisent au bétail, ainsi qu'aux rongeurs dans les champs.

11. Ressemblance limitée à la production de graines oléagineuses car il s'agit de plantes morphologiquement très différentes (cf. n. 15 à VIII, 1, 4).

12. La comparaison s'inspire d'une sapidité commune plutôt que d'un aspect voisin (cf. également n. 15 à VIII, 1, 4). Le fait que Théophraste se dit incomplètement renseigné sur le sisymbre à cornes et sur l'hormin suppose que leur culture a toujours été assez limitée. Nous n'en connaissons pas de mention postérieure à l'antiquité.

13. L'analyse chimique des sols permet aujourd'hui de pallier leurs carences en substances nécessaires à un bon équilibre entre végétation et fructification. Mais dans un passé encore récent, on pratiquait l'effanage des céréales trop vigoureuses, développant un feuillage exubérant au détriment des épis. Les techniques décrites dans Barral — Sagnier, s.v. « effaner » (II, 687-688), sont celles que résume la formule de Théophraste : ἐπινέμουσι καὶ ἐπικείρουσι τὸν σῖτον. Mais à l'inverse de ce que disaient les Thessaliens, la conduite d'un troupeau dans une céréale en herbe est donnée pour une opération plus délicate que la coupe des fanes à la faucille. Il faut en effet ne pas sectionner les feuilles trop près du collet pour ne pas nuire au tallement et à l'épiaison : si le berger laisse ses moutons un certain temps à la même place, la récolte peut être perdue. Le blé καμακίας (de κάμαξ « perche », « échalas ») résulte probablement d'un effanage trop sévère ou pratiqué dans des conditions défavorables. Cette dégénérescence relève de l'« accident » (litt. « les Thessaliens racontent cela comme arrivant à un petit nombre »).

14. Pour le témoignage d'Hérodote sur l'exubérance des céréales en Babylonie, voir *supra*, n. 27 à VIII, 4, 5. Les renseignements de Théo-

phraste sur l'agriculture mésopotamienne peuvent être en partie traditionnels. Cependant une particularité du dépiquage des céréales dans cette région, signalée à la fois par Théophraste (*H.P.* VIII, 11, 7) et par les historiens d'Alexandre (Strabon, XV, 3, 10 ; Plut., *Alex.* 35, 14), d'après les naturalistes de l'expédition, atteste l'apport de ces derniers à la documentation réunie au Lycée.

15. Sous le titre « Πεντηκοντάχους », A. Jardé a étudié brièvement (*Rev. Ét. Anc.* XII, 1910, p. 373-376) la question des rendements très élevés rapportés sans scepticisme par les auteurs anciens : ainsi, pour la même région, en Babylonie, de 200 à 300 / 1 (Hdt. I, 193), de 50 à 100 / 1 (notre passage, repris dans Pline, XVIII, 161-162), 300 / 1 en orge (Strab. XVI, 1, 14) ; en Susiane, rendement normal de 100 / 1 en orge et en blé, atteignant parfois 200 / 1 (Strab. XV, 3, 11). Jardé écarte avec raison une hypothèse de P. Guiraud (*La propriété foncière en Grèce classique*, Paris, 1893, p. 554) qui avait tenté d'abaisser les taux jugés excessifs, en traduisant par exemple πεντηκοντάχους « qui produit 50 χόες ». Si Jardé montre bien les faiblesses de cette interprétation (emploi insolite de χοῦς, mesure de capacité pour les liquides ; absence d'indication de superficie, etc.), lui-même n'apporte qu'une solution négative (p. 375) : « L'invraisemblance qui a choqué Guiraud est réelle. Mais, au lieu de chercher à interpréter les textes, nous les rejetterons purement et simplement. Il s'agit de régions lointaines, pour lesquelles toutes les exagérations semblent permises ». Une telle défiance se justifierait à l'égard de sources romanesques comme Héliodore, *Éthiopiques*, X, 5, 2, dans la description de Méroé : « le blé et les orges en épi ont un tel développement qu'un homme à cheval ou à dos de chameau peut éventuellement s'y cacher et un tel rendement qu'ils produisent jusqu'à trois cents fois la quantité de semence répandue ». Il serait plus grave de taxer d'affabulation les observateurs sérieux qu'Alexandre avait réunis autour de Callisthène. Plusieurs éléments d'appréciation doivent être pris en compte : 1) la surface ensemencée, que les textes grecs n'indiquent jamais. Or une céréale cultivée en enclos suivant des techniques horticoles et à l'abri des prédateurs rend beaucoup plus que dans une emblavure ordinaire. 2) Pour Babylone, Théophraste fait varier le rendement du simple au double (de 50 à 100 / 1) selon la négligence ou le zèle des cultivateurs. On sait que les oasis nourrissent sans peine, grâce à la chaleur et à l'irrigation, trois étages de végétation : les palmiers ; les arbres de développement moyen (grenadiers, amandiers, etc.) ; les céréales et les légumes, bénéficiant souvent des mêmes soins minutieux : repiquage, sarclages répétés, apport d'engrais. Sur ce dernier point, rappelons l'épandage de « sel » (en réalité, des composés du sodium et du potassium) mentionné en II, 6, 2, pour la culture du dattier, avec cette remarque : « dans tous les pays où les palmiers abondent, les sols sont saumâtres. C'est le cas,

dit-on, à Babylone, où les palmiers poussent spontanément ». L'association de la potasse à l'azote fourni par les déchets organiques assure un bon équilibre entre la fructification et la végétation. 3) Le rendement dépend aussi des variétés de céréales sélectionnées. Dans des régions où les superficies cultivables sont restreintes, la quantité a dû être recherchée plutôt que la qualité. Nous avons vu (n. 11 à VIII, 2, 3) les espoirs placés encore récemment dans un « blé de miracle » dont un seul pied peut donner de 4000 à 7500 grains. Mais à d'autres inconvénients (exigences climatiques, risques de dégénérescence, fragilité du chaume) s'ajoute la médiocrité de la farine. En somme, trop de données nous échappent pour que nous portions un jugement circonstancié sur chaque cas. Mais il n'y a aucune raison de rejeter systématiquement les informations concordantes venant de sources autorisées.

16. L'altération de ἰλὺν en ὕλην est une faute d'iotacisme banale, favorisée par l'anticipation de ὕλην employé correctement dans ὕλην δὲ οὐ φέρει. Schneider a rectifié d'après Pline, XVIII, 162 : « *Limum* autem non inuehunt Euphrates Tigrisque (...) nec terra ipsa *herbas* gignit ». On ameublissait donc la terre en détrempant les jachères avant le labour automnal. F. Joannès, *L'itinéraire des Dix-Mille en Mésopotamie et l'apport des sources cunéiformes*, in *Pallas* 43, 1995, p. 173-199, explique par cette pratique le fait que Cléarque et ses hommes trouvèrent « des fossés et des canaux tellement remplis d'eau qu'on ne pouvait les traverser sans ponts » (Xén., *Anab.* II, 3, 10). « Le calendrier agricole de la Basse-Mésopotamie, précise F. Joannès (p. 189), prévoit un détrempage de la terre après la jachère bisannuelle, pour l'ameublir, avant d'y pratiquer les labours. Cette opération intervient dans l'ancien pays de Sumer au début de l'été, mais plus tardivement en Babylonie du Nord. » Suit la référence à des contrats babyloniens stipulant la mise en œuvre de ce procédé, que les Grecs virent toujours en usage à la fin du IVe siècle.

17. Il y avait donc en Grèce des régions où l'on pouvait se permettre de « manger son blé en herbe », comme la Thessalie où l'on faisait aussi de l'engrais vert avec des fèves en fleur (VIII, 9, 1). A. Sorlin-Dorigny, s.v. *rustica res* in Daremberg — Saglio, *Dictionnaire des antiquités*, illustre la richesse de cette province par ses rendements modernes en blé : « en Thessalie, dans la plaine de Néochori, on obtient tous les deux ans, sans fumier, 40 hectolitres par hectare, ce que donnent rarement les terres les mieux fumées des seuls départements du Nord et du Pas-de-Calais ». On y pratiquait l'effanage (*supra*, §4 : ἐπικείρουσι τὸν σῖτον, ὥσπερ καὶ ἐν Θετταλίᾳ, litt. « on rase *superficiellement* [ἐπι-] le blé... »), mais il s'agit ici d'une coupe juste au-dessus du collet (ἀπὸ τῶν ... κειρομένων, litt. « à partir des <plantes> rasées ») qui, à l'inverse de l'opération précédente, détruit les épis en formation.

18. L'aptitude des céréales à se régénérer en formant des épis secondaires est due à la production de talles à partir des racines et des nœuds proches du collet (cf. n. 10 à VIII, 2, 3). Certaines légumineuses (fèves, pois, etc.) développent des pousses axillaires à la base de leur tige tronquée, mais le phénomène est différent. « La cause en est, explique Théophraste (*C.P.* IV, 8, 5), que seuls <le blé et l'orge> ont une assise de racines fournie et puissante, tandis que les légumineuses sont des plantes à racine unique, ligneuse et superficielle ».

19. L'hapax τοιαυταχῶς donné par la tradition unanime a été éliminé sans raison des éditions successives par la conjecture de Scaliger τοσαυταχῶς et ne figure pas dans les dictionnaires usuels (Bailly, L.S.J. et ses Suppléments).

20. Repris avec une légère variante dans *C.P.* III, 23, 4 : « ἔτος φέρει, οὔτι ἄρουρα ».

21. Cf. VIII, 6, 6 et n.18 *ad loc.*

22. L'importance accordée au travail de la terre semble avoir été assez variable. M.-C. Amouretti, *Le pain et l'huile*, p. 58, identifie les trois façons de la jachère homérique (par ex. en Σ 541-542 νειὸν ... τρίπολον) avec le labour de défoncement, qui « travaille *en profondeur* » (cf. Xén., *Éc.* XVI, 10 : νεὸν δεῖ <u>ὑπ</u>εργάζεσθαι) la terre en friche ; un labour d'été destiné à briser les mottes ; enfin le labour des semailles, qui ameublit le sol pour favoriser la germination. Xénophon (*Éc.* XVI, 10-12) prescrit de défoncer la jachère au printemps, puis (*ibid.*, 14), très vaguement, « de retourner la terre le plus souvent possible pendant l'été » pour la désherber et l'assainir en l'exposant au soleil. Selon Théophraste, *C.P.* III, 20, 8, les cultivateurs les plus soigneux donnaient quatre façons : en hiver, pour défoncer la jachère (*H.P.* VIII, 6, 3), au printemps, « afin de faire périr l'herbe naissante » (*C.P.* III, 20, 8), en été et juste avant les semailles.

23. Cf. *C.P.* III, 6, 1 : « Il est évident que le fumier ameublit la terre, en même temps qu'il l'échauffe, et que ce double effet favorise la germination ». Voir aussi n. 8 à VIII, 6, 3.

24. Autre exception notée dans *H.P.* VII, 5, 1 : « la rue, qui, elle, aime très peu le fumier ». — La πτερίς détruite par les déjections des moutons est la fougère aigle, *Pteridium aquilinum* (L.) Kuhn, très envahissante sur sol acide (nous l'avons remarquée dans le Péloponnèse aux environs de Kástri, sur le Parnon ; entre Olympie et Skilloundia / Scillonte, etc.) et difficile à extirper à cause de la tenacité de ses souches traçantes. Sa destruction par le fumier a dû être observée fortuitement sur des reposoirs à bétail, avant d'être provoquée de cette manière.

25. En vertu de la loi des appellatifs, l'oxyton de l'adjectif μηδική, épithète de πόα dans l'expression « herbe de Médie » (notre luzerne, *Medicago sativa* L.), devient paroxyton dans l'adjectif substantivé. Cf. Hérodien (III 1-1, 316) : μηδίκη. Στράβων « καὶ τὴν βοτάνην μὲν

μάλιστα τρέφουσαν τοὺς ἵππους, ἣν μηδίκην καλοῦμεν ». Cet exemple de Strabon (XI, 13, 7) est peu probant, vu la proximité de βοτάνην (F. Lasserre, C.U.F., 1975, écrit d'ailleurs Μηδικὴν). Il occupe une position intermédiaire entre le groupe substantif + adjectif (cf. Arist., *Cav.* 606 : ἀντὶ ποίας Μηδικῆς) et l'adjectif substantivé (ici ; μηδίκη dans les mss. et les éditions jusqu'à Stackhouse [t. II, 1814] ; μηδικὴ depuis Schneider). — L'origine « médique » de la luzerne est confirmée dans Pline, XVIII, 144 : « La luzerne (*medica*) est une plante étrangère même à la Grèce, puisqu'elle y a été introduite par les Mèdes (*a Medis*) au cours des invasions perses que conduisit Darius ».

CHAPITRE 8.

1. Construction dure, éclairée par la composition tripartite du développement suivant. Le chapitre entier traite de l'affinité de chaque sorte de semence pour une région donnée. D'abord (§1 Μεταβάλλει δὲ τὰ ξενικὰ κ.τ.λ. et §2) le cas le plus simple : l'adaptation des céréales au sol et au climat du pays (χώρας conjecture de Schneider pour ὥρας fautif) où elles sont semées. Est ensuite étudiée l'influence du facteur écologique sur les rapports entre espèces (§3-5 : adventices et parasites des plantes cultivées) et sur la qualité des produits d'une même espèce (§6-7 : légumineuses « faciles à cuire » ou « dures à cuire » selon le terroir et les conditions atmosphériques). La phrase d'introduction se comprend donc ainsi : « Chacune des semences a en outre de l'affinité pour la nature du pays, et aussi en général des espèces <étant considérées> par rapport à une espèce (καὶ ὅλως γένη πρὸς γένος, apposition explicative à τῶν σπερμάτων ἕκαστα) et à l'intérieur même d'une espèce unique (καὶ ἐν αὐτοῖς τοῖς ὁμογενέσιν ; cf. par ex. V, 1, 12 : αὐτῶν τῶν ὁμογενῶν) ». A la différence de VIII, 3, 1 et de VIII, 4, 1, où γένη désigne les trois « groupes » de plantes cultivées étudiés au livre VIII, γένη πρὸς γένος s'applique ici aux « espèces » (dans une acception non strictement taxinomique : ainsi l'engrain et l'amidonnier [§3 τίφη καὶ ζειά] sont bien des espèces du genre *Triticum*, mais l'ivraie [*ibid.* ἡ αἶρα] appartient à un genre différent [*Lolium* L.]).

2. L'adaptation est plus facile si l'écart thermique n'est pas trop important.

3. Νόστος « retour » s'est spécialisé dans le vocabulaire agricole avec le sens de « produit du grain écrasé » (Tryphon ap. Ath. 618 d). Un grain bien venu se compose d'une amande volumineuse et d'une écorce mince ; à la mouture, il « rend » beaucoup de farine (d'où la traduction de πολύνοστος par « très farineux » dans Bailly) et peu de son.

4. La leçon des *recentiores* δ' οὖν semble préférable à celle de U γοῦν, parce qu'il s'agit d'opposer (δ') à une circonstance générale

(l'année favorable) un particularisme local vigoureusement affirmé (οὖν) : l'affinité de l'orge pour le sol et le climat de l'Attique. — Depuis Schneider on supprime l'article de τὰ ἄλφιτα, donné par tous les mss. Nous le conservons au vu de l'expression parallèle (p. 63, l. 26 - p. 64, l. 1) οἱ πυροὶ ποιοῦσιν ἡμιόλια τὰ ἄλευρα, litt. « les grains de blé font la farine en totalité plus un demi » ; nous comprenons donc : « les grains d'orge font la farine la plus abondante ». — Sur la farine de blé crue (τὰ ἄλευρα) et la farine d'orge précuite (τὰ ἄλφιτα), voir n. 1 à VIII, 1, 1, et surtout Amouretti, *Le pain et l'huile*, p. 123-126.

5. Cf. VIII, 7, 6 : ἡ τοῦ ἀέρος κρᾶσις. L'idée qu'un excellent résultat suppose un équilibre des contraires rappelle la même association de κρᾶσις et de ἁρμονία (cf. *supra*, §1... πρὸς τὴν τῆς χώρας φύσιν ἁρμόττει) dans Platon, *Phéd.* 86 b-c, où Simmias professe que l'âme « est la combinaison et l'harmonie » (κρᾶσιν εἶναι καὶ ἁρμονίαν) d'éléments opposés « quand ils se sont combinés dans la bonne mesure » (ἐπειδὰν ταῦτα καλῶς καὶ μετρίως κραθῇ πρὸς ἄλληλα).

6. Une première mention de Soles en Cilicie (II, 2, 7) suggérait déjà l'excellence de ses productions agricoles : toutes les grenades y deviennent des grenades « sans pépins », c'est-à-dire à pépins très petits et tendres entourés de beaucoup de chair juteuse (cf. n. 15 *ad loc.*). L'indication d'une forte teneur des grains en farine va dans le même sens.

7. Phrase diversement corrigée et comprise par les éditeurs successifs. Seule l'addition de διὰ paraît indispensable au sens, confirmé par les nombreuses dégénérescences signalées chez les arbres (II, 2, 8-10 ; III, 3, 5) ; pour ceux d'entre eux qui sont inféodés à un milieu particulier, ce dernier compte même plus que le travail et la culture (II, 2, 8).

8. En II, 4, 1 : « l'engrain et l'amidonnier se transforment en froment si on les sème une fois mondés ». Sur les variations qui ont pu accréditer cette opinion, voir n. 3 *ad loc.* — Plus intéressante est sans doute la preuve ainsi donnée d'essais d'amélioration des semences.

9. La question de la transformation du blé en ivraie déjà évoquée plus haut (VIII, 7, 1) se posait toujours au IIe siècle de notre ère. D'où l'expérience que rapporte Galien (VI, 552 K.) : « Mon père, sur le déclin de son âge, s'était pris de passion pour l'agriculture. Un jour il sema du blé et de l'orge, après en avoir retiré soigneusement tout grain d'un autre genre qui s'y trouvait mêlé, afin de discerner avec certitude si c'est par une transformation de ces semences que sont produits l'ivraie et l'aegilops, ou si ces graines ont elles aussi une nature qui leur est propre. Ayant vu lever, en même temps que les grains purs, beaucoup d'ivraie, par hasard, dans le blé, peu dans l'orge, où abondait au contraire l'aegilops, il tenta pareille expérience sur les autres semences. Il découvrit donc pour les lentilles que leur transformation

engendre des vesces dures et rondes, ainsi que des sécurigères, graines impropres à la consommation ». A notre époque où une espèce est réputée délimitée par des barrières génétiques et où personne ne croit à de telles transformations, on ne peut que se demander pour quelles raisons (infestation des sols, sélection des semences moins rigoureuse que ne le dit Galien ?) l'expérience antique a confirmé ce qu'elle aurait dû démentir. Les associations végétales sont, elles, des phénomènes bien réels mais complexes et, semble-t-il, imparfaitement élucidés.

10. Ce μελάμπυρος, bien distingué par son origine géographique (ὁ ποντικός) de son homonyme sicilien (cf. VIII, 4, 6 et n. 31) a donné son nom à notre mélampyre ou « blé noir », *Melampyrum arvense* L., présent dans la plus grande partie de l'Europe tempérée à l'exclusion des régions méditerranéennes. Les Grecs n'ont dû en connaître que les graines mêlées au blé pontique. *M. arvense* existe en effet dans tous les pays riverains de l'ouest et du nord de la mer Noire : Turquie d'Europe, Bulgarie, Roumanie, Ukraine (*Flor. eur.* III, 254). La plante vit en hémiparasite sur les racines des Graminées et produit des graines assez semblables à de petits grains de blé, qui noircissent en séchant. « Mélangées aux grains de blé, [elles] donnent à la farine une teinte rougeâtre et rendent le pain indigeste » (Bonnier, n° 2138) ; « la présence de cette substance étrangère, au moins désagréable, n'est peut-être pas sans danger » (Barral — Sagnier, III, 702).

11. Sans nocivité reconnue, les graines noires du muscari à toupet, nombreuses et assez grosses, peuvent constituer une impureté importante des céréales (principalement de l'orge et de l'avoine, selon Barral — Sagnier, III, 866).

12. Sur l'aegilops, voir n. 3 à VIII, 7, 1. Son affinité pour l'orge est notée dans Galien, VI, 552 K. (cf. *supra*, n. 9) : γεννηθέντων ... αἱρῶν ... ὀλίγων ... ἐν ταῖς κριθαῖς, ἀλλ' αἰγίλωπος δαψιλοῦς ... ; cf. aussi *Géop.* II, 43 : τὰς δὲ κριθὰς βλάπτει αἰγίλωψ.

13. Litt. « la vesce (ἄρακος) <dans sa variété> rugueuse et dure (τὸ τραχὺ καὶ σκληρὸν, s.e. γένος ou σπέρμα) ». L'apposition restrictive distingue la graine non comestible de celle qui était consommée (cf. Phainias, fr. 48 Wehrli, ap. Ath. 406 b ; Galien, VI, 551 K.). Vu le grand nombre d'espèces sauvages du genre *Vicia* et la polysémie de ἀρακάς, ἀγριοαρακάς, ἀγριοάραχο en grec moderne (Von Heldreich, *Λεξικό*, p. 32-33), il serait vain de chercher à identifier la plante en question au niveau spécifique. Le choix de *V. villosa* Roth (Fraas ap. Wim. 1866 *Index plantarum*) ou celui de *V. sibthorpii* Boiss. (*Index of plants* éd. Hort) est nécessairement arbitraire.

14. Décrite dans Diosc. III, 130, s.v. ἡδύσαρον τὸ ὑπὸ τῶν μυρεψῶν καλούμενον πελεκῖνος : « c'est une plante touffue, avec des folioles comme celles du pois chiche et des gousses semblables à de petites cornes, qui renferment la graine rousse, en forme de hache à double tranchant (ὅμοιον πελέκει ἀμφιστόμῳ), d'où vient son

nom ». C'est en effet une graine remarquable que celle de la sécurigère, *Securigera securidaca* (L.) Degen & Dörfler (*S. coronilla* DC. dans Bonnier, n° 880 et pl. 163), en forme de plaquette rectangulaire dont un des longs côtés présente en son milieu le point d'attache à la cosse, que les anciens ont comparé au trou d'emmanchement d'une double hache. Cette espèce est-méditerranéenne était naguère commune en Grèce (*Consp. flor. gr.* I, 413). On l'y trouvait dans l'antiquité associée à diverses plantes cultivées : « elle croît dans les orges et les blés » (Diosc., *ibid.*), dans les lentilles (Galien, VI, 552 K. ; *Géop.* II, 43 ; de même Pline, XVIII, 155, pour l'*herba securiclata, quam Graeci a similitudine pelecinum uocant*). Sa graine est amère (Diosc.) et ne convient qu'à des usages médicaux ; Galien (*ibid.*) la classe parmi « les graines impropres à la consommation ».

15. L'insistance sur l'idée d'association au moyen des deux verbes surcomposés à premier préverbe συν- peut être rendue par le terme technique d' « adventice », défini comme suit dans le *T.L.F.* : (plante) « qui croît sur les terres de culture indépendamment de tout ensemencement par l'homme ».

16. Deux plantes nommées ἀπαρίνη ont été déjà rencontrées : l'une, à tige longue et souple, entrelacée aux autres plantes (VII, 8, 1) est le gratteron (*Galium aparine* L.), l'autre (VII, 14, 3) la bardane (*Arctium* L. spp.), caractérisée par ses capitules munis de crochets. Il s'agit ici de la première, seule adventice, dont les petits fruits ronds et durs, couverts d'aspérités, étaient naguère encore la principale impureté des lentilles du commerce. — En dépit de l'étymologie, la plante « étrangleuse d'ers » (ὀροβάγχη) n'est pas ici une orobanche. Une étrange série de glissements de sens s'est produite en français dans plusieurs noms de végétaux parasites qui viennent précisément de Théophraste. 1) Son ὀροβάγχη correspond à notre « cuscute », terme que le *T.L.F.* fait remonter, à travers le latin médiéval *cuscuta* (forme altérée de **cussuta*), à l'arabe *kušūṯ*, *kušūṯā*, lui-même dérivé du gr. κασύτας qui désigne dans *C.P.* II, 17, 3 une plante de Syrie parasite des arbres et des buissons épineux ; celle-ci est identifiée par les commentateurs de Pline, XIII, 129 (P. Fournier dans l'éd. Ernout, C.U.F., 1956) et XVI, 244 (J. André, C.U.F., 1962) avec une Lauracée parasite à tiges filiformes comme les cuscutes, *Cassytha filiformis* L. 2) Ainsi dépossédé de son référent originel, le terme d' « orobanche » s'est appliqué à ce que Théophraste appelle (*infra*, §5) αἱμόδωρον. 3) Ce dernier, à son tour désaffecté, a été réutilisé, sous sa forme altérée λειμόδωρον (*C.P.* V, 15, 5), dans la nomenclature botanique moderne : *Limodorum abortivum* Swartz (1799) est le nom scientifique d'une orchidée elle aussi parasite, le limodore à feuilles avortées, présente en Grèce mais, semble-t-il, inconnue des anciens. Il faut donc se garder des confusions que Pline, le premier, n'a pas su éviter, puisqu'il appelle *orobanche* tantôt une cuscute (XVIII, 155), tantôt une orobanche (XXII, 162).

17. La ressemblance du gratteron et de la cuscute, dont Théophraste a soin de marquer les limites (τρόπον δέ τινα καὶ ... « on peut même dire qu'en un sens... ») tient au fait que tous deux gênent la croissance et la nutrition des plantes cultivées qu'ils emprisonnent sous leurs longues tiges. Mais le parasitisme de la cuscute a échappé aux anciens. Ils n'ont retenu que le phénomène mécanique de constriction, sans se douter que les filaments capillacés (d'où les noms vulgaires de « cheveux du diable », « cheveux de Vénus », « barbe de moine ») entortillés autour de la plante hôte portent de minuscules suçoirs qui pompent la sève élaborée. Plusieurs espèces de cuscute sont indigènes en Grèce (*Consp. flor. gr.* II, 310-313), dont la plus commune est la cuscute du thym, *Cuscuta epithymum* (L.) L., en réalité parasite de très nombreuses plantes, principalement des Légumineuses (cf. Bonnier, n° 1950 et pl. 414, avec cette remarque : « La race *Cuscuta trifolii* est un fléau pour les cultures de trèfles et de luzerne ; la plante parasite se développe dans les pièces de terre occupées par ces plantes fourragères, et elle y forme de vastes cercles, détruisant parfois des champs tout entiers »).

18. De même qu'en VIII, 6, 1 κύμινον s'est substitué à ὅρμινον parmi les « plantes estivales » (cf. n. 5 *ad loc.*), de même ici, sauf inadvertance de Théophraste, le cumin n'a rien à faire avec le fenugrec. Les céréales (groupe 1) n'étant pas parasitées par les orobanches, l'hormin (groupe 3) et le fenugrec (légumineuse, donc espèce du groupe 2) fournissent au contraire les exemples attendus. On peut invoquer en faveur du texte transmis son résumé dans Pline, XIX, 176 : « Le cumin est tué par l'orobanche (*necatur cuminum ab haemodoro*) (...) ; celle-ci a une tige unique, une racine semblable à un bulbe, et ne vient que dans un sol maigre » (trad. J. André, C.U.F., 1964). Dans sa note 5 *ad loc.* André remarque que Pline a omis le fenugrec « parce qu'il le range dans les *legumina*, cf. 18, 140, et non dans les *holera* ». Deux points à retenir : 1) Pline a lu un texte voisin de celui de nos mss., ce qui prouve l'ancienneté de son altération ; 2) l'association du cumin et du fenugrec était insolite déjà pour Pline, l'un appartenant aux *holera* (les λάχανα de notre livre VII), l'autre aux *legumina* (les ὄσπρια du livre VIII).

19. Le parasitisme de l'orobanche est plus facilement observable que celui de la cuscute. Son implantation sur la racine de son hôte et le dépérissement de celui-ci donnent à entendre que l'orobanche vit à ses dépens. L'« élément humide » (τὸ ὑγρόν, ἡ ὑγρότης) étant la sève chez les végétaux et le sang chez les animaux (I, 2, 3 et 5), toute plante nourrie de la sève d'une autre est une sorte de sangsue végétale qui se fait faire un « don de sang » (αἱμόδωρον). Néanmoins le rouge foncé très voyant de l'orobanche sanglante, *Orobanche cruenta* Bertol. (auj. *O. gracilis* Sm.) a pu jouer un rôle dans la formation du phytonyme. D'où l'équivalence généralement admise : αἱμόδωρον = *O. cruenta*

(Fraas, *Synopsis*, p. 188 et *Index plantarum* Wim. 1866 ; Hort, *Index of plants* ; L.S.J. ; *D.E.L.G.*). Avis contradictoires chez J. André : « La coloration générale, d'abord jaune, puis d'un brun rougeâtre, explique le nom grec αἱμόδωρον (...), sans qu'on puisse penser plus particulièrement à *O. cruenta* Bert. » (n. 5 à Pline, XIX, 176) ; « le rouge sang conduit tout particulièrement à *Orobanche cruenta* » (*Noms de plantes*, s.v. *haemodoron*). L'ensemble des caractères qu'indique Théophraste permet de préciser davantage (voir note suivante).

20. Le fait que cette orobanche a une seule tige n'aide pas à son identification, car il en est ainsi de la plupart des espèces. — L'expression οὐκ ἀπεμφερὲς τῷ καυλῷ a embarrassé les éditeurs qui ont voulu voir dans τῷ καυλῷ le nom corrompu d'une plante indéterminable voisine d'une orobanche (cf. Wim. 1842, *in notis*). Seul J. André indique la solution dans sa traduction commentée de notre phrase (n. 5 à Pline, XIX, 176) : « L'*haemodoron* a une tige unique, qui n'est pas différente... (lacune ; à suppléer probablement 'de celle du chou') ». Il n'y a même rien à suppléer, le sens de « tige de chou » étant usuel pour καυλός au IVe siècle (cf. L.S.J., références à Alexis, Anaxandride, Eubule). Selon Dioscoride (II, 102), les jeunes épis floraux des orobanches se mangeaient comme des asperges, dont ils ont aussi l'aspect ; la comparaison avec les pousses du chou (nos brocolis) n'est pas moins pertinente. — Le renflement basal est peu marqué sur *O. crenata* Forsk., que l'on s'accorde à reconnaître dans la notice de Dioscoride ; de même en général sur *O. cruenta* / *gracilis* (cf. note précédente). Au contraire, le bas de la tige s'arrondit nettement sur l'orobanche du thym, *O. alba* Steph. ex Willd. (= *O. epithymum* DC.), à fleurs blanchâtres, jaunes ou pourpres, qui parasite toutes sortes de Labiées (*Flor. eur.* III, 290 ; *Consp. flor. gr.* II, 451-452 ; Bonnier, n° 2156, avec cette remarque qui semble due à une confusion : « Plante parfois très nuisible lorsqu'elle se développe en abondance dans les cultures de fèves, de pois ou de pois chiches »). Avec les réserves qu'imposent l'incertitude du texte, la description sommaire de la plante, la variabilité des orobanches et la difficulté de déterminer exactement les hôtes de chacune, on peut conjecturer la réunion sous le nom d' αἱμόδωρον d'*O. alba* dans sa forme pourpre, parasite de la sauge hormin, et d'*O. gracilis*, l'orobanche sanglante, qui a été trouvée sur le fenugrec (cf. Fraas, *Synopsis*, p. 188) et peut parasiter bien d'autres Légumineuses. Dans *C.P.* V, 15, 5, il est dit seulement : « l'orobanche fait périr le fenugrec en poussant tout à côté de sa racine ».

21. La plainte de Lélante s'étend entre Chalcis et Érétrie qui se disputèrent dès une haute époque (cf. Strabon, X, 1, 10 et 12) la possession de ce riche terroir vanté par les poètes (Théognis, I, 892 : Ληλάντου ... ἀγαθὸν ... οἰνόπεδον « les bons vignobles de Lélante » ; Callimaque, *Hymnes*, IV, 289, au sujet du transport des prémices

hyperboréennes εἰς ἀγαθὸν πεδίον Ληλάντιον « dans la fertile plaine Lélantienne »). Le Canéthos (mentionné dans Strabon, X, 1, 8) correspond à la hauteur de Karababa, en face de Chalcis, sur la rive béotienne de l'Euripe. Voir la carte hors texte de l'éd. Lasserre de Strabon, livre X, C.U.F., 1971.

22. Distinction fondée sur l'usage, comme en VI, 6, 2 la division des plantes à couronnes en deux groupes, selon que la fleur seule ou la plante entière est utilisée. Nous avons souligné la présence constante de l'homme au sein du monde végétal vu par Théophraste dans « La 'science aimable' de Théophraste », *C.R.A.I.* 2001, p. 1653-1664.

23. Le défaut des légumes secs « durs à cuire » est attribué principalement à la nature chimique du sol : forte teneur en calcaire, insuffisance d'acide phosphorique, excès de potasse et d'azote dans des terres naturellement riches en humus ou trop fumées (Damseaux, p.137, au sujet du pois). Cette dernière cause expliquerait bien la constatation de Théophraste : « d'ordinaire les produits d'un sol maigre sont plus faciles à cuire ». Longue discussion du problème dans *C.P.* IV, 12, 8-13.

24. Par exemple, sous des climats rigoureux les téguments s'épaississent et rendent la cuisson difficile.

25. Cf. Plut., *Mor.* 701 c (= *Propos de table*, VII, 2), sans mention de la fève : « en certains endroits même, un vent qui se lève sur les graines qu'on vanne les rend dures à cuire par l'effet du froid, comme à Philippes de Macédoine, d'après ce qui se dit » (ἐνιαχοῦ δὲ καὶ πνεῦμα λικμωμένοις ἐπιγινόμενον ἀτεράμονας ποιεῖ διὰ τὸ ψῦχος, ὥσπερ ἐν Φιλίπποις τῆς Μακεδονίας ἱστοροῦσι). Même fait rapporté et discuté dans *C.P.* IV, 12, 8, et avec une série de contresens (signalée par H. Le Bonniec, p. 240-241) dans Pline, XVIII, 155.

CHAPITRE 9.

1. Ce §1 récapitule des données éparses dans les chapitres précédents : l'Attique, dont le sol est par endroits « maigre et caillouteux » (VIII, 2, 11), est par excellence κριθοφόρος (VIII, 8, 2) ; le pois chiche mûrit ses fruits très vite (VIII, 2, 6), mais « il lui faut une terre noire et riche » (VIII, 7, 2) et il n'est pas améliorant (*ibid.*) ; la fève au contraire « prépare la meilleure jachère » (*ibid.*).

2. L'usage de la fève comme engrais vert (cf. n. 17 à VIII, 7, 5) a traversé les siècles. Les agronomes latins le mentionnent ou le recommandent (Caton, *Agr.* 37, 2 ; Varron, *R.R.* I, 23, 3 ; Columelle, II, 10, 7). Olivier de Serres, *Théâtre d'agriculture*, II, 3 (p. 160) en atteste la survivance dans la France du XVIe siècle : « On laboure les féves ja grandes et en fleur (...), renversant avec le soc toute l'herbe, en la meslant avec la terre, pour, là se pourrissant servir d'amendement, selon l'ancienne façon des Macédoniens et Thessaliens. (...) Telle manière de fumer les champs, par les féves, s'observe heureusement en Dau-

phiné vers le Diois, un peu diversement toutes-fois : car ils attendent que les féves ayent grené, et après avoir exposé les gousses des féves aux pauvres, les leur donnans par aumosne, avec l'herbe labourent le champ ». Plus près de nous, le dictionnaire de Barral — Sagnier (II, 918) tient la féverole pour « un excellent engrais vert ».

3. Le §2 est cité presque intégralement dans Galien, VI, 516 K., comme un extrait du livre sept de l'*Historia* (ἐν ἑβδόμῳ *Περὶ φυτῶν*), alors que le même auteur dit (VI, 542) avoir trouvé des renseignements sur le dolique « au livre huit des *Recherches sur les plantes* » (ἐν τῷ ὀγδόῳ *Περὶ φυτῶν ἱστορίας*), soit en VIII, 3, 2. Nous avons exposé cette difficulté, entre autres questions relatives à la transmission de l'*Historia*, sous le titre « Problèmes de composition et de classification dans l'*Historia plantarum* de Théophraste », article repris dans nos *Études*, p. 45-54 ; voir p. 50.

4. L'amidonnier se caractérise, comme l'épeautre, par la finesse de son tégument, la bonne qualité de son amande et la difficulté d'extraire le grain de ses enveloppes, ce qui n'est pas un inconvénient pour la nourriture animale. Ainsi quand Télémaque arrive à Sparte, les serviteurs de Ménélas présentent à ses chevaux de l'amidonnier mélangé d'orge blanche (δ 41 : πὰρ δ' ἔβαλον ζειάς, ἀνὰ δὲ κρῖ λευκὸν ἔμιξαν).

5. Cf. cette définition de l'avoine dans Damseaux, p. 82 : « Plante très rustique, émettant des racines profondes mais très déliées, tirant par là un parti d'autant plus grand des richesses naturelles du sol et des engrais (...) qu'elle a un remarquable pouvoir absorbant ».

6. Sur l'ὄλυρα « épeautre » et sa culture dans le monde antique, voir n. 8 à VIII, 1, 3.

7. L'engrain, ainsi nommé parce que c'est un blé « à un grain » par épillet (*Triticum monococcum* L.) « est une petite plante, qui dépasse rarement 70 cm de haut, à rendement relativement bas, mais il peut subsister sur des sols pauvres où d'autres types de blé périclitent » (Zohary — Hopf, p. 28). C'est aujourd'hui une céréale relique, cultivée sporadiquement du Caucase à l'Espagne, pour le bétail. A noter toutefois son extension actuelle dans le pays de Sault, en Haute Provence, qui livre au commerce, après décorticage, un grain nourrissant et sain, consommable comme le riz.

8. A première vue ἥ τε ζειὰ καὶ ἡ τίφη peut passer pour une glose intégrée dans le texte de Galien. Wimmer (1842) se fonde sur la présence de ἥ τε dans nos mss. et sur la traduction de Gaza *duo illa, semen et tipha* pour adopter la tradition indirecte. On remarquera en outre qu'une insistance sur l'identité des deux céréales « tout à fait semblables au froment » se justifie par l'idée déjà exprimée à deux reprises (II, 4, 1 ; VIII, 8, 3) que l'engrain et l'amidonnier se transforment en froment.

9. La liste dressée au début du §2 s'avère donc hétérogène. Aux

deux céréales les plus proches du froment s'opposent les deux les plus éloignées : l'aegilops, espèce sauvage aujourd'hui comme autrefois (cf. n. 3 à VIII, 7, 1), et l'avoine, tard venue en culture (cf. n. 4 à VIII, 4, 1). Galien (VI, 522 K.) nous renseigne sur le statut de cette dernière au IIe siècle de notre ère : « Cette céréale est très commune en Asie, surtout en Mysie, dans l'arrière-pays de Pergame, qui produit de grandes quantités d'engrain et d'épeautre. C'est une nourriture pour les bêtes de somme, non pour les hommes, sauf s'il arrivait qu'une extrême disette oblige à en faire du pain ». Son histoire ultérieure a montré que l'avoine n'était pas irréductiblement sauvage. Théophraste se reprend pour la dire « non domestiquée », parce que de son temps elle était plutôt adventice qu'intentionnellement semée.

10. Nouvelle distinction — implicite — parmi les Graminées adventices entre l'avoine, que son utilité, ou du moins son innocuité, rattache aux céréales cultivées, et deux espèces nuisibles : l'aegilops, si infestant qu'on le faisait brouter par les moutons (VIII, 11, 9), et l'ivraie, dangereuse pour l'homme (VIII, 4, 6). Ces dernières s'opposent à leur tour comme étant l'une « sauvage ou plutôt non domestiquée », l'autre « assauvagie », c'est-à-dire issue par dégénérescence d'espèces domestiques (VIII, 8, 3).

11. Faits confirmés par l'agronomie moderne ; cf. Damseaux, p. 343 : « Le sésame est considéré comme une plante très épuisante. Il ne donne de hauts produits que dans les climats chauds, en bonnes terres profondément ameublies » ; quant au millet (p. 128), « on ne le demande qu'à des terres légères, mais chaudes, profondes et bien pourvues de matières organiques ». — L'opposition entre le sésame et le millet, qui légitime la conjecture καίτοι de Wimmer, est longuement développée dans *C.P.* IV, 15, 1.

12. Ainsi par exemple la fève, qui « n'est pas lourde » (*supra*, §1 : οὐ βαρὺ) pour la terre, est pour l'homme « indigeste » (Diosc. II, 105 : κύαμος ... δύσπεπτος) ; inversement le millet exige une terre riche pour nourrir ses racines nombreuses, mais il produit un grain léger (Galien, VI, 523-524 K., qualifie le pain de millet de « peu nourrissant » [ὀλιγότροφος] et préfère le millet commun au millet à grappe notamment parce qu'« il se digère bien » [εὔπεπτος]). Si enclin que soit Théophraste à voir le monde végétal à travers l'homme (cf. n. 22 à VIII, 8, 6), il conçoit ce qu'aurait d'artificiel une assimilation trop poussée.

13. Cf. VIII, 3, 5 et n. 19 *ad loc.*

Chapitre 10.

1. Sous le titre νοσήματα τῶν σπερμάτων seront décrites toutes sortes d'attaques parasitaires des graines et des plantes cultivées qui les produisent ; d'où la nécessité d'expliciter le sens élargi de τὰ σπέρματα.

2. Le §2 traitera de la rouille. Sur le blanc du pois chiche, maladie cryptogamique due à un *Erysiphe*, voir VIII, 6, 5 et n. 13 *ad loc.*

3. Les dégâts des chenilles et des « puces de terre » (altises) sur les plantes potagères ont été décrits en VII, 5, 4. Parallèlement, les chenilles du pois chiche sont mentionnées deux fois (VIII, 6, 5 et VIII, 10, 5), mais l'allusion aux « puces » reste ici dans le vague ; leur affinité pour les Crucifères / Brassicacées (cf. n. 12 à VII, 5, 4) donne à penser que parmi les « plantes estivales » le sisymbre à cornes en était également infesté. — Nous avons interprété le terme imagé de ψώρα « gale » appliqué au figuier (IV, 14, 3-5) comme les boursouflures produites par des cochenilles à la surface des rameaux. Le même aspect d'épiderme galeux peut être donné à des plantes herbacées par des colonies de pucerons, dont il existe d'innombrables espèces ; la fève ou féverole souffre particulièrement des ravages du puceron noir, *Aphis viciae* (Damseaux, p. 149-150). — Le grec nomme ἅλμη, outre l'eau salée, toute formation, quelle qu'en soit l'origine, qui rappelle des efflorescences de sel : salpêtre dans Plat., *Phéd.* 110 e, où il s'agit de pierres « non rongées par la décomposition et la 'salure' » (οὐ κατεδηδεσμένοι ... ὑπὸ σηπεδόνος καὶ ἅλμης, expression identique à celle de Théophraste, ce qui permet d'écarter la conjecture de Wimmer adoptée par Hort : ψωριᾷ καὶ ἁλμᾷ) ; dépôt blanchâtre d'origine fongique sur la coriandre (VII, 5, 4 : κορίαννον δὲ ἁλμᾷ) et ici même sur le cumin (H. Gossen, art. *Kümmel* in *R.E.* Suppl. VIII [1956], c. 256, avance le nom de *Protomyces macrospones* [*sic*] Elug.), qui sert de terme de comparaison — à moins qu'il ne faille corriger encore κύμινον en ὅρμινον — pour des espèces non précisées du livre VIII ; cf. Damseaux, p. 141, au sujet du pois : « fréquemment un champignon (*Peronospora viciae*) le couvre d'un revêtement blanc et arrête le développement de la plante ».

4. La distinction entre les parasites présumés nés de la plante même et ceux qui l'attaquent de l'extérieur rappelle V, 4, 5 : « Des vers qui vivent dans le bois, les uns naissent de la décomposition à laquelle ils sont liés, les autres y sont engendrés par d'autres insectes ».

5. Plusieurs insectes portent le nom de κανθαρίς (cf. Beavis, *Insects*, p. 168-173), sans qu'un caractère commun justifie leur homonymie. Pline (XVIII, 152) définit en ces termes le parasite spécifique des grains de blé : *Est et cantharis dictus scarabaeus paruus, frumenta erodens* « Il existe aussi un petit scarabée appelé *cantharis*, qui ronge les blés ». On ne saurait être plus clair, tant pour le rapport entre κανθαρίς et κάνθαρος « scarabée », que pour l'image donnée de ce petit coléoptère qu'est le charançon du blé, *Sitophilus granarius* (*Calandra granaria*). « Théophraste appelait κανθαρίς le charançon du blé », affirmait dès 1913 R. Billiard (*La vigne dans l'antiquité*, Lyon [réimpr. Marseille, 1996], p. 409). C'est aussi l'opinion de Gossen, art. *Käfer* in *R.E.* X (1919), c. 1483, reprise dans H. Leitner, *Zoologische Termino-*

logie beim Alteren Plinius, Hildesheim, 1972, p. 69-70. Beavis (*Insects*, p. 171, n. 83) écarte cette identification en remarquant que les charançons, parasites spécifiques des grains de blé et d'orge, portent le nom de κίς dans *C.P.* IV, 15, 4 : οἱ πυροὶ καὶ αἱ κριθαὶ (scil. ποιοῦσι) τοὺς κίας. L'objection de Beavis ne résiste pas à une lecture attentive de Théophraste. L'impossibilité de voir à l'œil nu les œufs microscopiques pondus dans les grains par un insecte adulte d'environ 3 mm de long a imposé l'idée que ces grains produisent des « vermisseaux » (κίας) « à partir de l'élément humide qu'ils renferment » (*C.P.*, *ibid.* : ἐκ τῆς οἰκείας ὑγρότητος). La larve du charançon, extrêmement vorace, vide le grain de son amande avant d'en sortir sous forme d'insecte parfait (Barral — Sagnier, II, 21-22, s.v. calandre). Théophraste, n'ayant pas compris que le « vermisseau » (κίς) et le « petit scarabée » (κανθαρίς) sont deux métamorphoses du même insecte, fait du premier un produit de la plante même, du second un de ses parasites externes, moins dangereux.

6. D'ordinaire φαλάγγιον désigne la tarentule, araignée venimeuse dont Aristote (*H.A.* 622 b 28-31) et à sa suite Pline (XI, 79) décrivent deux espèces, l'une petite et tachetée, l'autre plus grosse et noire. C'est encore une araignée que Pline (XVIII, 15) reconnaît dans le parasite de l'ers mentionné par Théophraste : *Nascitur et phalangion in eruo, bestiola aranei generis* « Il y a aussi le *phalangion*, une sorte de petite araignée, qui se forme dans l'ers » (trad. Le Bonniec). Les araignées étant carnivores, aucune ne se nourrit de graines d'ers. Pline s'est manifestement mépris sur un sens rare du mot φαλάγγιον, que tous les traducteurs de Théophraste, de Gaza à Hort, se bornent à translittérer. Contre toute vraisemblance, L.S.J. se réfère à notre passage pour illustrer la définition de φαλάγγιον : « a kind of *venomous spider*, esp. *Lathrodectus* » (nom générique des tarentules) ; Beavis (*Insects*, p. 44-56) ne semble pas connaître d'autre sens. La tarentule commune dans toute l'Europe méridionale est *L. tredecimguttatus*, dont le corps brun noirâtre porte treize taches rouge sang. Aristote et Pline (*loc. cit. supra*) la disent respectivement ποικίλον et *uarium*. La bigarrure ainsi notée se retrouve, avec moins d'éclat, dans les taches blanches sur fond noir qui caractérisent les bruches, parasites des graines de Légumineuses (Barral — Sagnier, I, 932). Notre explication de φαλάγγιον par transfert du nom de la tarentule à un autre insecte tacheté rejoint celle de Gossen (*art. cité* [*supra*, n. 5], c. 1488) pour *Bruchus granarius* L., parasite des fèves « que certains appellent *midas* » dans *C.P.* IV, 15, 4 : οἱ δὲ κύαμοι [scil. ποιοῦσι] τὸν ὑπό τινων καλούμενον μίδαν. La richesse légendaire du roi Midas avait fait donner son nom au coup de dés qui rapportait la plus grosse somme au joueur (cf. L.S.J. s.v. Μίδας). Une nouvelle association d'idées a fait appeler μίδας l'insecte marqué de points comme un dé à jouer et dont l'apparition parmi les fèves était, par antiphrase ou par dérision, un « coup

de Midas » pour l'agriculteur. Beavis, *Insects*, p. 180, n. 139, se borne à écarter comme « invraisemblable » cette analyse tout à fait cohérente. — Le genre *Bruchus* comprend de nombreuses espèces, dont les plus connues sont *B. pisorum* (sur le pois), *B. lentis* (sur la lentille), *B. rufimanus* (sur la fève), *B. tristis* (sur le pois chiche). Faute de renseignements précis sur la culture de l'ers, nous ignorons de quelle bruche il est l'hôte.

7. On sait aujourd'hui que la rouille des céréales est une maladie cryptogamique due à deux champignons de la famille des Urédinées. La gravité de ses dégâts sur le grain et même sur la paille, couverts de pustules pulvérulentes rougeâtres, puis noires, a fait considérer la rouille comme un fléau qu'agriculteurs et agronomes ont essayé, pendant des siècles, d'expliquer avec plus ou moins d'ingéniosité. Sur ce sujet qui a suscité d'innombrables travaux, l'essentiel est dit dans deux études récentes : M. Casevitz, *Note sur ἐρυσίβη*, in *Rev. Phil.* 70, 1996, p. 211-215 ; G. Denis, *Transmission des idées savantes sur les maladies des plantes à travers les textes grecs, latins, arabes, puis modernes*, in *Monde rural et histoire des sciences en Méditerranée*, Université de Perpignan, 1996, p. 125-150.

8. Sur cette variété d'orge de qualité supérieure, voir n. 12 à VIII, 4, 2. Sa sensibilité à la rouille est rappelée dans *C.P.* III, 22, 2, avec une explication.

9. Pour Théophraste, « la rouille est une sorte de décomposition » (*C.P.* III, 22, 2 : ἡ δ' ἐρυσίβη σαπρότης τις), qui se produit quand un liquide stagnant (bruine ou rosée, par exemple) est exposé à une source de chaleur. Ainsi s'explique, selon lui, que la situation du terrain favorise ou non l'apparition de la rouille : celle-ci se développe mieux dans une atmosphère moite qu'en un lieu bien aéré (ce qui du reste est vrai de tous les champignons). La même opposition que dans *H.P.* III, 2, 5 entre les crêtes ventées et les vallons étouffés souligne l'importance du facteur écologique dans l'interprétation — juste ou fausse — des phénomènes. — L'action de la pleine lune, que Théophraste dit échauffante (*C.P., ibid.*), est longuement exposée dans Pline, XVIII, 275-277. Que les croyances populaires relatives à l'influence de la lune sur les végétaux soient fondées ou non, elles demeurent encore très vivaces.

10. Il est normal que l'orge, fécondée à l'air libre (cf. n. 12 à VIII, 6, 5), souffre plus que le blé (à fécondation interne) des intempéries, forte pluie ou vent desséchant.

11. Dans ce cas comme dans le précédent, le grain est dit « échaudé », « retrait ». « L'échaudage s'observe dans des circonstances diverses. Quand un soleil brûlant succède à une belle nuit, à ciel clair et l'air étant tranquille, les gouttelettes de rosée précipitées sur les épis font l'office de lentille et le grain en formation est échauffé et frappé de mort. Une journée de chaleur intense ou de vent sec et brû-

lant desséchant la tige et les feuilles, a les mêmes conséquences » (Damseaux, p. 38-39).

12. Les « vers » qui dévorent les racines du froment sont les larves de coléoptères tels que le hanneton (cf. Beavis, *Insects*, p. 167), le taupin ou le zabre. — Quand les épis (οἱ στάχυες sous-entendu, à tirer de τὸν στάχυν dans la phrase précédente) sèchent sans pouvoir se déployer, l'agent pathogène est une larve parasite du chaume « qui se dégage de sa gaine » (hapax ἀποπηνιζόμενον, litt. « en train de se dévider », cf. πήνη, πηνίον « bobine », « navette garnie de fil »). Par exemple, celle du chlorops, dont plusieurs espèces sont nuisibles aux céréales, « creuse un sillon dans le chaume, qui se déforme et se désorganise, et l'épiaison est nulle ou imparfaite » (Damseaux, p. 43). Il est évidemment impossible de savoir au juste de quel insecte parle Théophraste.

13. Sur la plaine de Lélante et sa richesse agricole, voir n. 21 à VIII, 8, 5.

14. Comme le montre la reprise textuelle de la phrase dans *C.P.* III, 22, 3, ces exemples sont destinés à illustrer le rôle de l'humidité dans la formation des parasites : d'une part, la chaleur succédant à la pluie rend les légumes secs véreux ; d'autre part, le pois chiche, lavé de la sécrétion âcre qui le protège naturellement des insectes (VIII, 6, 5), est dès lors infesté.

15. Les plus récents traducteurs comprennent « aussi bien dans les fruits verts que dans les fruits secs » (Wimmer 1866 : « et in recentibus et in siccis fructibus » ; Hort : « whether the fruit in which they occur be green or dry »). Or la répétition de ἐν et le contexte (Σκώληκες δὲ — αἱ κάμπαι et οἵ τε ἶπες καὶ οἱ ἐν τοῖς κυάμοις ἐγγινόμενοι) montrent que la distinction porte non sur deux états de la partie de plante parasitée, mais sur deux parties différentes : « parties vertes » (ἐν τοῖς χλωροῖς) du pois chiche et de la vigne, attaquées respectivement par les chenilles et par les *ipes* [voir note suivante] ; « fruits secs » (ἐν τοῖς ξηροῖς καρποῖς) des légumineuses : gesse ochre, gesse commune, pois, auxquels s'ajoutent les fèves.

16. L'identité de l'ἶψ est éclairée par le passage parallèle et plus détaillé de *C.P.* III, 22, 5 : « C'est à peu près ce qui se produit aussi pour la vigne : les *ipes* s'y forment (οἱ ἶπες γίνονται) plutôt par vent du midi, parce qu'elle est <alors> gorgée d'humidité et que l'air les engendre (ἅτε διυγραινομένης καὶ τοῦ ἀέρος γονεύοντος) ; sitôt après ils dévorent la substance même dont ils sont formés (τὸ ὁμογενές) ». Il s'agit pour Billiard (*op. cit.* [*supra*, n. 5], p. 420-421) de la pyrale, *Pyrala vitana* (auj. *Sparganothis pilleriana*), dont la chenille broute avidement les jeunes feuilles de la vigne (« mainly a foliage feeder », selon Beavis, *Insects*, p. 132, n. 66, qui mentionne également deux autres Tortricidés et condamne [p. 133, n. 73] la traduction de ἶπες par « wood-worms » dans Hort et L.S.J.). Comme toutes les

espèces raisonnablement proposées sont des « tordeuses de la vigne », nous adoptons cette dénomination, sans chercher à préciser davantage.

17. Cf. V, 4, 5 (au sujet des vers du bois) : « le longicorne les y engendre comme il le fait dans les arbres, quand il a réussi à percer et à creuser en tournant en rond une sorte de trou de souris ». Le cas du longicorne, présenté comme l'exception, constitue en fait la règle, mais des faits observables en ce qui concerne un insecte assez gros (certaines espèces mesurent 3-5 cm), à savoir la ponte, la naissance et la métamorphose des larves, l'apparition de l'imago, ont échappé aux anciens pour des espèces très petites (Aristote a toutefois reconnu une partie de leur cycle biologique [*H.A.* 552 a 19] : « les vers des légumes secs donnent naissance à des animaux ailés ») ; d'où le recours à la génération spontanée pour expliquer la formation d'animalcules sans géniteur visible.

18. La conjecture de Wimmer δ' ὁ γονεύων s'inspire de celle de Schneider δ' ἐστὶν ὁ γονεύων, avec l'avantage de présenter le même nombre de lettres que le texte transmis δ' ἦν ὁ νεύων. — L'idée que l'air est l'élément générateur rappelle une des théories de la génération spontanée des végétaux chez les « physiologues » présocratiques (III, 1, 4) : « Anaxagore prétend que l'air contient des semences de tout et que ces semences précipitées avec la pluie engendrent les plantes ».

CHAPITRE 11.

1. Ce qui a été dit (VIII, 1, 5 ; VIII, 6, 1) de la germination lente et difficile de la fève permettrait d'accepter le texte transmis : ἔνια δὲ βλαστάνει μέν, οὐ ταχέως δέ, καθάπερ κύαμος « il y en a qui, au contraire, germent, mais non rapidement, comme la fève ». Mais il faudrait sous-entendre βλαστάνει dans la phrase suivante, ce qui est en contradiction avec *C.P.* IV, 16, 1 : θᾶττον ... *κόπτεται* κριθὴ πυροῦ ; ὁ δὲ κονιορτώδης σῖτος θᾶττον *σήπεται*. Il s'agit principalement d'altération, comme l'explique Wimmer (1842, *in notis*) qui écrit :... βλαστάνει μὲν εὖ, ταχέως δὲ σήπεται. Comme il serait difficile de dire βλαστάνει ... εὖ de la fève qualifiée en VIII, 1, 5 de δυσφυέστατον πάντων et rangée en VIII, 6, 1 parmi les plantes δυσβλαστῆ, nous préférons comprendre « d'autres espèces ne germent pas vite (ἔνια δὲ βλαστάνει μὲν οὐ ταχέως, opposé à ἔνια μὲν ... βλαστάνει ... τάχιστα), mais pourrissent vite (<σήπεται> δέ [scil. ταχέως qui précède ou ταχὺ qui suit], opposé à θησαυρίζεται κράτιστα) ». — La plus grande fragilité de la fève « facile à cuire » est due à la minceur du tégument qui protège mal le germe d'un excès d'humidité (cf. VIII, 6, 1).

2. Repris dans *C.P.* IV, 16, 1, avec les explications suivantes : « l'orge est attaquée [par les parasites] beaucoup plus vite que le blé parce qu'elle a une texture plus lâche et qu'elle est plus nue » (sur la « nudité » de l'orge, voir n. 1 à VIII, 4, 1) ; « le grain poudreux pour-

rit plus vite (...) parce qu'il renferme davantage de chaleur, car la poussière, étant sèche, est chaude ». — Le poudrage du grain répond sans doute, comme celui des raisins, des figues ou des concombres (II, 7, 5), au souci d'éviter une dessiccation excessive, d'où résulterait une perte de volume, donc une diminution de la quantité récoltée. Mais un grain bien nourri ou moissonné un peu trop tôt risque de s'altérer si les échanges hygrométriques avec l'air ambiant sont gênés par un écran de poussière.

3. Le chaulage des greniers est recommandé (Barral — Sagnier, III, 125) parce qu'il détruit les parasites logés dans les anfractuosités des murs. Cependant la quasi-imperméabilité qu'il donne aux locaux doit être compensée par une bonne aération, pour éviter l'échauffement du grain. Pline (XVIII, 301) rapporte les opinions divergentes de ses contemporains, dont certains recommandaient « de construire les greniers sans chaux, parce qu'à leur avis celle-ci est extrêmement nuisible au grain ».

4. Cf. VIII, 10, 1. L'exception faite ici pour le pois chiche semble indiquer que celui-ci n'était pas attaqué par *Bruchus tristis*, qui en est le parasite spécifique (Barral — Sagnier, I, 932). Gennadios confirme (p. 285) que « le fruit sec du pois chiche est très rarement attaqué par les insectes ».

5. Rectificatif apporté à la formule globale γίνεται ... φθειρομένοις ἴδια ζῷα par une distinction plus fine entre « le ver » (σκώληξ, terme très général), né de la décomposition interne du grain, et « l'insecte spécifique » (καθ' ἕκαστον ἴδιον) qui le ronge de l'extérieur (cf. VIII, 10, 1 : τὰ ... ἐπιγινόμενα ζῷα ... ἐξ αὐτῶν ... ἐκ τῶν ἔξωθεν).

6. *Contra*, VIII, 10, 1 : ἐπιγίνεται ... φαλάγγιον ἐν ὀρόβοις. — La nature presque sauvage du lupin, encore très amer dans les variétés consommées par les anciens et doué d'exigences culturales particulières, a été déjà notée (I, 3, 6 ; III, 2, 1) et le sera encore en VIII, 11, 8.

7. Comme le degré hygrométrique de l'air a une influence déterminante sur la conservation des grains, des particularismes locaux liés à un climat ou à un microclimat sont tout à fait vraisemblables, bien qu'invérifiables point par point. L'exemple d'Apollonie, rappelé dans *C.P.* IV, 16, 2, est d'autant plus surprenant que cette ville d'Illyrie, située dans la basse plaine littorale comprise entre l'embouchure de l'Aôos / Vjosë et celle de l'Apsos / Seman (voir la carte de l'Épire et des régions limitrophes dans P. Cabanes, *L'Épire de la mort de Pyrrhos à la conquête romaine*, Paris, 1976), devait baigner dans une humidité propice à diverses altérations ; de même Cyzique, riveraine de la Propontide.

8. Cf. Barral — Sagnier, II, 1017 : « L'expérience a démontré que les froments récoltés avant leur complète maturité contiennent toujours

plus d'amidon et plus de matières azotées que les blés récoltés soit lorsqu'ils sont encore un peu laiteux, soit quand ils ont acquis leur dureté maximum. (...) Du reste, en moissonnant un peu avant la maturité complète, on est toujours moins exposé à perdre du grain par l'égrenage, que lorsqu'on attend la parfaite maturité des épis ».

9. Excellente conjecture d'Heinsius, adoptée par Hort qui renvoie à *C.P.* IV, 13, 6, où il est dit que le soleil « amaigrit » (ἰσχναίνει) le grain en le desséchant. Il s'agit dans les deux cas d'emprunts au vocabulaire de la physiologie animale ou humaine (cf. λιπόσαρκος dans Hpc. *Épid.* 17), et λιποσαρκεῖν s'oppose parfaitement à ἁδρύνεσθαι.

10. Litt. « pousse tout autour ». Les petits champignons réunis sous le nom de moisissures se développent en enfonçant leur mycélium dans toutes sortes de matières organiques chargées d'humidité ; leur partie visible forme comme des pousses autour de chaque grain avarié. La logique du raisonnement est correcte : l'entassement des grains a l'avantage de prévenir leur déshydratation et l'inconvénient, s'ils ont été mouillés, de favoriser leur moisissure.

11. Quand le lupin est coupé à maturité, les valves des cosses s'ouvrent pour libérer les graines et se tordent en spirale avec une force extraordinaire, même sur des exemplaires d'herbier.

12. L'érosion des tufs volcaniques formés par les cendres et les boues issues du mont Argée (auj. Erciyaş Dağ) a créé sur le plateau cappadocien d'innombrables « cheminées de fée » et quelques pitons isolés plus massifs, excavés par l'homme depuis l'antiquité. Les deux plus remarquables, Üçhisar et Ortahisar, dont le nom composé de *hisar* « château » évoque à la fois l'aspect de citadelle et le rôle de refuge pour les populations locales (d'où notre traduction de χωρίον par « place », au sens militaire du terme), présentent la particularité que Théophraste attribue à La Roche. L'altitude (plus de 1000 m), la sécheresse de l'air et l'ensoleillement, joints à la porosité des tufs qui assure une ventilation régulière et permanente, confèrent à ces rochers le pouvoir de conserver parfaitement les denrées périssables qui s'y trouvent entreposées. De nos jours, Üçhisar et Ortahisar servent de fruitiers pour agrumes, notamment pour les citrons, emmagasinés là à longueur d'année.

13. Construction elliptique mais claire (cf. Wim. 1842, *in notis*) : ἔχουσι se rapporte à πνεύμασι sous-entendu, à tirer de ἔναυρον ; litt. « toujours exposée aux brises, <souffles> qui l'enveloppent venant du levant, du couchant et du midi ».

14. L'exemple de la Médie est repris dans *C.P.* V, 18, 3, pour illustrer, avec celui de la Paphlagonie, l'aptitude des régions élevées, froides et sèches, à conserver longtemps les semences intactes. Naturellement la durée relative des diverses semences s'observe là comme ailleurs, mais dans des conditions générales plus favorables. La liste des grains de bonne garde comprend donc le pois chiche, l'ers, le lupin

(repris du §2) et le millet (donné au §1 comme type de grain d'excellence conservation) ; l'anaphorique τούτων désigne de manière vague les céréales de base, blé et orge, dont il est question à peu près constamment depuis le début du livre VIII.

15. A. Jardé (*Les céréales*, p. 14, n. 4) voit dans le plâtrage des grains un procédé antiparasitaire analogue au sulfatage pratiqué encore récemment pour assainir les semences. Il est vrai que Pline (XVIII, 305), sans préciser l'usage des grains soumis à ce traitement, le présente comme un simple moyen de conservation : *Est et Olynthi ac Cerinthi Euboeae terra, quae corrumpi non sinat*. Mais Théophraste donne un double but à cette pratique : destinée à préserver le grain (συντηρεῖ τὸν πυρόν), elle l'adultère en faisant augmenter son volume (ἁδρότερον ... τῇ προσόψει) au détriment de sa valeur alimentaire (ποιεῖ ... χείρω ... τὴν σίτησιν). Apollonios le Paradoxographe (XXXIV) cite nommément Théophraste en ne retenant que la falsification : « à Olynthe et à Cérinthe de la terre mélangée au grain le fait paraître de meilleure qualité (εὐγενέστερον) ». De même Plutarque, *Mor*. 676 b (= *Propos de table*, V, 5, 1) dans le commentaire qui suit une référence à Théophraste : « de l'argile mélangée au grain le fait dépasser largement la mesure, parce que sa chaleur dilate et gonfle le grain de blé ». En fait, moins que la prétendue chaleur de l'argile, c'est son imperméabilité qui fait grossir le grain en l'empêchant de perdre son suc par évaporation. — La quantité est indiquée, selon l'usage antique, en mesures de capacité pour les solides, et non en mesures de poids. Une chénice (= 1, 08 l) d'argile pour un médimne (= 51, 84 l) de grain représente 1/48e du volume total occupé par une substance inerte. — Olynthe est la ville bien connue de Grèce du Nord. Cérinthe se trouvait sur la côte orientale de l'Eubée, presque à hauteur du golfe Maliaque ; voir la carte hors texte de l'éd. Lasserre de Strabon, livre X.

16. Cette particularité du dépiquage en Babylonie a frappé les compagnons d'Alexandre, car elle se retrouve à la fois dans Strabon, XV, 3, 10 (d'après une source indéterminée [ὥς φησιν ἐκεῖνος] : Aristobule, Néarque, Onésicrite ?) : à Suse, « l'orge étendue au soleil rebondit, comme les grains qu'on fait griller sur les fourneaux », et dans Plutarque, *Alex*. 35, 14 : « le sol de la Babylonie est si brûlant que les grains d'orge sautent de terre et rebondissent plusieurs fois ». A la différence de ces auteurs, Théophraste s'efforce d'analyser le phénomène au-delà des apparences : le grain grillé au feu (cf. pour l'orge n. 1 à VIII, 4, 1) perd évidemment sa faculté germinative ; les céréales dépiquées en Babylonie conservent la leur. Les deux explications avancées sont valables : 1) « il y a une différence de température » (au maximum 80° pour une aire en plein soleil à Babylone, plusieurs centaines de degrés pour le feu) ; 2) d'autres phénomènes peuvent intervenir (notamment le mouvement ascendant de l'air chaud).

17. En VIII, 1, 3.

18. Cf. I, 7, 3 : « si <la graine> est semée sur une épaisse couche de détritus (ἐν ὕλῃ βαθείᾳ, d'où la conjecture de Wimmer pour VIII, 11, 8), elle y enfonce sa racine vers la terre et a la force de germer ».

19. Le lupin a été pris pour exemple (I, 3, 6) de plante herbacée sauvage, n'acceptant aucun soin. C'est en réalité dans ses variétés modernes (cf. n. 10 à VIII, 7, 3) une bonne plante fourragère dont la culture ne semble pas présenter de difficulté (cf. Barral — Sagnier, III, 581-582). Les déboires des agriculteurs antiques s'expliquent probablement par leur méconnaissance de la nature chimique des sols. Le lupin exige en effet une terre sablonneuse et légère, comme le dit Théophraste, mais surtout non calcaire, ce qui condamne sa culture à l'insuccès dans une grande partie de la Grèce. — L'antithèse fortement marquée (ἀνάπαλιν) entre le lupin et l'aegilops est essentiellement rhétorique. Ce dernier, qui demeure aujourd'hui une plante sauvage (cf. n. 3 à VIII, 7, 1) peut, certes, prospérer comme adventice dans de bonnes terres cultivées, mais on le rencontre aussi bien au bord des chemins ou dans les friches.

20. La germination partielle de la semence est signalée pour la bette dans *H.P.* VII, 1, 6 et *C.P.* IV, 3, 2. L'agronomie moderne a confirmé le fait en ce qui concerne la betterave (cf. n. 23 à VII, 1, 6), mais nous manquons de renseignements sur l'aegilops, qui a peu de chances d'avoir été étudié à cet égard.

21. Ainsi s'achève l'*Historia plantarum* dans sa forme première, sans synthèse finale comparable à la conclusion d'un ouvrage destiné à la publication, sans annonce du livre IX, qui apparaît de ce fait totalement étranger au plan d'ensemble de l'*Historia*. La petite plante banale qu'est l'aegilops donne lieu cependant à une remarque méthodologique importante : dans le procédé empirique des agriculteurs pour détruire cette mauvaise herbe, le botaniste a su voir la conséquence d'une particularité biologique de l'espèce. Cet exemple montre comment la connaissance scientifique du monde végétal a pu naître d'un savoir-faire populaire, dominé, interprété, mais non renié.

TABLE DES MATIÈRES

COLLECTION DES UNIVERSITÉS DE FRANCE

OUVRAGES PARUS

Série grecque

dirigée par Jacques Jouanna
de l'Institut
professeur à l'Université de Paris Sorbonne

Règles et recommandations pour les éditions critiques (grec). (1 vol.).

ACHILLE TATIUS.
Le Roman de Leucippé et Clitophon. (1 vol.).

AELIUS ARISTIDE (Pseudo-)
Arts rhétoriques. (2 vol.).

AELIUS THÉON.
Progymnasmata. (1 vol.).

ALCÉE.
Fragments. (2 vol.).

LES ALCHIMISTES GRECS.
(3 vol. parus).

ALCINOOS.
Les doctrines de Platon. (1 vol.).

ALEXANDRE D'APHRODISE.
Traité du destin. (1 vol.).

ANDOCIDE.
Discours. (1 vol.).

ANTHOLOGIE GRECQUE.
(12 vol. parus).

ANTIGONE DE CARYSTE.
Fragments. (1 vol.).

ANTIPHON.
Discours. (1 vol.).

ANTONINUS LIBERALIS.
Métamorphoses. (1 vol.).

APOLLONIOS DE RHODES.
Argonautiques. (3 vol.).

APPIEN.
Histoire romaine. (4 vol. parus).

APSINÈS.
Art rhétorique. (1 vol.).

ARATOS.
Phénomènes. (2 vol.).

ARCHILOQUE.
Fragments. (1 vol.).

ARCHIMÈDE. (4 vol.).

ARGONAUTIQUES ORPHIQUES. (1 vol.).

ARISTÉNÈTE. (1 vol.).

ARISTOPHANE. (5 vol.).

ARISTOTE.
De l'âme. (1 vol.).
Catégories. (1 vol.).
Constitution d'Athènes. (1 vol.).
Du ciel. (1 vol.).
Économique. (1 vol.).
Génération des animaux. (1 vol.).
De la génération et de la corruption. (1 vol.).
Histoire des animaux. (3 vol.).
Marche des animaux - Mouvement des animaux. (1 vol.).

Météorologiques. (2 vol.).
Parties des animaux. (1 vol.).
Petits traités d'histoire naturelle. (1 vol.).
Physique. (2 vol.).
Poétique. (1 vol.).
Politique. (5 vol.).
Problèmes. (3 vol.).
Rhétorique. (3 vol.).
Topiques. (1 vol. paru).

ARISTOTE (Pseudo-).
Rhétorique à Alexandre. (1 vol.).

ARRIEN.
L'Inde. (1 vol.).
Périple du Pont-Euxin. (1 vol.).

ASCLÉPIODOTE.
Traité de tactique. (1 vol.).

ATHÉNÉE.
Les Deipnosophistes. (1 vol. paru).

ATTICUS.
Fragments. (1 vol.).

AUTOLYCOS DE PITANE.
Levers et couchers héliaques. - La sphère en mouvement. - Testimonia. (1 vol.).

BACCHYLIDE.
Dithyrambes. Epinicies. Fragments. (1 vol.).

BASILE (Saint).
Aux jeunes gens. Sur la manière de tirer profit des lettres helléniques. (1 vol.).
Correspondance. (3 vol.).

BUCOLIQUES GRECS.
Théocrite. (1 vol.).
Pseudo-Théocrite, Moschos, Bion. (1 vol.).

CALLIMAQUE.
Hymnes. - Épigrammes. - Fragments choisis. (1 vol.).

LES CATOPTRICIENS GRECS.
Les miroirs ardents (1 vol. paru).

CHARITON.
Le roman de Chaireas et Callirhoé. (1 vol.).

COLLOUTHOS.
L'enlèvement d'Hélène. (1 vol.).

DAMASCIUS.
Traité des premiers principes. (3 vol.).
Commentaire du Parménide de Platon. (4 vol.).

DÉMÉTRIOS.
Du Style. (1 vol.).

DÉMOSTHÈNE.
Œuvres complètes. (13 vol.).

DENYS D'HALICARNASSE.
Opuscules rhétoriques. (5 vol.).
Antiquités romaines. (2 vol. parus).

DINARQUE.
Discours. (1 vol.).

DIODORE DE SICILE.
Bibliothèque historique. (9 vol. parus).

DION CASSIUS.
Histoire romaine. (3 vol. parus).

DIOPHANTE.
Arithmétique. (2 vol. parus).

DU SUBLIME. (1 vol.).

ÉNÉE LE TACTICIEN.
Poliorcétique. (1 vol.).

ÉPICTÈTE.
Entretiens. (4 vol.).

ESCHINE.
Discours. (2 vol.).

ESCHYLE.
Tragédies. (2 vol.).

ÉSOPE.
Fables. (1 vol.).

EURIPIDE.
Tragédies (11 vol. parus).

GALIEN. (1 vol. paru).

GÉOGRAPHES GRECS.
(1 vol. paru).

GÉMINOS.
Introduction aux phénomènes. (1 vol.).

GRÉGOIRE DE NAZIANZE (le Théologien) (Saint).
Correspondance. (2 vol.).

HÉLIODORE.
Les Éthiopiques. (3 vol.).

HÉRACLITE.
Allégories d'Homère. (1 vol.).

HERMÈS TRISMÉGISTE. (4 vol.)..

HÉRODOTE.
Histoires. (11 vol.).

HÉRONDAS.
Mimes. (1 vol.).

HÉSIODE.
Théogonie. - Les Travaux et les Jours. - Bouclier. (1 vol.).

HIPPOCRATE. (11 vol. parus).

HOMÈRE.
L'Iliade. (4 vol.).
L'Odyssée. (3 vol.).
Hymnes. (1 vol.).

HYPÉRIDE.
Discours. (1 vol.).

ISÉE.
Discours. (1 vol.).

ISOCRATE.
Discours. (4 vol.).

JAMBLIQUE.
Les mystères d'Égypte. (1 vol.).
Protreptique. (1 vol.).

JOSÈPHE (Flavius).
Autobiographie. (1 vol.).
Contre Apion. (1 vol.).
Guerre des Juifs. (3 vol. parus).

JULIEN (L'empereur).
Lettres. (2 vol.).
Discours. (2 vol.).

LAPIDAIRES GRECS.
Lapidaire orphique. - Kerygmes lapidaires d'Orphée. - Socrate et Denys. - Lapidaire nautique. - Damigéron. - Evax. (1 vol.).

LIBANIOS.
Discours. (2 vol. parus).

LONGIN. RUFUS.
Fragments. Art rhétorique. (1 vol.).

LONGUS.
Pastorales. (1 vol.).

LUCIEN. (3 vol. parus).

LYCURGUE.
Contre Léocrate. (1 vol.).

LYSIAS.
Discours. (2 vol.).

MARC-AURÈLE.
Écrits pour lui-même. (1 vol. paru).

MARINUS.
Proclus ou sur le bonheur. (1 vol.).

MÉNANDRE. (3 vol. parus).

MUSÉE.
Héro et Léandre. (1 vol.).

NICANDRE.
Œuvres. (1 vol. paru).

NONNOS DE PANOPOLIS.
Les Dionysiaques. (14 vol. parus).

NUMÉNIUS. (1 vol.).

ORACLES CHALDAIQUES.
(1 vol.).

PAUSANIAS.
Description de la Grèce. (5 vol. parus).

PHOCYLIDE (Pseudo-). (1. vol.).

PHOTIUS.
Bibliothèque. (9 vol.).

PINDARE.
Œuvres complètes. (4 vol.).

PLATON.
Œuvres complètes. (26 vol.).

PLOTIN.
Ennéades. (7 vol.).

PLUTARQUE.
Œuvres morales. (19 vol. parus).
Vies parallèles. (16 vol.).

POLYBE.
Histoires. (11 vol. parus).

PORPHYRE.
De l'Abstinence. (3 vol.).
Vie de Pythagore. - Lettre à Marcella. (1 vol.).

PROCLUS.
Commentaires de Platon. - Alcibiade. (2 vol.).
Théologie platonicienne. (6 vol.).
Trois études. (3 vol.).

PROLÉGOMÈNES À LA PHILOSOPHIE DE PLATON. (1 vol.).

QUINTUS DE SMYRNE.
La Suite d'Homère. (3 vol.).

SALOUSTIOS.
Des Dieux et du Monde. (1. vol.).

SAPHO-ALCÉE.
Fragments. (1 vol.).

SCYMNOS (Pseudo-)
voir GÉOGRAPHES GRECS.

SIMPLICIUS
Commentaire du Manuel d'Épictète (1 vol. paru).

SOPHOCLE.
Tragédies. (3 vol.).

SORANOS D'ÉPHÈSE.
Maladies des femmes. (4 vol.).

STRABON.
Géographie. (10 vol. parus).

SYNÉSIOS DE CYRÈNE.
Hymnes (1 vol.).
Lettres (2 vol.).

THÉOGNIS.
Poèmes élégiaques. (1 vol.).

THÉOPHRASTE.
Caractères. (1. vol.).
Métaphysique. (1 vol.).
Recherches sur les plantes. (4 vol. parus).

THUCYDIDE.
Histoire de la guerre du Péloponnèse. (6 vol.).

TRIPHIODORE.
La Prise de Troie. (1 vol.).

XÉNOPHON.
Anabase. (2 vol.).
L'Art de la Chasse. (1. vol.).
L'Art équestre. (1 vol.).
Banquet. - Apologie de Socrate. (1 vol.).
Le Commandant de la Cavalerie. (1. vol.).
Cyropédie. (3 vol.).
Économique. (1. vol.).
Helléniques. (2 vol.).
Mémorables (1 vol. paru).

XÉNOPHON D'ÉPHÈSE.
Ephésiaques ou Le Roman d'Habrocomès et d'Anthia. (1 vol.).

ZOSIME.
Histoire nouvelle. (5 vol.).
Tome I. Nlle éd. (1 vol.).

Série latine

dirigée par Jean-Louis Ferrary
directeur d'Études à l'École Pratique des Hautes Études (IVe section)

Règles et recommandations pour les éditions critiques (latin). (1 vol.).

ACCIUS.
Œuvres. Fragments. (1 vol.).

AMBROISE (Saint).
Les devoirs. (2 vol.).

AMMIEN MARCELLIN.
Histoires. (7 vol.).

L. AMPÉLIUS.
Aide-mémoire. (1 vol.).

L'ANNALISTIQUE ROMAINE.
(2 vol. parus).

APICIUS.
Art culinaire. (1 vol.).

APULÉE.
Apologie. - Florides. (1 vol.).
Métamorphoses. (3 vol.).
Opuscules philosophiques. - Fragments. (1 vol.).

ARNOBE.
Contre les Gentils. (1 vol.)

AUGUSTIN (Saint).
Confessions. (2 vol.).

AULU-GELLE.
Nuits attiques. (4 vol.).

AURÉLIUS VICTOR.
Livre des Césars. (1 vol.).
Abrégé des Césars. (1 vol.).

AVIANUS.
Fables. (1 vol.).

AVIENUS.
Aratea. (1 vol.).

BOÈCE.
Institution arithmétique. (1 vol.).

CALPURNIUS SICULUS.
Bucoliques. CALPURNIUS SICULUS (Pseudo-). Éloge de Pison. (1 vol.).

CASSIUS FELIX.
De la médecine. (1 vol.).

CATON.
De l'Agriculture. (1 vol.).
Les origines. (1 vol.).

CATULLE.
Poésies. (1 vol.).

CELSE.
De la médecine. (1 vol. paru).

CÉSAR.
Guerre civile. (2 vol.).
Guerre des Gaules. (2 vol.).

CÉSAR (Pseudo-).
Guerre d'Afrique. (1 vol.).
Guerre d'Alexandrie. (1 vol.).
Guerre d'Espagne. (1 vol.).

CETIUS FAVENTINUS.
Abrégé d'architecture privée. (1 vol.).

CICÉRON.
L'Amitié. (1 vol.).
Aratea. (1 vol.).
Brutus. (1 vol.).
Caton l'ancien. De la vieillesse. (1 vol.).
Correspondance. (11 vol.).
De l'invention (1 vol.).
De l'orateur. (3 vol.).
Des termes extrêmes des Biens et des Maux. (2 vol.).
Discours. (22 vol.).
Divisions de l'Art oratoire. - Topiques. (1 vol.).
Les Devoirs. (2 vol.).

L'Orateur. (1 vol.).
Les Paradoxes des Stoïciens. (1 vol.).
De la République. (2 vol.).
Traité des Lois (1 vol.).
Traité du Destin. (1 vol.).
Tusculanes. (2 vol.).

CLAUDIEN.
Œuvres. (3 vol. parus).

COLUMELLE.
L'Agriculture, (4 vol. parus).
Les Arbres. (1 vol.).

COMŒDIA TOGATA.
Fragments. (1 vol.).

CORIPPE.
Éloge de l'Empereur Justin II. (1 vol.).

CORNÉLIUS NÉPOS.
Œuvres. (1 vol.).

CYPRIEN (Saint).
Correspondance. (2 vol.).

DRACONTIUS.
Œuvres. (4 vol.).

ÉLOGE FUNÈBRE D'UNE MATRONE ROMAINE. (1 vol.).

L'ETNA. (1 vol.).

EUTROPE.
Abrégé d'Histoire romaine. (1 vol.).

FESTUS.
Abrégé des hauts faits du peuple romain. (1 vol.).

FIRMICUS MATERNUS.
L'Erreur des religions paiennes. (1 vol.).
Mathesis. (3 vol.).

FLORUS.
Œuvres. (2 vol.).

FORTUNAT (Venance).
(3 vol. parus).

FRONTIN.
Les aqueducs de la ville de Rome. (1 vol.).

GAIUS.
Institutes. (1 vol.).

GARGILIUS MARTIALIS
Les remèdes tirés des légumes et des fruits. (1 vol.)

GERMANICUS.
Les phénomènes d'Aratos. (1 vol.).

HISTOIRE AUGUSTE.
(5 vol. parus).

HORACE.
Epitres. (1 vol.).
Odes et Epodes. (1 vol.).
Satires. (1 vol.).

HYGIN.
L'Astronomie. (1 vol.).

HYGIN (Pseudo-).
Des Fortifications du camp. (1 vol.).

JÉRÔME (Saint).
Correspondance. (8 vol.).

JUVÉNAL.
Satires. (1 vol.).

LUCAIN.
Pharsale. (2 vol.).

LUCILIUS.
Satires. (3 vol.).

LUCRÈCE.
De la Nature. (2 vol.).

MACROBE.
Commentaire au songe de Scipion. (1 vol. paru).

MARTIAL.
Épigrammes. (3 vol.).

MINUCIUS FÉLIX.
Octavius. (1 vol.).

PREMIER MYTHOGRAPHE DU VATICAN. (1 vol.).

NÉMÉSIEN.
Œuvres. (1 vol.).

OROSE.
Histoires (Contre les Païens). (3 vol.).

OVIDE.
Les Amours. (1 vol.).
L'Art d'aimer. (1 vol.).
Contre Ibis. (1 vol.).
Les Fastes. (2 vol.).
Halieutiques. (1 vol.).
Héroïdes. (1 vol.).
Métamorphoses. (3 vol.).
Pontiques. (1 vol.).
Les Remèdes à l'Amour. (1 vol.).
Tristes. (1 vol.).

PALLADIUS.
Traité d'agriculture. (1 vol. paru).

PANÉGYRIQUES LATINS. (3 vol.).

PERSE.
Satires. (1 vol.).

PÉTRONE.
Le Satiricon. (1 vol.).

PHÈDRE.
Fables. (1 vol.).

PHYSIOGNOMONIE (Traité de). (1 vol.).

PLAUTE.
Théâtre complet. (7 vol.).

PLINE L'ANCIEN.
Histoire naturelle. (36 vol. parus).

PLINE LE JEUNE.
Lettres. (4 vol.).

POMPONIUS MELA.
Chorographie. (1 vol.)

PROPERCE.
Élégies. (1 vol.).

PRUDENCE. (4 vol.).

QUÉROLUS. (1 vol.).

QUINTE-CURCE.
Histoires. (2 vol.)

QUINTILIEN.
Institution oratoire. (7 vol.)

RHÉTORIQUE À HÉRENNIUS. (1 vol.).

RUTILIUS NAMATIANUS.
Sur son retour. (1 vol.).

SALLUSTE.
Conjuration de Catilina. Guerre de Jugurtha. Fragments des Histoires. (1 vol.).

SALLUSTE (Pseudo-).
Lettres à César. Invectives. (1 vol.).

SÉNÈQUE.
Apocoloquintose du divin Claude. (1 vol.).
Des Bienfaits. (2 vol.).
De la Clémence. (I vol.).
Dialogues. (4 vol.).
Lettres à Lucilius. (5 vol.).
Questions naturelles. (2 vol.).
Théâtre. Nlle éd. (3 vol.).

SIDOINE APOLLINAIRE. (3 vol.).

SILIUS ITALICUS.
La Guerre punique. (4 vol.).

STACE.
Achilléide. (1 vol.).
Les Silves. (2 vol.).
Thébaïde. (3 vol.).

SUÉTONE.
Vie des douze Césars. (3 vol.).
Grammairiens et rhéteurs. (1. vol.).

SYMMAQUE.
Lettres. (4 vol.).

TACITE.
Annales. (4 vol.).
Dialogue des Orateurs. (1 vol.).
La Germanie. (1 vol.).
Histoires. (3 vol.).
Vie d'Agricola. (1 vol.).

TÉRENCE.
Comédies. (3 vol.).

TERTULLIEN.
Apologétique. (1 vol.).

TIBULLE.
Élégies. (1 vol.).

TITE-LIVE.
Histoire romaine. (28 vol. parus).

VALÈRE MAXIME.
Faits et dits mémorables. (2 vol.).

VALERIUS FLACCUS.
Argonautiques. (2 vol.).

VARRON.
Économie rurale. (3 vol.).
La Langue latine. (1 vol. paru).

LA VEILLÉE DE VÉNUS
(Pervigilium Veneris). (1. vol.).

VELLEIUS PATERCULUS.
Histoire romaine. (2 vol.).

VICTOR DE VITA.
Histoire de la persécution vandale en Afrique. – La passion des sept martyrs. – Registre des provinces et des cités d' Afrique. (1. vol.).

VIRGILE.
Bucoliques. (1 vol.).
Énéide. (3 vol.).
Géorgiques. (1 vol.).

VITRUVE.
De l' Architecture. (8 vol. parus).

Catalogue détaillé sur demande